**뇌성마비 학생을 위한**

# 컴퓨터 접근의 실제

육주혜 · 박경옥 · 강은주 공저

학지사

본 저서의 일부는 2012년 나사렛대학교 학술연구비 지원에 의한 것임.

| 머리말 |

뇌성마비 학생이 컴퓨터를 사용하는 것은 단지 컴퓨터라는 기계를 조작하여 작업을 하는 것만 의미하지 않는다. 이들은 컴퓨터를 통해 학교 공부를 하고 자신을 표현하여 의사소통을 하며 넓은 사회를 배운다. 뇌성마비 학생이 컴퓨터를 사용하면 보다 많은 성장을 기대할 수 있다고 해도 과언이 아니다. 그렇기 때문에 뇌성마비 학생을 오랜 시간 가르치는 교사들에게는 어떻게 컴퓨터를 수업 시간의 일부로 활용하면서 학생들이 편안하게 다가갈 수 있게 하는가가 큰 과제다. 이를 통해 뇌성마비 학생이 자신감을 가지고 학습의 주체가 되어 눈에 띄는 성취를 했으면 하는 바람을 가지는 것은 물론이다.

그래서 이 책에서는 뇌성마비 학생의 컴퓨터 사용에 대해 이론과 실제 두 부분으로 나누어 방법적인 내용에 집중하여 소개를 하였다. 뇌성마비 학생이 컴퓨터를 사용하여 학습 활동을 하는 데 필요한 준비 사항들을 교사가 미리 점검할 수 있도록 구성하였다. 또 보다 많은 컴퓨터 접근 보조기기 사진과 보다 많은 유형의 컴퓨터 사용 사례를 수록하고자 하였다.

전체 구성을 살펴보면, 제1부 '뇌성마비 학생의 컴퓨터 이용'의 제1장에서는 뇌성마비 학생에 관한 이해를 위해 뇌성마비 학생의 비정상적인 원시 반사 특성, 원인 및 운동 특성, 말과 언어 특성, 심리·정서적 특성, 학습·인지적 특성을 설명하고 적절한 조치 사항들에 대해서도 다루었다. 제2장에서는 뇌성마비 학생의 컴퓨터 사용 지원과 평가 사항들을 소개하기 위해 컴퓨터 접근 지원의 법적 근거, 컴퓨터 사용을 위한 자세 유지, 컴퓨터 접근 유형, 컴퓨터 접근 평가에 대한 설명을 하였다.

제2부 '뇌성마비 학생의 컴퓨터 접근 학급 적용 사례'에서는 제1부에서 소개한 내용을

근거로 뇌성마비 학생의 컴퓨터 접근 적용 사례를 소개하기 위해 키 입력장치, 대체 키보드, 대체 마우스, 스위치로 구분하여 사례의 세부 내용을 설명하였다.

부록에서는 뇌성마비 학생들이 사용할 수 있는 컴퓨터 접근 프로그램들을 안내하는 형식으로 쉽게 설명하여 교사가 준비하는 데 도움이 되도록 하였다.

모르면 오랜 시간이 걸리고 많은 시행착오를 거쳐야 하는 컴퓨터 접근의 적용에 대해 저자들이 연구와 실행으로 습득한 비법을 여기서 공개하는 것 같아 매우 설레는 마음이다. 뇌성마비 학생들이 변화된 환경에서 학교생활을 할 가능성을 높일 수 있다는 생각에 1년 넘는 기간 동안 집필 작업에 들떠 있었다. 모쪼록 뇌성마비 학생들의 성장에 도움이 되는 책이 되기를 기대해 본다.

이 책이 나올 수 있도록 도와주신 나사렛대학교 재활보조공학센터 직원들과 한국우진학교의 장병연 교장선생님을 비롯한 많은 선생님들과 학생들에게 감사드린다.

그리고 이 책이 나오기까지 애써 주신 학지사 직원 여러분께 감사의 마음을 전한다.

2012년 3월
저자 일동

| 차례 |

제1부

# 뇌성마비 학생의 컴퓨터 이용

제1장

# 뇌성마비 학생의 이해

일상생활의 기본동작은 인간관계에 수반되는 모든 일을 포함한다. 아침부터 잠자리에 들 때까지 일상적인 일을 모두 나열하면 수백 가지에 이를 것이다. 잠에서 깨어나 옷을 입고, 세수를 하고, 식사를 하는 것은 모든 사람들이 하는 공통적이고 기본적인 활동들이다. 누구나 이러한 활동들을 쉽게, 그리고 별 생각 없이 실행해 나가고 있으나 뇌성마비 학생들에게는 이와 같은 활동은 많은 노력이 필요하고 비장애인과 동등하게 움직이기 위해서는 오랜 시간 훈련이 필요하다.

뇌성마비 학생 교육은 이들이 독립적인 일상생활을 영위함으로써 비장애인들과 함께 더불어 살아가도록 하는 데 궁극적인 목표를 두고 있다. 이를 위해 교사들은 이들이 식사하기, 옷 입고 벗기, 세면하기, 용변 보기, 몸치장하기, 앉고 일어서기, 바른 자세 취하기, 걷기, 환경에 적응하기 등 모든 동작을 다른 사람의 도움을 받지 않고 스스로 수행할 수 있도록 하거나 최소한의 도움을 받으며 생활해 나갈 수 있도록 하는 것을 최우선의 교육 과제로 삼고 있다.

중추신경계에 손상을 입은 뇌성마비 학생들은 다른 원인에 의한 중추신경계 질환(성인 편마비 등)을 앓고 있는 사람들과 달리, 정상적인 자세 유지, 움직임과 이에 대한 지각과 인지 경험이 적거나 없을 수 있다. 따라서 뇌성마비 학생이 일상생활 동작을 습득하기 위해서는 자신의 움직임 특성에 대한 이해를 바탕으로 감각 및 지각 그리고 인지의 발달을 촉진할 수 있는 다양한 훈련에 참여하여 불수의적인 동작을 개선해 나가야 한다.

뇌병변에 의한 뇌성마비는 뇌에 활성적인 병변이 없는 상태지만 손상된 뇌 기능의 문제로 인해서 신체변형 및 운동 기능의 제한을 보인다. 즉, 뇌의 손상으로 인하여 학생의 운동 기능이 마비되거나 약해지며, 이로써 생활을 할 때 필요한 조화로운 운동을 방해하게 된다. 뇌성마비 학생들이 보이는 이러한 비정상적인 원시 반사의 특징과 운동 특성에 대해 이해한다면 이들이 효율적으로 움직일 수 있도록 지원해 줄 수 있다. 따라서 이 장에서는 뇌성마비 학생들의 움직임 특성을 이해하는 데 중점을 두고자 한다.

# 1. 뇌성마비의 비정상적인 원시 반사 특성

뇌성마비 학생들은 원시 반사나 불수의적인 움직임 등의 비정상적인 운동 패턴으로 인해 근육들을 조화롭게 협응하여 움직이는 데 어려움을 보인다. 뇌성마비 학생의 경우 특정 근육이 마비 또는 위축되어 신체 일부 기능을 상실하게 되며 이동이나 사물 조작 등에 문제를 발생시키는 원인이 되기도 한다. 뇌성마비 학생들의 정상적인 운동발달을 저해하는 요인으로는 비정상적인 근긴장도(abnormal muscle tone)와 비정상적인 반사작용(abnormal reflex)을 들 수 있다. 따라서 뇌성마비 학생에게 신체 기능 장애가 발견되었을 때 즉각적으로 물리치료를 시작하는 것이 필요하다. 그리고 학령기 아동에게는 학교에서의 적절한 관리와 치료기관이나 가정과의 연계성 있는 지원이 무엇보다 필요하다. 특히 신경근육계의 이상으로 정상적인 운동발달이 이루어지지 않거나 또는 운동발달의 속도가 느리거나 특정 발달 단계에서 더 이상 발달이 이루어지지 않는 경우도 있으므로 각별히 주의를 기울여야 한다. 교사나 보호자들은 뇌성마비 학생들의 정상적인 운동발달을 방해하는 비정상적인 원시 반사의 종류와 형태(류재연 외, 2009; 정보인, 정민혜, 안덕현, 2000)를 이해하고 뇌성마비 학생들이 바른 자세를 유지할 수 있도록 지원할 수 있어야 한다. 이에 대해 좀 더 구체적으로 살펴보면 다음과 같다.

## 1) 생존에 필요한 반사

### (1) 설근 반사(Rooting Reflex)
젖꼭지가 뺨에 닿거나 손가락을 입술 근처에 대면 입술을 실룩거리거나 젖꼭지를 찾아 고개를 돌리고, 보지 않고도 고개를 돌려 젖을 찾는 반사다. 생후 3개월이 지나면 차츰 사라지지만, 이 반사가 소실되지 않고 남아 있는 경우에는 입 주위를 자극할 때마다 아동이 고개를 반사적으로 돌려 몸통의 균형이 깨지므로 안정적인 자세를 유지할 수 없게 되며, 비정상적인 운동 패턴으로 발전할 수 있는 가능성을 지니게 된다.

[그림 1-1] 설근 반사

## (2) 흡철 반사(Sucking Reflex)

아동의 입 안에 엄지나 젖꼭지 등이 들어왔을 때 힘차게 빠는 반사다. 생후 3개월이 지나면 서서히 사라지는 반사지만, 적절한 시기에 소실되지 않는 경우에는 입 주위 근육이 이완되지 않고 계속 빨려는 기능으로 인해 음식물을 빨아 삼키려 하기 때문에 씹는 기능을 습득하지 못할 수 있다.

[그림 1-2] 흡철 반사

## (3) 구토 반사(Gag Reflex)

아동의 혀 뒤쪽 2/3 부위를 손으로 누르면 구토하려는 반사로, 음식물이 기도로 넘어가는 것을 방지한다. 출생 시부터 나타나서 평생 동안 지속되지만 이 구토 반사가 작용하지 않을 경우 음식물이 기도로 넘어가서 폐렴을 유발할 수 있다.

## 2) 일정한 자세를 유지하는 반사

### (1) 굴곡 회피 반사(Flexor Withdrawal Reflex)

한쪽 발바닥을 자극하면 그 다리를 구부려서 외부 자극을 피하려는 반응이다. 생후 2개월경에 사라지지만, 제때에 소실이 안 될 경우에는 발바닥을 자극할 때마다 다리를 구부림으로써 바른 자세를 유지하지 못하고 양쪽 다리로 체중을 적절히 지지하지 못할 수 있다.

[그림 1-3] 굴곡 회피 반사

### (2) 신전 밀기 반사(Extensor Thrust Reflex)

구부러진 다리 쪽의 발바닥을 자극하면 다리를 쭉 펴면서 외부 자극을 피하려는 반응이다. 생후 2개월 전후에 소실되지만 제때 소실되지 않는 경우에는 다리 근육이 이완되지 않아 걸음을 걸을 때 엉덩이와 무릎을 구부리지 못하므로 보행 기능을 습득하는 데 방해를 받을 수 있다.

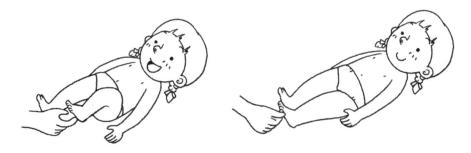

[그림 1-4] 신전 밀기 반사

## 3) 공간에서 정적인 자세를 유지하는 반사

### (1) 대칭성 긴장성 경반사(Symmetrical Tonic Neck Reflex)

아동의 고개를 숙였을 때 팔은 구부러지고 다리는 펴지고, 고개를 뒤로 젖혔을 때 팔은

퍼지고 다리는 구부러지는 반사다. 이는 신체의 정적인 자세를 유지시켜 주는 역할을 한
다. 출생 시 나타나 생후 4~6개월 이후에 없어지지만, 소실되지 않을 경우에는 고개 움
직임의 변화에 따라서 팔과 다리가 반사적으로 퍼지고 구부러져서 움직이거나 또는 서 있
거나 걷는 등의 특정 자세를 유지할 수 없다.

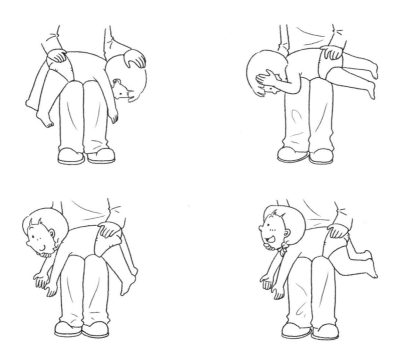

[그림 1-5] 대칭성 긴장성 경반사

(2) 비대칭성 긴장성 경반사(Asymmetrical Tonic Neck Reflex)

고개를 한쪽으로 돌렸을 때 얼굴 쪽의 팔과 다리는 퍼지고 뒤통수 쪽의 팔과 다리는 구

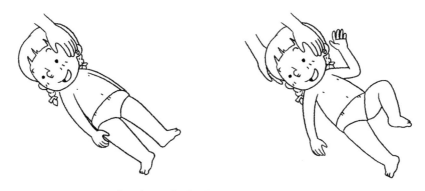

[그림 1-6] 비대칭성 긴장성 경반사

부러지는 반응이다(펜싱 자세). 신체의 정적인 자세를 유지시켜 주는 역할을 하는데, 생후 4~6개월 이후 없어지지만 소실되지 않고 남아 있는 경우에는 고개 움직임의 변화에 따라서 팔과 다리가 반사적으로 펴지고 구부려져서 서기나 걷기와 같은 특정 자세를 취하거나 유지하기 어렵다.

### 4) 공간에서 똑바른 자세를 유지하는 반사

**(1) 목 정위 반사(Neck Muscle Righting Reflex)**

누운 아동의 고개를 한쪽으로 돌렸을 때 몸통이 따라서 같은 방향으로 돌아가는 반응이다. 이 반응은 출생 시부터 나타나 생후 6개월 전후에 사라지지만, 제때 소실되지 않는 경우에는 고개 움직임에 따라서 머리와 몸통이 항상 동시에 움직여지는 비정형적인 움직임을 나타내게 된다. 이러한 반응은 머리, 손, 발, 몸통의 운동이 분리되지 않아 개별 동작을 자유롭게 할 수 없게 한다.

[그림 1-7] 목 정위 반사

**(2) 네발 무릎 반응(Four-Foot Kneeling Reaction)**

엎드려 있는 아동의 한쪽 골반을 들어 주면 들린 쪽 팔다리가 구부러지는 반응으로, 기기 자세를 하기 위한 기능이 갖추어졌음을 의미한다. 생후 6개월 이후 이러한 반응은 사라지지만, 이러한 반응이 나타나지 않는 경우에는 엎드린 자세에서 기기 자세나 네발 기기 자세를 발달시키지 못할 수 있다.

[그림 1-8] 네발 무릎 반응

## 5) 고유 수용 감각 자극에 따른 바른 자세를 유지하는 반사

### (1) 모로 반사(Moro Reflex)

앉아 있는 아동을 갑자기 뒤로 젖히거나 놀라게 하면 양팔과 다리가 움츠러드는 반응을 보인다. 이는 중력 중심 변화에 대한 적응으로 신체를 보호하기 위한 반사다. 출생 시부터 나타나 생후 4개월을 전후로 하여 사라지지만, 소실되지 않을 경우 갑작스러운 위치변화(예, 넘어짐)에 보호반사가 나오지 않게 되어 무방비한 채로 바닥에 떨어져서 탈골이나 신경계 손상을 입을 수 있다.

[그림 1-9] 모로 반사

### (2) 보호 펴짐 반응(Protective Extensor Thrust Reflex)

아동을 바로 세웠다가 갑작스럽게 아동의 몸을 앞으로 구부리면 양팔을 쪽 펴서 머리를 보호하려는 반사행동이다. 이러한 반응은 몸의 중력 변화에 대한 신체를 보호하기 위해 일어난다. 생후 6개월 정도부터 평생 동안 지속해서 나타난다. 하지만 이 반사행동이 나타나지 않으면 갑작스러운 위치변화에 적절히 반응하지 못해 자신의 신체를 보호하지 못할 수 있다.

[그림 1-10] 보호 펴짐 반응

## 6) 뇌성마비 아동에게 나타나는 비정상반사

### (1) 후궁반장(Total Body Bridging)

뇌성마비 아동을 바닥에 눕혔을 때 아동 머리의 뒤통수가 자극되면서 몸통 전체의 신전근이 과도하게 활성화되어 몸이 활처럼 뒤로 휘어지는 반사다. 이러한 반사행동은 바로 눕거나 서 있는 자세를 취하는 것을 방해하므로 균형감 있게 서거나 걷는 것이 어려워지게 된다. 이를 방지하기 위해서는 학생의 뒤통수에 자극이 가해지지 않도록 해야 한다.

[그림 1-11] 후궁반장

### (2) 간대성 근경련(Clonic; 발목 떨기)

발목에 구부리는 힘이 가해질 경우 발목이 불규칙적으로 떨리는 반사이며 발바닥으로 체중을 지지할 때 떨림이 나타나서 서 있는 자세를 유지하거나 걷는 것을 어렵게 한다. 이때 보조기를 착용하거나 발목을 고정시켜 주면 경련반응을 줄일 수 있다.

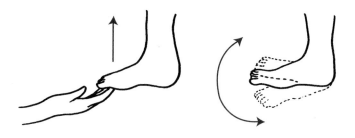

[그림 1-12] 간대성 근경련

### (3) 자동 보행 반사(Automatic Walking Reflex/Spontaneous Stepping)

생후 3개월 이후에 아동의 발등을 자극하면 엉덩이와 무릎을 구부리는 반사로, 생후 3개월 이전은 정상적인 발달로 보지만 3개월 이후에는 이 반사가 여전히 남아 있는 경우 다리를 펴고 서 있는 자세를 유지하지 못하게 된다. 또한 이러한 자동 보행 반사가 나타난다고 하더라도 아동에게 계속해서 걷기 연습을 시키지 않아야 한다. 걸을 수 있을 만큼 충분히 신체적으로 발달하지 않은 아동에게 이와 같은 운동을 시키는 것은 오히려 정상적인 운동발달을 저해할 수 있다. 따라서 아동의 운동발달에 맞게 충분한 움직임 훈련을 한 후에 걸을 수 있도록 해야 한다.

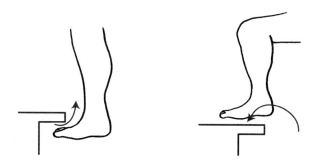

[그림 1-13] 자동 보행 반사

### (4) 쥐기 반사(Hand Grasp Reflex)

아동의 손바닥에 엄마의 손가락이나 물건이 닿게 되면 아동이 힘을 주어 그것을 꽉 쥐거나 발바닥에 자극을 주었을 때 발가락을 오므리는 반사다. 뇌성마비 아동의 경우, 생후 3개월 이후 아동의 손에 물건을 한 번 쥐어 주면 손을 펴지 못해서 잡은 물건을 놓지 못한다. 이때 아동의 손등을 가볍게 쓸어 주어 손가락을 펴지게 함으로써 근육을 활성화시키는 운동을 자주 해 주어야 한다.

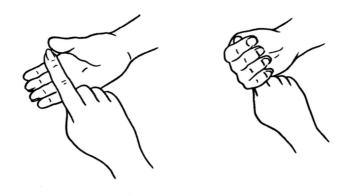

[그림 1-14] 손의 쥐기 반사

## 2. 뇌성마비의 원인 및 운동 특성

뇌성마비 학생들은 앞 절에서 설명한 바와 같이 원시 반사 패턴이나 비정상적인 움직임 특성을 지니고 있다. 이와 같은 특성으로 인해 근육의 경직성이 증가되고 시간이 지나면서 근육은 짧아지며 이차적으로 관절의 변형을 유발하게 된다. 또한 근골격의 변형은 감각 기능, 지능 및 정서 등 여러 가지 중추 신경 기능의 이상을 동시에 유발시킬 수 있다(류재연 외, 2009).

뇌성마비는 뇌의 손상 부위에 따라 나타나는 증세가 달라지며, 신체의 이상이 나타나는 부위도 다양하다. 나타나는 증세에 따라서 경직형(spastic type), 불수의 운동형(athetoid type), 운동 실조형(ataxia type), 저긴장형(hypotonia type), 혼합형(mixed type) 등으로 나눌 수 있고, 신체의 손상 부위에 따라서 단마비(monoplegia), 편마비(hemiplegia), 양측마비(diplegia), 사지마비(quadriplegia) 등으로 나눈다.

뇌성마비 학생들은 정형외과 · 소아과 · 신경과 · 재활의학과 · 안과 · 보조기 기사 · 언어 치료사 · 심리학자 · 사회사업가 등과 같은 여러 분야의 전문가들에게 병행 치료를 받을 필요가 있다. 이와 같은 재활운동 및 치료의 궁극적인 목적은 아동으로 하여금 최대한의 독립적인 활동을 할 수 있도록 하고, 가능한 한 자발적으로 움직일 수 있는 근육의 힘을 충분히 길러 기능적으로 사용하게 하고, 관절의 변형 및 구축과 탈구를 예방하는 데 있다(박지환, 2007; 한국우진학교, 2011). 뇌성마비 학생의 장애 유형별 특징을 소개하면 다음과 같다.

## 1) 경직형 뇌성마비(Spastic Type)

### (1) 신경학적 원인

대뇌피질(cerebral cortex) 운동 영역의 손상으로 전체 뇌성마비 학생의 약 50% 이상을 차지한다. 경직은 생후 4개월 이후부터 현저히 나타나고 높은 근긴장도를 보인다. 경직형 학생들은 신장반사(stretch reflex)와 심부건반사(deep tendon reflex)를 지속적으로 보인다.

### (2) 운동 특성

- 근긴장도가 매우 높으며, 몸 바깥쪽(distal part)보다 몸 안쪽(proximal part)의 근긴장도가 증가된다.
- 주동근(동작을 주도하며 가장 큰 힘을 쓰는 근육)과 길항근(주동근의 역할에 역학적으로 대항하는 근육) 모두 과긴장되어 있어 선택적으로 움직이기 어렵고, 동작을 하려 할 때 학생에게 형성된 하나의 정형화된 운동 패턴으로 행동한다.
- 정위반응(righting reaction; 공간상에서 머리와 몸통을 똑바로 유지하려고 하는 반응), 평형반응(equilibrium reaction; 중력의 중심에서 움직여지는 방향에 따라서 자세를 적절히 조절하며 그 상태를 유지하게 하는 자동적인 반응), 보호반응(protective reaction)이 결여되어 있어 자세 조절에 어려움을 보인다.
- 능동적 또는 수동적으로 관절을 움직이려 할 때 관절 가동범위의 제한이 따르고, 주동근과 길항근의 동시수축으로 관절의 구축과 변형이 쉽게 발생한다.

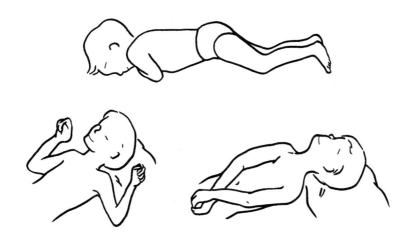

[그림 1-15] 경직형 뇌성마비

- 바르지 못한 자세로 인하여 척추 측만, 척추 후만, 어깨, 팔꿈치, 손가락 관절 구축, 엉덩이 관절 아탈구, 발바닥 굽힘근 구축 등의 변형과 구축이 발생할 수 있다.
- 높은 근긴장도로 인하여 공포감, 불안감, 겁이 많다.
- 신체적 · 정신적 변화에 대한 적응력과 인내심이 부족하여 외부 환경과의 접촉을 피하려는 경향이 있다.

## 2) 불수의 운동형 뇌성마비(Athetoid Type)

### (1) 신경학적 원인

태아적 아구증(erythroblastosis fetails; 적혈구의 파괴가 비정상적으로 빨리 일어나는 현상), 난산(distocia), 질식(asphyxia) 등으로 인한 기저핵(basal ganglia)의 손상으로 발생하고, 전체 뇌성마비의 약 20~25%를 차지한다. 불수의 운동형 뇌성마비는 주로 간헐적인 긴장 연축을 동반하기도 하여 복합적인 양상을 보이는 경우가 많고, 사지마비와 편마비가 많다.

[그림 1-16] 불수의 운동형 뇌성마비

## ⑵ 운동 특성

- 근육의 긴장과 이완 등의 근긴장도 변화가 심하다. 특히 몸통과 팔다리의 근긴장도가 간헐적으로 증가되고 과도한 움직임을 보인다.
- 특정 자세를 유지하기가 매우 어렵고, 굽힘근과 폄근의 복합적 움직임 조절이 힘들어 연결동작에 필요한 단계적인 동작이 어렵다.
- 정위반응과 평형반응이 결여되어 있다.
- 입, 손가락, 발가락에 비대칭적인 자세 패턴이 확연히 나타난다.
- 머리 조절이 미약하여 시각의 고정이 어렵다.
- 수의적인 움직임, 자세 조절, 감정의 변화, 불안 또는 말을 시작하려고 할 때 불수의

### 황달이 위험하다

핵황달은 혈액 내에 적혈구가 파괴되면서 발생하는 빌리루빈이 증가하여 나타나는데, 빌리루빈은 정상적으로 간에서 처리되어 담즙과 소변을 통해서 체외로 배설되어야 .하지만, 알코올중독이나 간염으로 인한 간경변증 등과 같은 간질환의 경우 간세포가 손상되어 빌리루빈을 처리, 배설하는 기능이 저하되면서 혈액 내에 빌리루빈이 축적되어 황달 증상을 나타낸다. 또한 말라리아, 매독, 호지킨 병, 췌장암, 담관암, 용혈성 빈혈과 질환이나 담즙배설 통로인 담도가 막히는 경우에도 발생할 수 있다.

신생아의 경우 가장 흔히 볼 수 있는 질환으로 생후 첫 주 내에 만삭아의 약 60%, 미숙아의 약 80%에서 황달이 관찰된다. 간이 미숙하여 적혈구가 파괴될 때 나오는 물질에 의해 발생하는데, 이것은 생리적인 현상으로서 대부분 10일 이후에 자연히 없어지지만 정도가 심각한 경우 치료가 필요한 경우도 있다. 신생아 황달의 원인으로는 산모와 아이의 RH 혈액형과 ABO 혈액형의 부적합으로 인해 적혈구를 파괴하여 빈혈과 황달을 초래하는 경우가 가장 많다. 또한 유전적인 요인에 의해 특정 효소가 부족하거나 결핍되었을 때, 박테리아나 바이러스 등에 의한 감염, 담관폐쇄나 간염 등의 간질환, 모유 수유로 인해 황달이 발생할 수 있다.

초기에는 특별한 증상이 없어 다른 질병과 구별하기 힘든 경우가 많다. 하지만 며칠이 지나면 아기가 축 처져 건드려도 잘 반응하지 않고 젖을 잘 빨지 않거나 정상적인 신경 반사가 나타나지 않으며, 근육의 힘이 떨어지는 현상 등이 있다. 이어서 1~2주 동안 근육경직, 후궁반사, 경련, 모로반사 소실, 열이 나타난다. 시간이 지나면서 피부에 색소가 침착되어 눈의 흰자위가 노란색으로 바뀌는데, 보통 얼굴부터 시작해서 가슴으로 내려가 복부까지 도달한 후 팔과 다리로 퍼진다. 핵황달이 진행됨에 따라 근육경련, 째지는 듯한 울음 등 신경질적인 반응을 나타내며, 만약 신경 증상이 나타나면 대부분 사망하지만 생존하더라도 뇌성마비, 경련, 지능 장애, 청력 소실 등 심한 후유증을 남기게 된다.

(출처: 서울 아산병원 홈페이지)

적인 움직임이 나타나고, 예측 불가능한 움직임이 더욱 심해진다.
- 언어장애가 심하여 갑자기 폭발적인 발성을 한다.
- 나이 든 뇌성마비 학생은 전신성 운동 패턴(extensor synergy movement pattern)과 함께 움직임을 한꺼번에 사용한다.
- 정서적으로 불안정하지만 공포감이 적고 흥분하기 쉽다.
- 우호적이고 밝지만 감정의 변화가 잦다.

## 3) 운동 실조형 뇌성마비(Ataxia Type)

### (1) 신경학적 원인

소뇌의 병변에 의해 나타나고 전체 뇌성마비의 약 2~5%를 차지한다. 순수한 운동 실조형은 매우 드물고 일반적으로 경직형 또는 불수의 운동형을 동반한다.

### (2) 운동 특성
- 근긴장도는 일반적으로 낮거나 정상이다.
- 근긴장도가 낮기 때문에 몸통의 안정성과 운동성이 떨어지고, 호흡근의 발달이 결여되어 있다.
- 몸쪽부분(근위부)의 협력 수축 능력이 부족하여 자세 유지 및 조절 능력, 균형 능력, 동시수축 능력이 부족하다.
- 팔보다는 몸통과 다리의 마비 정도가 심하다.

[그림 1-17] 운동 실조형 뇌성마비

- 선택적 움직임(selective movement)이 부족하고 단계별 운동이 어렵다.
- 서거나 걸을 때 균형을 잡기가 어렵고, 기저면(base of support)을 넓게 하여 술 취한 듯한 보행을 한다.
- 큰 동작이나 섬세한 동작을 하려 할 때 움직임의 협응이 잘 이루어지지 않으며, 특히 스트레스를 받거나 움직임의 속도를 빨리 하려고 하면 협응이 더욱 약해진다.
- 상호적 신경자극전달이 저하되어 머리 떨림, 운동거리 조절이상이 나타난다.
- 목적 있는 동작을 하려할 때 진전(떨림)이 심하다.

## 4) 저긴장형 뇌성마비(Hypotonia Type)

### (1) 신경학적 원인

저긴장형 또는 이완형(flaccid type) 뇌성마비 아동은 불수의 운동형이나 운동 실조형 뇌성마비로 진행이 되며, 드물게는 경직형 뇌성마비로 진행되기 전에 일시적으로 나타나기도 한다.

### (2) 운동 특성

- 근력이 약하여 중력에 대항할 정도의 근긴장도가 매우 낮다.
- 각 관절은 과도한 가동범위(hypermobility)를 가지고 있다.
- 움직임이 적고 정서적으로 매우 온순하고 수동적이며 잘 울지도 않는다.
- 호흡, 먹기, 마시기 등의 문제가 있고 얕은 숨(shallow breath)을 쉬면서 숨소리에 그렁그렁하는 잡음이 많다.
- 스스로 고개를 들지 못하므로 엎드린 자세는 싫어한다.
- 앉을 수 있더라도 안정성을 유지하기 위한 도움이 필요하고 기저면을 넓게 해서 앉으려 한다.
- 많은 학생은 무엇을 하고자 하는 동기가 결여되어 있다.
- 통증이나 기타 자극에 대한 역치 반응 수위가 높다.
- 순한 편으로 바로 누워 쉬기를 좋아하고, 미소 짓는 것 외에는 스스로 하려고 하는 일이 거의 없으며, 어떠한 자세를 취해도 불편함을 표현하지 않는다.

[그림 1-18] 저긴장형 뇌성마비

## 5) 혼합형 뇌성마비(Mixed Type)

### (1) 신경학적 원인

혼합형은 주로 경직형 양지마비이면서 불수의 운동형을 동반한 경우에 명명되지만, 그 어떤 뇌성마비의 유형에 포함시킬 수 없는 경우에도 사용된다.

### (2) 운동 특성

- 근긴장도가 정상과 과긴장 사이에서 변화한다.
- 변형은 경직형보다 적은 편이지만 엉덩이 관절, 팔굽힘 관절에 굽힘 변형이 생기는 경우가 많다.
- 동시 수축이 몸쪽에 약간 존재한다.
- 원시 반사가 존재하지만 불수의 운동에 의해 변형되기도 한다.
- 대칭성 · 비대칭성 긴장성 목반사의 영향을 강하게 받는다.
- 긴장형 미로 반사의 영향을 강하게 받는다.
- 선택적 운동이 결여되어 있어 중간 정도의 운동 조절과 근육 조절에 어려움을 보인다.
- 자세 패턴과 성격 특성은 경직형과 비슷하지만 변화에 보다 쉽게 적응하고, 공포감이 적다.

## 3. 뇌성마비 학생의 말과 언어 특성

### 1) 뇌성마비 학생의 언어발달 특성

뇌성마비 학생은 말과 언어 영역에서 많은 어려움을 보이고 있다. 말 산출은 여러 근육들의 협력과 섬세한 통제가 필요하므로 뇌성마비 학생에게 있어 말장애는 그리 놀라운 일이 아니다. 뇌성마비 학생의 약 58%가 의사소통 장애를 지니고 있다고 보고되고 있다(Bax, Tydeman, & Flodmark, 2006). 또한 학령기 뇌성마비 아동의 약 40%가 의사소통에 어려움을 겪고 있는 것으로 나타나고 있다(Kennes et al., 2002). 하지만 뇌성마비 아동들의 말장애는 학생에 따라 매우 이질적인데, 신체적 장애의 특성에 따라 각 학생만의 고유한 특징을 보이기도 한다. 뇌성마비 학생들은 빠르고 얕은 호흡, 부적절한 들숨과 날숨으로 인한 불안정한 발성, 과비대성의 공명, 혀와 입술 또는 입을 움직이는 근육 통제의 어려움으로 조음을 비롯하여 하나 또는 여러 영역에서 말 산출에 어려움을 겪는다(Owens, Metz, & Haas, 2007).

말 산출의 어려움 이외에도 초기 발달에서의 차이점들도 언어발달에 영향을 미치고 있다. Hanzlik(1990)는 8개월에서 32개월까지의 뇌성마비 유아들과 그들의 어머니 사이의 상호작용 연구를 통해, 뇌성마비 유아들은 비장애유아들보다 더 순응적이고 반응이 약하다는 것을 밝혀냈다. 이러한 연구 결과가 모순으로 보일 수 있지만, 뇌성마비 아동은 목적을 취하기 위해 행하는 자발적인 움직임이 부족하여 누군가에게 의존하고 있다. 순응적이라는 말은 주로 어머니가 아동의 신체를 조정할 때 아동이 보이는 반응에 대한 설명으로, 뇌성마비아의 어머니들은 비장애아동의 어머니들보다 더 자주 상호작용을 시도하고 있지만 그 상호작용의 양상은 음성에 의한 언어적인 상호작용이라기보다는 신체적인 접촉이 많은 상호작용이라는 점에서 비장애아들과 다르다. 뇌성마비 아동의 어머니들은 자신의 자녀와 얼굴을 마주 대하며 이야기를 나누는 언어적인 상호작용이 오히려 적고, 어머니 또는 아동이 주도적으로 이야기를 먼저 시작하거나 대응하는 반응적인 상호작용도 덜 보인다. 즉, 뇌성마비 아동과 어머니들은 먹고, 용변 관리하고, 의복을 입혀 주고 벗겨 주는 신체적인 상호작용 시간의 비중이 훨씬 큰 것(박경옥, 박은송, 박희찬, 2010)으로 나타나고 있다. 이와 같은 언어 환경적인 경험들은 뇌성마비 아동들의 초기 언어발달 지체를 유발하는 요인으로 작용하기도 한다(박경옥, 2006; Workinger, 2010).

뇌성마비인의 말장애와 초기 의사소통 경험이 말 이해와 언어발달에 미치는 영향에 대해 Bishop, Brown 그리고 Robson(1990)은 뇌성마비 학생 48명을 대상으로 소리를 구별하고 언어를 이해하는 능력에 대해 조사한 연구에서 대상자 중 절반은 중증의 말 산출 장애를 보였고, 나머지는 말 문제는 없었다고 보고하고 있다. 그리고 말장애를 지닌 집단이 비단어(non-words)를 사용한 음소변별과제(phoneme discrimination task)에 어려움을 보이고 있지만 유의미단어를 사용한 음소변별과제에서는 비단어 변별과제에서보다 높은 성취도를 보였다. 말장애 뇌성마비 학생의 경우는 수용어휘 검사에서 낮은 성취를 보이고 있지만 구문발달 검사에서는 큰 어려움을 보이지 않는 것으로 나타났다. 이와 같은 결과는 아동들이 새로운 단어를 배울 때 처음 듣는 소리의 의미를 모르다가도 계속 들으면서 그 소리의 의미를 알게 되고, 그 소리가 학생에게 유의미한 단어가 되는 과정을 보여 준다. 소리를 듣고 이를 작동기억-단기기억-장기기억으로 전이시키는 일련의 과정에 대한 연습이 부족하여 수용어휘 발달에 제한을 초래하고, 후속적으로 어휘 습득의 지연을 보일 수 있다(Kuder, 2008). 이러한 측면을 고려하여 박경옥(2008)은 뇌성마비 학생들의 어휘 확장을 위해 다양한 환경적 경험 속에서 어휘를 습득하도록 하고, 관련된 문해 교육이 집중적으로 실시되어야 하며, 학생 스스로 내적 언어를 개발·발전시켜 수용·표현 언어 능력을 향상시킬 수 있는 교육 프로그램을 개발하여 적용해야 한다고 하였다.

Bishop 등(1990)은 심한 말장애 뇌성마비 아동이 언어를 사용할 기회가 제한되어 있음에도 불구하고 언어의 구문론적 측면은 다른 사람들과 비슷한 수준으로 발달시킬 수 있다고 하였는데, 이는 이들의 언어기재가 손상되지 않았음을 의미하는 것이다. 그러나 뇌성마비 아동 중 많은 수가 언어발달에 있어서 또래 비장애인보다 낮은 성취를 보이는 것이 사실이다. 이러한 연구 결과는 여러 가지 원인으로 설명할 수 있는데, 그중 가장 중요한 영향을 미치는 것은 뇌성마비 장애아동에게 청각장애나 시각장애, 또는 지적장애를 동반하는 복합장애라는 것을 꼽고 있다.

Redmone과 Johnston(2001)은 11~15세까지의 심한 말장애 뇌성마비 아동들의 형태론을 고찰한 결과, 말장애를 지닌 아동들은 과거시제에 많은 오류를 보였을 뿐 다른 영역에서는 비장애학생과 차이를 나타내지 않았다고 밝히고 있다. 이와 같은 결과는 뇌성마비 아동의 수용언어가 비장애아동과 비교했을 때 손상되지 않았음을 의미한다고 할 수 있다.

뇌성마비 학생은 명백한 구어 산출의 어려움 이외에도 평가 방식으로 인해 중증의 언어장애로 분류될 가능성을 지니고 있다. 이는 많은 언어능력 검사들이 구어로 답을 하거나 신체 움직임을 필요로 하고 있기 때문이다(박경옥, 2006). 예를 들어, 피바디 그림 어휘력검사(Peabody Picture Vocabulary Test)는 언어적인 지시에 따라 행동으로 반응을 보여야 하지만 뇌성마비 학생은 듣고 이해하지만 행할 수 없는 과제가 될 수 있다. 이에 대한 대안으로 부모나 양육자들에게 아동의 성취를 관찰하여 평가하도록 요구하거나 대체 진단도구를 개발하여 적용하기도 하였다. 뇌성마비 학생들의 언어 능력을 정확하게 평가하기 위해서 몇 가지 실험연구가 시도되기도 하였다. 예를 들면, 화면에 서로 다른 두 가지 그림을 동시에 제시하고, 학생들에게 목표단어를 들려주면 학생이 두 개의 그림 중 어느 쪽의 그림을 쳐다보는지를 관찰하여 학생의 눈 응시 방향이 고정된 그림을 선택한 것으로 판단하는 방법이 있다. 이와 같은 방법을 검사의 응답 반응으로 보고 검사의 결과를 도출하여 학생의 언어발달 정도를 좀 더 정확하게 평가할 수 있다(Cauley et al., 1989).

뇌성마비 학생들은 언어에서 상당한 지체를 보이고 있는 듯하지만, 일부 연구에서는 언어가 손상되지 않았음을 밝히고 있다. 언어를 처리하는 대뇌 영역에 손상을 입지 않았다면 뇌성마비 학생들 중에 수용언어 발달 능력에 제한이 있을 것이라고 가정하기 어렵다. 따라서 뇌성마비 학생들의 장애유형별 언어적 특성을 구체적으로 살펴보고 이들의 특성에 적합한 교육적 접근을 해나가도록 노력해야 할 것이다.

## 2) 뇌성마비 학생의 유형별 언어 특성

뇌성마비 학생들은 머리, 목, 어깨 등 신체 각 부분의 불수의적 움직임, 호흡의 불안정, 발어 기관의 섬세한 조절 능력의 결여, 호흡량 조절과 관련한 비정상적인 근긴장 및 협응, 그리고 발어 기관을 움직이는 데 필요한 구어 근력 부족 등의 제약이 있다. 이러한 요인들은 구어 산출의 범위, 속도, 힘, 타이밍, 정확성에 영향을 주게 된다(Crickmay, 1991; Duffy, 1995). 이처럼 뇌성마비 학생들이 보이는 마비 말장애는 체간-호흡-성대의 다양한 운동장애를 나타내는 신경학적 병변에 기인한 구어장애다(Netsell, 2001).

> 마비 말장애는 "…… 구어 실행에 관련된 기초 운동 과정의 손상으로 인해 구어 메커니즘의 근육 조절에 장애가 일어나서 발생하는 일련의 구어장애의 집합적인 명칭이다."
> (Hodge & Wellman, 1999, p. 2)

뇌성마비 학생들이 보이는 마비 말장애는 정상적인 구어 산출을 하다가 질병이나 외상으로 인해 발생하는 후천적 마비 말장애와는 사뭇 다른 특성을 보인다. 정상적으로 구어를 산출한 적이 없고, 대근육 운동과 소근육 운동에 두드러진 기능장애를 보이는 뇌성마비 학생들은 정상적인 발달 과정에서 익히게 되는 감각이나 운동 경험을 하지 못하고, 구어 산출을 시도하는 정상적인 운동 패턴에 대한 경험도 하지 못한 채 평생을 보낼 수 있다(Workinger, 2010, p. 271).

하지만 모든 뇌성마비 아동들에 해당하는 구어 특징도 없다. 단지 유형에 따른 일반적 증상 속에서 개인 간 차가 존재할 뿐이다. 즉, 두 가지 주요 뇌성마비 집단 간에 어떤 구어 경향성을 내포하는 차이가 있을 뿐이다. 따라서 이들에게 필요한 치료나 재활 영역이 서로 다를 수밖에 없다. 경직형 뇌성마비와 불수의 운동형 뇌성마비 학생들의 언어 특성을 살펴보면 다음과 같다.

경직형 뇌성마비 학생들은 경도에서 중등도 사지마비 아동의 경우 초기 구어 산출을 할 수 있다. 아동에 따라 마비 말장애의 정도는 기저 병변의 정도와 범위에 따라 다르다. 중중 경직형 사지마비 학생의 경우는 모든 구어의 하위 체계에서 장애를 보이고 있는데, 이는 국소해부학적 분포와 연관이 깊다. 그리고 이 학생들은 굴곡 또는 신전된 자세의 고착으로 신체 구축과 변형(척추 측만)이 초래되어 구어 산출의 퇴행을 보이기도 한다. 구어 산출의 문제들을 살펴보면, 구어 산출 시 강도, 음질, 공명(과대비성의 증가)에 영향을 미치고 있으며(Gardner, 2004; Keesee, 1976), 신체 성장기에 특히 민감하게 영향을 받는다. 몸통과 팔 쪽에 나타나는 보다 경미한 장애인 경직형 하지마비인 경우나 경도의 경직형 사지마비 학생들은 호흡계와 후두계에 운동 구어장애를 나타내는 경향을 보인다. 그리고 경직형 사지마비 학생들은 신경 운동 계열 전체에 영향을 받아 구어의 모든 하위 체계에 장애를 보여 발어·발화에 어려움을 보인다.

불수의 운동형의 학생들은 태어나면서부터 중증의 구강 운동장애를 보이는 경향이 있는데, 특히 사지마비인 경우는 구어의 하위 체계 전체에 장애를 보인다. 영아기에 저긴장형의 패턴을 보이다가 18개월 이후 불수의적인 운동 패턴으로 긴장도가 변하는 경우에는 사지, 몸통, 구강안면 구조 등에 영향을 미치게 되어 18~24개월 아동들도 모음 산출의 범위에서 벗어나지 못하는 경우도 있다. 불수의 운동형의 학생들은 말하는 것이 늦고 수용언어 수준이 표현언어 수준보다 높아 보완·대체 의사소통 체계를 적용하는 것이 바람직하다. 구강운동 조절, 신체 체중, 몸통의 안정성 등이 갖추어지면 일부 학생의 경우 몇 개의 단어부터 명료한 대화에 이르기까지 기능적인 의사소통 능력을 발달시킬 수 있다.

경직형 뇌성마비 학생이나 불수의 운동형 학생들이 보이는 운동 패턴에 대한 기억 연구를 통해 밝혀진 경직형 뇌성마비 학생들의 구어 특징을 살펴보면 기식성 음질, 단음도, 단강도, 과대비성, 발화 내내 음질의 변화를 나타내고 있고(Workinger & Kent, 1991), 구강안면계보다는 호흡계와 후두계에 더 많은 장애를 보이는 경향이 나타남을 알 수 있다. 따라서 경직형 뇌성마비 학생은 종종 음성장애를 나타내는 반면에 조음 기술은 비교적 안정적이다(Workinger & Kent, 1991). 반면에, 불수의 운동형 학생은 다른 유형에 비해 가장 독특한 언어적 패턴을 보이며, 이들이 보이는 구어 특징은 느린 속도, 리듬장애, 적절치 못한 음성 정지 또는 방출, 강세 감소 등으로 특징지을 수 있다.

실조형 뇌성마비 학생은 정상적인 발달 패턴에 따라 구어 운동 기술을 보이지만 속도, 타이밍, 조음(왜곡)에서 약간의 어려움을 나타낸다. 불수의 운동형의 뇌성마비 학생들처럼 실조형 뇌성마비 학생들도 신체 조절과 안정성을 충분히 확보했을 때 구어 산출이 향상되고, 속도, 타이밍, 조음의 정확성에도 그 영향이 미친다.

중도 뇌성마비 학생은 대근육과 소근육 운동에도 심한 장애를 동반하기 때문에 환경에 최소한으로 반응을 보이고, 구강발달과 구두발달 측면에서도 원시적인 패턴을 보이며, 모든 발달 영역에서 정체기를 보인다. 중증의 학생은 나이가 들어도 생후 3~6개월 정도의 발달 수준에서 진전을 보이지 못하는 경우도 있다. 이들 학생들에게는 기능적 구어 의사소통을 발달시키거나 보완·대체 의사소통 체계를 마련하여 제공하더라도 의미 있게 사용할 것이라는 예후를 기대하기 어려운 경우가 많다.

## 3) 뇌성마비 학생의 마비말장애 하위 체계 특성

### (1) 호흡 조절 능력

뇌성마비 학생은 1차 중추 신경계 기능장애, 조산, 다른 의학적인 문제에 기인하는 호흡의 문제를 보일 수 있다. 따라서 특수교사들은 이들의 구어 산출에 필요한 호흡 능력에 대한 지식, 즉 신경 운동장애에 기인한 호흡장애에 대한 지식을 갖추어야 한다.

Solomon과 Charron(1998)은 불수의 운동형 뇌성마비 학생과 경직형 아동의 안정 시 호흡과 구어 호흡을 비교한 결과, 불수의 운동형 뇌성마비 학생에게서 훨씬 더 불안한 모습을 관찰하였다. 불수의 운동형 학생들은 말을 하는 동안 호흡근이 약하고 근력조절에 어려움을 보이는 것이 공통적으로 발견되기는 하지만, 특히 말을 하는 동안 후두에서 들숨과 날숨을 비효율적으로 조절하는 것으로 밝히고 있다.

뇌성마비 학생들이 말을 하는 데 필요한 호흡지원에 관한 연구를 통해 불수의 운동형 뇌성마비 학생들과 경직형 뇌성마비 학생들, 그리고 정상 발달을 보이는 학생들 등 세 집단의 폐 기능을 비교한 결과, 불수의 운동형 학생들은 안정 시 호흡속도가 가장 빠르고 호기 비축량과 폐활량이 비장애학생보다 적었고, 경직형 뇌성마비 학생과 정상 발달 학생과 비교하였을 때 역시 호기 비축량과 폐활량에 차이가 있었다. 경직형 양지마비 학생들과 사지마비 학생들 간의 폐 기능 차이는 몸통 벽(torso wall)의 기능상 차이에 기인하는 것으로 나타났다. 뇌성마비 학생들과 정상 통제 집단들 간에 호흡의 차이는 호흡 근력이 약한 것, 호흡 운동을 위한 길항근의 불수의적 움직임과 반대 작용, 그리고 해부학적인 힘과 그동안의 불수의적인 움직임 패턴을 몸이 기억하여 생긴 습관화된 운동에 기인하며, 학생들 스스로 그 어려움을 극복하기는 어렵다. 경직형 사지마비 학생은 숨을 내뱉는 호기 근육의 약화를 보이고 있으며, 낮은 호기압으로 인해 비장애학생들보다 폐활량이 적다. 하지만 이와 같은 호기의 문제는 모든 유형의 뇌성마비 학생에게서 볼 수 있는 일반적인 증

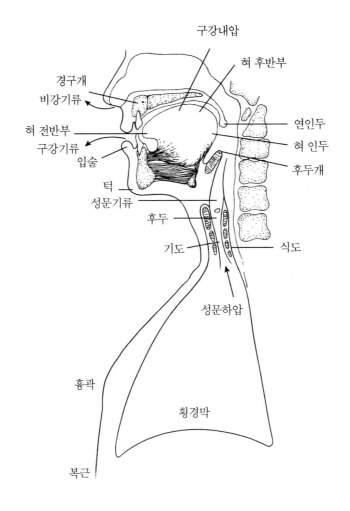

[그림 1-19] 기능적 요소를 나타내는 성대와 공기역학

출처: Netsell(1986).

세이기도 하다.

Hardy(1983)는 조음계(후두계, 연인두계, 구강 안면계)와 호흡계 간의 상호작용을 통해 구어 산출에 필요한 성대 내 압력을 적절하게 유지시키는 개인 간 차가 큰 것으로 보고하였다. 뇌성마비 학생들이 후두, 연인두, 구강 안면계에서 비교적 적절하게 조절하면서 폐활량이 감소하였다면 이는 적절한 구어 산출을 하는 것으로 판단할 수 있다. 하지만 폐활량에서 똑같은 감소를 보이고 있는데 후두, 연인두, 또는 구강안면 구조의 수준에서 압력 조절이 부적절하게 일어나 공기 손실이 많은 경우는 심한 호흡장애를 동반하게 된다. 폐활량 감소의 한 가지 징후로는 경직형 뇌성마비 학생의 경우 짧은 최대 발성시간을 들 수

있다(Wit et al., 1993; Workinger, 1986).

앞서 언급했듯이, 호흡계는 소리 크기를 조절하는 데 중요한 역할을 한다. 특히 성문하압과 성대 수준에서의 변화는 구어의 소리 크기에 영향을 미친다. Workinger(1986)는 7개 단어 문장을 이용하여 학생들의 음압을 평가하여 뇌성마비 학생이 산출한 소리 크기의 가변성을 측정한 결과, 경직형 뇌성마비 학생과 불수의 운동형 뇌성마비 학생들은 비장애 학생들보다 음질이나 크기에 대한 변화가 더 다양하게 나타났다. 뇌성마비 학생들이 보인 소리 크기의 잦은 가변성은 호흡 메커니즘의 손상을 의미하기는 하지만 이러한 소리 크기 가변성의 원인을 밝히지 못하고 있으며, 여전히 개별적인 차이로 설명하고 있다. 경직형 뇌성마비 학생들이 보이는 말소리 크기의 가변성은 발화 전체에 일관된 성문하압을 유지할 수 없어 발생하고, 불수의 운동형 뇌성마비 학생들은 후두 수준에서 들숨과 날숨을 조절하는 문제에 기인하여 말소리 자체가 불안정한 것으로 정리할 수 있다.

### (2) 후두계

부적절한 구어 호흡은 뇌성마비 학생의 발성에 역효과를 줄 수 있으며, 후두 불협응, 그리고 비정상적인 근긴장(저긴장성, 경직성) 또는 발성장애를 초래할 수 있다. 뇌성마비 학생에게 나타나는 발성 개시와 종료의 협응 장애에 대해 경직형과 불수의 운동형 뇌성마비 학생의 구어를 스펙트로그램을 비교하여 분석한 결과(Workinger, 2010), 이들이 발성을 하는 데 불필요한 발성습관이 있음을 발견하였다. 즉, 불수의 운동형 학생들의 예비 발성 패턴은 경직형 학생들보다 빈번하였고 지속시간도 더 길었다(Farmer & Lencione, 1977).

뇌성마비 학생의 음질장애는 성대의 적절한 내외전과 적절한 긴장도 유지의 문제와 관련이 있다. 성대가 적절하게 내전되지 않을 때나 부적절하게 긴장되어 있을 때는 기식성의 음질과 약한 강도의 목소리가 나고 극단적인 경우, 발성 시도를 하는 순간 한꺼번에 공기를 쏟아 내 버려 폭발적인 형태로 말을 하게 된다. 반면, 성대가 과내전되고 긴장이 너무 심하게 되면 쥐어짜는 듯한 음질로 발성이 이루어지게 되고, 과도하게 성대에 긴장이 발생하게 되면 목소리가 전혀 나지 않을 수 있다(Hardy, 1983).

경직형 뇌성마비 학생은 발화하는 동안 자주 음질이 변한다. 처음 말을 시작할 때는 적절한 음질로 시작할 수 있지만, 적절한 성문하압을 유지할 수 없게 되면 쥐어짜는 또는 목이 졸린 듯한 음질이 되거나 낮은 음성 강도(소리 크기)로 말하는 경향이 있다. 그러나 경직형 뇌성마비 학생의 음성 강도 특징은 큰 소리로 구어를 산출할 때 팔에 과도한 근긴장이 동시에 나타나게 되고, 낮은 음성 강도로 말을 할 때 사지의 근긴장도가 좀 더 정상 범위로 낮아지는 것 등인데, 이는 말할 때 학습된 연관행동으로 설명할 수 있다.

뇌성마비 학생의 발성장애는 성대 남용이나 과기능에 기인하여 성대 결절을 가져올 수도 있을 뿐만 아니라 위식도 역류도 발생할 수 있는데, 이러한 문제는 모든 뇌성마비 학생의 공통적인 문제이기도 하다. 따라서 목쉰 음성 그리고 지속적인 기침과 같은 증상을 보일 수 있고, 역류성 후두염으로 어려움을 겪게 되므로(Arvedson, 2002), 이들이 근긴장도를 스스로 풀 수 있도록 자기조절훈련을 해 나가야 한다(류재연 외, 2009). 그리고 이러한 병리적인 특징이 뇌성마비 학생들의 발성장애 원인이나 요인으로 의심된다면, 음성 징후에 대한 교육이나 언어치료를 진행하기 전에 객관적인 교육적 평가와 의료 평가를 실시하여 좀 더 여유를 가지고 학생들과 상호작용하며 작은 변화와 과도한 근긴장도에 교사가 민감하게 반응하여 적절한 이완 훈련을 제공하는 것이 바람직하다.

### (3) 연인두계

뇌성마비 학생의 연인두 기능장애는 구어 산출 과제를 수행하는 동안 연인두 통로의 점진적인 개방과 폐쇄, 예측 가능성을 염두에 둔 연인두계의 개방, 지속적인 개방, 미숙한 개방 등으로 나타난다. 그러나 이러한 개방 정도와 형태가 마비 말장애의 다양한 유형을 모두 구분 짓거나 설명해 주지 못한다. 불수의 운동형 뇌성마비 학생은 연인두를 스스로 조절할 수 없기 때문에 불안정한 연인두 거상으로 인해 간헐적으로 과대비성을 보이거나 비음화된 모음을 산출하기도 하고(Kent & Netsell, 1978), 경직형 뇌성마비 학생도 습관적인 연두개 거상으로 일관된 과대비성을 산출하기도 한다(Workinger & Kent, 1991).

### (4) 구강 안면계

뇌성마비 학생들이 보이는 병리적 구강 운동 패턴은 〈표 1-1〉에서 보는 바와 같이, 구어 산출에서 상당한 방해 요인으로 작용한다(Arvedson & Brodsky, 2002; Morris & Klein, 2000). 불수의 운동형이나 혼합형 뇌성마비 학생들은 다른 유형보다 비정상적인 운동 패턴을 더 많이 보이는데, 턱의 큰 운동 범위, 부적절한 혀의 위치, 전환 시간의 연장이 그것이다(Kent & Netsell, 1978; Kent, Netsell, & Bauer, 1975). 그리고 경직형과 불수의 운동형 뇌성마비 학생 간에는 입술 열기와 입술 다물기에서 차이를 보이는데, 경직형 학생들은 입꼬리 내림근과 윗입술 둘레근의 길항근이 동시에 작용하여 입술을 오므리는 데 어려움이 있고, 운동 속도를 빠르게 최고조로 올리는 데 시간이 오래 걸린다거나 기능적인 근 움직임에서 어려움을 나타낸다(Netsell, 1978). 반면, 불수의 운동형 뇌성마비 학생들은 근육

표 1-1 비정상적인 구강운동 패턴과 자세

| 비정상적인 구강운동 | 특 징 |
| --- | --- |
| 입술 뒤로 당기기<br>(lip retraction) | 증가된 근긴장과 함께 입술이 미소를 지을 때처럼 뒤로 당겨지고 뺨이 팽팽해진다.<br>윗입술이 올라가고 치경이나 치아가 드러난다. |
| 입술 오므리기<br>(lip pursing) | 끈을 졸라매는 식으로 입술을 앞쪽으로 내민다.<br>입술을 뒤로 당기는 학생들에서 자주 나타난다. |
| 턱 내밀기<br>(jaw thrust) | 턱을 강하게 아래로 확장시킨다.<br>운동이 리드미컬하지 않은데, 이 자세로 턱을 오랫동안 고정하고 있는 것으로 보일 수도 있다. |
| 턱 변화의 결함<br>(lack of jaw grading) | 턱 운동이 턱을 닫고 있거나 활짝 벌리고 있는 형태로 나타난다.<br>정교한 조절이 잘 이루어지지 않는다. |
| 긴장성 물기<br>(tonic bite) | 치아나 치경의 자극이 세고, 빠르고 강력한 물기반사를 유발한다.<br>문 것을 풀기가 어려울 수도 있다. |
| 혀 뒤로 당기기<br>(tongue retraction) | 혀가 단단해지고 구강 내 뒤쪽으로 들어가 있다.<br>혀의 운동 범위가 제한된다.<br>마치 안정성을 위한 것처럼 가끔씩 혀를 입천장에 대고 있다. |
| 혀 내밀기<br>(tongue thrust) | 입으로 혀를 강력하게 돌출시킨다.<br>뒤로 당기기 단계보다 신전 단계가 더 길다.<br>빨기에서처럼 운동이 리드미컬하지 못하다.<br>혀가 두꺼워 보이기도 한다. |

출처: Workinger(2010), p. 50에서 재인용.

들의 협응적 움직임이나 근육들 간의 움직임 속도에서는 정상적이지만 최상 속도가 상황별로 다르고 비정상적인 지속 시간을 보인다.

경직형 운동형과 불수의 운동형 뇌성마비 학생의 구어 산출 특징을 비교하면, 경직형 학생의 구어는 불수의 운동형 학생의 구어보다 더 명료하고 조음 결함이 적고(Platt, Andrew, Young, & Quinn, 1980), 불수의 운동형 학생들은 경직형 학생들보다 명료하지 못한 단어를 두 배가량 더 많이 산출한다. 이와 같이 두 집단의 조음 오류 유형은 오류의 수와 오류를 보이는 단어의 음성학적 요인이나 유형에서 차이를 보이고 있는데, 그 구체적인 내용은 다음과 같다. 불수의 운동형 뇌성마비 학생이 보이는 조음 오류는 생략–모음 오류–대치–유성 음화–첨가의 순으로 나타났고, 경직형 뇌성마비 학생의 조음 오류는 생략–비음화 순으로 나타났다(Workinger & Kent, 1991). 그리고 불수의 운동형 학생과 경직형 학생의 구어는 타이밍 측면에서도 다르다. 경직형 학생들의 지속시간이 비장애학생보다 느린데(Workinger, 1986), 이는 비정상적인 근육 구축의 패턴이 영향을 미쳤기 때문으로 해석할 수 있다(Netsell, 1978). 경직형 뇌성마비 학생들은 특정 목표에 필요한 적정 운동 범위에 도달하기 위해서는 운동 속도를 감소시켜야 한다는 것을 터득했을 가능성이 있고, 불수의 운동형 학생들의 느린 운동 패턴은 불수의적인 근긴장, 증가된 운동 범위, 불필요한 운동 특성의 메커니즘에 기인하므로 이에 대해 적절한 재활운동과 훈련을 실시하여 개선해 나가야 한다.

최근에 Higgis와 Hodge(2002)는 마비 말장애 학생들의 모음 산출 연구를 통해, 모음 사각도의 교점 모음인 /i/, /æ/, /α/, /u/의 제1 음형대와 제2 음형대에서 마비 말장애 학생들이 비장애학생들보다 더 작은 모음 영역을 사용하고 있고, 모음 영역과 단어 및 문장 명료도 검사와도 정적 상관을 보이고 있다고 밝히고 있다. 이러한 연구 결과를 바탕으로 교사들은 교육 프로그램을 구안할 때 학생들의 모음 산출 특성을 고려하여 광범위한 모음 사용 영역대 훈련을 포함하여 어음 명료도를 향상시킬 수 있도록 해야 할 것이다.

### 4) 뇌성마비 학생들의 보완·대체 의사소통 체계

장애아동과 관계를 맺고 있는 부모나 교사들은 아동의 강점과 요구, 그리고 학습 스타일을 이해하여 학습을 촉진시킬 수 있는 방법을 찾아 삶의 질을 높여 주고자 한다. 하지만 특수교육 서비스를 받을 적격성을 판단하기 위해 실시되는 표준화된 사정을 통해 수집된 정보는 학생을 설명하기에 그다지 명확하지 못하며, 중도 뇌성마비 아동에게 사용되었을 때 이들의 능력에 대한 새로운 편견을 제공하는 원인이 되기도 한다(Linder, 1993; Mar, 1996). 비장애아동들과 마찬가지로 뇌성마비 아동 역시, 친숙하지 않은 상황, 그동안 이루어지던 의사소통 패턴과 다른 유형의 사람을 만나게 되면 그들의 의사소통 방식을 이해하는 데도 어려움을 겪게 되고, 대화 상대자 역시 학생의 반응을 정확하게 읽어 내지 못해서 발생하는 소통의 부재를 경험하게 된다(박경옥, 20006; Linder, 1993). 특히 뇌성마비 아동의 경우, 자신의 신체 경직이나 원시 반사, 불수의적인 움직임 등으로 인해 의사소통에 대한 자신감이 결여된 상태에 있어 낯선 사람들과의 의사소통에 소극적인 면을 보이고 수동적으로 반응하는 것으로 나타나고 있으므로(Coggins, 1998), 뇌성마비 학생을 사정할 때는 이들의 의사소통 방식을 이해하는 것이 우선시되어야 한다(박경옥, 2006; Mar, 1996; van Dijk, 1999). 더구나 뇌성마비 학생에게 상호 반응적인 방식이 아닌 경우, 즉 질문에 빨리 반응하고 빈번한 반응을 해야 하는 경우나 학생이 질문을 이해하지 못하는 경우도 있고, 시간이 부족한 경우도 있으며, 지나치게 높은 기대감으로 불안감을 느껴 낮은 성취 결과를 낳을 수 있다. 또한 대화 상대자와 학생 간의 의사소통 격차(방식에 대한 상호 이해가 부족한 경우)는 아동의 인식 흐름을 방해하여 사정의 과정에서 일탈하게 되므로 부적절한 행동이나 문제행동 등으로 자신을 표현하는 경우가 발생할 수 있다(박경옥, 2006; van Dijk, 1999).

최근 중증 장애학생뿐만 아니라 다양한 장애 영역의 학생들과 생활을 하고 있는 부모나 특수교사는 보완·대체 의사소통 체계에 대한 충분한 이해로 다양한 접근 방법을 시도하는 움직임을 활발히 보이고 있다. 특히 과거 그림카드를 이용한 초보적인 수준의 보완·대체 의사소통 체계가 이루어졌던 것에 비교하면 프로그램의 종류나 수뿐만 아니라 보조공학적 지원도 상당한 수준에 이르고 있다.

이렇게 다양하게 개발된 여러 가지 보조공학 기기나 의사소통용 소프트웨어는 장애를 지닌 학생에게 적용되어 그 효과성을 입증해 내고 있다. 의사소통의 문제를 지닌 뇌성마비 학생들을 위한 보급형 의사소통 도구들이 개발·보급되어 적절한 활용으로 의사소통 능력을 증진시킴으로써 이들의 학습 및 일상생활에 도움을 주고 있다. 그러나 효과적인 의사소통 도구라 하더라도 모든 장애학생들에게 공통적으로 또는 획일적으로 적용 가능하고, 또 같은 효과를 볼 수 있는 것은 아니다. 예를 들면, 자신의 발 모양과 크기에 맞는 신발을 신었을 때 발도 편안하고 오랫동안 걸을 수 있는 것처럼 이러한 다양한 보조공학 기기나 소프트웨어도 학생의 장애 특성과 개인의 능력에 맞는 맞춤처방으로 개별적으로 적용되었을 때 개인에게 이로운 의사소통의 방법으로 활용될 수 있다. 즉, 의사소통 도구라는 것이 학교에서 하나를 구입하여 여러 학생이 돌려 쓰거나 함께 쓸 수 있는 물건은 아니라는 점이다. 개인의 의사소통 특성에 맞게 개별적인 접근이 필요한 것이고, 동일한 방식으로 소지하는 것이 아니라 학생의 신체적 특성을 고려하여 그 도구의 자리와 활용도 모색해야 하는 영역이다. 따라서 이 절에서는 교실환경을 중심으로 다양하게 활용되는 보완·대체 의사소통 체계용 테크놀로지를 No Tech의 비상징적 의사소통, Low Tech와 High Tech로 구분하여 활용 방법을 소개하고(박경옥, 2007), 이러한 기기를 사용할 수 있는 학생들이나 의사소통 보조기기를 사용할 수 없는 학생들의 비상징적인 의사소통 행동에 대해 간략하게 소개하고자 한다.

### (1) 비상징적 의사소통

사회적 상호작용 과정에서 표정이나 몸짓 등과 같은 신체적 움직임으로 전달되는 의미는 말이나 글로 전달되는 것만큼 가시적이며 중요한 기능을 한다. 특히 말이나 글로 자신의 의사를 표현하기 어려운 뇌성마비 학생들은 자신만의 고유한 몸짓이나 신호를 이용하여 사회적 관계를 맺는 의사소통의 기술을 가지고 있음을 보여 준다(박경옥, 2006). 이와 같은 의사소통 행동을 비상징적 의사소통(nonsymbolic communication)이라 하는데, 타인과 접촉 시 형식적 상징체계(단어, 사인, 또는 그림 상징 등)를 거의(또는 전혀) 사용하지 않고, 상징 이전의 형태인 몸짓, 눈짓, 얼굴 표정, 소리 내기, 문제행동, 과거의 일상생활 재연, 그리고 반향어를 사용하여 의사소통하는 것을 의미한다(박경옥, 2006; Wetherby, Prizants, & Schuler, 2000). 인간의 발달적 측면을 고려해 볼 때 인지 능력, 운동 능력, 감각 기능이 원활하지 못하면 이러한 의사소통 능력이 함께 손상되어 타인과의 관계형성이 단절될 수 있다(이숙정, 2004). 중도·중복 장애학생 중 다른 사람들과의 상호작용을 하기 위해 상황적 맥락을 이해하고 신체적 차원으로 대화하는 비상징적 의사소통을 하는 이들의 경우는 일생 동안 타인의 보살핌에 의지해야 하므로 자신 삶의 많은 영역에서 자기결정권을 타인에게 양도하며 살아가게 된다(김혜리, 落合俊郎, 2008; 박경옥, 육주혜, 2011; 이상희, 2007; 이숙정, 2007). 비상징적 의사소통 체계를 소통의 채널로 선택한 뇌성마비 학생들도 스스로 자신의 삶을 좀 더 자기주도적으로 살아갈 수 있도록 지원해 줄 수 있다.

이처럼 구어와 문자를 이용하여 의사소통하지 못하는 학생들의 비상징적 의사소통 형태, 기능, 담화 기능 및 의도의 평가 항목에 대한 체계화된 사정 체계는 개발되지 못하고 있다. 비상징적 의사소통을 하는 뇌성마비 학생들이 지닌 독특한 의사소통 행동을 관찰하여 의사소통 형태, 기능, 담화 기능 및 의도를 평가하는 것은 간과되기 쉽기 때문에 대화 상대자들의 민감성을 증진시켜야 할 필요가 있다. 이를 위해서는 뇌성마비 학생의 비상징적 의사소통 행동에 대한 사정 체계를 더욱 보완해 나가야 한다(박경옥, 2006, 2011).

따라서 비상징적 의사소통 체계를 사용하는 뇌성마비 학생들의 의사소통 행동에 대한 탐색과 그 형태 속에 담긴 언어 기능과 담화 기능을 파악하는 사정 체계에 대한 접근 시도는 더 이상 미뤄둘 과제가 아니다. 박경옥(2011)은 비상징적 의사소통 체계 사용자의 의사소통 행동을 형태(안면형, 동작형, 신체 긴장도 변화형, 성인 의존형)와 기능(요구하기, 상호작용하기, 공동주의하기), 의사소통 의도성, 의사소통 담화 기능으로 유형화하였는데, 각 영역별 하위 항목은 〈표 1-2〉와 같다.

표 1-2 ) 뇌성마비 학생의 비상징적 의사소통 행동

| 구 분 | | 비상징적 의사소통 행동 |
|---|---|---|
| 의사소통 형태 (24문항) | 안면형 | 부정적인 반응이나 불만스러운 상황에 대해 일관성 있는 표정(예, 얼굴을 찡그리기)을 짓는다. |
| | | 긍정의 의미나 반가움을 표현하기 위해 일관성 있는 표정(예, 미소 짓기)을 짓는다. |
| | | 자신의 의사가 적절하게 전달되지 않았을 때 화를 내거나 짜증난 표정을 짓는다. |
| | | 특정 물건이나 행동 또는 상황에 대한 일관성 있는 공포(놀람)의 반응을 나타내는 표정을 짓는다. |
| | | 눈을 깜박이거나 눈동자를 돌려서(예, 정면 응시는 긍정의 표현, 측면 응시는 부정의 표현 등) 일관성 있는 반응을 보인다. |
| | | 관심 있는 사물(또는 사람, 행위)을 계속 응시한다. |
| | | 원하는 것이 있을 때 그것을 요구하기 위해 어른과 눈을 맞춘다. |
| | | 원하는 것(사람, 사물 등)이 있는 곳으로 눈길을 돌린다. |
| | 동작형 | 물건/사람을 손가락으로 가리킨다. |
| | | 사물을 요구하기 위해 직접 사물을 조작하는 흉내를 낸다(예, 더울 때 손으로 부채질하는 몸짓을 하거나 손으로 가위질하는 몸짓하기). |
| | | 하고자 하는 것을 행동으로 보인다(예, 농구를 하고 싶을 때 공을 드리블하는 흉내 내기). |
| | | 물건/사람을 손으로 직접 잡는다(예, 옷자락을 잡거나 사물을 잡는다). |
| | | 행동으로 어떤 행위를 해 줄 것을 요구한다(예, 모자를 자신에게 씌워 달라는 신호 보내기). |
| | | 대화에 필요한 자기만의 제스처(예, 손짓이나 몸짓하기)를 만들어 보여 준다. |
| | | 실제 연관된 사물을 보여 준다(예, 물을 마시고 싶을 때 컵을 들어 보이기) |
| | | 있던 곳에서 멀리 가거나 움직여서 다른 곳으로 이동한다. |
| | 신체 (긴장도) 변화형 | 근육의 긴장상태가 변화한다(예, 경직이 심해지거나 불수의적 행동 보이기). |
| | | 몸의 자세나 경계의 정도에 변화가 나타난다. |
| | | 신체 행동이 증가된다(예, 발을 버둥거리는 빈도가 잦아지거나 격해짐). |
| | 성인 의존형 | 어른에게 안달을 부린다(칭얼댄다). |
| | | 어른을 밀어내거나 기댄다. |
| | | 어른에게 다가간다. |
| | | 원하는 것이 있을 때 어른의 신체 일부(팔이나 손, 옷자락)를 건드리거나 잡는다. |
| | | 어른을 토닥거리거나 포옹하며 자신의 감정을 표현한다. |

| | | |
|---|---|---|
| 의사소통 기능<br>(9문항) | | 대화 상대자의 주의를 끌려는 의도로 어떤 행동을 한다. |
| | | 행동으로 사물을 요구한다(예, 모자를 달라는 신호 보내기). |
| | | 행동으로 사물을 거부한다(예, 점심시간에 밥을 거부하기). |
| | | 사물이나 행위를 요구하기 위해 소리 내어 부른다(어~, 우~ 등). |
| | | 행동으로 어떤 행위를 해 주는 것을 거부한다(예, 옷 입혀 주는 것을 거부하기). |
| | | 상대방을 향해 인사를 하거나 아는 체를 한다. |
| | | 상황이나 요구를 좀 더 명확하게 표현하고자 다양한 표정 또는 몸짓을 한다. |
| | | 누군가의 관심을 끌거나 요구를 하기 위해 소리를 낸다(의미를 담고 있는 단어 수준은 아니지만 소리내기). |
| | | 무엇인가를 자신의 뜻대로 하기 위해 상대방에게 허락을 구한다. |
| 의사소통<br>의도성<br>(11문항) | | 무엇인가를 원한다는 신호(또는 행동)를 보내고 상대방의 반응을 기다린다. |
| | | 좀 더 보편적인 방식(누구나 알 수 있는 신호)의 신호를 만들어 보낸다. |
| | | 원하는 목표를 성취하였을 때 신호를 멈춘다. |
| | | 자신이 원하는 어떤 목표가 성취될 때(또는 원하는 목표를 성취하는 데 실패했음이 명백해질 때)까지 상대방에게 계속 같은 신호를 보낸다. |
| | | 목표가 성취되지 못했을 때 찡그리거나 만족스럽지 못한 표정을 짓는다. |
| | | 목표가 성취되었을 때 밝은 표정을 지으며 만족감을 표현한다. |
| | | 자신이 원하는 사물과 상대방(어른)을 번갈아 가며 쳐다본다. |
| | | 자신이 정한 목표가 성취될 때까지 신호의 질(예, 소리를 점점 크게 한다거나, 몸 움직임을 더 자주 한다거나, 좀 더 강하게 하는 등)을 바꾼다. |
| | | 머리 움직임(예, 고개 끄덕이기, 고개 숙이기, 고개 옆으로 돌리기)으로 표현한다. |
| | | 어른이 자신의 뜻을 잘못 아는 것 같다는 생각에 대화의 내용을 수정하고자 한다. |
| | | 하고자 하는 일과 관련된 사물, 행위, 사람에 대한 더 많은 정보를 요구한다. |
| 의사소통<br>담화 기능<br>(5문항) | 시작<br>행동 | 자발적으로 어떤 주제에 관한 이야기(또는 몸짓과 같은 행동)를 먼저 꺼내 대화를 시작한다. |
| | 반응<br>행동 | 주로 말하는 사람의 주장이나 이야기에 대답하는 것으로 반응을 보이며 대화를 유지한다. |
| | 수정<br>행동 | 형태를 단순하게(적게, 덜 복잡한 단어 사용, 제스처 첨가) 하여 메시지를 전달한다. |
| | | 메시지의 내용은 그대로 바꾸지 않고 반복해 말하거나 행동으로 표현한다. |
| | | 소리를 크게 하거나 의도성을 더 분명하게 하거나 또는 강조하는 것과 같이 행동의 강도를 강하게 한다. |

출처: 박경옥(2011).

## (2) 비전자식 보완 · 대체 의사소통 방법

현재 많은 장애학생들은 학교에서의 교과 학습 활동, 가정에서의 일상생활, 지역사회에서의 적응 활동은 물론, 직장 등과 같은 다양한 장면에서 학생 고유한 방식의 의사소통을 하며 학습하고 생활을 영위하고 있다. 의사소통 방법에 대해서 상황을 고려하지 않고 어떤 한 가지 방법을 고수하는 것은 바람직하지 못하다. 경우에 따라 학생이 활용할 것을 염두에 두고 상황적 맥락을 고려한 수정이 필요하다. 즉, 학교 학습 장면에서는 기존에 사용하던 물건에 작은 장치를 더하거나 수정하여 학생에게 제공함으로써 의사소통을 촉진할 수 있다(박경옥, 2006, 2007). 예를 들어, 글씨를 써서 의사소통을 하는 학생에게 일반적인 필기 도구가 의사소통하는 데 장애물로 작용한다면 적절한 수정을 가할 수 있다. 학생들이 쓰기 위해서 전통적인 방식으로 잡을 때, 손목과 손가락의 부적절한 움직임으로 인해 쓰기 도구의 안정성이 떨어지게 된다. 뇌성마비 학생들은 그리기를 위해 크레용이나 다른 도구를 사용할 때, 비장애아동들과는 다른 방법으로 수정된 도구와 자세를 잡게 된다. 예를 들어, 아동들은 다른 손가락으로 연필을 쥘 수 있고, 안정성을 위해 검지와 중지 사이에 연필을 고정시키기도 한다. 이러한 대안적인 자세는 손으로 쓰는 것의 효율성과 명료성을 평가하여 적용할 수 있다. 뇌성마비 학생들의 경직으로 인한 쓰기와 쓰기도구에 대한 접근의 문제는 도구나 자세를 수정하여 제공하는 것으로 해결할 수 있다(박경옥, 2007).

신체 움직임의 기능적인 측면에서 어려움을 겪고 있는 학생의 경우라면 학생에게 적합한 컴퓨터 접근 보조공학이 시도되어야 한다. 즉, 신체적 손상의 심각성 때문에 쓰기를 위해 손이나 팔을 사용할 수 없는 경우, 이러한 학생들은 마우스 스틱(mouth stick)이나 헤드 스틱(head stick)을 사용하여 학생이 컴퓨터를 조작할 수 있도록 키보드 입력 보조기기를 사용한다거나 학생이 편리하게 컴퓨터 작업을 할 수 있도록 노트북을 이용할 수 있다. 신체적 특성을 고려하여 컴퓨터의 위치와 기울기를 고려한 장치를 사용하는 등 물리적인 구조를 바꾸거나 편의를 도모할 수 있는 도구를 적용하는 것이다. 교사들은 뇌성마비 학생들을 위한 최적의 각도를 알아내기 전에 여러 각도에서 사용할 도구를 제시해 주고 각도가 결정되면, 올바른 각도에 보조물을 배치하여 책상 위에 올려 둔다. 이처럼 직접 만들어 사용할 수 있는 여러 각도의 쓰기 작업대는 학생의 컴퓨터 사용을 촉진할 수 있다(김종인, 박경옥, 2008; Nelson et al., 2004). 이러한 결정 역시 학생의 특성이 고려되어야 하며, 컴퓨터를 사용할 공간에서 교사와 학생이 함께 결정해야 한다.

이러한 방법으로도 의사소통이 어려운 경우라면 간단한 그림 등을 이용하여 의사소통을 하는 방법을 선택할 수 있다. 이 그림 의사소통 방법에 대해서는 구어적 의사소통을 하기 어려운 학생들을 대상으로 많은 실행연구가 이루어지고 있고, 그 효과도 높게 평가되고 있다. 작은 실물 모형이나 실물 사진, 그림이나 선화 등 다양한 형태로 보급되었으며, 다양한 교육 장면에서도 활용되고 있다.

그 외에도 그림 도구를 사용하지 않고 명확하지는 않지만 음성적으로 반응을 하거나 손가락으로 사물을 가리키기, 눈으로의 응시, 표정 등의 다양한 몸짓으로 의사소통하는 방법도 효과적이다. 최근에 이루어진 연구들은 그림과 몸짓 등을 함께 사용하면서 상호작용의 빈도와 의사소통의 효과성을 더 높아지고 있으므로(박경옥, 2011) 단일 방식의 의사소통 방법을 고집할 것이 아니라 다중 양식의 의사소통 방법을 복합적으로 사용하는 것도 바람직하다(박경옥, 2005).

### (3) 전자식 보완·대체 의사소통 방법

음성적으로 의사소통하기 어려운 학생들은 앞서 기술한 바와 같이 몸짓이나 그림 등을 활용할 수 있고 또한 손으로 글을 쓰거나 전자 쓰기 도구로 자신의 생각을 표현할 수 있다. 운동신경의 문제로 인해 스스로 쓰기 도구를 사용하여 쓰기를 하지 못하는 학생들을 위해서는 수정된 컴퓨터 키보드나 다른 입력 장치(예, 스위치), 또는 컴퓨터를 위해 특수화된 소프트웨어(예, 단어 예측 프로그램)를 이용할 수 있다(김종인, 박경옥, 2008; Sturm, Erickson, & Yodar, 2003).

일반 키보드 수정은 하드웨어나 소프트웨어 모두에서 가능한데 하드웨어의 변형에는 습기를 방지할 수 있는 비닐 커버(moisture guards), 키가드(keyguards), 키 걸쇠장치(keylocks)를 사용할 수 있다(정해동 외, 1999; Sturm et al., 2003). 키가드는 각 키들 위에 구멍이 뚫린 키보드에 꼭 맞는 딱딱한 플라스틱 판으로 다른 키들을 작동시키지 않고 학생이 원하는 문자로 손을 움직이게 해 주어 원하는 키 위의 구멍에 손가락을 놓고 키를 누르게 하는 보조 도구다. 키 걸쇠장치는 다른 키가 눌려지는 동안 Escape, Control, Shift나 그 외의 키가 내려가 잠기도록 고안된 것으로 한쪽 팔이나 한 손가락만 사용할 수 있는 사람들에게 유용하다. 표준 키보드에 접근할 수 없는 제한된 운동 범위를 가지거나 스틱을 사용하여 키보드에 접근하는 학생을 위해서는 더 작고 다양한 모양과 구성의 키보드를 제공할 수 있다(김종인, 박경옥, 2008; Best, Heller, & Bigge, 2004).

키가드나 대체 키보드가 학생들에게 효과적이지 않을 때는 대체 입력 장치를 사용할 수 있다. 대체 입력 장치는 표준 컴퓨터 입력 장지를 내체해 사용되는 수정된 장치로 스위치,

포인팅 장치, 음성 인식장치 등을 말한다. 스위치는 컴퓨터에 연결될 수 있고 키보드의 위치에서 사용될 수 있는 장치로 다양한 모양과 크기가 있고 여러 신체 부위로 접근할 수 있도록 만들어진 것이다. 스위치는 대개 그림, 문자, 단어, 구, 이야기, 문서를 스캐닝할 수 있는 소프트웨어 프로그램과 결합하여 사용된다. 포인팅 장치는 스위치와 달리 학생이 지적하는 직접 선택에 의해 작동하는 것으로 머리를 움직여서 광학 센서 등으로 화상 키보드의 문자를 가리키거나 손가락, 입, 스틱, 헤드스틱 등으로 스크린을 터치하여 접근할 수 있다(정해동 외, 1999; Beukelman & Mirenda, 2005).

이외에도 다양한 의사소통을 위해 여러 가지 소프트웨어들이 개발되고 있으며, Bordmaker 프로그램은 의사소통용으로 개발되어 전 세계적으로 사용되고 있는 그림 활용 프로그램 제품 중의 하나다. 그러나 우리가 사용하는 의사소통용 그림판이나 책을 만들기 위해서 반드시 전문적인 프로그램을 고집할 필요는 없다. 학생들에게 익숙한 그리고 쉽게 구할 수 있는 사진이나 그림, 클립아트, 국립특수교육원의 AAC 그림 등을 활용할 수 있고 경우에 따라서는 직접 그려 사용할 수 있다. 새로운 장비라서, 또는 고가의 기능이 뛰어난 장비라서 반드시 좋은 것은 아니다. 물론 그 기기나 프로그램 자체는 훌륭하지만 그것이 나의 아이에게 또는 내 학생에게 맞지 않고 활용하는 데 어려움을 겪는다면 그것은 좋은 의사소통 도구로 평가받을 수 없다. 허름하고 단순하더라도 학생이 사용하는 데 적합하고, 그것을 가지고 학생과 교사, 학생과 가족, 또 학생과 친구들이 소통을 잘할 수 있다면 그것이야말로 이 세상에서 가장 좋은 의사소통 도구다. 그것은 장애학생에게 다른 사람과 관계를 맺을 수 있는 소통의 채널을 제공함으로써 세상으로 나올 수 있는 문을 만들어 주는 일이 될 것이며 행복의 첫걸음이 될 것이다. 우리 교실 속에 있는 작은 테크놀로지가 어떤 학생들에게는 이 세상의 전부일 수 있고, 어떤 학생에게는 세상으로 한 걸음을 내딛는 시작점이 되기도 한다(박경옥, 2007).

## 4. 뇌성마비 학생의 심리 · 정서적 특성

뇌성마비 학생들은 이들이 지닌 장애 특성에 따라 다양한 의료적인 처치와 장기적인 물리치료를 위한 입원, 정형외과적인 수술 등으로 물리적 · 심리적 고통을 겪고 있다. 장기적인 병원 치료가 학생의 성격뿐만 아니라 학교생활의 교우관계에도 영향을 미치기도 한다. 또한 일상생활 전반에 걸쳐 늘 타인에게 의존하여 생활해야 하기 때문에 열등감, 과보호 반응, 경험 부족, 학습된 무기력 등 수동적 양상을 보이기도 한다. 또한 장애에 대한 자기 수용 정도에 따라 자신의 신체상에 대한 부정적인 이미지와 타인이 자신에게 호감을 갖지 않을 것이라는 생각으로 우울, 공격성, 위축, 고집, 자기 방어적 성격의 특성을 일시적으로 보일 수 있다. 사고로 인한 후천적 장애를 지닌 학생은 과거에 가졌던 신체 능력과 생활방식에 대한 상실감을 경험하고, 슬픔을 극복하고 장애로 인해 바뀐 생활에 적응하는 데에도 적지않은 스트레스를 받을 수 있다. 또한 독특한 신체적 외모, 간질, 침 흘림, 보조기기 사용은 뇌성마비 등의 지체장애 학생들의 사회적 관계를 맺는 데 부정적으로 영향을 미칠 수 있다(류재연 외, 2009).

　　뇌성마비 아동 중에는 과잉행동, 주의력 산만, 감정 조절에 문제를 보이는 경우가 있으므로, 취학 전에 심리 평가를 받아 보는 것도 이들의 정서적 문제를 이해하고 해결책을 찾는데 도움이 된다. 간질, 뇌성마비 등의 뇌손상이 있는 학생에게는 그렇지 않은 학생에 비해 정서 및 행동장애가 4~5배 높게 나타난다. 지능이 높은 뇌성마비 학생일수록 정서적 부적응의 문제가 더 심하게 나타날 수 있고, 사회로부터 격리되어 지낸 경우에는 정서적으로 미숙하여 문제행동을 야기할 수 있다(박지환, 2007). 하지만 이러한 심리·정서적 특성은 개인의 개성 영역에 해당하므로 모든 뇌성마비 학생들에게 공통적으로 발생하는 특징으로 보기 어렵고, 일반적으로 위의 특성을 지니지만 개인 간 차이가 크고, 학생 개인의 환경적인 요인으로 인해 서로 다른 특성을 보일 수 있으므로 부정적인 편견을 갖지 않도록 모든 사람들이 노력을 해야 한다.

## 5. 뇌성마비 학생의 학습·인지적 특성

　　뇌성마비 학생의 인지 능력에 대해서는 일반적인 통계치를 정확하게 제시하기 어렵다. 뇌성마비 학생 중 1/3 정도는 인지 면에서 정상이거나 그보다 높은 인지 기능을 지니고 있고, 1/3 정도는 경도 정신지체를, 나머지 1/3 정도는 중등도이거나 중도의 정신지체를 지니고 있다. 뇌성마비 학생 중 청각 중복장애를 지닌 학생은 5~15% 정도, 시각장애(전맹, 약시, 터널시야, 사시 등)를 지닌 경우도 50%에 해당하는 등 감각 중복장애를 보이는 경우도 다수 있다(류재연 외, 2009; Howard, 2006; Nechring & Steele, 1996). 뇌성마비 학생들의 경우, 운동장애의 정도와 지적장애의 정도의 상관관계가 존재하지 않는다. 경도 운동장애 학생이라 하더라도 중증의 인지적 결함을 지닐 수 있고, 중증 운동장애라 하더라도 인지적으로 아무런 문제가 없을 수도 있다. 하지만 중복장애(시각 또는 청각, 정신지체)를 동반하는 경우에는 정보를 받아들이고 처리하는 데 어려움을 갖게 되어 학업 성취에 있어 낮은 결과를 얻게 될 가능성이 높지만 일반화하여 말하기 어렵다.

또한 뇌성마비 학생들은 물리치료나 정형외과적인 수술 등의 치료를 받기 위해 학교에 결석하는 일이 잦아서 지능이 평균이고 학습 동기는 높지만 학업 성취가 낮은 경우도 많다(이소현, 박은혜, 1998). 하지만 신경계통의 장애가 있는 경우에는 인지 및 지각 능력에 동시에 결함을 가짐으로써 같은 또래 학생들보다 학업 성취 면에서 뒤처질 가능성이 높은 편이다(박경옥, 2008; 이소현, 박은혜, 1998; Best, Heller, & Bigge, 2004; Bigge, 1991).

뇌성마비 학생들의 경우, 또래 비장애아동들에 비해 지구력이 약하고 덜 목표 지향적이며, 또래 아동들과의 놀이 참여도도 낮다. 특히 뇌성마비 학생들은 그들이 처한 환경의 구조화를 요구하고 있으며, 성인이나 타인의 도움에 많이 의존해야 하므로 앞서 기술한 인지 능력 및 학업 성취 등의 특징 이외에도 심리적 위축감이나 지나치게 수동적인 입장을 취하여 탐구학습이나 자기주도적 학습에 있어 열악한 능력을 보이기도 한다. 따라서 학생들이 환경을 독립적으로 이용하고, 보다 효율적으로 문제를 해결할 수 있게 하는 프로그램을 제공하여 학생 참여를 독려해야 한다. 그리고 뇌성마비 학생들의 학습 과정에서는 스스로 선택하고, 도움에 대한 요청을 자발적으로 할 수 있는 기회를 가능한 한 많이 제공하는 것도 도움이 된다. 반응 지연 방법으로 자신의 의사 표현을 명확하게 하고, 좋고 싫음에 대한 분명한 의사 표현의 기회를 제공하는 것도 바람직하고, 이러한 과정을 통해 학생의 학업 성취에도 긍정적인 영향을 미칠 수 있다. 학습의 과정은 어떤 현상에 대하여 그 이치를 알아내기보다는, 학생에게 신기한 것에 대한 의문과 호기심을 가질 수 있는 상황을 많이 제시하고, 주변의 사물과 현상을 관찰하게 하며, 관찰한 것을 비교하고, 분류, 조작할 수 있는 기회를 제공함으로써 다양한 표현력을 기르고 기초적인 탐구력을 형성하여 실생활에 필요한 적응력을 기를 수 있도록 해 나가야 한다.

뇌성마비 학생들은 이러한 교육의 목적을 달성하는 데 있어 다음에 제시하는 여러 가지 어려움으로 인해 많은 제약을 받고 있으므로 교사는 이에 대한 세심한 교육적 지원을 고려해야 한다.

첫째, 운동성의 제한으로 환경 탐색의 기회가 적다. 뇌성마비 학생들은 사물이나 조작 활동에 흥미를 갖더라도 활동 접근성의 부족으로 인해 일반적인 도구를 잡는 데 어려움이 있고, 그것을 조작하기 위한 소근육 조절 능력이 부족하다. 그만큼 뇌성마비 학생들에게 과학교과는 다양한 지원을 필요로 하는 영역이다. 이분척추 학생들은 시지각과 소근육 조절의 어려움 때문에 손으로 조작하는 데 어려움이 있으며, 떨림, 운동 실조, 근육약화 등의 어려움은 생활 속에서 여러 가지 물건을 다루거나 활동 보고서를 작성하는 것을 방해할 뿐 아니라, 여러 가지 활동에 있어 비장애학생들보다 훨씬 더 제한된 기초 경험을 하게 만드는 원인이 된다(박경옥, 2009; Beukelman & Mirenda, 2005).

둘째, 시각계통에 영향을 미치는 기능장애로 인해 공간적인 문제나 시지각의 문제를 보일 수 있다. 시각장애는 눈, 안면근육, 시신경, 시각적 정보를 처리하는 뇌피질의 문제에 기인하며 뇌성마비 아동의 3/4 정도가 굴절이상이나 시력이상을 가지게 된다. 가까이 있는 사물이 흐릿하게 보이는 원시나 각막의 비정상적인 굴곡으로 인한 난시를 보이기도 한다. 또한 사지마비나 양하지 마비형 뇌성마비 학생들 중 절반의 학생이 사시를 보이기도 하는데, 이는 깊이를 감지하는 데 영향을 미쳐 학습과제를 수행하는 데 어려움으로 작용한다(김세주 외, 2005; 박경옥, 2009).

셋째, 건강상의 문제로 누적된 학습 결손을 보일 수 있다. 뇌성마비 학생들이 교과 학습에서 겪게 되는 또다른 어려움은 건강문제로 인한 결석의 증가와 통증, 불편, 피로로 인한 체험 활동 참여의 부족 등으로 학습성취에 방해를 받을 수 있다는 것이다(박경옥, 2005).

넷째, 약물처치로 학습의 집중도를 떨어뜨릴 수 있다. 뇌성마비 학생의 장애 특성을 고려하여 학습 과정이나 도구를 적절하게 수정하더라도 약물이나 치료 효과, 약물에 의한 주의력 문제, 사물 조작 및 관찰에 영향을 미칠 수 있는 시·청각 및 지각의 문제 등으로 인해 비장애아동보다 훨씬 더 느리게 조작하거나 하지 못할 수도 있다.

다섯째, 문해력과 의사소통에 어려움을 갖는다. 언어적 표현 기술의 부족은 실험 과정을 표현하기 위한 표현 언어나 보고서 작성을 위한 쓰기에서 문제를 야기하기도 한다. 이러한 문해력과 의사소통을 증진시키기 위한 방법으로 어려서부터 성인과 아동이 함께 반복하여 이야기책을 읽으면서 나누는 상호작용과 학생의 적극적인 참여가 아동의 문해력과 의사소통 행동 증진에 긍정적인 영향을 미치는 것으로 보고되고 있다(김현주, 2002; 박경옥, 2006). 또한 학생들이 적절하게 수정된 쓰기 도구를 사용하더라도 운동 능력의 제한으로 인해 훨씬 더 느리고 이로 인해 쓰기의 양이 상대적으로 적다. 특히 의사소통의 장애를 가진 학생들은 단어의 조합이나 짧은 구를 사용하여 의사소통하게 되므로 문장 구조에 서투르게 되어 불완전한 문장, 덜 복잡한 문장, 문법적으로 부정확한 문장 구조를 구사하게 된다(박경옥, 2009; Beukelman & Mirenda, 2005).

여섯째, 신체적으로 남에게 많이 의존하게 됨으로 인하여 학습된 무기력과 지속적인 실패 경험으로 인한 낮은 자존감, 수동적인 학습 패턴 등이 나타내기도 한다. 이 때문에 우울, 공격성, 또는 위축 등의 특성을 보이기도 한다(김종인, 박경옥, 2008).

마지막으로 학습장애와 정신지체, 감각장애와 같은 중복장애가 동반되는 경우로 인해 정보를 받아들이고 처리하는 데 어려움을 보이기도 한다(이소현, 박은혜, 2006). 따라서 논리적인 지식보다는 일상에서 경험하는 자연 현상에 흥미와 관심을 가지게 하는 일상생활의 문제를 과학적으로 처리하는 데 필요한 기능적 지식을 강조하는 생활교육을 실시하는 것이 바람직하다. 그러므로 뇌성마비 학생들에게 경험을 확장시켜 주고 환경적 탐색을 할 기회를 가능한 한 많이 제공할 수 있는 다양한 교육활동을 전개해 나가기 위한 협력적 접근이 필요하다.

제2장

# 뇌성마비 학생의 컴퓨터 사용 지원 및 평가

## 1. 컴퓨터 접근 지원의 법적 근거

뇌성마비 장애인은 기기를 작동시키는 데에 많은 시간이 소요되고 불필요한 움직임으로 인해 체력이 지나치게 소모되거나 입력에 오류를 발생시키기 때문에 컴퓨터, 인터넷을 사용하는 데 어려움이 있다. 그리고 그 특성은 개인별로 매우 다르게 나타난다. 뇌성마비 장애인들이 컴퓨터를 사용하는 데 필요한 입력 보조기기들은 키보드 위에 부착하여 사용하는 키가드나 손, 머리, 입에 장착하여 자판의 키를 누를 수 있도록 돕는 막대형 입력도구와 같이 간단한 형태에서부터 최근 첨단 기술 발전으로 개발되고 있는 터치 기능, 음성인식이나 센서로 신체의 움직임을 감지하여 입력할 수 있도록 하는 시스템에 이르기까지 그 종류와 제품 또한 다양하다(Alcantud et al., 2006; Wu & Chen, 2007). 이는 컴퓨터와 인터넷을 필수적으로 사용하게 되는 교육과 사무·연구 관련 직업 환경에서 더욱 두드러지게 나타나는 현상이 될 수 있다. 이를 지원하기 위해서는 사용자들에게 개별적으로 맞는 키보드와 마우스를 보완·대체할 수 있는 방법을 통합적이고 전문적으로 찾아내고 적용하는 과정을 거친다(김종인, 박경옥, 2008; 육주혜 외, 2009a; 이근민, 김인서, 2004; Marino, Marino, & Shaw, 2006; Valadez & Duran, 2007).

뇌성마비 학생의 컴퓨터 접근 지원에 영향을 주는 법률로는 크게 「장애인 등에 대한 특수교육법」 「장애인 차별금지 및 구제에 관한 법률」 「국가정보화기본법」 「장애인 고용촉진 및 직업재활법」을 들 수 있다.

## 1) 「장애인 등에 대한 특수교육법」

이전의 「특수교육진흥법」이 폐지되면서 2007년 5월 25일에 「장애인 등에 대한 특수교육법」이 제정되었다. 이 법에 새로 도입된 규정이 '특수교육 관련서비스' 제공의 의무인데 여기에 보조공학기기, 학습 보조기기, 정보접근의 지원이 포함되었다(제2조). 그리고 이러한 서비스는 특수학교(급)에서뿐만 아니라 특수교육지원센터를 통해서도 가능함을 명시하고 있다. 각급학교의 장은 특수교육대상자가 필요로 하는 각종 교구, 학습 보조기기, 보조공학기기 등의 설비를 제공해야 하고 각종 정보는 홈페이지를 포함하여 특수교육대상자가 인식할 수 있는 방법으로 장애유형을 고려하여 제공해야 한다.

제2조(정의) 이 법에서 사용하는 용어의 정의는 다음과 같다.

　　2. "특수교육 관련서비스"란 특수교육대상자의 교육을 효율적으로 실시하기 위하여 필요한 인적 · 물적 자원을 제공하는 서비스로서 상담지원 · 가족지원 · 치료지원 · 보조인력지원 · 보조공학기기지원 · 학습보조기기지원 · 통학지원 및 정보접근지원 등을 말한다.

제11조(특수교육지원센터의 설치 · 운영)

　　① 교육감은 특수교육대상자의 조기발견, 특수교육대상자의 진단 · 평가, 정보관리, 특수교육 연수, 교수 · 학습활동의 지원, 특수교육 관련서비스 지원, 순회교육 등을 담당하는 특수교육지원센터를 하급교육행정기관별로 설치 · 운영하여야 한다.

제28조(특수교육 관련서비스)

　　④ 각급학교의 장은 특수교육대상자의 교육을 위하여 필요한 장애인용 각종 교구, 각종 학습보조기기, 보조공학기기 등의 설비를 제공하여야 한다.

　　⑦ 각급학교의 장은 각급학교에서 제공하는 각종 정보(교육기관에서 운영하는 인터넷 홈페이지를 포함한다)를 특수교육대상자에게 제공하는 경우 특수교육대상자의 장애유형에 적합한 방식으로 제공하여야 한다.

제31조(편의제공 등)

　　① 대학의 장은 해당 학교에 재학 중인 장애 학생의 교육활동의 편의를 위하여 다음 각 호의 수단을 적극적으로 강구하고 제공하여야 한다.

　　　1. 각종 학습보조기기 및 보조공학기기 등의 물적 지원

　　　2. 교육보조인력 배치 등의 인적 지원

3. 취학편의 지원

4. 정보접근 지원

5. 「장애인·노인·임산부 등의 편의증진보장에 관한 법률」 제2조 제2호에 따른 편의시설 설치 지원

② 국가 및 지방자치단체는 제1항에 따라 필요한 경비를 예산의 범위 안에서 지원하여야 한다.

## 2) 「장애인 차별금지 및 구제에 관한 법률」

「장애인 차별금지 및 구제에 관한 법률」은 2007년 4월 10일에 제정되었는데 우리나라에서 장애인의 권리에 대해 불이익을 받지 않도록 전반적인 분야에 걸쳐 통합적으로 장애인 차별금지 규정을 포함하고 있다. 교육분야에서의 차별금지 내용 중 보조공학과 정보접근에 관련된 규정은 제14조로서 교육책임자는 장애인의 교육활동에 불이익이 없도록 정당한 편의를 제공해야 한다. 교육분야에서 편의제공의 내용은 이동 및 접근, 학습과 평가 참여를 위한 보조공학기기와 시설 환경을 확보하고 활용하는 것이다. 아울러 정보를 인식할 수 있도록 돕는 수화 및 문자 통역, 점역과 같이 장애유형을 고려한 서비스와 각종 매체 변환 시스템의 제공 의무를 규정하고 있다.

제2장 차별금지 – 제2절 교육

제14조(정당한 편의제공 의무)

① 교육책임자는 당해 교육기관에 재학 중인 장애인의 교육활동에 불이익이 없도록 다음 각 호의 수단을 적극적으로 강구하고 제공하여야 한다.

1. 장애인의 통학 및 교육기관 내에서의 이동 및 접근에 불이익이 없도록 하기 위한 각종 이동용 보장구의 대여 및 수리

3. 장애로 인한 학습 참여의 불이익을 해소하기 위한 확대 독서기, 보청기기, 높낮이 조절용 책상, 각종 보완·대체 의사소통 도구 등의 대여 및 보조견의 배치나 휠체어의 접근을 위한 여유 공간 확보

4. 시·청각 장애인의 교육에 필요한 수화통역, 문자통역(속기), 점자자료, 자막, 큰 문자자료, 화면낭독·확대프로그램, 보청기기, 무지점자단말기, 인쇄물음성변환

출력기를 포함한 각종 장애인보조기구 등 의사소통 수단

5. 교육과정을 적용함에 있어서 학습진단을 통한 적절한 교육 및 평가방법의 제공

6. 그 밖에 장애인의 교육활동에 불이익이 없도록 하는 데 필요한 사항으로서 대통령령으로 정하는 사항

② 교육책임자는 제1항 각 호의 수단을 제공하는 데 필요한 업무를 수행하기 위하여 장애학생지원부서 또는 담당자를 두어야 한다.

## 3) 「국가정보화기본법」

기존의 「정보격차해소에 관한 법률」이 폐지되고 「정보화촉진기본법」과 통합되면서 「국가정보화기본법」이 2009년 5월 22일에 전부 개정되었다. 이를 통해 국가 전체의 정보화 차원에서 정보격차해소 정책이 다뤄지게 되었으며 국가기관, 사업자 등은 정보통신기기 및 소프트웨어와 서비스를 제공할 때 장애에 따른 접근성과 편의성을 고려해야 한다. 행정안전부의 한국정보화진흥원은 정보격차 해소 시책의 일환으로 장애인 · 고령자들에게 정보통신기기를 지원하며 정보통신 보조기기 구매를 지원하고 정보 소외계층에 대한 컴퓨터 교육 등을 실시하고 있다(한국정보화진흥원 http://www.nia.or.kr).

제3조(정의)

9. "정보격차"란 사회적, 경제적, 지역적 또는 신체적 여건으로 인하여 정보통신서비스에 접근하거나 정보통신서비스를 이용할 수 있는 기회에 차이가 생기는 것을 말한다.

제31조(정보격차 해소 시책의 마련) 국가기관과 지방자치단체는 모든 국민이 정보통신서비스에 원활하게 접근하고 정보를 유익하게 활용할 기본적 권리를 실질적으로 누릴 수 있도록 필요한 시책을 마련하여야 한다.

제32조(장애인 · 고령자 등의 정보 접근 및 이용 보장)

① 국가기관 등은 인터넷을 통하여 정보나 서비스를 제공할 때 장애인 · 고령자 등이 쉽게 웹사이트를 이용할 수 있도록 접근성을 보장하여야 한다.

② 「정보통신망 이용촉진 및 정보보호 등에 관한 법률」 제2조 제3호에 따른 정보통신서비스 제공자(이하 "정보통신서비스 제공자"라 한다)는 그 서비스를 제공할 때 장애

인·고령자 등의 접근과 이용의 편익을 증진하기 위하여 노력하여야 한다.

③ 정보통신 관련 제조업자는 정보통신기기 및 소프트웨어(이하 "정보통신제품"이라한다)를 설계, 제작, 가공할 때 장애인·고령자 등이 쉽게 접근하고 이용할 수 있도록 노력하여야 한다.

④ 국가기관 등은 정보통신제품을 구매할 때 장애인·고령자 등의 정보 접근과 이용 편의를 보장한 정보통신제품을 우선하여 구매하도록 노력하여야 한다.

⑤ 행정안전부장관은 장애인·고령자 등의 정보 접근 및 이용 편의 증진을 위한 정보통신서비스 및 정보통신제품 등의 종류·지침 등을 정하여 고시하여야 한다.

## 4) 「장애인고용촉진 및 직업재활법」

한국장애인고용공단(http://www.kead.or.kr)은 장애인 근로자가 있는 사업장에 작업 보조공학기기를 지원해 오고 있다. 이는 1990년 1월 13일 제정된 「장애인고용촉진 및 직업재활법」에 따른 것이다. 2004년에는 복권기금을 유치하여 장애가 있는 직업훈련생과 직장인에 대한 작업 시설과 보조공학기기 지원이 대폭 확대되었다. 이는 장애인이 교육을 마치고 직업을 찾는 과정에서 고려해야 하는 중요한 정보다.

제21조(장애인 고용 사업주에 대한 지원)

① 고용노동부장관은 장애인을 고용하거나 고용하려는 사업주에게 장애인 고용에 드는 다음 각 호의 비용 또는 기기 등을 융자하거나 지원할 수 있다. 이 경우 중증장애인 및 여성장애인을 고용하거나 고용하려는 사업주를 우대하여야 한다.

1. 장애인을 고용하는 데에 필요한 시설과 장비의 구입·설치·수리 등에 드는 비용
2. 장애인의 직업생활에 필요한 작업 보조공학기기 또는 장비 등
3. 장애인의 적정한 고용관리를 위하여 장애인 직업생활 상담원, 작업 지도원, 수화통역사 또는 낭독자 등을 배치하는 데에 필요한 비용
4. 그 밖에 제1호부터 제3호까지의 규정에 준하는 것으로서 장애인의 고용에 필요한 비용 또는 기기

## 2. 컴퓨터 사용을 위한 자세유지

적절한 보완·대체 키보드와 마우스를 찾아서 사용하기 위해서는 먼저 자세를 바르게 잡아주고 유지하도록 점검해야 한다. 적절한 자세를 유지하기 위해서는 머리, 몸통, 골반, 하지에 따라 세부적으로 점검해야 한다(〈표 2-1〉).

Johnston, Beard 그리고 Carpenter(2007)는 다음과 같이 자세유지를 지원하는 보조공

표 2-1 ) 자세 잡기의 일반적 원칙과 점검사항

| 구 분 | 일반적 자세유지의 원칙과 점검사항 |
|---|---|
| 머리의 적절한 지지 | • 시야 확보와 활동의 참여 촉진을 증진시킬 수 있도록 바른 위치를 잡는다.<br>• 머리를 똑바로 세우고 턱을 약간 밑으로 잡아당기는 듯한 자세가 바람직하다.<br>• 학생의 신체 특성을 충분히 반영하여 다양한 머리 지지대를 사용한다.<br>• 의자 등판을 연장하여 최대한 스스로 머리를 가눌 수 있게 지원한다.<br>• 머리 조절 능력이 낮은 학생의 경우에는 감싸듯 받쳐 주는 C형 머리 지지대를 사용하는 것이 바람직하다. |
| 몸통 및 상지의 안정성 확보 | • 몸통 지지와 고개 가눔에 영향을 준다.<br>• 몸통의 좌우에 지지대를 설치하여 학생들의 몸통이 양옆으로 기울지 않도록 한다.<br>• 가슴 또는 어깨에 띠를 두르고 양쪽 어깨를 등받이에 닿도록 펴게 한다.<br>• 어깨, 팔, 손을 자유롭고 안정적으로 움직일 수 있도록 책상의 높이를 조절하여 학생에게 제공하는 것이 바람직하다.<br>• 어깨가 지나치게 굴곡되거나 펴지지 않도록 하는 것이 좋고, 손은 손바닥이 위나 아래로 향하게 하기보다는 자연스럽게 손의 옆면이 책상 위에 오게 두는 것이 좋다. |
| 골반의 안정성 | • 약간 딱딱한 소재로 만든 의자의 등판과 밑판이 적절하다.<br>• 엉덩이를 의자의 가장 안쪽에 붙이고 앉을 수 있게 하고 무릎을 굽혀 앉힌다.<br>• 골반의 위치가 좌우 평형을 이루게 하여 자리에 앉힌다.<br>• 골반 위쪽(허리 윗부분)에 수건을 대 주어 척추가 S곡선을 유지할 수 있게 한다. |
| 하지의 적절한 지지 | • 무릎과 의자 밑판 부분과의 거리가 손가락 한두 개 들어갈 정도가 적절하다.<br>• 골반과 대퇴는 직각을 이루는 것이 바람직하며, 발목도 다리와 90도 각도를 이루도록 하는 것이 좋다.<br>• 학생들이 의자 깊숙이 앉지 않고 후방경사가 지면 다리를 지나치게 뻗치게 되어 신체가 바른 자세를 형성하는 데 어려움을 겪게 된다.<br>• 발은 의자나 휠체어의 발바닥 면에 닿을 수 있도록 하고, 학생들의 다리가 내회전 또는 외회전되지 않도록 내전대와 외전대를 부착하여 바른 자세를 유지하도록 한다.<br>• 발은 고정되어 있어야 과다한 불수의 운동을 줄일 수 있다. |

출처: 류재연 외(2010).

학기기 처방의 원리를 제시한다. 첫째, 장애가 없는 사람의 자세 상태를 참고한다. 장애가 없는 사람은 자동적으로 자신이 가장 편안하고 안정적인 자세를 취하게 되는데 보조공학기기의 적용에도 이를 참고하는 것이다. 둘째, 신체 지지의 안정성을 확보한다. 체간과 상하지가 일정한 지지를 받지 않으면 활동이나 작업을 하기 어렵기 때문이다. 셋째, 변칙적인 근긴장의 영향을 최소화한다. 근긴장이 낮은 경우 외부의 지지를 더욱 요하는 반면, 근긴장이 높은 경우에는 반사 작용을 최대한 피하고 편안한 움직임을 할 수 있도록 지지의 위치와 형태를 결정한다. 넷째, 고정된 기형은 보완하고 유연성 있는 기형은 바로잡는다. 신체의 기형이 고정된 경우는 잔존 움직임을 유지하고 편안함을 최대화하며 피로를 줄이고 동작에 필요한 에너지가 최소화될 수 있도록 보완하는 보조공학기기를 제공한다. 다섯째, 기능을 최대한 발휘할 수 있도록 중재를 최소화한다. 신체 부위 지지가 과도하게 적용되면 사용자의 일상적이고 기능적인 동작을 저해하게 되기 때문이다. 사용자가 상지의 위치를 바꾸면 하지가 그에 따라 움직일 수 있어야 한다. 그리고 하루 동안 최대한 여러 가지 동작을 할 수 있도록 고려한다. 여섯째, 휴식할 수 있는 지지를 제공한다. 피로를 감소시킬 수 있도록 활동을 하다가도 잠시 쉴 수 있는 지지가 필요하다. 자세유지를 고려한 맞춤형 휠체어의 세부적인 구조와 명칭은 [그림 2-1]과 같다.

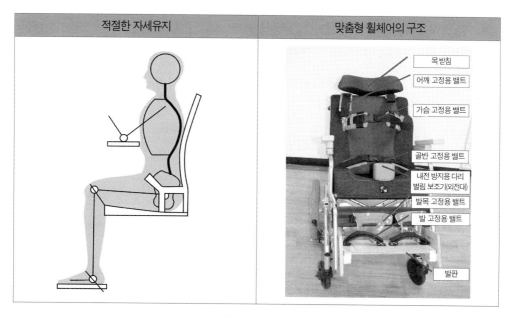

[그림 2-1] 맞춤형 휠체어의 구조와 명칭

출처: 류재연 외(2009).

### 내전대와 외전대

내전(內轉)이라는 말은 근육이 몸통 중심 쪽으로 당겨지는 것을 말하고, 외전(外轉)이라는 것은 몸통 정중선에서 바깥으로 당겨지는 것을 말한다. 따라서 내전근이라는 것은 몸 안쪽으로 끌어당기는 근육이고, 외전근은 몸통 중심에서 바깥으로 벌리는 데 관여하는 근육이다. 내전대(adductor)와 외전대(abductor)는 도구가 놓인 위치를 중심으로 했을 때와 기능을 중심했을 때 그 해석이 다르다.

도구가 놓인 위치에 따라 내전대와 외전대로 구분하는 경우는, 내전대는 무릎과 무릎 사이, 즉 몸의 중심에 놓는 도구다. 반대로 외전대는 몸의 바깥쪽(lateral line)에 놓는 도구다. 따라서 무릎 사이에 놓으면 당연히 내전대로, 다리가 안쪽으로 휘는 것을 방지한다. 반대로 다리의 바깥 부분에 놓는 도구는 외전대라고 하고, 다리가 바깥으로 더 휘는 것을 방지한다.

이와 달리 기능을 중심으로 내전대와 외전대로 구분하는 경우는, 내전대는 내전을 돕는 역할을 하는 것이고, 외전대는 외전을 돕는 역할을 하는 것이다. 내전대는 도구가 몸의 중심 쪽으로 모아지는 역할을 하는 것이고, 외전대는 어떤 도구가 몸의 중심에서 바깥쪽으로 벌어지도록 유도하는 역할을 하는 도구다.

## 3. 컴퓨터 접근 유형

뇌성마비 학생을 포함하여 지체장애인의 컴퓨터 작업을 위해 필요한 조정과 보조공학기기들을 전반적으로 살펴보면 다음과 같다. 이 중 개별 학생에 따라 필요한 조정과 장비를 파악하여 적용할 수 있다.

### 1) OS 기능 조정과 추가 장치

#### (1) 내게 필요한 옵션

추가 소프트웨어나 하드웨어 없이도 내게 필요한 옵션 기능으로 Windows의 모양과 동작을 조정하면 시각, 청각, 지체 장애가 있는 사용자가 보다 효율적으로 컴퓨터를 사용할 수 있다.

내게 필요한 옵션

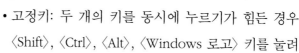 제어판 〉 내게 필요한 옵션 〉 키보드

• 고정키: 두 개의 키를 동시에 누르기가 힘든 경우 〈Shift〉, 〈Ctrl〉, 〈Alt〉, 〈Windows 로고〉 키를 눌려 있는 상태로 고정할 수 있다.

• 필터키: 너무 짧게 누르거나 반복한 키 입력을 자동으로 무시할 수 있다.

• 토글키: 〈Caps Lock〉, 〈Num Lock〉, 〈Scroll Lock〉 키를 누를 때 신호음을 들을 수 있다.

제어판 〉 내게 필요한 옵션 〉 소리

• 소리 탐지: 시스템 신호음을 시각적으로 표시한다.

• 소리 표시: 프로그램에서 나오는 음성 또는 소리를 화면에 자막으로 표시한다.

제어판 〉 내게 필요한 옵션 〉 디스플레이

• 고대비: 읽기 쉽도록 구성된 색상 및 글꼴을 사용한다.

• 커서 옵션: 커서가 깜박이는 속도 및 커서 너비를 변경할 수 있다.

제어판 〉 내게 필요한 옵션 〉 마우스

• 마우스키: 키보드의 숫자 키패드로 마우스 포인터를 움직이도록 설정한다.

🖥 제어판 〉 내게 필요한 옵션 〉 일반

• 자동 재설정: 지정한 기간 동안 유휴 상태이면 내게 필요한 옵션 기능이 해제된다.

• 알림: 기능을 활성화할 때 확인 메시지를 표시한다. 또한 기능을 활성화하거나 해제할 때 신호음을 울린다.

• 직렬키 장치: 키보드와 마우스 이외의 다른 방법으로 엑세스 할 때 설정한다.

• 관리 옵션: 로그온 화면에 모든 설정을 적용한다. 또한 새 사용자의 기본값으로 모든 설정을 적용한다.

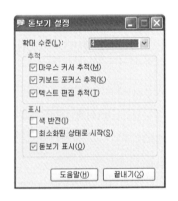

🖥 시작 〉 모든 프로그램 〉 보조프로그램 〉 내게 필요한 옵션 〉 돋보기

• 확대 수준: 화면 확대의 배율을 정할 수 있다.

• 추적: 마우스 커서, 키보드 포커스, 텍스트 편집을 추적하도록 선택할 수 있다.

• 표시: 색 반전, 최소화된 상태로 시작, 돋보기 표시를 선택할 수 있다.

(2) 키가드

키보드 위에 장착하는 투명판으로 자판을 누를 때 손의 떨림이나 불수의적 움직임으로 인한 입력의 오류를 방지할 수 있도록 손을 지지하여 키를 누를 수 있게 해 주는 받침대다. 키보드의 형태와 키의 위치에 맞춰 제작한다.

[그림 2-2] 키가드

### (3) 큰 글자 또는 색상 라벨

키보드나 마우스에 해당 기능을 큰 문자로 표시하거나 색상지를 부착하여 강조를 주어 입력을 보다 수월하게 하는 방법이다.

### (4) 팔과 손목 지지대

장시간 컴퓨터를 사용하거나 팔목과 손목에 주는 무리를 감소하고자 할 때 팔과 손목에 맞는 지지대를 사용한다.

🖥 팔목/손목 지지대

책상에 설치하여 컴퓨터 사용과 사무작업 시 팔목과 손목을 지지한다.

## 2) 키보드 키 입력 장치

손가락, 손, 팔, 입, 머리 등에 장착하여 물리적인 키 입력을 가능하게 또는 보다 효율적으로 할 수 있도록 도와주는 막대다.

🖥 마우스 포인터

입에 물고 키보드의 키 입력을 한다. 끝 부분이 고무팁으로 처리되어 키를 누를 때 미끄럼 방지가 된다.

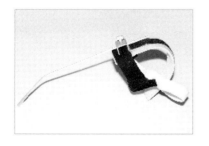

🖥 헤드 포인터

머리에 장착하고 키보드의 키 입력을 한다. 끝 부분이 고무팁으로 처리되어 키를 누를 때 미끄럼 방지가 된다.

## 3) 대체 키보드

일반 키보드를 사용하지 못하는 경우 그 대신 사용할 수 있는 키보드다.

### (1) 큰 키보드

🖥 빅 키보드(Bigkeys keyboard)

QWERTY 자판 배열을 따르고 있으며 키보드의 키가 사방 2.5cm 정도 크기로 일반 키보드의 4배다.

### (2) 작은 키보드

🖥 아이락스 슬림키보드(i−rocks/KR−6600 Nano)

가로 21.8cm × 세로 10.3cm × 두께 1.5cm의 얇고 작은 크기의 키보드로서 한 손으로도 사용 가능하다.

🖥 미니 조합 키보드(Matias Half Keyboard)

한 손 또는 두 손으로도 사용할 수 있도록 키를 조합하여 입력한다. 기존의 QWERTY 키보드를 반으로 접어 놓은 형태다.

## (3) 한 손 사용자용 키보드

💻 한 손 사용자용 키보드(Maltron)

한 손으로 키보드를 사용할 수 있도록 인체공학적으로 설계되었다. 오른손 사용자용, 왼손 사용자용이 각각 있다.

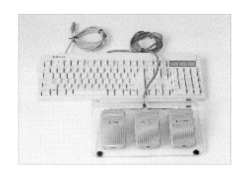

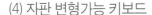

💻 기능키의 외장 설치 키보드

한 손으로 일반 키보드를 사용하면서 Ctrl, Alt, Shift의 기능키를 다른 손의 손가락이 아닌 신체 부위로 눌러 동시에 두 개의 키를 눌러야 할 때 사용한다.

## (4) 자판 변형가능 키보드

💻 인텔리키즈(Intellikeys)

키보드 위에 얇은 판(overlay)을 갈아 끼우면서 배열을 여러 가지로 사용할 수 있다. 환경설정 소프트웨어 프로그램으로 사용자가 키보드 판을 제작, 인쇄하여 사용할 수 있다.

### (5) 화면 키보드

🖥 바로키

단어예측 화면 키보드로 철자를 하나 입력하면 그 철자로 가장 많이 사용하는 다음 음절이 나열되어 그중에서 선택함으로써 입력 속도를 향상시킨다.

🖥 클리키 3.5

QWERTY 화면 키보드다. 화면상의 키보드를 이용하여 워드 프로그램으로 문서 작성이 가능하다.

## 4) 대체 마우스

일반 마우스를 사용하지 못하는 경우 그 대신 사용할 수 있는 마우스다.

### (1) 트랙볼 마우스

🖥 트랙맨 마블 마우스(Logitech Trackman Marble Mouse)

트랙볼 마우스 중의 하나로 타원형의 베이스 위에 빨간색의 볼을 얹어 놓은 형태. 볼의 움직임이 민감하여 살짝 건드려도 화면의 커서가 금방 움직인다.

### 🖥 롤러 2 트랙볼 마우스(Roller 2 Trackball)

트랙볼 마우스 중의 하나로 사각형 베이스 위에 빨간색의 볼을 얹어 놓은 형태다. 지름 6.35cm 빨간 볼을 중심으로 왼쪽 클릭, 더블클릭, 오른쪽 클릭을 할 때 손을 지지해 주는 가드가 부착돼 있다. 스위치와 연결하여 사용할 수 있다.

### 🖥 롤러 플러스 트랙볼 마우스(Roller Plus Trackball)

트랙볼 마우스 중의 하나로 사각형 베이스 위에 지름 6.35cm 파란색의 볼을 얹어 놓은 형태다. 파란 볼 주변에 왼쪽 클릭, 더블클릭, 오른쪽 클릭, 커서를 움직이는 다른 버튼들을 배치하고 베이스 전체에 손을 지지해 주는 가드가 부착돼 있다.

### 🖥 시미어 롤러 트랙볼 마우스(Semere Roller Trackball)

트랙볼 마우스 중의 하나로 사각형 베이스 위에 빨간색의 볼을 얹어 놓은 형태다. 왼쪽 클릭, 오른쪽 클릭, 더블클릭 버튼이 있다.

## (2) 조이스틱 마우스

### 🖥 롤러 2 조이스틱 마우스(Roller 2 Joystick)

화면의 커서를 조이스틱으로 조정하는 방식의 대체 마우스다. 베이스가 사각형이고 클릭하는 부분에 가드가 장착돼 있다. 손잡이는 공모양, 가로, 세로 모양 등 다른 유형으로도 바꿔 사용할 수 있다.

💻 샘 조이스틱 마우스(Sam Joystick1)

화면의 커서를 조이스틱으로 조정하는 방식의 대체 마우스다. 손잡이가 수직 원통형이고 베이스가 반원형이다.

💻 샘 조이스틱2 마우스(Sam Joystick2)

화면의 커서를 조이스틱으로 조정하는 방식의 대체 마우스다. 손잡이가 수직 원통형이고 베이스가 사각형이다.

### (3) 버튼형 마우스

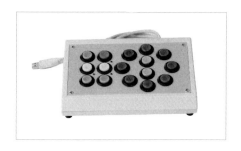

💻 라꾸라꾸 8버튼 마우스

마우스 포인터를 여덟 방향으로 이동할 수 있는 여덟 개의 버튼을 기본으로 왼쪽 클릭, 오른쪽 클릭, 더블클릭, 드래그, 마우스 포인터 이동 속도 조절 버튼 등이 있어 마우스 대용으로 사용될 수 있다.

### (4) 손바닥 마우스

💻 후지쯔 손바닥 마우스(Fujitsu Palm Mouse)

손바닥 안에 들어가며 가장자리 부분의 길쭉한 부분으로 커서를 움직이며 평면의 두 개 버튼이 오른쪽, 왼쪽 클릭 기능을 한다.

## (5) 터치모니터

🖥 LCD 터치모니터

LCD 모니터 화면을 접촉하여 입력하는 방식으로 컴퓨터를 사용한다.

## (6) 센서형 마우스

🖥 HeadZ Mouse

헤드셋을 머리에 장착하고 움직이면 화면의 커서가 움직인다. 마이크 형태의 부분에 왼쪽 클릭을 위해서는 왼쪽으로 불고 오른쪽 클릭을 위해 오른쪽으로 분다.

🖥 조우스2(Jouse2)

호기 · 흡기 마우스로 막대부분을 움직이면 화면의 커서가 움직이고 막대부분에 숨을 내쉬거나 들이쉬는 동작으로 왼쪽 클릭, 오른쪽 클릭, 더블클릭 기능을 설정할 수 있다.

🖥 SmartNav

작은 동그라미 스티커를 신체 부위에 붙이고 움직이면 모니터 위에 설치한 센서가 이를 인식하여 커서가 움직인다. 화면의 아이콘이나 키에 설정한 시간 동안 머무르면 클릭, 더블클릭 등의 기능을 한다.

## 5) 스위치

누르고 떼는 것으로 전기 · 전자 기기에 신호를 보내는 장치다. 컴퓨터 인터페이스 기기를 통해 컴퓨터에 연결하면 인터페이스에 설정된 클릭 또는 키 입력 등으로 컴퓨터에 신호를 보낼 수 있다. 컴퓨터 이외에 플러그나 건전지로 작동하는 전기 · 전자 제품에도 연결하여 사용할 수 있다.

### (1) 스위치의 종류

강아지 모양 스위치

개구리 모양 스위치

Bass Switch

Big Red Switch

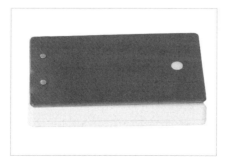

Slammer Switch

Control Flex Foot Switch

Ellipse3 Switch

Discover Switch

Intention Switch

IntelliSwitch

Hand Switch

Jelly Bean Switch

Joggle Switch

Jelly Beamer Twist With Wireless SLAT

Microlite Switch

Mother's 3rd Switch

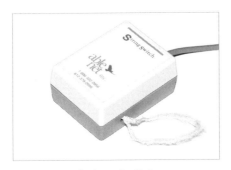

String Switch

Wobble Switch

Mounting Switch

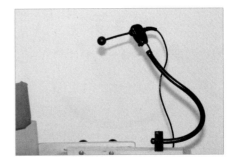

Ultimated Switch

(2) 스위치 인터페이스

스위치 인터페이스는 컴퓨터와 스위치를 연결해 주는 장치다. 마우스에 바로 연결 포트를 설치해 스위치와 컴퓨터 사용을 용이하게 하는 장치도 최근 종종 사용되고 있다. 한번에 여러 스위치를 사용할 수 있도록 구성된 경우가 많다.

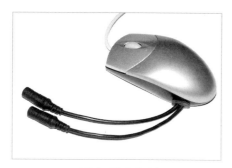

마우스 인터페이스

Hitch Computer Switch Interface

Switch Hopper

Switch Interface Pro 6.0

⑶ 스위치와 사용하는 스캐닝 방식 유형

스캔이 한 칸씩 움직이며 원하는 키가 선택되었을 때 스위치로 클릭할 수 있다(Single Switch Scanning). 키가 일반 키보드와 같이 많을 경우 열을 한 줄씩, 행을 왼쪽과 오른쪽으로 스캔하고 선택된 영역의 키가 선택될 때까지 한 칸씩 스캔하는 방식도 가능하다(Row/Column Scanning). 그리고 두 개의 스위치를 사용하는 경우에 하나는 스캔을 작동하는 데 사용하고 다른 스위치로 클릭하는 기능을 할 수 있다(Two Switch Scanning).


# 4. 컴퓨터 접근 평가

## 1) 컴퓨터 접근 방법 선택을 위한 보조공학서비스

컴퓨터 접근 방법 선택을 위한 보조공학서비스의 과정은 상담, 평가, 종합계획, 기기지원, 사후관리로 이루어진다(육주혜, 2011; 육주혜 외, 2008; Beard, Carpenter, & Johnston,

2011). 이 모든 과정은 장애학생들이 지속적인 보조공학서비스를 받을 수 있도록 요구와 필요에 따라 순환적이고 지속으로 제공되어야 하는데 이를 사례관리라고 한다. 육주혜 등(2011)이 이러한 과정들을 적용하여 상담평가, 기능평가, 종합계획, 맞춤제작, 종결보고, 사후관리로 정리한 보조공학서비스의 내용은 다음과 같다.

### (1) 상담평가

장애학생의 보조공학 요구를 파악하기 위한 상담평가에서는 서비스 의뢰인 정보, 서비스 대상자 정보, 장애 관련 정보, 경제적인 상황, 일상생활, 사회적 상호작용/학습 및 행동, 운동 기술, 피부감각 능력, 시각/청각 능력, 이동성/자세유지, 의사소통 기술, 상담자 의견으로 기본정보와 면담ㆍ관찰을 통해 파악할 수 있는 모든 정보를 수집한다. 수집된 정보를 분석하여 보다 심층적인 평가와 조사가 필요한 영역을 결정한다.

### (2) 기능평가

심층평가가 필요한 기능에 따라 구체적인 평가 도구와 방법에 의한 결과들은 별도로 작성되고 이 자료를 근거로 보조공학 선택에 직접적으로 연관이 있는 결과들을 분석, 정리한 내용을 기재한다. 또한 대안이 되는 보조기기들을 적용하고 이에 대한 효과성을 측정한다. 이렇게 해서 기능평가에는 개인정보, 항목구분, 이동 및 자세유지, 컴퓨터 접근, 보완대체 의사소통으로 구분하여 작성한다. 컴퓨터 접근 부분에서 효과성이 가장 높은 보조기기와 접근 방법을 시행착오를 거쳐 결정한다.

표 2-2 ) 보조공학서비스 상담평가 요소

| 대분류 | 중분류 | 소분류 | 기록유형 | |
| --- | --- | --- | --- | --- |
| | | | 체크 | 기재 |
| 서비스 의뢰인 정보 | • 구분 | • 전화상담, 내방, 방문출장 | ✓ | |
| | • 서비스 의뢰인 인적사항 | • 성명, 대상과의 관계 여부 | ✓ | ✓ |
| | • 주소 및 연락처 | • 주소, 핸드폰, 이메일 | | ✓ |
| | • 센터를 알게 된 경위 | • 복지관, 센터홍보자료, 대중매체 등 | ✓ | |
| 서비스 대상자 정보 | • 이용자 인적사항 | • 성명, 생년월일, 성별, 소속, 직위 | | ✓ |
| | • 장애유형 및 등급 | • 지체, 시각, 청각, 뇌병변, 발달, 언어, 지적, 기타 | ✓ | |
| | • 주소 및 연락처 | • 주소, 핸드폰, 이메일 | | ✓ |

| 분류 | 항목 | 내용 | ✓ | ✓ |
|---|---|---|---|---|
| 서비스 대상자 정보 | • 경제상황 | • 국민기초생활수급자, 차상위, 기타 | ✓ | |
| | • 서비스 문의 내용 | • 구입처, 대여, 맞춤 및 개조서비스, 정보, 무료보급사업 문의 | ✓ | |
| | • 원하는 보조공학기기(Assistive Technology Devices, ATD) 영역 | • 이동기기, 자세유지기기, 의사소통기기, 일상생활기기, 정보통신기기, 스포츠/여가기기, 기타의 각 해당하는 영역별 체크 및 ATD 명칭 기재 | ✓ | ✓ |
| 장애 관련 정보 | • 진단명 | | ✓ | |
| | • 사용 중인 약물 | | | ✓ |
| | • 관절기형, 정형외과적 수술경험 여부 | | | ✓ |
| | • 현재 받고 있는 서비스 | • 물리치료, 작업치료, 언어치료, 기타, 해당사항 없음 | ✓ | |
| | • 현재까지 장애로 인해 사용 중이거나 사용했던 보조기기 | • 이동기기, 자세유지기기, 의사소통기기, 일상생활기기, 정보통신기기, 스포츠/여가기기, 기타의 각 해당하는 영역별 체크 및 ATD 명칭 기재 | ✓ | ✓ |
| 경제적인 상황 | • 주거형태 및 소유 | • 주거형태: 아파트, 단독주택 등<br>• 편의시설 설치 여부 | ✓ | |
| | • 동거형태 | • 독립, 가족, 시설 | ✓ | ✓ |
| | • 활동 지원 상황 | • 독립, 주지원자(부, 모, 형제 등) | ✓ | |
| | • 보조기구 구입 시 고려할 경제상황 | • 학생, 직장인, 무직 | ✓ | |
| | | • 1회 구입을 위해 지불 가능한 금액 정도 | ✓ | |
| 일상생활 | • 일상생활 정도<br>– 식사하기, 씹기/삼키기, 옷 입고 벗기, 개인위생, 신변처리 | • 독립적, 도움 요함, 의존적 등 | ✓ | |
| | • 주요 일상생활 활동 내용 및 시간 | • 아동, 청소년, 대학생, 성인 | ✓ | |
| | | • 학교, 주간프로그램, 직장, 기타 프로그램, 주요 가정에서만 활동, 해당사항 없음 | ✓ | |
| | • 일일 주요 활동 영역 | • 일반 의자나 소파, 자가운전/동승, 수동 및 전동 휠체어, 책상에 앉음 등 | ✓ | |
| 사회적 상호 작용/학습 및 행동 | • 연령대 구분 | • 아동, 청소년, 대학생, 성인 | ✓ | |
| | • 평가 여부 구분 | • 있음, 해당사항 없음 | ✓ | |
| | • 주변상황에 대한 관심 정도 | • 주변상황에 무관심, 약간의 관심, 가끔 주의 깊음, 매우 경각심이 높음 | ✓ | |
| | • 나이 어린 서비스 대상의 경우, 그의 사회적 놀이를 가장 잘 서술하고 있는 것을 선택 | • 해당 없음, 거의 상호작용 없이 다른 사람들 가운데 놀이, 방관적 행동 등 | ✓ | |

| 사회적 상호 작용/학습 및 행동 | • 대상자의 동기를 유발하고 관심을 끄는 활동, 물체, 사람들 | | | ✓ |
|---|---|---|---|---|
| | • 사회적 행동에 대한 코멘트 | | | ✓ |
| 운동기술 | • 평가 여부 구분 | • 있음, 해당사항 없음 | ✓ | |
| | • 신체적 운동 컨트롤 영역 여부 | • 두부, 상지, 하지, 체간 | ✓ | |
| | • 신체적 운동 컨트롤 세부 영역 및 가능성 | • 눈, 목/머리, 오른쪽/왼쪽 팔, 오른쪽/왼쪽 다리, 입, 몸통, 오른쪽/왼쪽 손, 오른쪽/왼쪽 발 | ✓ | |
| | • 신체 부위 중 가장 잘 컨트롤 되는 부분 | | | ✓ |
| | • 컨트롤 운동을 돕는 자세나 지지기구 사용 여부 | | ✓ | ✓ |
| | • 가능한 운동 기술 | • 펜/연필로 글쓰기, 손가락 가르키기, 물체 움켜쥐기 등 | ✓ | |
| | • 운동 기능 저해하는 문제 | • 협동운동 실조, 근육긴장, 반사 등 | ✓ | |
| 피부감각 능력 | • 평가 여부 구분 | • 있음, 해당사항 없음 | ✓ | |
| | • 피부감각 | • 정상, 손상, 부재 | ✓ | |
| | • 피부상태 | • 현재 피부문제 여부: 있음, 없음 | ✓ | |
| | | • 정상, 붉은 부위, 개방된 부위 등 | ✓ | |
| | • 압력 감소 방법 유무 | • 있음, 없음 | ✓ | |
| | | • 있는 경우 방법 기재 | | ✓ |
| | • 피부문제의 병력(욕창) | • 있음, 없음 | ✓ | |
| | | • 있는 경우 위치, 시기 기재 | | ✓ |
| 시각/청각 능력 | • 평가 여부 구분 | • 있음, 해당사항 없음 | ✓ | |
| | • 시각 수준 | • 정상, 부분손상, 완전손상 | ✓ | |
| | | • 사용기구 및 설명 | | ✓ |
| | • 청각 수준 | • 정상, 부분손상, 완전손상 | ✓ | |
| | | • 사용기기 및 설명 | | ✓ |
| 이동성/ 자세유지 | • 평가 항목 구분 | • 이동성, 자세유지 | ✓ | |
| | • 수동 휠체어 | • 주 사용장소, 상표, 구입일자, 모델명, 구입방식, 추진방식 | ✓ | |
| | • 전동 휠체어 | • 주 사용장소, 상표, 구입일자, 모델명, 구입방식, 추진방식 | ✓ | |
| | • 욕창 경험 여부 | • 예, 아니오 | ✓ | |
| | • 사용하는 운송수단 | • 승용차, 가정용 밴, 주간프로그램 차량, 휠체어용 밴/버스, 대중교통, 보조교통수단 | ✓ | |
| | • 자세유지기구 품목 구분 | • 착석, 기립, 체간지지 등 | ✓ | ✓ |

| 의사소통 기술 | • 의사소통 사용 수단 | • 언어, 제스처, 눈 응시, 얼굴 표정, 수화 등 | ✓ | |
|---|---|---|---|---|
| 상담자 의견 | • 상담내용 | | | ✓ |
| | • 조치사항(현재) | • 영역별 기능평가, 당일 기구적용, 기구적용, 맞춤제작, 종결, 사후관리 등 영역별 체크 및 기재 | ✓ | ✓ |
| | • 향후 요구 서비스 내용 | • 영역별 기능평가, 당일 기구적용, 기구적용, 맞춤제작, 종결, 사후관리 등 영역별 체크 및 기재 | ✓ | ✓ |

출처: 육주혜 외(2011).

### (3) 종합계획

상담과 평가의 결과들을 바탕으로 어떻게 보조공학을 적용하고 지원할 것인지 종합계획을 세우는데 이에는 이용자 인적사항, 보조공학서비스 현황, 보조기기 사용 영역, 주요 상담내용, 조치사항, 작성자 및 작성일이 포함된다. 종합계획은 가능하면 당사자와 보호자, 평가에 참여한 전문가들이 함께 최적의 선택을 결정하기 위한 합의 과정이다.

표 2-3 ) 보조공학서비스 기능평가 요소

| 대분류 | | 중분류 | 소분류 | 기록유형 | |
|---|---|---|---|---|---|
| | | | | 체크 | 기재 |
| 개인정보 | | • 인적사항 | • 성명, 생년월일, 성별, 연락처 | ✓ | ✓ |
| 항목구분 | | • 이동 및 자세유지기기, 컴퓨터 접근, 보완·대체 의사소통 체계 | | ✓ | |
| 이동 및 자세 유지 | 기기 정보 | • 현재 사용하는 이동기기 | • 독립적, 수동/전동 휠체어, 스쿠터 등 | ✓ | |
| | | | • 제조업체, 모델명, 제조년월일 | | ✓ |
| | 신체 상태 | • 심장 상태 | • 기능적 제한 | | ✓ |
| | | | • 건강, 손상, 심각한 손상, 해당없음 | ✓ | |
| | | • 호흡기 상태 | • 기능적 제한 | | ✓ |
| | | | • 건강, 손상, 심각한 손상, 해당없음 | ✓ | |
| | 이동 및 자세균형 | • 균형 | • 착석균형: 정상, 상지 이용, 최소의 지지, 보통의 지지, 최대의 지지, 불가능 | ✓ | |
| | | | • 기립균형: 정상, 최소의 지지, 보통의 지지, 최대의 지지, 불가능 | ✓ | |

| 대분류 | 중분류 | 항목 | 내용 | | |
|---|---|---|---|---|---|
| 이동 및 자세유지 | 이동 및 자세균형 | • 트랜스퍼 | • 독립적, 최소의 지지, 보통의 지지, 최대의 지지, 미끄럼판, 리프트 | ✓ | |
| | | • 보행 | • 독립적, 부축받아 보행, 기기를 이용한 보행, 독립적 보행, 불가능 | ✓ | |
| | 현재 사용 중인 이동기기 및 착석 시스템 | • 현재 이동기기의 상태 | • 양호, 고장(사유기재) | ✓ | ✓ |
| | | • 이동기기의 사용시간 | • 6개월 이하, 1년 이하, 2년 이하, 기타(기재) | ✓ | ✓ |
| | | • 현재 착석시스템 상태 | • 양호, 고장(사유기재) | ✓ | ✓ |
| | | • 착석시스템 사용기간 | • 6개월 이하, 1년 이하, 2년 이하, 기타(기재) | ✓ | ✓ |
| | | • 구성품의 상태 | • 프레임, 앞바퀴, 뒷바퀴, 착석면, 팔걸이 등 | ✓ | ✓ |
| | | | • 각 품목별 상태 여부: 양호, 고장(사유기재) | ✓ | ✓ |
| | | | • 구성품의 특이사항 | | ✓ |
| | 기기 시범 적용 | • 제안할 제품의 상세 정보 | | | ✓ |
| | | • 적용 결과 | | | ✓ |
| 컴퓨터 접근 | 사용 현황 | • 일반 키보드, 일반 마우스, 대체 키보드, 대체 마우스 | | ✓ | |
| | 기초적 컴퓨터 조작 능력 | • 기초적 컴퓨터 조작 능력 여부 | • 컴퓨터 및 모니터 전원을 켜고 끈다, USB를 포트에 연결 및 분리한다 등 | ✓ | |
| | 일반 키보드 | • 사용 중인 운영체제 | • Window 98, Window XP 등 | ✓ | |
| | | • 키보드 사용 현황 | • 일반 키보드, 대체 키보드, 기타 | ✓ | |
| | | | • 키보드 사용법 학습 경험 여부 | ✓ | |
| | | • 접근 방법 | • 양손 모두, 특정 손가락 사용 | ✓ | |
| | | • 키보드 사용 수준 | • 글자 및 숫자키 사용, 기능키 사용 등 | ✓ | |
| | | • 입력 시 어려운 점 | • 손가락을 따로 움직이기 어려움, 키를 찾는 데 어려움 등 | ✓ | |
| | | • 표준 키보드 사용 시 같이 사용하는 보조기기 | • 포인팅 기기, 키보드 지원 도구 | ✓ | |
| | | • 키보드 사용 시 내게 필요한 옵션 | • 고정키, 필터키, 토글키 등 | ✓ | |
| | | • 키보드 사용 시 High Tech 사용 여부 | • 음절예측소프트웨어, 사용하지 않음 | ✓ | |
| | | • 기타 코멘트 | | | ✓ |

| | | | | ✓ | |
|---|---|---|---|---|---|
| 컴퓨터 접근 | 일반 마우스 | • 일반 마우스 사용 현황 | • 일반 마우스 사용 중<br>• 마우스포인터를 바탕화면의 아이콘으로 이동할 수 있음, 항목 선택 가능 등 | ✓ | |
| | | | • 대체 마우스 사용 중(기재) | ✓ | ✓ |
| | | • 평상시 사용하는 손 | • 왼손, 오른손 | ✓ | |
| | | • 마우스 조작 시 사용하는 손 | • 왼손, 오른손 | ✓ | |
| | | • 일반 마우스 사용 시 같이 사용하는 보조기기 | • 마우스 버튼용 라벨, 마우스가드 등 | ✓ | |
| | | • 마우스 사용 시 내게 필요한 옵션 | • 더블클릭 속도 낮춤, 포인터 속도 낮춤, 포인터 자국 표시 | ✓ | |
| | | • 기타 코멘트 | | | ✓ |
| | 대체 키보드 | • 대체 키보드 종류 | • 대체 키보드, 기타(제품명) | ✓ | ✓ |
| | | | • 키보드 사용법 학습 경험 여부 | ✓ | |
| | | • 접근 방법 | • 양손 모두 사용, 특정 손가락 사용 | ✓ | |
| | | • 키보드 사용 수준 | • 글자 및 숫자키 사용, 기능키 사용 등 | ✓ | |
| | | • 입력 시 어려운 점 | • 손가락을 따로 움직이기 어려움, 키를 찾는 데 어려움 등 | ✓ | |
| | | • 일반 키보드 사용 시 같이 사용하는 보조기기 | • 포인팅 기기, 키보드 지원 도구 | ✓ | |
| | | • 키보드 사용 시 내게 필요한 옵션 | • 고정키, 필터키, 토글키 등 | ✓ | |
| | | • 키보드 사용 시 High Tech 사용 여부 | • 음절예측소프트웨어, 사용하지 않음 | ✓ | |
| | | • 기타 코멘트 | | | ✓ |
| | 대체 마우스 | • 사용 중인 마우스 유형 | • 터치모니터, 트랙볼, 조이스틱 등 | ✓ | |
| | | • 평상시 사용하는 손 | • 왼손, 오른손 | ✓ | |
| | | • 마우스 조작 시 사용하는 손 | • 왼손, 오른손 | ✓ | |
| | | • 대체 마우스 사용 위치 | | | ✓ |
| | | • 대체 마우스 사용 현황 | • 마우스포인터를 바탕화면의 아이콘으로 이동할 수 있음, 항목 선택 가능 등 | ✓ | |
| | | • 대체 마우스 사용 시 같이 사용하는 보조기기 | • 마우스버튼용 라벨, 마우스가드 등 | ✓ | |
| | | • 마우스 사용 시 내게 필요한 옵션 | • 더블클릭 속도 낮춤, 포인터 속도 낮춤, 포인터 자국 표시 | ✓ | |
| | | • 기타 코멘트 | | | ✓ |
| | 기기 시범 적용 | • 제안할 제품의 상세 정보 | | | ✓ |
| | | • 적용 결과 | | | ✓ |

| | | | | | |
|---|---|---|---|---|---|
| 보완·대체 의사소통 체계 | 표현 언어 | • 수긍하기 | • 유/무 체크, 요약 | ✓ | ✓ |
| | | • 부정/거부하기 | • 유/무 체크, 요약 | ✓ | ✓ |
| | | • 물건 요구하기 | • 유/무 체크, 요약 | ✓ | ✓ |
| | | • 행동 요구하기 | • 유/무 체크, 요약 | ✓ | ✓ |
| | | • 기분/감정표현하기 | • 유/무 체크, 요약 | ✓ | ✓ |
| | | • 고르기 | • 유/무 체크, 요약 | ✓ | ✓ |
| | | • 부르기, 주의 끌기 | • 유/무 체크, 요약 | ✓ | ✓ |
| | | • 인사하기 | • 유/무 체크, 요약 | ✓ | ✓ |
| | | • 질문하기 | • 유/무 체크, 요약 | ✓ | ✓ |
| | | • 설명하기 | • 유/무 체크, 요약 | ✓ | ✓ |
| | 수용 언어 | • 일상어휘의 이해 | | | ✓ |
| | | • 지시어의 이해 | | | ✓ |
| | | • 상태 묘사/수식어의 이해 | | | ✓ |
| | | • 학습 활동 관련 어휘 이해 | | | ✓ |
| | | • 기타 활동과 관련 어휘의 이해 | | | ✓ |
| | 기기 시범 적용 | • 제안할 제품의 상세 정보 | | | ✓ |
| | | • 적용 결과 | | | ✓ |

출처: 육주혜 외(2011).

📋 표 2-4  보조공학서비스 종합계획 요소

| 대분류 | 중분류 | 소분류 | 기록유형 | |
|---|---|---|---|---|
| | | | 체크 | 기재 |
| 이용자 인적사항 | • 성명, 생년월일, 성별, 소속, 직위 | | | ✓ |
| 보조공학서비스 현황 | • 초기상담, 상담평가, 영역별 기능평가, 기타 | | ✓ | |
| 보조기기 사용 영역 | • 이동기기, 자세유지기기, 의사소통기기, 일상생활기기, 정보통신기기, 스포츠/여가생활기기, 기타 | • 각 영역별 품목 기재 | ✓ | ✓ |
| 주요 상담내용 | | | | ✓ |
| 조치사항(현재) | • 영역별 기능평가, 당일 기구적용, 기구적용, 맞춤제작, 종결, 사후관리 등 영역별 체크 및 기재 | | ✓ | ✓ |
| 작성자 및 작성일 | | | | ✓ |

출처: 육주혜 외(2011).

### (4) 맞춤제작

상용제품의 제안보다 개인의 맞춤제작이 필요한 경우, 별도의 계획과 서비스가 필요하다. 여기에는 이용자 인적사항, 제작 및 개조 영역, 제작 및 개조 사유, 보조기기 명칭, 소요 비용, 맞춤제작 및 개조 계획, 조치사항을 고려하여 진행한다.

**표 2-5  보조공학서비스 맞춤제작 요소**

| 대분류 | 중분류 | 소분류 | 기록유형 체크 | 기록유형 기재 |
|---|---|---|:---:|:---:|
| 이용자 인적사항 | • 성명, 생년월일, 성별, 소속, 직위 | | | ✓ |
| 제작 및 개조 영역 | • 제작, 개조 | | ✓ | |
| 제작 및 개조 사유 | | | | ✓ |
| 보조기기 명칭 | | | | ✓ |
| 소요 비용 | • 총액(개인부담금 및 센터부담금) | | | ✓ |
| 맞춤제작 및 개조 계획 | | | | ✓ |
| 조치사항 | • 종결, 미종결 | | ✓ | |

출처: 육주혜 외(2011).

### (5) 종결보고

상용제품 지원, 대여나 맞춤제작·개조가 진행되면 이의 결과를 작성하는 것이 종결보고다. 이용자 인적사항, 상담일자, 보조공학서비스 결과, 사용자의 요구사항, 제공된 서

**표 2-6  보조공학서비스 종결보고 요소**

| 대분류 | 중분류 | 소분류 | 기록유형 체크 | 기록유형 기재 |
|---|---|---|:---:|:---:|
| 이용자 인적사항 | • 성명, 생년월일, 성별, 소속, 직위 | | | ✓ |
| 상담일자 | | | | ✓ |
| 보조공학서비스 결과 | • 초기상담, 상담평가, 영역별 기능평가, 기타 | | ✓ | |
| 사용자의 요구사항 | | | | ✓ |
| 제공된 서비스 영역 | • 이동기기, 자세유지기기, 의사소통기기, 일상생활기기, 정보통신기기, 스포츠/여가생활기기, 기타 | • 각 영역별 품목 기재 | ✓ | ✓ |
| 제공된 서비스 내용 | | | | ✓ |
| 작성자 및 작성일 | | | | ✓ |

출처: 육주혜 외(2011).

76

비스 영역, 제공된 서비스 내용, 작성자 및 작성일로 구성된다. 종결 단계에서 제공되는 보조공학기기의 교육, 안내, 정보를 통해 사용의 효과를 높이는 데 기여할 수 있다.

### (6) 사후관리

사후관리에는 이용자 인적사항, 평가자 정보, 이전에 받은 서비스 단계, 이전에 받은 서비스 영역, 일정 및 내용이 포함된다. 우선적으로 제공되었던 보조공학기기 사용 이후에 지속적인 관리를 제공하는데, 기기에 대한 유지보수와 효과성, 요구, 기능, 사회·환경 등의 변화에 따른 후속 서비스다. 사후관리는 정기적 또는 개인의 요구에 의해 발생하며 이를 통해 기기의 방치와 미사용을 예방하고 활발한 활용을 유도하는 방안이 되기도 한다.

## 2) 컴퓨터 접근 기능평가 도구

위의 보조공학서비스 과정에서 컴퓨터 접근 기능평가를 위해서는 별도의 평가 도구와 방법을 실시하여 객관적인 자료를 제시해야 한다. 뇌성마비인을 포함한 지체장애인의 컴퓨터 접근성을 평가하고 그에 대한 보완·대체 방법을 제시하기 위해 개발된 평가 도구들로는 대표적으로 Compass(Koester, 2004), EvaluWare(Assistive Technology, Inc., 2002), Physical Characteristics Assessment(PCA)(Fraser, Bryen, & Morano, 1995), Lifespace Access Profile Upper Extension(Williams et al., 1995), Wisconsin Assistive Technology Initiative Assessment Package(Wisconsin Assistive Technology Initiative, WATI, 2004) 등

표 2-7 ) 보조공학서비스 사후관리 요소

| 대분류 | 중분류 | 소분류 | 기록유형 | |
|---|---|---|---|---|
| | | | 체크 | 기재 |
| 이용자 인적사항 | • 성명, 생년월일, 성별, 소속, 직위 | | | ✓ |
| 평가자 정보 | • 평가(사례) 담당자 이름 | | | ✓ |
| 이전에 받은 서비스 단계 | • 상담평가, 영역별 기능평가, 당일 기구적용, 기구적용, 맞춤제작, 종결 등 영역별 체크 및 기재 | | ✓ | ✓ |
| 이전에 받은 서비스 영역 | • 이동기기, 자세유지기기, 의사소통기기, 일상생활기기, 정보통신기기, 스포츠/여가생활기기, 기타 | • 각 영역별 품목 기재 | ✓ | ✓ |
| 일정 및 내용 | • 일정 및 세부내용 기재 | | | ✓ |

출처: 육주혜 외(2011).

을 들 수 있다(Assistive Technology Outcomes Measurement System, ATOMS, 검색일: 2010년 4월 26일)(육주혜 외, 2009b). Compass와 EvaluWare는 컴퓨터 프로그램으로 사용자가 컴퓨터와 직접 상호작용하면서 주어진 과제를 수행하는 동안 마우스 사용, 문자 입력, 스위치 사용의 속도, 정확도 수치를 데이터로 수집·저장한다. PCA, Lifespace Access Profile Upper Extension, WATI Assessment Package는 평가자가 사용자의 컴퓨터 접근 상태와 대안을 찾기 위한 면담(질문), 관찰, 사용자와의 대화를 통해 관계자들로부터 정보(또는 관련 자료) 수집을 하여 적절한 보조기기를 선정하여 제공하고 있다.

### (1) Compass 소프트웨어

Compass는 컴퓨터 상호작용, 즉 키보드와 마우스, 스위치를 사용자가 직접 수행하는 동안 그 수행도가 저장된다. 평가 환경과 조건은 사용자 개인의 필요에 따라 다르게 구성할 수 있고 저장 및 재사용이 가능하다. 마우스 사용 평가 영역에서는 목표 겨냥, 끌기, 메뉴 선택 기능을, 문자 입력 평가 영역에서는 글자, 낱말, 문장 쓰기 기능을, 스위치 사용 평가 영역에서는 스위치 누르기, 스캔 사용 기능을 평가한다. 평가가 진행되는 동안, 컴퓨터 사용자 활동의 속도와 정확성이 프로그램 내에서 자동적으로 기록되고 그 결과를 표로 확인할 수 있다.

본 평가 도구 사용 결과는 현재 사용하는 인터페이스의 어려움 진단, 평가자의 접근 시스템에서 사용자의 수행 수준 비교, 훈련 중재 계획, 시간의 제한에서 벗어나 사용자의 수행 방향 변경 가능, 중재의 효과 측정 가능 등의 범위에서 활용할 수 있다.

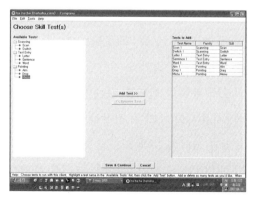

[그림 2-3] Compass 메인화면(왼쪽)과 평가 기능 선택 화면(오른쪽)

📋 표 2-8 Compass의 주요 평가 항목

| 영역 | 평가 기능 | 주요 평가 항목 | 수행 결과 기록 |
|---|---|---|---|
| 마우스 사용 (Pointing Devices) | 목표 겨냥 (Aim) | • 목표물로 커서를 이동<br>• 목표를 선택하여 클릭(또는 유지하기) | % 정확도, 전체 수행시간, 반응시간, 목표물로 커서 도달, 클릭 |
| | 끌기 (Drag) | • 목표물로 커서를 이동<br>• 목표물을 선택하여 클릭(또는 유지하기)<br>• 목적지로 목표물을 드래그 하기<br>• 목표물에서 (마우스를 누른 상태에서) 떼기 | % 정확도, 전체 수행시간, 클릭 오류, 끌기 시도 |
| | 메뉴 선택 (Menu) | • 특정한 메뉴 선택하기 | % 정확도, 전체 수행시간, 오류 |
| 문자 입력 (Text Entry) | 글자 (Letter) | • 특정한 문자 입력하기 | % 정확도, 전체 수행시간, 키를 누르는 시간, 키를 떼는 시간 |
| | 낱말 (Word) | • 특정한 낱말 입력하기 | % 정확도, 전체 수행시간, 타자 입력 속도, % 낱말에 대한 오류율 |
| | 문장 (Sentence) | • 특정한 문장 입력하기 | % 정확도, 전체 수행시간, 타이핑 속도, % 문장에 대한 오류율 |
| 스위치 사용 (Switch Use) | 스위치 누르기 | • 스위치를 누르거나 떼기 | % 정확도, 전체 수행시간, 스위치를 누르는 시간, 스위치를 떼는 시간 |
| | 스캔사용 | • 직사각형 형태를 한 열의 scan matrix를 통해 문자를 일일이 표시하여 선택하기 | % 정확도, 전체 수행시간, % 타이밍 오류율 |

출처: 육주혜 외(2009b).

### (2) EvaluWare 소프트웨어

EvaluWare는 시지각, 청지각, 운동, 기타 네 가지 기능을 평가한다. 사용자에 따라 입력 방법, 표시 수준, 목표물 크기, 목표물 수, 글자 격자를 선택하여 평가 화면을 구성할 수 있다. 화면 결과를 기록할 수 있고 결과 기록 양식을 제공한다. 선호하는 입력 방식과 피드백 유형을 선택할 수 있다. EvaluWare는 여러 유형의 평가들을 하나의 패키지로 묶어, 사용자의 시간을 절약하고 상호작용하고 집중할 수 있는 환경을 제공한다. 개체들의 모양과 색상이 눈에 띄도록 디자인되었고 평가 도중에 다양한 소리 피드백이 나오기도 하고 게임이 사용되기도 한다. 그러한 부분은 자칫 지루할 수 있는 평가 과정에 사용자가 더 적극적으로 참여할 수 있는 동기를 부여한다.

시지각 기능 평가는 다음의 여덟 가지 부분으로 이루어진다.

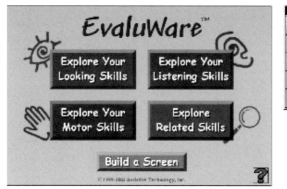

[그림 2-4] EvalWare 메인화면

- 한 화면에 표시될 심벌이나 글자의 최적 크기
- 한 화면에 표시될 심벌이나 글자의 최적 수
- 사진, 구체적 그림, 선 그림, 또는 단어를 인지하는 능력
- 목표물 주위를 시각적으로 두드러지게 하는 것의 효과 구분
- 스크린상에서 움직이는 물체를 따라가는 능력
- 한 장면에서 목표물을 구별하는 능력
- 격자형으로 나열된 목표물과 사진형에 포함된 목표물을 구별하는 능력 차이
- 목표물과 배경 사이의 대조의 유형과 강도

청지각 기능 평가는 다음의 네 가지 요소를 다룬다.

- 소리의 레벨
- 피드백 또는 경고음
- 음성의 특성(남성, 여성, 어린이 등)
- 음성의 종류(자연음 또는 합성음)

운동 기능은 다음의 다섯 가지 요소를 다룬다.

- 마우스 사용 기능
- 터치모니터 사용 기능

- 대체 포인터 사용 기능
- 스위치 사용 기능
- 키보드 사용 기능

기타 관련 기능 평가는 다음의 네 부분을 다룬다.

- 화면 키보드 사용
- 단어 예측 기능 사용
- 시각적 질문
- 표준화 평가를 수정하는 방법

### (3) Physical Characteristics Assessment

Physical Characteristics Assessment(PCA)는 뇌성마비로 인하여 신체 기능에 제한이 있는 사람들이 컴퓨터를 기반으로 하는 도구들에 어떤 방법으로 접근할 수 있을 것인가를 평가하는 진술문 형태의 검사도구다. PCA는 컴퓨터 접근을 위한 신체의 영역을 구체적으로 평가하고 확인해 볼 수 있다는 점에서 신체 및 운동 능력 평가 부분에서 큰 장점을 가진다. 마지막에서도 기본자세에 대한 고려부분에서 다시 앉기 자세의 중요성을 강조하고 있다. 이는 컴퓨터 접근을 위한 앉기 자세의 중요성을 보여 준다고 할 수 있다. 검사자는 PCA 순서도에서 순차적으로 또는 지시에 따라 어느 부분을 건너뛰며 검사를 진행한다. 이러한 방식은 검사 과정을 효율화하며 다음과 같은 정보를 제공하게 된다.

- 컴퓨터를 작동시키는 신체 부위와 움직임
- 컴퓨터를 작동시키는 데 도움이 되는 장치의 유형
- 뇌성마비인들이 컴퓨터에 접근하기 위한 기본자세에 관한 지침

검사에 필요한 도구는 컴퓨터 모니터, 키보드, 마우스, 트랙볼, 키가드, 광선 포인터 (Light pointer), 스위치류, 조이스틱, 음성 인식 장치, 확장 키보드, 미니키보드, 자세 관련 기자재, 유틸리티 홀더, 장갑, 손가락 보호대, 손목 지지대, 손목 받침대, 전완 지지대, 헤드 포인터, 턱 포인터, 마우스 포인터, 쿠션, 발받침이다. PCA는 여덟 개 부분으로 나누어 총 70문항으로 구성되어 있다. 첫째 단원에서는 컴퓨터를 다루는 데 적절한 신체 부위를

선정하게 된다. 이 단계의 항목에 대한 응답에 따라 이어지는 단계의 검사 항목이 결정된다. 검사자가 쉽게 구별할 수 있도록 각 단원을 아이콘으로 표시하였다. 피검자의 응답이나 기록 사항들은 검사 기록 용지에 기록한다(지체장애아교육을 생각하는 교사 모임, 1999).

검사를 구성하는 단원은 다음과 같다.

- 활동 신체 부위: 컴퓨터를 다루기에 적절한 신체 부위(손가락, 손, 팔, 머리, 무릎, 발 등)의 선택
- 손가락 사용 보조기기들: 손가락을 움직여 일반 키보드, 수정되거나 대체된 키보드에 직접 입력할 수 있게 하는 장치 사용
- 헤드 포인터, 마우스 포인터, 음성 사용: 머리를 움직여 일반 키보드, 개조 또는 대체 키보드에 직접 입력할 수 있게 하는 포인터의 사용이나 음성 입력기의 사용
- 손 · 팔의 움직임 활용: 간접적인(훑기 방식 등) 입력을 위해 스위치 위치 관련 손 · 팔의 운동 평가
- 머리의 움직임 활용: 간접적인(훑기 방식 등) 입력을 위해 스위치 위치와 관련된 머리 운동 평가
- 무릎의 움직임 활용: 간접적인(훑기 방식 등) 입력을 위해 스위치 위치와 관련된 무릎 운동 평가
- 발의 움직임 활용: 간접적인(훑기 방식 등) 입력을 위해 스위치나 조이스틱의 위치와 관련된 발 운동의 평가
- 기본적인 자세의 고려: 피로와 스트레스를 줄이고 컴퓨터 사용을 촉진하도록 고안된 기본적인 자세에 관한 고려사항을 인식
- 자세 수정: 컴퓨터를 사용하는 데 요구되는 앉은 자세를 평가

### (4) Lifespace Access Profile Upper Extension

Lifespace Access Profile Upper Extension은 실용적인 보조공학 프로그램의 계획을 위해 팀 협력 평가를 기반으로 한 사용자 중심의 컴퓨터 접근 및 보완 · 대체 의사소통 체계 평가 도구로 상지를 중심으로 한 평가가 이루어진다. 이 평가는 사용자와 가족을 잘 아는 사람이 기록하는 형태로 평가되며, 바인더 형태의 매뉴얼에는 평가 지침서와 59문항의 척도를 직접 평가하고 기록할 수 있는 평가 기록지가 포함되어 있다. 사용자를 잘 아는 사람에 의한 기록의 형태로 실용적이고 효율적이라 할 수 있고 신체, 인지, 감정, 기술, 환

경 등 다양한 맥락을 고려한 평가 방법을 사용한다. 결과 그래프는 비율척도를 보여 주는 데, 그래프가 완성되면 팀 협력 구성원들은 클라이언트의 약점과 강점을 서술할 수 있게 되어 있다. 평가 도구의 형태 면에서도 평가 기록지와 CD-ROM 형태로 되어 있기 때문에 기록뿐만 아니라 평가의 전산화가 가능하다.

총 59문항의 Lifespace Access Profile Upper Extension은 다음과 같이 다섯 가지의 영역에서 사용자의 현재 능력들을 광범위하고 자세하게 평가한다.

첫째, 신체적 자원 평가 항목은 건강, 시각, 청각, 촉각, 근긴장, 협응, 컴퓨터 화면에서 목표의 크기, 목표의 개수, 속도, 스위치 민감도·내구도, 현행의 스위치 사용, 이동 지원, 자세 기구 등이다.

둘째, 인지적 자원 평가 항목은 스위치 사용에 대한 이해, 스위치 선택 능력, 지시 따르기, 표현 의사소통, 대화비율, 보완·대체 의사소통 체계, 학업과 컴퓨터 능력, 입력 속도 등이다.

셋째, 감정적 자원 평가 항목은 주의집중 시간, 주의 산만성, 욕구 불만에 대한 내성, 변화에 대한 내성, 상호작용의 개시, 활동의 개시, 학구적 동기부여(강화), 읽기, 쓰기, 수학, 다른 학업 주제들을 위한 동기부여 등이다.

넷째, 공학 지원 자원 평가 항목은 기술 지원, 환경 분석 등이다.

마지막으로 사용자가 학교, 가정, 공동체, 직장, 여가에서 충분히 참여하고 있는지, 공학과의 통합 정도를 알아본다.

### (5) WATI (Wisconsin Assistive Technology Initiative) Assessment Package

WATI 평가 도구는 장애아동들의 보조공학 요구 평가를 통해 학교 프로그램과 교육과정에서 성과를 향상시키기 위한 것이다. 이것은 「미국장애인교육증진법」의 장애학생에 대한 보조공학 제공 의무를 이행하기 위한 것이다. 매뉴얼, 평가 형식, 자가-평가 양식, 아동들의 이야기 및 많은 성공적인 예를 포함한다. WATI 평가 도구는 장애학생의 보조공학 요구를 위해 그들의 자연스런 환경 안에서 기능적인 평가를 바탕으로 체계적인 접근을 한다. 이 평가 도구는 학생에게 보조공학기기나 서비스가 필요한지에 대해 고려하는 보조공학 적용 가이드, 보조공학 평가 절차 가이드, 학생의 기본적인 정보와 현재 사용하고 있는 보조공학과 과거에 사용했던 보조공학에 대한 질문사항으로 구성된 학생 정보 가이드를 포함한다. 그 외에도 환경관찰 가이드, 정보 수집이 끝난 후 보조공학서비스 팀이 수집한 정보를 바탕으로 하는 의사결정 가이드, 평가자들이 학생에게 필요한 항목을 함께 체크하거나 작성하는 영역별 보조공학기기 목록과 학생의 보조공학기기 연습 시행 가이드를 포함한다.

학생 정보 가이드는 13가지 평가 영역으로 구성되어 해당 사항을 선택하여 작성한다.

- 미세 운동과 관련된 컴퓨터 또는 접근 장치 평가에서는 현재 미세 운동 능력, 운동 범위, 비정상적인 반사작용과 근긴장도, 정확도, 피로, 보조된 직접 선택 입력, 격자 접근 능력을 파악한다.
- 쓰기 운동에서는 현재 쓰기 능력, 사용하는 보조공학, 키보드 입력 능력, 컴퓨터 사용 능력, 컴퓨터 사용 여부 및 유용성을 평가한다.
- 문장 구성에서는 현재 글쓰기 특징, 현재 학생의 어려움, 현재 문장 구성을 위해 이용하는 방법, 문장 구성을 위해 이용하는 보조공학을 파악한다.
- 의사소통 평가에서는 현재 의사소통 방법, 학생의 의사소통 시도를 이해하는 사람, 수용언어 수준, 표현언어 수준, 의사소통 상호작용 기술, 학생의 요구와 연관된 기기 및 시스템, 독서 기술과 연관된 의사소통, 의사소통과 연관된 시지각 능력을 파악한다.
- 읽기 평가에서는 읽고 쓰는 능력, 과제의 조정을 통한 능력 향상도, 사용 가능한 비공학적인 읽기 보조 전략 및 편의, 사용된 보조공학, 연령 또는 학년으로 읽기 수준 파악, 인지 능력, 해독에서 어려움이 있는 부분, 컴퓨터 사용 능력, 컴퓨터 사용 빈도를 다룬다.
- 학습 영역에서는 습득이 어려운 새로운 학습 과제 수행 방법, 적용된 보조공학, 사용된 학습 및 과제 수행 전략을 평가한다.
- 수학에서는 어려움이 있는 수학 영역, 시도된 보조공학, 사용될 수 있는 전략을 파악한다.
- 놀이 및 여가에서는 어려움이 있는 놀이 및 여가 영역, 학생이 특별히 즐기는 활동, 놀이 및 여가 참여 향상을 위한 조치, 시도된 보조공학을 평가한다.
- 앉기·자세유지에서는 현재 학생의 앉기·자세유지 상태와 제공될 수 있는 중재 방법을 찾아낸다.
- 이동에서는 현재 학생의 이동 능력과 이동 관련 어려움을 파악한다.
- 시각에서는 이전의 시력 검사 기록을 확인, 시각 능력, 사용되는 보조공학, 사용되는 대체 출력 방법, 보조공학 사용 수준, 쓰기와 자필 쓰기 요소를 평가한다.

84

- 청각 영역에서는 이전의 청력 검사 기록을 확인, 청각적 도움이 필요 없는 사항, 시선 맞추기 및 의사소통 참여 수준, 대화 상대자가 주로 사용하는 의사소통 방식, 환경 변화에 따른 듣기 이해도, 사용자가 사용하는 의사소통 방식, 의사소통 표현 수준, 수용과 표현과의 격차, 최근 제공된 서비스, 최근 사용된 보조공학, 의사소통과 쓰기 및 교육 자료를 위한 현재 고려사항, 현재 의사소통 기능, 읽기 수준을 평가한다.

일반적 정보로는 다음과 같은 사항을 고려한다.

- 학생의 수행에 명확한 영향을 준 어떤 행동들(긍정적 또는 부정적)이 있는가?
- 학생들의 지구력, 학습 형태, 해결 전략 또는 관심사에 대해서 서비스 팀이 고려해야 할 명확한 요소들이 있는가?
- 학생들의 다른 어떤 명확한 요소에 대해서 서비스 팀이 고려해야 할 사항이 있는가?
- 학생들이 쉽게 피로를 느끼고, 하루 시간 중에 수행 형태를 바꾼 경험이 있는가?

이러한 영역들에 대한 세부적인 평가 후에는 보조공학기기 평가표를 작성하여 영역별로 제안될 수 있는 보조공학기기를 선택할 수 있다.

### 3) 컴퓨터 접근 평가 지표

육주혜와 박경옥(2010)의 연구에 따라 뇌성마비 학생의 컴퓨터 접근 평가는 일곱 가지 영역으로 구분할 수 있다. **윈도우 환경 조정, 커서 이동 기능, 입력기기 기초 기능, 대체 마우스 · 입력기기 유형, 대체 키보드 · 입력기기 유형, 화면 입력 기능, 스위치 작동 기능**이 그것이다. **윈도우 환경 조정 평가**에서는 일반 키보드와 마우스를 윈도우 환경 조정으로 사용할 수 있는지를 확인한다. **커서 이동 기능 평가**는 화면의 커서를 세로, 가로, 대각선 방향으로 이동할 수 있는지를 평가한다. **입력기기 기초 기능 평가**는 커서 클릭, 더블 클릭, 드래그 기능과 하나의 키에서 문장 입력까지 가능한지 평가하는 것이다. **대체 마우스 · 입력기기 유형 평가**에서는 트랙볼, 조이스틱, 터치모니터, 스위치, 호기 · 흡기용 등 선택할 수 있는 대체 마우스를 파악한다. **대체 키보드 · 입력기기 유형 평가**에서는 헤드스틱, 마우스스틱, 한 손 사용자용, 키가드 장착, 확장 등 선택할 수 있는 대체 키보드를 파악한다. 대체 마우스와 대체 키보드 선택 시에는 보조기의 착용이 필요한지도 평가한다. **화면 입력 기능 평가**에서는 컴퓨터 모니터를 통한 입력 방식의 기능을 평가한다. **스위치 작동 기능 평가**는 여러 종류의 스위치와 스캐닝 방식, 기타 보완 · 대체 마우스, 보완 · 대체 키보드 등 지금까지 대안을 찾지 못한 경우에 대한 고려를 하도록 한다.

표 2-9  컴퓨터입력 보조기기 사용 능력 평가 지표

| 요인명<br>(문항수) | 문 항 |
|---|---|
| 윈도우 환경<br>조정 평가<br>(4) | '내게 필요한 옵션'에서 '마우스 사용 환경'을 조정하여 일반 마우스를 사용할 수 있다. |
| | 일반 키보드를 사용할 수 있다. |
| | '내게 필요한 옵션'에서 '키보드 사용 환경'을 조정하여 일반 키보드를 사용할 수 있다. |
| | 일반 마우스를 사용할 수 있다. |
| 커서 이동<br>기능 평가<br>(3) | 컴퓨터 화면상의 커서를 세로 방향으로 이동할 수 있다. |
| | 컴퓨터 화면상의 커서를 가로 방향으로 이동할 수 있다. |
| | 컴퓨터 화면상의 커서를 대각선 방향으로 이동할 수 있다. |
| 입력기기<br>기초 기능<br>평가<br>(7) | 컴퓨터 화면에서 커서가 위치한 목표물에 클릭을 할 수 있다. |
| | 컴퓨터 화면에서 커서가 위치한 목표물에 더블클릭을 할 수 있다. |
| | 하나의 키를 누른 상태에서 다른 하나의 키를 눌렀다 뗄 수 있다. |
| | 컴퓨터 화면에서 목표물을 정확한 위치로 끌(drag) 수 있다. |
| | 정확하게 한 개의 키를 누르고 뗄 수 있다. |
| | 주어진 단어를 타이핑할 수 있다. |
| | 주어진 문장을 타이핑할 수 있다. |
| 대체 마우스<br>·<br>입력기기<br>유형 평가<br>(6) | 트랙볼을 사용할 수 있다. |
| | 조이스틱을 사용할 수 있다. |
| | 보조기(손 · 발 등)를 착용하여 마우스를 사용할 수 있다. |
| | 터치모니터를 사용할 수 있다. |
| | 스위치를 눌렀다 뗄 수 있다. |
| | 호기 · 흡기용(sip & puff) 마우스(커서 조작 포함)를 사용할 수 있다. |
| 대체 키보드<br>·<br>입력기기<br>유형 평가<br>(6) | 헤드스틱(머리에 스틱 장착)으로 타이핑할 수 있다. |
| | 마우스스틱(입으로 스틱 사용)으로 타이핑할 수 있다. |
| | 한 손 사용자용 키보드로 타이핑할 수 있다. |
| | 키가드를 장착한 일반 키보드를 사용하여 타이핑할 수 있다. |
| | 보조기(손 · 발 등)를 착용하여 타이핑할 수 있다. |
| | 확장 키보드로 타이핑할 수 있다. |

| | |
|---|---|
| 화면 입력 기능 평가 (5) | 빛 포인터(신체의 움직임을 센서로 감지하여 커서를 움직이고 입력하는 방식)를 사용할 수 있다. |
| | 빛 포인터로 타이핑할 수 있다. |
| | 음절예측 화면 키보드 프로그램(예, 바로키)으로 타이핑할 수 있다. |
| | 화면 키보드로 타이핑할 수 있다. |
| | 터치모니터로 타이핑할 수 있다. |
| 스위치 작동 기능 평가 (8) | 호기 · 흡기용(sip & puff) 스위치를 작동할 수 있다. |
| | 눈동자의 움직임으로 스위치를 작동할 수 있다. |
| | 신체의 근육 움직임으로 스위치를 작동할 수 있다. |
| | 음성 인식으로 스위치를 작동할 수 있다. |
| | 가벼운 접촉 · 신체 움직임으로 스위치를 작동할 수 있다. |
| | 컴퓨터 화면상의 스캐닝을 사용할 수 있다. |
| | 기타 보완 · 대체 마우스를 사용할 수 있다. |
| | 기타 보완 · 대체 키보드를 사용할 수 있다. |
| 합 계 | 39개 문항 |

출처: 육주혜, 박경옥(2010).

제2부는 뇌성마비 학생을 위한 컴퓨터 접근 사례들을 안내하는 장입니다. 한 학급 5명의 학급 구성원 각각에게 적합한 컴퓨터 접근방법을 모색하고 학생들이 적응해 가는 과정을 담았습니다. 여기에 추가하여 뇌성마비 학생의 컴퓨터 접근을 위해 주목할 만한 2명의 학생을 더 소개합니다. 이렇게 총 7명의 학생들을 주축으로 하여 각 학생과 비슷한 사례가 있는 경우 관련된 장의 말미에서 '비슷한 친구'라는 제목으로 소개하였습니다.

## 학급 구성

**1장 하늘이**
- 만 19세(남)
- 키가드 장착 키보드와 라꾸라꾸 마우스를 이용

**2장 푸름이**
- 만 18세(남)
- 스위치와 트랙볼 이용
- 비슷한 친구: 꽃님이

**3장 구름이**
- 만 16세(여)
- 터치모니터 이용
- 비슷한 친구: 별이

**우리 반 친구들**

**4장 들이**
- 만 18세(남)
- 시간제한 없이 스위치 이용
- 비슷한 친구: 물이, 풀이, 강이, 산이, 바다

**5장 바람이**
- 만 25세(남)
- 시간제한 있는 상태에서 스위치 사용
- 비슷한 친구: 달이

**6장 솔이**
- 만 16세(여)
- 스위치로 스캔되는 화면 글자판 이용
- 비슷한 친구: 솔이

**7장 나무**
- 만 20세(남)
- 헤드 포인터로 키보드 이용

**다른 반 친구들**

## 적용 기기로 살펴본 사례

| 대분류 | 소분류 | | 적용 사례 |
|---|---|---|---|
| 1. 키 입력장치 | 헤드 포인터 | | 나무(제2부 제7장 213쪽 이하) |
| | 핸드 포인터 | | 구름이(제2부 제3장 135쪽 이하) |
| 2. 대체 키보드 | 빅 키보드(Bigkeys keyboard) | | 꽃님이(제2부 제2장 129쪽 이하) |
| 3. 대체 마우스 | 버튼형 마우스 | | 하늘이(제2부 제1장 93쪽 이하) |
| | 트랙볼 | | 푸름이(제2부 제2장 111쪽 이하), 꽃님이(제2부 제2장 129쪽 이하) |
| | 터치모니터 | | 구름이(제2부 제3장 135쪽 이하), 별이(제2부 제3장 147쪽 이하) |
| 4. 스위치 | 무제한 | | 들이(제2부 제4장 151쪽 이하), 물이(제2부 제4장 159쪽 이하) 강이(제2부 제4장 160쪽 이하), 풀이(제2부 제4장 161쪽 이하) 산이(제2부 제4장 163쪽 이하), 바다(제2부 제4장 168쪽 이하) |
| | 시간제한 | 일반이용 | 바람이(제2부 제5장 173쪽 이하), 달이(제2부 제5장 184쪽 이하) |
| | | 문자 입력 | 솔이(제2부 제6장 187쪽 이하), 숲이(제2부 제6장 209쪽 이하) |

## 각 장의 구성

2부에서 7명의 주요 사례에 대한 각 장의 기술 내용은 다음과 같습니다.

## 1. 기본 정보

컴퓨터 접근 적용 사례 대상 학생에 대한 기본 정보를 기술합니다. 성별, 연령, 장애 유형 및 수반장애, 일상생활 자세와 운동 능력뿐 아니라 컴퓨터 접근 평가의 기본이 되는 대상 학생의 의사소통 능력, 인지 능력, 자발적인 신체 움직임에 중점을 두었습니다.

1) 의사소통: 학생의 수용언어, 표현언어를 중심으로 기술합니다. 컴퓨터와의 상호 작용 여부에 대한 평가, 컴퓨터 교육방법 선택을 위한 평가의 기초자료가 됩니다.

2) 인지: 문자 인지, 문자 이해, 문장 이해를 중심으로 기술합니다. 문자를 기반으로 한 컴퓨터 이용 여부에 대한 평가의 기초자료가 됩니다.

3) 일상생활 자세: 학생의 일상생활 자세에 대해 기술합니다. 어떤 자세에서 가장 안정적으로 컴퓨터를 접근하게 될지 결정하는 기초자료가 됩니다.

4) 대근육운동: 학생의 움직임 중에서 대근육운동이 가능한 범위를 기술합니다.

5) 소근육운동: 학생의 움직임 중에서 소근육운동이 가능한 범위를 기술합니다.

6) 자발적인 신체 움직임: 학생 스스로의 의지에 따라 움직일 수 있는 신체 부위와 움직이는 패턴을 기술합니다. 뇌성마비 학생의 컴퓨터 접근 적용 평가에 있어 기본이 되는 주요 자료로 학생의 의사소통 능력과 인지능력과 함께 컴퓨터 접근 시 가장 주요하게 고려되는 기초자료입니다.

## 2. 입력매체 선정

1) 기기 선정 이유, 2) 기기 적용, 3) 장착을 통해 기기를 선정한 이유와 적용된 기기의 특징, 장착 방법, 컴퓨터 이용 환경을 기술합니다.

## 3. 입력매체 적응하기

선정된 입력매체의 적응과정을 시간 순서에 따라 기술합니다. ①, ②, ③에서는 입력매체 이용과 이를 통한 컴퓨터 이용에 대한 훈련과정을 과제분석하여 1~n까지의 연습단계로 나누어 각 단계에서 학생이 어떤 프로그램으로 무엇을 연습하고 이를 각 단계별로 어떻게 지도하는가에 대해 상세하게 기술합니다.

### 4. 입력매체 변경하기

선정된 입력매체를 학생이 적응하는 과정에서 변경이 요구되는 경우 입력매체를 변경하여 선정, 적용, 장착하여 적응하는 과정을 기술합니다. 처음 선정된 입력매체가 적응 과정에서 컴퓨터 접근에 안정적으로 사용되는 경우 이 과정은 생략됩니다.

### 5. 현황 및 발전 가능성

1) 현황에서는 대상 학생이 컴퓨터 접근을 위한 평가, 보조기기 선정, 이용을 위한 훈련 과정 등을 거쳐 현재 어느 정도의 수준에서 어떻게 컴퓨터를 이용하고 있는 지에 대해 상세하게 기술합니다.

2) 발전 가능성에서는 대상 학생의 특성과 현재 컴퓨터 접근 방법과 이용 능력을 기초로 향후 컴퓨터 접근과 이용에 있어 어떻게 발전해 갈 것인지를 전망하며 어떤 방향으로 지도해야 하는지를 시사합니다.

### • 하나 더!

각 장의 마지막에서 뇌성마비 학생의 컴퓨터 접근과 관련하여 생각해 볼 이론이나 팁을 소개합니다.

### • 비슷한 친구

각 장에서 소개된 사례와 비슷한 사례를 간략하게 소개합니다. 비슷한 사례로 분류하기 어려운 경우 이 부분은 생략됩니다.

제1장
# 키가드 장착 키보드와 라꾸라꾸 마우스를 이용하는 하늘이

## 1. 기본 정보

하늘이는 고등학교 3학년에 재학 중인 만 19세의 남학생입니다. 보고 듣는 데 어려움은 없지만 온 몸이 경직되는 신체적 어려움이 있습니다. 사람들은 하늘이를 뇌성마비 1급 경직형 사지마비라고 말합니다.

- 하늘이
- 만 19세(남)
- 키가드 장착 키보드와 라꾸라꾸 마우스를 이용

### 1) 의사소통

#### (1) '예' '아니요' 로 의사 표현하기

일상생활과 관련된 질문(예, 하늘이가 컴퓨터로 자기소개 프리젠테이션을 만들고 있을 때 작업을 계속 할 것인지 쉬었다가 할 것인지를 묻는 질문)을 듣고, 이해하여, 긍정인지 부정인지를 소리 내어 표현할 수 있습니다. 하늘이의 말은 발음이 명료하지 않아 질문한 사람이 대개 하늘이의 입 모양을 보거나 말과 함께 보여 주는 팔 동작을 보고 의사를 확인할 수 있습니다.

### (2) 글이나 이야기 이해하기

초등학교 4~5학년 정도의 아이들이 읽는 글이나 이야기라면 하늘이도 내용을 이해하면서 읽거나 듣고 이해할 수 있습니다. 그렇다고 하늘이가 어린이용 글이나 이야기를 좋아하는 것은 아닙니다. 청소년들이 쉽게 읽을 수 있는 가십기사나 만화 등을 즐겨 봅니다.

### (3) 생각이나 의사 표현하기

자신의 생각이나 의견을 글을 이용하여 문장으로 표현할 수 있습니다. 하늘이는 명료한 발음으로 말하기 어려워 주로 글로 의사를 표현하는데 대화 중에는 단어 중심으로 표현하고 글을 쓸 때는 몇 개의 문장을 연결하여 글짓기도 합니다.

## 2) 인 지

### (1) 문자 인지

자음과 모음을 조합하여 글자를 만들고 읽을 수 있습니다(여기서 읽는다는 것은 소리를 내어 읽는다는 것이 아니라 소리를 듣고 글자를 정확하게 찾을 수 있다는 의미입니다.).

### (2) 문자 이해

대부분의 단어를 읽고 그 뜻을 이해할 수 있고 대화나 글쓰기에 이용할 수 있습니다.

### (3) 문장 이해

한 문단 이상의 글을 읽고 내용을 이해할 수 있습니다. 자신의 생각이나 의견을 3~4문장 이상의 문단으로 표현할 수도 있습니다.

 인지 능력은 다양한 분야가 있지만 컴퓨터 시간에는 컴퓨터 이용 영역을 가늠하는 데 밀접한 관련이 있는 문자 인지 능력을 중점적으로 확인합니다.

### 3) 일상생활 자세

#### (1) 가정
주로 눕거나 바닥에 앉아서 생활합니다.

#### (2) 이동
실내에서는 이너장착 전동·수동 휠체어를 이용하여 스스로 이동합니다. 장거리 이동 시에는 차량을 이용하여 카시트에 보장구 없이 앉아 있을 수 있습니다.

#### (3) 학교
대부분의 시간을 이너가 장착된 전동 휠체어나 수동 휠체어에 앉아서 생활하며 시간에 따라 바닥이나 매트에 누워 활동하기도 합니다.

### 4) 대근육운동

하늘이는 누워서 목표물을 향해 굴러가기, 혼자 눕기, 혼자 앉기, 앉은 자세 유지하기, 팔을 상하좌우로 움직이며 유지하기가 가능합니다. 이런 기능은 일상생활에서 두 팔을 이용하여 OX 표시하기, 손으로 목표물 지적하기, 팔을 이용하여 자신의 신체 가리키기, 한 손으로 벽의 핸드레일 잡고 수동 휠체어 이동하기 등에 활용됩니다.

### 5) 소근육운동

손가락을 이용하여 물건을 잡아 이동하며, 손가락 하나만 펴서 특정 위치를 가리키거나 누르기가 가능합니다. 이런 기능은 일상생활에서 버튼이나 스위치 누르기, 의사소통판에서 자음/모음/단어/그림 지적하기, 손으로 과자 집어 먹기, 손잡이를 수정한 포크로 음식 집어 입으로 가져가기, 전동 휠체어 방향조정장치 조정하기, 터치모니터 이용하기, 키보드 이용하기 등에 활용됩니다.

## 6) 자발적인 신체 움직임

하늘이의 컴퓨터 접근에 유용하게 사용될 자발적인 신체 움직임은 크게 다음 두 가지로 요약할 수 있습니다.

- 손으로 물건 잡아 이동하기
- 손가락으로 원하는 곳 지적하거나 누르기

▶ 자발적인 신체 움직임이란?

대부분의 지체장애 학생이 컴퓨터에 접근하는 데 어려움을 겪는 이유는 크게 경직이나 불수의적 움직임으로 몸을 원하는 대로 움직이기 어렵거나, 의도하지 않음에도 몸이 마구 움직이거나, 몸을 움직이려고 할수록 다른 쪽으로 움직이는 이상반사가 나타나는 경우 등으로 생각해 볼 수 있습니다. 여기서 이야기하는 '자발적인 신체 움직임'이란 몸의 어떤 부분이 어떤 패턴으로 움직이든지 자신의 의지에 의해 원하는 대로 움직여지는 부분을 의미합니다. 자발적인 신체 움직임을 찾는 것은 지체장애 학생의 컴퓨터 접근 방법을 찾는 데 중요한 역할을 합니다.

하늘이는 위의 두 가지 신체 움직임으로 전동 휠체어 계기 버튼과 방향조정장치를 이용하여 원하는 곳으로 이동하기, 손으로 과자 집어 먹기, 팔의 가동 범위 안에서 버튼 누르기 등을 할 수 있습니다.

## 2. 입력매체 선정

### 1) 기기 선정 이유

하늘이는 검지 하나를 펴서 그림이나 버튼을 누를 수 있습니다. 팔과 손의 경직으로 일반 마우스를 잡거나 조작하기 어렵고, 일반 키보드도 키 하나를 누를 때 동시에 여러 개의 키가 눌러져서 사용이 원활하지 못합니다. 그래서 검지의 기능을 이용하여 마우스 대용으로는 터치모니터를, 키보드에는 키가드를 얹어 사용하기도 합니다.

## 2) 기기 적용

### (1) 키가드

하늘이는 일반 삼성 키보드 위에 파라다이스 복지재단에서 제작 판매한 키가드를 얹어 사용합니다. 키가드는 하늘이가 키보드 키를 누를 때 손으로 옆의 키가 잘못 눌러지지 않도록 막아 주는 역할을 합니다.

[그림 1-1] 삼성키보드와
파라다이스 복지재단 키가드

### (2) 터치모니터

하늘이가 2002년부터 사용한 CRT 터치모니터는 감도도 좋고 세게 눌러도 잘 움직이지 않아 하늘이가 연습하기에 좋았습니다.

[그림 1-2] CRT 터치모니터

요즘에 나오는 LCD 터치모니터라면 기본 받침대로 사용 시 모니터가 넘어질 수도 있습니다. T-stand 받침대나 별도의 모니터 거치대를 구입하여 사용하면 좋습니다.

# 3. 입력매체 적응하기

## 1) 키보드 연습하기

기본 설정

- 워드프로세서 프로그램 실행하기
- 글자 크기 조정(최소 15포인트 이상)
- 글씨체 조정(굴림, 고딕, 명조 중 선택)
- 필요 시 입력 키 설정 조정(예, 고정키, 필터키, 토글키)

처음 자판연습을 할 때 글씨체는 반듯하고 변형이 적은 글씨체가 좋습니다. 글자 크기는 일반적으로 32포인트 정도가 적당하지만 학생의 시력, 모니터 크기, 입력할 문자의 분량 등을 고려하여 크거나 작게 조절합니다. 단 72포인트 이상 지나치게 큰 글씨는 오히려 연습을 방해할 수도 있습니다.

## ① 키 익히기

㉮ **아무 키나 누르기** 아무 키나 무작위로 입력하는 연습입니다. 키를 누를 때 한 번에 하나의 값이 입력되도록 키를 눌렀다 떼는 감각을 익히는 데 초점을 맞춥니다.

㉯ **숫자 키 보고 누르기** 제시된 숫자를 키보드에서 찾아 입력하는 연습입니다. 교사가 문서의 첫 줄에 숫자를 입력하면 그 밑에 숫자를 따라 입력하며 연습할 수 있습니다.

㉰ **오타 지우기** Delete키와 BackSpace키의 사용법을 연습합니다. 숫자를 보고 입력할 때 틀린 부분을 고치면서 연습하게 합니다.

㉱ **자음과 모음 입력하기** 자음과 모음을 따로따로 입력하며 연습합니다. 교사는 문서의 첫 줄에 자음과 모음을 각각 입력하고 따라 입력하게 합니다.

㉲ **받침 있는 낱자 입력하기** '초성＋중성＋종성'으로 된 낱자를 입력하는 연습을 합니다.

▶ 자음과 모음을 처음 입력할 때

하나! 한영자동변환이 일어나지 않도록 프로그램을 설정합니다. 영어와 한글이 뒤섞이면 학생들은 혼란을 느끼며 문자 입력에 흥미를 잃을 수 있습니다. 통제된 환경에서 성공을 경험할 수 있도록 준비하도록 합니다.

둘! 자음과 모음 사이에 빈칸을 입력하게 하면 입력하면서 각 자모음을 구별할 수 있어 좋습니다. 단, 자판의 자리를 찾는 동안만 임시로 사용하는 입력법으로 키 입력 때마다 빈칸을 입력하는 습관이 생기지 않도록 조심해야 합니다.

② 단어 및 문장 쓰기

㉮ **받침 없는 낱자가 첫 글자인 단어 입력하기**　아무 키나 무작위로 입력하는 연습입니다. 키를 누를 때 한 번에 하나의 값이 입력되도록 키를 눌렀다 떼는 감각을 익히는 데 초점을 맞춥니다.

↓

㉯ **단어 입력 연습하기**　익숙한 이름과 단어 중심으로 여러 단어를 입력하며 연습합니다.

↓

㉰ **Shift키를 이용한 문자 입력하기**　!@#$%·&*()_+' 등의 특수문자와 ㅃㅉㅉㄸㄲ쌔ㅖ 등의 값을 입력하는 연습을 합니다.

▶ Shift키를 이용한 문자 입력하기

　하늘이처럼 손가락 하나로 키를 입력하면 한 개의 키를 누른 상태에서 동시에 다른 키를 누르기는 어렵겠죠. 이때 다음과 같이 고정키를 설정합니다.

▶ 고정키 설정 방법

　제어판 ⇨ 내게 필요한 옵션 ⇨ 키보드 탭 ⇨ 고정키 사용

↓

㉱ **문장 입력하기**　짧은 문장을 보고 입력하는 연습을 합니다.

↓

㉲ **문단 입력하기(속도 향상)**　한 단락의 문장들을 보고 입력하는 연습을 통해 글 입력 속도를 높이고 키보드 사용 속도를 향상시킵니다.

↓

㉳ **답문 입력하기**　질문을 읽고 단어나 문장으로 대답을 입력하는 연습을 합니다.

답문 입력하기는 발성이 명확하지 않은 하늘이가 컴퓨터를 의사소통의 도구로 사용할 수 있도록 해 준 훈련입니다.

㉔ **영문 입력하기**　영어의 대문자와 소문자를 입력하는 연습을 합니다.

## 2) 터치모니터 연습하기

기본 설정

- 화면 터치 기준점 재세팅
- 터치 시 터치음이 나도록 설정

 터치모니터는 압력식과 정전식으로 종류가 다양하게 나오고 있습니다. 정전식 터치모니터는 손 끝으로 누르지 않고 손을 원하는 위치에 가져가기만 해도 터치가 되므로 편리하지만 불필요한 손의 움직임이 예상되는 경우에는 살짝 눌러야 작동되는 압력식이 좋습니다. 하늘이는 손을 대고 살짝 눌러 주어야 작동되는 압력식 터치모니터로 연습하였습니다.

① **터치감 익히기**

아무 키나 무작위로 입력하는 연습입니다. 키를 누를 때 한 번에 하나의 값이 입력되도록 키를 눌렀다 떼는 감각을 익히는 데 초첨을 맞춥니다.

② **2개 중 하나 선택하기**

지름 8cm 내외의 2개의 커다란 그림 중 하나를 선택하는 연습을 합니다.

③ **선택 대상의 크기를 줄이며 연습하기**

차츰 선택해야 하는 그림의 크기가 작아지도록 동화, 게임, 색칠하기 등 다양한 교육용 프로그램을 통해 연습하도록 합니다.

④ 윈도우 환경에서 아이콘 클릭 연습하기

선택할 수 있는 그림의 크기가 지름 2cm 내외가 되면 윈도우 환경에서 아이콘들을 클릭하는 연습을 합니다.

[그림 1-3] 윈도우 환경의 아이콘들

▶ 터치모니터 연습용 프로그램

　교육용 프로그램들 중에서 선택 대상이 비교적 크고 화면이 단순한 프로그램을 이용하여 연습하도록 합니다. 어린이용 마우스 연습 프로그램이나 플래시 게임들 중 대상 학생의 연령이나 흥미를 고려하여 프로그램을 선택합니다. 대상 학생의 연령에 적합한 프로그램이 없다면 플래시로 학습 관련 내용을 간단하게 제작하여 연습에 이용할 수 있습니다.

## 3) 터치모니터+키보드 연습하기

① 프로그램 실행하기

터치모니터로 아이콘을 선택하고 키보드의 엔터키로 실행하여 워드프로세서 프로그램을 시작합니다.

② 워드프로세서의 메뉴 이용하기

키보드로 문장을 입력하고 키보드의 펑션키를 이용하여 저장하고 출력하는 기능을 연습합니다. 키보드만으로 제어하기 어려운 상황에서는 터치모니터를 함께 이용합니다.

③ 인터넷 이용하기

익스플로러의 실행과 페이지 이동도 키보드와 터치모니터를 함께 이용합니다.

터치모니터와 키보드를 함께 이용하면서 하늘이는 도움 없이 혼자서도 워드프로세서 프로그램을 실행하고 문자를 입력할 수 있게 되었습니다. 또 작업 후에는 문서를 저장하고 컴퓨터를 종료하는 간단한 작업을 혼자 처리할 수 있게 되었습니다.

마우스 대용으로 사용하는 터치모니터는 드래그나 더블클릭 기능을 정교하게 이용하는 데 기능상 어려움이 있습니다. 하늘이는 주로 키보드만으로 컴퓨터를 제어하는 방법에 의존하여 컴퓨터를 이용하였으나 키보드만으로 그래픽 중심의 윈도우 환경을 제어하는 데는 한계가 있었습니다. 따라서 하늘이가 독립적으로 컴퓨터에 접근하기 위해서 터치모니터를 대신할 마우스 대용 보조기기의 훈련이 요구됩니다.

## 4. 입력매체 변경

### 1) 기기 변경 이유

하늘이는 검지 하나를 펴서 그림이나 버튼을 누를 수 있습니다. 마우스를 대신할 보조기기도 손가락으로 눌러서 사용할 수 있어야 합니다. 그래서 마우스를 대신할 보조기기를 버튼형으로 변경하기로 했습니다.

## 2) 기기 적용

▶ 버튼형 마우스

왼쪽의 6개 버튼으로 클릭, 더블클릭, 드래그가 가능하고 오른쪽의 8개 버튼으로 마우스 포인터를 8방향으로 이동할 수 있습니다. 마우스 포인터의 이동 속도도 조절이 가능하며 하늘이는 자동가속모드를 즐겨 사용하였습니다.

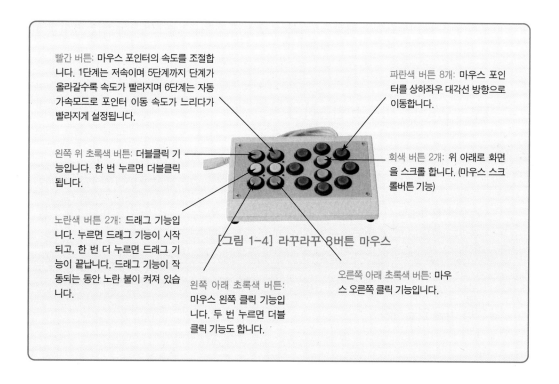

빨간 버튼: 마우스 포인터의 속도를 조절합니다. 1단계는 저속이며 5단계까지 단계가 올라갈수록 속도가 빨라지며 6단계는 자동가속모드로 포인터 이동 속도가 느리다가 빨라지게 설정됩니다.

파란색 버튼 8개: 마우스 포인터를 상하좌우 대각선 방향으로 이동합니다.

왼쪽 위 초록색 버튼: 더블클릭 기능입니다. 한 번 누르면 더블클릭 됩니다.

회색 버튼 2개: 위 아래로 화면을 스크롤 합니다. (마우스 스크롤버튼 기능)

노란색 버튼 2개: 드래그 기능입니다. 누르면 드래그 기능이 시작되고, 한 번 더 누르면 드래그 기능이 끝납니다. 드래그 기능이 작동되는 동안 노란 불이 켜져 있습니다.

[그림 1-4] 라꾸라꾸 8버튼 마우스

왼쪽 아래 초록색 버튼: 마우스 왼쪽 클릭 기능입니다. 두 번 누르면 더블클릭 기능도 합니다.

오른쪽 아래 초록색 버튼: 마우스 오른쪽 클릭 기능입니다.

 마우스 대용으로 사용할 수 있는 보조기기는 트랙볼, 엄지마우스, Head-Z 포인터 등으로 다양하나 대부분 수평으로 이동해서 포인터를 조정하는 방식으로 하늘이에게 적용하기는 어려웠습니다. 마우스 포인터를 버튼으로 이동할 수 있는 방법은 키보드의 숫자패드를 방향키로 설정하여 이용하거나 빅 키보드의 방향키 모드를 이용하는 방법도 있습니다. 단 이 경우 마우스 포인터를 상하좌우로만 움직이게 되어 포인터 이동이 원활하지 않습니다.

## 3) 장 착

하늘이의 경우 보조기기 장착에 특별한 제한은 없습니다.

- 이너 장착 휠체어에 앉은 상태에서 책상과 배의 거리를 10cm 내외로 조정합니다.
- 키보드 위에 키가드를 올려 책상 위에 고정하되 하늘이가 손을 뻗어 손이 닿을 수 있는 위치에 놓습니다.
- 라꾸라꾸 8버튼 마우스는 책상 위 키보드 주변에 놓되 하늘이가 요구하는 위치에 고정합니다.

## 4) 라꾸라꾸 8버튼 마우스 연습하기

기본 설정

- 컴퓨터에 버튼형 마우스 연결 후 컴퓨터 인식 여부 확인
- 포인터 이동 속도 설정(저속~고속 5단계 또는 자동변속)

① 포인터 이동 연습하기

㉮ 8개의 포인터 이동 버튼을 이용하여 포인터를 임의대로 이동합니다.

↓

㉯ 목표물을 정하고 최적경로를 찾으며 포인터를 이동합니다.

↓

㉰ 나에게 편안한 포인터 이동 속도를 설정합니다.

↓

㉱ 포인터를 이동하다가 원하는 지점에서 버튼에서 손을 떼는 순간을 찾으며 연습합니다.

↓

⑳ 목표물 안으로 포인터를 이동하여 멈추는 연습을 합니다.

 라꾸라꾸 8버튼 마우스는 터치모니터보다 작은 영역에 섬세하게 포인터를 이동할 수 있어 윈도우 바탕화면에서 바로 사용법을 연습할 수 있습니다. 단, 학생의 인지 능력과 손 기능에 따라서 단순화된 프로그램에서 한 단계씩 연습해야 하는 경우도 있습니다.

② 클릭과 더블클릭 연습하기

㉮ 바탕화면의 아이콘이 포인팅된 상태에서 클릭버튼을 눌러 대상이 선택되었는지 확인하여 클릭 동작을 연습합니다.

↓

㉯ 더블클릭도 마찬가지로 아이콘이 포인팅된 상태에서 더블클릭 버튼을 누르고 대상이 실행되는지 확인하며 연습합니다.

③ 드래그 연습하기

㉮ 드래그 기능은 교사가 먼저 작동시범을 보입니다.

↓

㉯ 드래그 기능 시작 버튼을 누릅니다.

↓

㉰ 클릭 버튼을 누릅니다.

↓

㉱ 포인터 이동 버튼을 누릅니다.

↓

㉮ 드래그 기능 끝내기 버튼을 누릅니다.

④ 윈도우 창이나 아이콘을 이동하며 드래그 연습하기

⑤ 그림판에서 그림 그리며 드래그 연습하기

윈도우 환경에서의 연습이 지루할 때는 그림판에서 도형, 선, 색칠하기, 그림 그리기를 하며 드래그하기를 연습하면 포인터 이동의 시각적인 효과가 선명하게 나타납니다. 단, 버튼형 마우스로는 다양한 그림 표현이 어려우므로 과제를 낼 때 완성도 있는 그림 표현을 제시하지 않도록 주의해야 합니다.

## 5) 키보드＋라꾸라꾸 8버튼 마우스 연습하기

▶ 응용 및 실제 적용

㉮ **워드프로세서 프로그램 이용하기**  기본적인 글 입력은 키보드로 하고 프로그램의 실행과 저장, 편집 메뉴 사용에는 라꾸라꾸 8버튼 마우스를 이용하여 문서의 입력과 저장 뿐 아니라 기본적인 편집 기능도 사용할 수 있습니다.

㉯ **프리젠테이션 프로그램 이용하기**  프리젠테이션 프로그램의 실행, 글과 그림 입력, 메뉴 이용 등을 할 수 있습니다.

[그림 1-5] 파워포인트 프로그램 사용 예

㉺ **게임 프로그램 이용하기**   시간제한이 없거나 속도가 빠르지 않는 플래시 게임을 이용할 수 있습니다. 학생의 인지능력이나 조작속도를 고려하여 게임을 선택해야 합니다.

㉻ **인터넷 이용하기**   자료 검색하기, 이메일 이용하기, 게시물 확인하기, 자료 업로드하기, 자료 다운로드하기 등의 작업을 수행할 수 있습니다.

   드래그 기능을 이용하면 이론적으로는 도형을 그릴 수 있으나 하늘이는 프리젠테이션 프로그램에서 드래그를 이용한 도형 그리기에 어려움을 나타냈습니다. 버튼형 마우스는 터치모니터보다 크기가 작은 메뉴의 사용에는 유용하였으나 그림이나 도형, 특히 곡선을 그리는 데는 한계를 나타냈습니다.

## 5. 현황 및 발전 가능성

### 1) 현 황

하늘이는 라꾸라꾸 8버튼 마우스를 이용하여 컴퓨터 부팅, 응용프로그램 이용, 컴퓨터 종료까지 윈도우 이용의 기능적인 부분을 독립적으로 수행할 수 있고 키가드가 장착된 키보드로 문단 이상의 글을 입력할 수 있습니다.

이러한 기능적 습득을 바탕으로 다음과 같은 일들을 할 수 있습니다.

• 아래아한글
  – 글을 작성하고 문서편집을 할 수 있습니다.
  – 표에 자료를 입력할 수 있습니다.
  – 문서를 저장하고 인쇄할 수 있습니다.

• 파워포인트
  – 한 가지 주제에 대한 프리젠테이션 자료를 만들 수 있습니다.
  – 사진이나 소리를 입력할 수 있습니다.

– 화면이나 그림의 애니메이션 기능을 추가할 수 있습니다.

• 소통
  – 주제에 따라 원하는 자료를 검색할 수 있습니다.
  – 이메일을 통해 소식을 주고받을 수 있습니다.
  – 게시판에 글을 남기거나 자신이 작성한 파일을 업로드 할 수 있습니다.

• 여가
  – 인터넷을 이용하여 플래시 게임을 할 수 있습니다.
  – 좋아하는 음악을 검색하여 감상할 수 있습니다.
  – 좋아하는 만화를 검색하여 감상할 수 있습니다.

• 마우스 포인터를 8방향의 직선으로 이동시켜 그림을 그려야 하는 라꾸라꾸 8버튼 마우스는 정교한 그래픽 작업을 하기 어렵습니다. 자유곡선 그리기나 도형 그리기 작업을 몇 차례 시도하였지만 하늘이가 원하는 대로 대상을 조절하기 어려웠습니다. 하늘이가 컴퓨터로 자유롭게 그림을 그리기 위해서는 새로운 보조기기가 필요합니다.

## 2) 발전 가능성

하늘이는 고등학교 3학년 학생으로 졸업 후 컴퓨터를 이용하여 사회적 상호작용을 지속할 수 있는 인지적 · 기능적 능력을 갖추고 있습니다. 인터넷을 통한 정보 수집과 사회적 상호작용이 가능하며 동호회 활동이나 인터넷 강의 등을 시청할 수 있고 학습과 취미 모두에 컴퓨터를 이용할 수 있습니다. 또한 글 입력 기능을 계속 발전시켜 자신만의 블로그를 운영하거나 사회와 교류할 수 있는 많은 가능성이 있는 학생입니다.

◈ 교수매체 선정

- 교수방법은 수업의 내용이나 목표에 따라서, 학습의 특성에 따라서, 교사의 교육관에 따라서, 또는 교육의 물리환경적인 여건에 따라서 결정됩니다. 교육 내용을 제시하는 형태로 설정된 교육 목표를 효과적으로 성취하기 위해서 교사가 정한 학습 목표를 학생에게 효율적으로 전달하는 수단이 교수매체이고, 최선의 교수매체를 선정하기 위해서는 학생 집단의 크기에 따라 매체를 선택하는 것이 바람직합니다. 대집단이나 다수의 학생에게 교수매체를 선정하는 기준은 다음 표에 제시한 바와 같습니다.

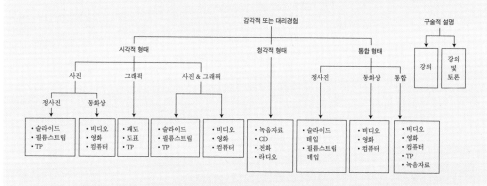

**학습자를 위한 매체 선택표**

그림출처: 이화여자대학교 교육공학과(2004).

◈ 교수자료 선정

교수자료를 선정할 때는 다음을 고려하여 선택할 수 있습니다.

- 이미 만들어진 기존의 자료 중에서 적합한 것을 골라서 사용할 수 있습니다.
- 기존의 자료가 적절하지 못할 때에는 이들 자료의 녹음내용이나 캡션 등을 수정하거나 재편집하여 사용할 수 있습니다.
- 교재를 완전히 새로 제작하는 방법이 있습니다. 이때 학습자의 특성을 고려하여 주의집중을 할 수 있도록 다른 자극 요소를 최소화한 프로그램을 만들어 제공할 수 있습니다.

출처: 정해동 외(2010).

제2장

# 스위치와 트랙볼을 이용하는 푸름이

## 1. 기본 정보

푸름이는 현재 고등학교 3학년에 재학 중인 만 18세의 남학생입니다.

뇌성마비 경직형 사지마비 학생으로, 보고 듣는 데 어려움은 없지만 온몸이 경직되어 자유롭게 움직이는 데는 어려움이 많습니다.

> • 푸름이
> • 만 18세(남)
> • 스위치와 트랙볼 이용

### 1) 의사소통

#### (1) '예' '아니요' 로 의사 표현하기

일상생활과 관련된 질문에 명료하지는 않지만 구어로 '예' '아니요' '물' 등을 표현할 수 있습니다. 그리고 푸름이는 상황을 설명하는 주어＋술어로 구성된 두 문장 이상의 이야기를 듣고 그 내용을 이해할 수 있습니다.

#### (2) 생각이나 의견 표현하기

자신의 생각이나 의견을 물으면 이에 대한 답으로 '예' '아니요' '좋아요' '싫어요' 라고 음성 언어로 말하고 동시에 몸짓과 표정, 신체 움직임 정도, 신체 경직 반응 등으로 자신의 의사를 정확하게 표현할 수 있습니다. 푸름이는 명료하게 말하기 어려워 교사가 스무고개식의 질문을 하면 '예' '아니요'로 표현하면서 생각을 좁혀 나가는 방식을 취하기도 합니다. 학습 상황에서 익숙한 단어 카드를 보여 주면 푸름이가 주먹 쥔 손으로 단어 카드를 가리켜 주어 대화를 나누기도 합니다.

## 2) 인 지

### (1) 문자 인지
자음과 모음을 조합한 한글 낱자의 소리를 듣고 여러 개의 글자 중에서 소리에 맞는 글자를 정확하게 찾을 수 있습니다.

### (2) 문자 이해
모든 단어는 아니지만, 익숙한 단어를 읽고 이해할 수 있습니다.

### (3) 문장 이해
단어 중심으로 뜻을 이해하여 전체 문장을 미루어 짐작할 수 있습니다.

## 3) 일상생활 자세

### (1) 가 정
집에서는 주로 누워서 생활합니다. 몸을 좌우로 굴려 원하는 곳으로 이동합니다.

### (2) 이 동
학교나 넓은 실내 공간에서는 주로 이너가 장착된 전동 휠체어를 이용하여 스스로 이동을 하고, 길이 고르지 않은 야외 활동을 할 때는 주변 및 바닥 여건과 상황을 고려하여 수동 및 전동 휠체어를 선택적으로 이용합니다. 하지만 낯선 장소나 장애물이 많은 장소에서는 운전이 미숙하여 안전 지도가 필요합니다. 그리고 등·하교 시에는 이동의 편의를 고려하여 보호자의 도움 아래 유모차형 휠체어(예, easy rider)를 이용합니다.

(3) 학교

전동 휠체어에 푸름이의 체형에 맞게 제작한 이너를 이용하며 고개 가눔을 돕기 위해 머리 받침대를 사용합니다. 체간 지지를 위해 가슴 고정 벨트와 허리 고정 벨트를 사용하고, 하지의 안정성을 확보하기 위해 발 고정발판에 두 발이 약 5~10도 정도 외회전되도록 고정 벨트를 사용합니다. 푸름이는 골반이 이너 깊숙이 들어가도록 안정적으로 앉은 상태에서 가슴과 골반, 발을 벨트로 고정하여 몸의 경직과 불수의적인 움직임을 최소화하도록 합니다.

이때 휠체어에 휠체어용 랩트레이를 장착하여 팔을 올려놓고 팔의 근긴장도를 스스로 이완할 수 있도록 도와줍니다.

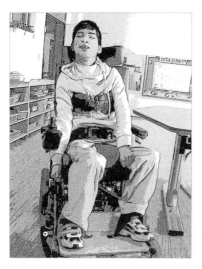

[그림 2-1] 휠체어에 앉은 자세

[그림 2-2] 랩트레이를 장착한 자세

4) 대근육운동

푸름이는 바닥에서 생활을 해야 할 때 주로 눕거나 좌우로 몸을 굴려 이동을 합니다. 가끔은 어른이나 보조자의 도움을 받아 가부좌 형태를 취하여 기저면을 넓게 유지하며 바닥에 앉을 수 있습니다. 성인의 도움을 받거나 앉기 보조기구를 이용하여 바닥에 앉아 있는 것이 안정적인 때는 팔을 좌우로 움직여서 원하는 물건을 잡을 수 있습니다.

### 5) 소근육운동

지시나 필요에 의해 스스로 손을 펴거나 주먹을 쥘 수 있습니다. 그러나 주로 경직되게 주먹을 쥐고 있는 경우가 많습니다. 스스로 손을 펼 수는 있지만 물건을 잡으려 하면 반사적으로 팔이 접히는 불수의적인 움직임이 발생하여 물건을 쥐는 것이 어렵습니다.

### 6) 자발적인 신체 움직임

▶ 오른쪽 팔과 손 좌우 수평으로 움직이기

이너를 장착한 전동 휠체어에 휠체어용 랩트레이를 장착하고 가슴 고정 벨트, 골반 고정 벨트, 발 고정 벨트로 고정해 주었을 때 오른쪽 팔과 손을 좌우 수평으로 크게 또는 작게 움직일 수 있습니다.

푸름이가 전동 휠체어를 움직이는 모습을 설명하면, 먼저 전동 휠체어의 방향조정장치 위에 주먹 쥔 오른손을 올립니다. 그리고 손바닥 부분이 바닥면을 향하게 고정시키고 주먹의 안쪽을 이용하여 조이스틱을 앞으로 미세하게 밀어냄으로써 전동 휠체어를 앞으로 전진시키고, 정지할 때는 조이스틱 위에 올려 두었던 오른손을 옆으로 뻗어 손잡이에 놓음으로 전동 휠체어를 멈추게 합니다. 정지했다가 다시 출발하기 위해서는 휠체어 방향조정장치 위에 오른손을 올리기까지 약 2~3분의 시간이 소요됩니다. 운행 중 멈추었을 때 2~3분은 긴 시간일 수 있으나 기다려 주면 푸름이는 스스로 이동을 다시 시작할 수 있습니다.

## 2. 입력매체 선정

### 1) 기기 선정 이유

푸름이의 신체적 특성을 고려하였을 때 불수의적 근경직 반사를 보이고 있어 일반형 마우스를 움직이거나 일반형 키보드의 키를 누르는 데 어려움이 따릅니다. 따라서 일반 키보드와 마우스를 대체해 줄 만한 입력 보조장치를 찾아야 했습니다. 먼저 스위치를 적용해 보았고, 그런 다음 트랙볼을 적용했습니다.

푸름이는 주먹 쥔 오른팔을 좌우로 약 1m 내외에서 자유롭게 수평 이동할 수 있을 정도의 신체 움직임을 보이고 있습니다. 이때 그 이동 폭이 미세한 거리를 정교하게 움직일 수 있는 정도의 조정 능력은 아직은 부족합니다.

푸름이의 팔 움직임은 원위부 움직임이 커서 넓은 공간에서 세밀하게 이동하지 못하기 때문에 여러 개의 키 중에서 하나를 골라 눌러야 하는 버튼형 마우스나 미세하게 볼을 굴려 원하는 곳으로 마우스를 움직여야 하는 트랙볼보다는 단순한 형태로 클릭할 수 있는 스위치를 적용하였습니다.

> 스위치를 적용할 때는 보통 가장 보편적이고 많이 쓰이는 상하압축식 스위치를 먼저 테스트하게 됩니다(예, 빅레드 스위치, 조글 스위치 등).
> 푸름이도 휠체어용 랩트레이 오른쪽에 이런 상하압축식 스위치를 고정시켜 사용하도록 하였는데 푸름이에게는 스위치에서 손을 떼면 다시 제자리로 손을 돌려놓기에 많은 시간과 에너지가 필요했고, 경우에 따라서는 누군가의 도움을 받아야만 그 작업을 다시 할 수 있어 사용에 어려움이 있었습니다. 이와 같이 일반적인 스위치 적용이 어렵다고 판단되면 학생의 자발적인 신체 움직임을 좀 더 면밀히 검토하여 다른 스위치를 테스트하게 됩니다.

푸름이의 경우 팔을 수평으로 움직일 수 있는 점을 고려하여 옆으로 스쳐 작동시킬 수 있는 울티메이티드 스위치(Ultimated Switch)나 와블 스위치(Wobble Switch) 적용을 테스트하였고 테스트 결과 와블 스위치에서 컴퓨터 조작이 더 원활하여 이를 적용하기로 하였습니다.

## 2) 기기 적용

### (1) 와블 스위치

푸름이는 이 스위치의 동그란 작동 부위를 손을 옆으로 쳐서 스쳐 지나가면서 작동하였습니다. 스위치가 정확히 작동될 때 작지만 딸깍 하는 소리가 나서 푸름이가 소리와 느낌으로 작동 여부를 확인할 수 있었습니다.

[그림 2-3] 와블 스위치

(2) 스위치 인터페이스

스위치를 작동했을 때 컴퓨터에 어떤 신호로 인식시킬
것인지 설정해 주는 신호 변환 장치로 적용 당시 가장 안정
적으로 스위치의 신호를 컴퓨터에 전달해 준 제품입니다.

푸름이의 경우 스위치에서 입력되는 신호를 주로 '클릭'
으로 설정하여 사용하였습니다.

[그림 2-4] 스위치 인터페이스 프로
(Switch Interface Pro, 5.0)

유연성이 있는 스위치로는 울티메이티드 스위치와 와블 스위치 등이 있으나 각각의 기기에는 약간의
차이점이 있습니다. 울티메이티드 스위치는 동그란 안테나 모양의 스위치 작동 부위가 매우 유연하여 휘
어지지만 강한 힘으로 작동시키면 한 번 작동시켰을 때 반동으로 원하지 않게 여러 번 작동되는 경우가
빈번하게 발생합니다. 약한 힘으로 가볍게 움직였을 때 정확히 반응합니다. 와블 스위치는 동그란 안테나
모양의 스위치 작동 부위가 딱딱하여 휘어지지 않고 아래 몸통 부위와의 접합 부위가 움직이며 작동되는
스위치로 유연성이 있는 스위치 중에서 반동이 거의 없어 작은 힘에도 비교적 정확하게 작동됩니다.

## 3) 장 착

와블 스위치의 위치는 푸름이의 휠체어용 랩트레이 오른쪽, 전동 휠체어 방향 조정장

[그림 2-5] 스위치를 전동 휠체어
방향 조정장치 옆에 고정한 경우

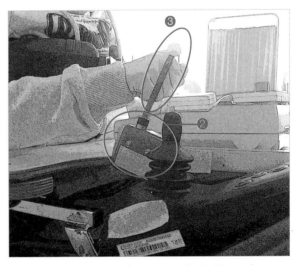

[그림 2-6] 스위치를 휠체어용
랩트레이 옆에 고정한 경우

치 옆([그림 2-5] ①)이나 휠체어용 랩트레이 옆([그림 2-6] ②)에 고정하였습니다. 푸름이가 휠체어용 랩트레이 위에 팔꿈치를 얹고 주먹 쥔 손을 뻗어 오른쪽으로 팔의 근위부를 수평 이동하였을 때 주먹의 오른편이 스위치의 윗부분을([그림 2-6] ③) 치고 지나갈 수 있도록 위치를 잡은 후에 견고하게 고정하였습니다.

컴퓨터 이용 환경

[그림 2-7] 모니터 거치대를 이용하는 모습

휠체어용 랩트레이에 입력매체를 설치하고 모니터 거치대를 사용하여 모니터의 위치와 각도를 조정합니다.

　푸름이는 휠체어에 앉아 있을 때 근긴장도가 높아 누워 있는 자세에서 컴퓨터 접근을 시도해 보기도 하였습니다. 그러나 체간의 안정성을 확보하지 못했을 때 모니터를 바라보며 오른쪽 팔과 손의 움직임을 유도하기 어려워 누운 자세에서의 컴퓨터 접근을 진행하지 못하였습니다. 푸름이에게 적용되지는 않았지만 컴퓨터 접근에 어려움이 있는 학생들에게 잘 맞는 컴퓨터 접근 환경을 찾기 위해서 다양한 자세에서 시도해 볼 필요가 있습니다.

## 3. 입력매체 적응하기

### ⊟ 스위치 연습하기

기본 설정

- 컴퓨터에 스위치 인터페이스 연결
- 스위치를 스위치 인터페이스에 연결
- 스위치 인터페이스의 입력신호를 '클릭' 으로 설정

① 시간제한 없이 작동하기

㉮ 1~2회 오른팔을 안쪽에서 바깥쪽을 향해 옆으로 쳐서 딸각 소리가 나도록 스위치 클릭 연습을 합니다.

↓

㉯ 교사가 windows 아이콘이나 플래시 자료의 버튼 위로 마우스 포인터를 이동시켜 주면, 학생은 스위치를 클릭하여 컴퓨터가 작동되는 것을 스스로 확인합니다.

↓

㉰ 파워포인트 슬라이드 쇼나 마우스 포인터의 위치에 상관없이 클릭만으로 작동하는 프로그램을 이용하여 스위치 클릭 연습을 합니다.

이때 교사는 학생이 한 번 클릭하는지를 유심히 관찰해야 합니다. 가끔 스위치 오작동으로 학생은 한 번 클릭하였는데 컴퓨터가 신호를 한 번의 신호로 인식하지 못하는 경우가 있을 수 있습니다. 또한 학생이 여러 차례 클릭을 하고 있지 않는지도 확인해야 합니다.

학생이 자발적으로 움직여서 스위치를 한 번 클릭하지 못하고 여러 차례 반복 클릭하는 형태의 반응을 보인다면 또 다른 적절한 대체 입력 보조기기를 찾아야 합니다. 이와 같은 연습 과정에서는 학생이 좋아하는 프로그램이나 사이트에 접속하여 학생이 스위치 클릭에 재미를 붙이고 반응의 정확도를 높여 나가는 것이 필요합니다. 그러기 위해서는 지속적으로 컴퓨터를 사용하겠다고 하는 유인가 높은 동기가 필요한데 주로 학생이 좋아하는 것을 함께하는 방법을 사용합니다. 학생이 선호하는 프로그램이나 사이트에 접속하여 스위치 사용 기회를 늘려 나간다면 보다 효과적으로 스위치 작동을 연습할 수 있습니다.

② 시간제한을 두고 클릭하기

㉮ 일정 시간 간격을 두고 커서가 자동적으로 스캐닝 되는 프로그램[예, 디스커버 스위치(Discover Switch)]을 이용하면서 일정 시간 내에 학생이 스위치를 클릭할 수 있게 연습합니다.

↓

㉯ 처음에는 8초 간격으로 커서가 스캐닝 되도록 설정해 두고, 학생에게 원하는 위치에 커서가 올 때까지 기다렸다가 원하는 위치에 커서가 오면 그때 스위치를 클릭하는 연습을 합니다.

↓

㉰ 8초 간격의 스캐닝 시간을 점차 줄여 나가기 위해 반복 훈련합니다.

↓

㉱ 푸름이의 경우, 커서의 스캐닝 시간 간격이 4초 정도일 때 원하는 것에 스위치를 클릭하여 선택할 수 있습니다.

③ 화면 숫자 입력판에서 숫자 입력하기

㉮ 1~10까지의 화면 숫자 입력판에서 커서가 4초 간격으로 스캐닝되어 이동하도록 설정하고 워드프로세서 프로그램(예, 아래아한글)에서 스위치를 클릭하였을 때 선택한 숫자가 입력되도록 하였습니다.

↓

㉯ 푸름이의 경우, 특정한 숫자를 제시하였을 때 10번 중 3번 정도 지정한 숫자를 입력할 수 있었습니다.

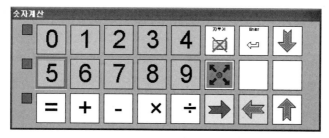

[그림 2-8] 디스커버 스위치와 함께 제공되는 화면 숫자 입력판

④ 화면 글자 입력판에서 자음과 모음 입력하기

[그림 2-9] 디스커버 스위치와 함께 제공되는 화면 글자 입력판

㉮ 화면 글자 입력판에서 커서가 4초 간격으로 스캐닝되며 이동할 때 원하는 위치에 커서가 오면 스위치를 클릭하여 키를 선택하고 글자를 입력하는 훈련을 했습니다.

푸름이의 경우 2개의 그림 중 하나 선택하기, 4개의 그림 중 하나 선택하기 단계까지는 흥미를 가지고 연습하였지만 화면 숫자 입력판의 선택키가 10개로 늘어나고 화면 글자 입력판에서 키가 급격히 늘어나자 문자 입력에 흥미를 잃고 스위치를 사용하여 글자나 숫자를 입력하는 연습을 거부하는 현상이 나타나 스위치를 이용한 문자 입력 훈련을 중단하고 다른 대안을 모색해야 했습니다. 이러한 연습 과정을 학생들에게 무리하게 강요하게 되면 학생들은 오히려 컴퓨터 접근에 대한 흥미를 잃어 컴퓨터를 하지 않겠다고 할 수 있으므로 주의를 기울여야 합니다.

## 4. 입력매체 변경

### 1) 기기 변경 이유

푸름이는 스위치 이용 시 신체 기능적인 측면에서 큰 어려움을 겪고 있지는 않지만 화면 글자 입력판에서 커서가 자모음 키 사이를 이동하는 것을 기다렸다가 스위치를 클릭해야 하는 것에 대한 심리적 부담을 느끼고 있었으며, 혹시 키를 놓쳐 엉뚱한 글자를 찍지 않을까 하는 염려를 하였습니다. 또한 푸름이가 스위치만 이용하는 경우, 도움 없이는 다른 장면으로 전환이 어려워 소프트웨어를 사용하는 데 제한이 따릅니다. 푸름이의 생활

연령과 인지 능력을 고려한다면 청소년기의 호기심을 충족시킬 수 있는 다양한 소프트웨어를 사용해야 했습니다. 이에 스스로 조정할 수 있는 다른 보조입력기기의 사용 방법을 익히게 했습니다.

트랙볼은 일반적인 마우스를 움직여서 커서를 이동시키듯 트랙볼의 중앙에 있는 큰 볼을 굴려서 원하는 자리로 커서를 가져가 선택함으로써 컴퓨터를 사용하게 됩니다.

이러한 방법으로 트랙볼을 대체 마우스로 사용하면 스위치만 사용하는 것보다 소프트웨어적인 제한이 적어집니다.

푸름이의 자발적인 신체 움직임인 팔의 좌우 수평 이동 능력으로는 트랙볼의 볼을 미세하게 조정하는 데 어려움이 따르리라 생각되었지만 다양한 소프트웨어를 사용하고자 하는 푸름이의 욕구와 트랙볼 사용에 강한 의지를 보이는 푸름이의 의사를 반영하여 트랙볼을 선정하였습니다.


## 2) 기기 적용

푸름이의 손은 주먹을 쥔 상태로 생활을 하고 있기 때문에 손가락을 사용하여 트랙볼에 있는 여러 가지 버튼을 누르는 것은 어려웠습니다.

롤러 2 트랙볼 마우스(Roller 2 Trackball)는 볼이 크고 위쪽으로 향해 있으며 클릭 버튼을 덮개로 덮을 수 있는 형태여서 푸름이가 잘못 누를 확률이 적어 적용하게 되었습니다.

[그림 2-10] 롤러 2 트랙볼 마우스


## 3) 장 착

휠체어용 랩트레이의 오른쪽에 푸름이의 손이 닿기 좋은 곳에 트랙볼을 놓고 푸름이에게 주먹 쥔 손의 바닥면을 이용하여 트랙볼의 마우스 볼을 움직이게 하도록 하였습니다.

그리고 푸름이가 가장 편안하게 트랙볼의 마우스 볼을 움직일 수 있는 위치를 본인에게 선택하도록 한 뒤 밸크로를 이용하여 트랙볼이 움직이지 않도록 고정하였습니다.

트랙볼을 휠체어용 랩트레이에 놓고 이용할 때 랩트레이가([그림 2-11], [그림 2-12]) 움직일 경우에는 휠체어용 랩트레이를 제거하고, 높낮이 조절용 학생 책상 위에 트랙볼을 장착하였습니다.

그리고 책상에 트랙볼을 놓을 때는 푸름이의 휠체어 위치를 조정하여 팔 가동 범위에 맞춰 트랙볼의 위치를 잡아 고정하였습니다.

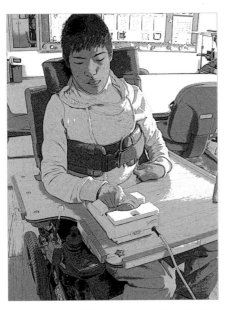

[그림 2-11] 휠체어용 랩트레이 위에
트랙볼을 놓고 사용하는 경우

[그림 2-12] 주먹 아래부분으로
트랙볼의 볼을 움직이는 모습

# 5. 입력매체 적응하기

## 1) 트랙볼 연습하기

기본 설정

컴퓨터에 트랙볼 연결 후 컴퓨터 인식 여부 확인

### ① 포인터 이동하기

㉮ 먼저 주먹 쥔 손의 바닥면을 아래로 향하도록 하고 주먹 쥔 손으로 트랙볼의 마우스 볼을 움직여 마우스 포인터를 상하좌우로 이동하는 연습을 하였습니다.

↓

㉯ 목표물에 마우스 포인터를 이동하였을 때 효과가 나타나는 마우스 연습 프로그램을 이용하여 마우스 포인터를 목표물로 이동하는 연습을 반복하였습니다.

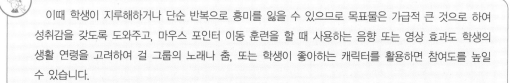

이때 학생이 지루해하거나 단순 반복으로 흥미를 잃을 수 있으므로 목표물은 가급적 큰 것으로 하여 성취감을 갖도록 도와주고, 마우스 포인터 이동 훈련을 할 때 사용하는 음향 또는 영상 효과도 학생의 생활 연령을 고려하여 걸 그룹의 노래나 춤, 또는 학생이 좋아하는 캐릭터를 활용하면 참여도를 높일 수 있습니다.

### ② 포인터 이동과 클릭하기

㉮ 목표물에 마우스 포인터를 가져가는 포인터 이동이 숙달되면 마우스 포인터가 고정된 상태에서 스위치를 클릭하여 화면이 활성화되도록 하는 연습을 하였습니다.

↓

㉯ 목표물이 되는 그림이 크고 개수가 적은 프로그램을 활용하다가 푸름이가 조작에 익숙
해지면 그림의 크기가 작고 개수가 많은 프로그램으로 전환시켜 주는 것이 필요하고, 푸
름이가 능숙해질 때까지 꾸준한 연습이 필요합니다([그림 2-13], [그림 2-14] 참고).

선택 대상 크기가 크고 개수가 적은 초기연습용 프로그램

[그림 2-13] 도깨비한글 2 마우스 연습
((사)파라다이스 복지재단)

선택 대상이 작아지면서 개수가 많은 중기연습용 프로그램

[그림 2-14] 깨비키즈 창의스티커북
(http://www.kebikids.co.kr)

③ 화면 키보드 이용하기

[그림 2-15] 클리키 3.5(http://jj21.org/wordpress/)

㉑ **숫자 입력 연습하기**    마우스 포인터 이동 훈련이 충분히 이루어지고 나면 화면 키보
드 이용 연습을 합니다. 화면 키보드의 크기를 학생이 사용하기 적당한 크기로 조정
하고 워드프로세서 프로그램에 교사가 지정하는 숫자를 푸름이가 트랙볼과 스위치를
사용하여 입력하는 연습을 하였습니다. 트랙볼로 마우스 포인터를 숫자 키에 위치시
키고 스위치를 클릭하여 숫자를 입력합니다.

㉯ **자음과 모음 입력 연습하기**　화면 키보드의 크기를 가능한 한 크게 한 상태에서 워드 프로세서 프로그램에 지정한 자음과 모음을 입력하는 연습을 합니다. 처음에는 화면 키보드에서 입력할 자음키와 모음키를 순서대로 가리키면서 선택할 수 있도록 하고, 차츰 화면 키보드에서 자음키와 모음키를 스스로 찾을 수 있도록 합니다.

↓

㉰ **자음키와 모음키 조합하여 글자 완성 연습하기**　자음키와 모음키를 조합하여 글자를 완성하는 연습을 합니다.

　　가) 초성자음＋중성모음의 글자 및 낱말조합 연습을 합니다.

　　나) 초성자음＋중성모음＋종성자음으로 된 낱자를 1자 이상 입력하도록 연습합니다.

　　다) 초성＋중성으로 된 낱자를 2자 이상 입력하도록 연습하면서 자음키－모음키－ 자음키－모음키를 입력하였을 때의 글자 구성을 익혀 나가도록 연습합니다.

 이때 클리키 메뉴바의 [설정]－[글꼴 바꾸기] 메뉴를 선택하여 글자 크기와 글꼴을 인지 가능하도록 미리 크기를 조정해야 하고, 설정메뉴/설정 바꾸기 메뉴를 선택하여 반복 주기와 반복 가속을 최대로 설정해 스위치가 세게 클릭될 때 2~3개의 문자가 한꺼번에 입력되는 오류가 최소화되도록 조정 (windows의 필터키의 기능)하는 것이 필요합니다([그림 2-16], [그림 2-17] 참고).

[그림 2-16] 설정 바꾸기

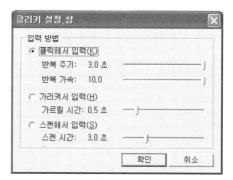

[그림 2-17] 반복 주기와 반복 가속 변경하기

## 6. 현황 및 발전 가능성

### 1) 현 황

푸름이는 트랙볼의 볼 부분을 움직여 컴퓨터 화면의 마우스 포인터를 이동할 수 있고 원하는 곳에 마우스 포인터가 위치하면 와블 스위치를 작동하여 마우스 클릭을 할 수 있습니다. 이때 화면의 마우스 포인터는 일반 포인터보다 크게 제작하여 쉽게 찾을 수 있도록 변경된 포인터를 이용합니다.

이러한 기능적 습득을 바탕으로 다음과 같은 일들을 할 수 있습니다.

- 선택과 실행
  - 크기가 큰 아이콘을 선택할 수 있습니다.
  - 선택한 아이콘을 한 번 더 선택하여 폴더를 열거나 프로그램을 실행할 수 있습니다.

- 학습
  - 숫자 세기, 사물 분류하기와 등 그림이나 숫자를 선택하는 문제를 풀 수 있습니다.

- 여가
  - 뮤직비디오나 사진, 동화 등 그림으로 나열되어 있는 컨텐츠 중 하나를 선택하여 실행할 수 있습니다.

- 문자 입력
  - 화면 키보드의 크기를 19인치 모니터의 1/3 크기로 조정하고 컴퓨터 화면에 보이는 숫자키나 문자키를 손으로 지적하면 해당하는 숫자나 문자를 입력할 수 있습니다.

### 2) 발전 가능성

첫째, 푸름이의 경우 단어 수준의 문자 인지가 가능하지만 의사소통 시 명료하지 못한 발성으로 인해 표현할 수 있는 단어는 매우 제한적이어서 화면 키보드를 이용하여 능숙하게 단어를 입력하는 연습이 필요합니다. 충분한 연습으로 기능이 숙달되고 나면 컴퓨터를 이용하여 간단하게 자신의 의사를 표현할 수 있는 도구로서 충분한 가치를 발휘할 수 있을 것으로 기대합니다.

둘째, 컴퓨터를 이용한 학습에 흥미를 나타내고 있으므로, 현재 학생 수준에 맞는 다양한 학습용 클릭 프로그램을 개발하여 적용하는 것이 필요합니다. 특히 학생의 컴퓨터 대체 입력기기를 사용하는 대상의 특성과 능력을 고려한 다양한 클릭 훈련용 프로그램이나 교과의 학습 프로그램을 개발하여 학교와 가정에서 연계하여 반복 훈련을 해 나갈 수 있도록 반복 학습의 기회를 확대해 나가야 할 것입니다.

셋째, 인터넷 뉴스 검색 등에 흥미를 나타내므로 꾸준히 트랙볼 사용을 연습하여 클릭할 수 있는 대상의 크기를 줄여 나간다면 도움 없이 클릭 기능 중심으로 메일을 통한 소통이나 인터넷 정보 활용 등을 할 수 있을 것으로 기대합니다.

◈ 직접교수의 절차

　　직접교수법은 교수-학습의 중심이 교사에게 있으며, 교사는 학생들에게 학습 내용을 '직접' 가르치는 것을 것을 의미합니다. 교사는 수업의 효율적인 통제자로서 사전에 준비를 철저히 하고 명확한 규칙과 절차를 수립함으로써 빈틈없는 준비를 하고 그에 따라 수업을 진행해야 합니다. 직접교수를 할 때는 교수-학습 목표를 최대한 상세화하고 구체화하여 목표 중심의 수업을 해야 합니다. 교사는 어떤 내용을, 얼마나 풍부하게, 어디에 초점을 두어 가르칠 것인지를 항상 염두에 두는 것이 필요합니다.

　　즉, 직접교수법은 교육과정의 내용을 세심하게 설계하고 교실의 환경을 조직하고, 학생의 학습 상황을 관리하면서 학업 성취도의 향상에 대한 세세한 모니터링을 해야 합니다. 교사가 학생의 반응에 민감하게 반응하기 위해서는 효과적으로 다양한 교과 학습의 내용을 분석하고 종합하여 교육활동을 통합하여 포괄적인 프로그램 체제를 갖추어 나가도록 노력해야 합니다. 교사는 다음과 같은 수업 설계를 할 수 있어야 합니다.

- 학생에게 학습내용과 순서를 알려 줍니다.
- 학습 내용 중 학생이 응답해야 하는 부분에 대한 교수 설계를 합니다.
- 시범, 유도, 점검의 순서로 수업 설계를 합니다.

◈ 직접교수의 수업 구조

〈도 입〉
- 주의집중
- 전시학습 복습 및 검토
- 학습목표 확인

⇨

〈전 개〉
- 새로운 내용 소개
- 시범(선생님이 해 볼게.)
- 유도(부추김: 우리 같이 해 볼까?)
- 점검(너 혼자 해 보렴.)

⇨

〈정 리〉
- 오늘 학습한 내용 검토
- 차시 내용 소개
- 독립적인 과제 제시(숙제)

출처: Rosenshine(2002).

## 비슷한 친구: 트랙볼을 이용하는 꽃님이

## 1. 기본 정보

꽃님이는 만 8세의 뇌성마비 불수의 운동형 사지마비 학생으로, 뇌병변 1급 진단을 받았습니다.

### 1) 의사소통 능력

보고 듣는 데 어려움이 없으며 구어 표현은 말 명료도가 떨어지고 소리도 작아 학생과 친숙한 학급 담임 선생님이나 가족들만 간신히 알아듣는 정도입니다. 하지만 수용언어 능력은 표현언어보다 뛰어나서 상대방의 말을 듣고 이해하여 긍정과 부정에 대한 표현하며 입 모양이나 몸짓을 이용하여 적절한 대답을 할 수 있습니다.

### 2) 인지 및 문자이해력

자신의 생활 연령에 맞게 글을 읽고 이해할 수 있으며 내용을 묻는 질문에 적절한 반응을 보일 수 있습니다. 특히 컴퓨터를 이용하여 문자를 입력할 수 있습니다. 한글 읽기는 초등학교 3학년 교과서의 문장을 읽고 이해하는 정도이며, 내용을 요약한 학습 내용을 채워 넣을 수 있습니다.

연필을 이용하여 쓰기는 어렵지만 컴퓨터를 이용하여 보고 쓰기를 할 수 있으며 생활단어 중심으로 받아쓰기도 할 수 있습니다. 받아쓰기는 현재 어휘의 의미를 알고 이를 활용할 수 있는 단어를 이용한 짧은 글짓기 등의 방법으로 어휘의 수를 확장해 나가고 있는 중입니다.

### 3) 자발적 신체 움직임

학교에서는 주로 자신의 휠체어에 앉아서 생활하는데, 휠체어와 다리 사이의 외전대가 있고, 하지의 신전 반사를 최소화하기 위해 허리 및 골반 벨트가 부착되어 있는 의자를 이용하고 있습니다. 양팔을 들고 내리는 자발적 신체 움직임을 보이며, 하고자 하는 의지가 발동할 때 오른손의 불수의적 움직임의 빈도가 늘어 소근육의 작은 조작활동을 하기는 어렵지만 오른팔을 전후 좌우로 해서 수평 상태로 움직일 수 있어 대근육활동에 제약이 따르지는 않습니다.

[그림 2-18] 꽃님이의 앉은 자세(휠체어, 의자)

## 2. 입력매체 선정

### 1) 스위치 이용하기

꽃님이는 화면에 보이는 화면 키보드의 글자판에서 이동하는 커서를 보고 일정 시간을 기다려 원하는 키에 커서가 오면 스위치를 클릭하여 원하는 자모를 입력하면서 글자를 완성하도록 지도하였습니다. 낱말카드와 키보드 배열로 한글 익히기 활동을 마친 다음, 디스커버 스위치와 화면 글자판을 이용하여 한글의 자음과 모음, 글자의 조합을 연습하였습니다.

## 2) 빅 키보드 이용하기

[그림 2-19] 빅 키보드

[그림 2-20] 키보드 이용 모습

꽃님이는 일반적인 속도와 기능의 정교함은 떨어지지만 키가드가 장착된 빅 키보드를 이용하여 키보드의 키를 눌러 글자를 입력할 수 있습니다. 여전히 글자를 입력할 때 손의 흔들림이 심하여 손가락으로 키보드의 버튼 하나를 누르기 어렵기 때문에 일반 키보드를 사용할 수 없지만 키가드가 얹어져 있는 빅 키보드를 이용하면 다른 키 눌림을 방지하면서 자신이 원하는 글자의 자모를 눌러 입력할 수 있습니다. 오타도 많고 키를 2번 이상 눌러 자모 구성에 어려움을 겪고 있지만 매일매일 꾸준한 연습으로 나아지고 있습니다.

## 3) 롤러 2 조이스틱 마우스 이용하기

[그림 2-21] 롤러 2 조이스틱 마우스

롤러 2 조이스틱 마우스(Roller 2 Joystic)는 핸들 부분을 여러 가지로 교체할 수 있습니다. 꽃님이는 사진과 같은 모양의 핸들을 사용하였습니다.

### (1) 교육용 소프트웨어 이용하면서 연습하기

[그림 2-22] 조이스틱 이용 모습

조이스틱의 핸들 부분을 그림과 같이 손을 올려 잡고(첫 번째 그림) 움직여 마우스 포인터를 이동합니다. 조이스틱을 이용하여 마우스 포인터를 원하는 위치로 움직이고([그림 2-22] 첫번째 그림, 두번째 그림), [그림 2-22] 세 번째 그림에서 보는 바와 같이 세 번째 손가락으로 클릭 버튼을 누릅니다. 이와 같은 방법으로 학습용 소프트웨어나 웹용 프로그램을 활용하여 큰 그림을 선택하고 이동하여 원하는 위치에 가져다 놓는 연습을 하였습니다.

### (2) 화면 키보드로 글자 입력하기

[그림 2-23] 화면 키보드로 문자 입력하는 장면

조이스틱을 이용하여 그림을 이동시키는 작업이 어느 정도 능숙해지면서는 글자 입력에 중점을 두어 지도하였습니다. 컴퓨터 화면에 워드프로세서 프로그램(아래아한글이나 워드패드 등)과 화면 키보드(예, 클리키 3.5)를 실행시킨 뒤 롤러 2 조이스틱 마우스를 이용하여 커서를 이동하고 키를 눌러 한글을 입력하는 연습을 하였습니다.

단어나 이름을 보고 입력하도록 하고 아는 단어는 받아쓰기를 하도록 하였습니다. 조이스틱을 이용하여 스스로 마우스 포인터를 이동하고, 화면 키보드를 이용하여 글자를 입력하는 방식은 디스커버 스위치나 빅 키보드를 이용하여 글자를 입력하는 방식보다 수행 속도가 빨랐습니다. 디스커버 스위치를 사용하는 수동적인 입장에서 조이스틱을 활용하는 적극적인 입력자로의 역할 전환은 학생에게 보다 긍정적인 마인드를 심어 주어 동기부여가 높아지고 학습 지속 속도도 향상되는 것을 볼 수 있었습니다.

## 3. 요약 및 제언

꽃님이는 초등학교 저학년으로 컴퓨터 훈련 이외에도 한글 학습, 언어치료, 물리치료 등이 모두 고려되어야 하는 연령이므로 다각도에서 훈련하는 것이 바람직합니다. 컴퓨터 사용 능력 신장도 꾸준한 훈련과정 속에서 꽃님이에게 내재된 학습욕구가 좀 더 원활히 충족된 경우라 할 수 있습니다.

이처럼 꽃님이에게 컴퓨터 대체 입력기기를 지속적으로 사용하도록 격려하는 것은 하고자 하는 의지를 가진 꽃님이에게 목적적 행동의 향상과 함께 수지 기능 향상[1]을 도모할 수 있고, 다양한 매체 학습을 통해 한글 학습 및 컴퓨터 활용 능력을 신장시키는 데 도움이 될 수 있을 것입니다. 특히 롤러 2 조이스틱 마우스와 화면 키보드를 이용한 한글 입력이 지필이나 다른 방법에 비해 학습에 유용할 정도의 속도를 보장하고 있어 개인의 학습 도구로 이용할 수 있는 가능성이 열려 있다고 할 수 있습니다. 이에 컴퓨터 접근이 학령기 이후까지 지속적으로 보장될 때 꽃님이에게 컴퓨터는 일상생활, 사회적 관계 형성, 직업 기술에 유용하게 이용될 수 있습니다.

---

1) 수지 기능 향상: 손가락의 움직임을 기능적으로 쓸 수 있도록 향상시키는 것.

제3장

# 터치모니터와 핸드 포인터를
# 사용하는 구름이

## 1. 기본 정보

구름이는 경직형과 불수의 운동형의 혼합형 뇌성
마비 1급인 만 16세의 여학생입니다. 청각에는 별다
른 문제가 없지만 시각에는 문제를 지니고 있습니다.
사물에 초점을 정확하게 맞춰 보는 것이나 글자와 같
은 작은 것을 보는 데 어려움이 있지만 사물의 전체적

- 구름이
- 만 16세(여)
- 터치모니터 이용

인 윤곽을 구분하고 큰 그림을 보고 무엇인지를 말할 수 있는 정도의 시력을 지니고 있습니다.

### 1) 의사소통

#### (1) '예' '아니요' 로 의사 표현하기

일상적인 수준의 질문을 이해하고 '예' '아니요' 로 소리를 내어 대답할 수 있습니다.호
흡근이 안정되지 못해 일상적인 수준의 목소리 크기가 나오지는 않지만 상대방이 주의를
기울이면 구름이의 의사를 이해하는 데 어려움이 없을 정도의 크기입니다.

#### (2) 상대방의 이야기 이해하기

일상생활 속에서 지금의 상황에 대해 두 개 이상의 문장으로 설명하는 이야기의 전후
를 듣고 그 내용을 이해할 수 있습니다.

### (3) 생각이나 의견 표현하기

두 개 이상의 단어를 조합하여 '내가 할래' '집 가' '컴퓨터 해'와 같은 전문식[1] 문장으로 질문에 답할 수 있습니다. 필요할 때 자신의 의사를 표현할 수 있고 궁금한 것을 '뭐' '어디' 등 낱말 수준으로 질문할 수 있습니다. 일상적인 수준의 의사소통을 음성 언어로 주고받을 수 있습니다.

## 2) 인 지

### (1) 문자 인지

자신의 이름 정도는 찾을 수 있지만, 글자의 의미를 이해하고 읽는 데 어려움이 있습니다.

### (2) 문자 이해

문자 이해나 문장 이해는 어렵습니다. 그림을 보고 무슨 그림인지, 무엇에 쓰는 물건인지 등 사물의 이름과 쓰임을 알고 있지만 알고 있는 사물의 범위가 제한적이며 생활과 밀접한 사물이나 그림에 국한됩니다.

## 3) 일상생활 자세

### (1) 가 정

주로 누워서 생활합니다. 누워서 이동할 때는 배밀이로 팔을 상하좌우로 움직여 약간

**[그림 3-1] 가정에서 공부할 때의 구름이**

---

1) 전문식: 전보를 보낼 때처럼 명사와 동사를 결합시킨 문장으로 의사를 전달하는 것.

씩 이동할 수 있습니다. 공부할 때는 일반 휠체어에 앉아 골반 벨트를 하고 휠체어용 랩트레이 위에 과제물을 놓고 공부합니다.

### (2) 이 동

이동할 때는 일반 자동차 시트에 안전벨트를 하고 이동하고 학교에 등교하는 날에는 수동형 휠체어에 앉아 이동합니다.

### (3) 학 교

일반형 휠체어를 이용하며 앉을 때에는 골반 벨트로 골반을 고정하여야 하나 준비가 안될 경우 허리 벨트를 단단히 고정하여 반사적인 신전을 최소화합니다.

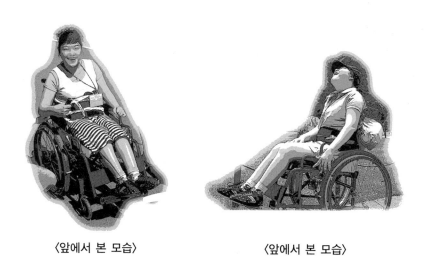

〈앞에서 본 모습〉　　　　　　　〈앞에서 본 모습〉

[그림 3-2] 허리벨트를 하고 휠체어에 앉은 모습

휠체어에 앉아 있을 때는 후궁반장의 반사 패턴과 함께 골반의 후방경사가 있어 안정적인 자세유지가 어렵습니다. 특히 불안정한 체간 지지 능력으로 인해 머리가 뒤로 젖혀지고 동시에 허리와 엉덩이가 의자 위에서 들리는 반사 패턴이 동반되고 있습니다. 이러한 자세가 유발될 때는 앉아 있던 자세에서 휠체어에서 몸이 미끄러져 내려오는 것을 방지하기 위해 의자 바닥면에 외전대를 부착하고, 발에는 발 지지대를 만들어 발을 올리도록 하여야 합니다. 체간의 안정성을 확보하기 위해 골반과 가슴에 지지력이 있는 큰 벨트를 해두어 휠체어에서도 체간이 고정되도록 하였습니다. 머리 젖힘이 심할 때는 머리 받침대를 사용하였으며, 2시간에 1번 정도는 벨트를 풀어 주어 신체를 이완시키고 다시 자리를 잡아 주고 재교정해 주어야 합니다.

## 4) 대근육운동

엎드린 자세로 목 가누기가 가능하며 배밀이가 가능합니다. 팔을 20cm 범위 내에서 상하좌우로 움직일 수 있습니다.

## 5) 소근육운동

손으로 물건을 쥘 수 있습니다. 하지만 일반적인 방식으로 사물을 쥐거나 쥐는 속도가 같은 것은 아닙니다. 연필이나 물건을 엄지와 검지로 집으려면 쥐는 시간이 오래 걸리고, 겨우 손으로 쥐었다 하더라도 종종 쥐는 악력이나 방향이 바르지 않아 물건을 놓치는 경우도 있습니다. 연필을 쥐고 글씨를 쓸 때도 손의 힘을 안정감 있게 유지하지 못해 끄적거리거나 연필을 놓치곤 합니다.

## 6) 자발적인 신체 움직임

구름이의 컴퓨터 접근에 유용하게 사용될 자발적인 신체 움직임은 다음과 같습니다.

▶ 손으로 물건을 쥐고 팔을 움직이기
구름이는 위의 신체 움직임을 이용하여

- 사과나 과자 집어 먹기
- 연필이나 펜 쥐고 종이에 끄적거리기
- 책상 위에 있는 그림카드 두 장 중에서 한 장 선택하기

등을 할 수 있습니다.

## 2. 입력매체 선정

### 1) 기기 선정 이유

　구름이의 신체 기능을 고려하였을 때 키보드의 키를 입력하기에 손이나 팔의 움직임이 세밀하지 못하고 마우스를 쥐고 움직이기 어려우므로 일반적인 키보드나 마우스 적용이 어렵다고 판단되어 컴퓨터 접근을 위한 대체 입력 장치를 찾아야 했습니다.

　구름이의 자발적인 신체 움직임은 손으로 물건을 쥐거나 팔을 움직여 원하는 것을 지적하는 것입니다. 단, 손을 펴고자 했을 때 주먹이 쥐어지거나 주먹을 쥐고자 했을 때 손이 펴지는 동작이 나타나기도 하여 의도적인 동작을 하는 데 시간지연이 따르기도 합니다. 이런 경우 기능상으로 스위치, 트랙볼, 터치모니터 등을 이용할 수 있습니다만, 트랙볼을 미세하게 조정하는 데 어려움이 있고, 일반적인 스위치의 경우는 터치모니터보다 사용할 수 있는 프로그램이 제한된다는 점을 고려하여 터치모니터를 먼저 적용하였습니다.

### 2) 기기 적용

　터치모니터는 압력식과 정전식이 있는데 구름이는 터치모니터를 손으로 누를 때 손 끝에 약간의 힘을 줄 수 있는 점과 원하는 것을 누르기 전 손으로 주변이 눌려지는 점을 고려하여 이를 보완할 수 있는 압력식 터치모니터를 사용하였습니다.

　압력식 터치모니터는 말 그대로 화면에 약간의 압력이 눌러져야 작동됩니다. 반면, 정전식 터치모니터는 손끝이 화면에 닿는 순간 작동됩니다. 불수의 운동이 나타나는 학생이라면 정전식 터치모니터는 살짝살짝 스치는 것만으로도 원하지 않는 입력이 너무 많이 일어나게 됩니다. 반대로 손끝에 힘이 거의 없어 약간의 압력도 주기 힘든 학생들의 경우에는 정전식 터치모니터를 고려해 보아야 합니다.

### 3) 장 착

　터치모니터를 사용하기 위해 구름이에게 특별한 시설이 필요한 것은 아닙니다. 다만, 모니터 받침대에 따라 아래와 같이 T-Stand 받침대 또는 각도 조절 모니터 거치대를 사용했을 때 구름이가 보기 편하고, 손의 위치를 자연스럽게 유지할 수 있어 팔의 피로도도 감소할 수 있습니다.

---

**컴퓨터 이용 환경 1**

[그림 3-3] T-Stand 받침대를 이용하여 터치모니터를 사용하는 모습

① 터치모니터를 눌렀을 때 힘을 받아 모니터가 넘어지는 것을 방지하기 위해 일반형 모니터 받침대를 분리하고 고무가 바닥에 밀리지 않는 T-Stand 받침대를 장착했습니다.

② 휠체어에 앉은 상태에서 안정적으로 다리가 책상 밑으로 들어갈 수 있는 높이의 책상에 모니터를 놓았습니다.

③ 팔을 뻗어 모니터가 손으로 잘 눌러질 수 있도록 모니터와 구름이의 거리를 30cm 내외로 조정했습니다.

컴퓨터 이용 환경 2

[그림 3-4] 각도 조절 모니터 거치대를 이용하여 터치모니터를 사용하는 모습

① 각도 조절 모니터 거치대에 터치모니터를 장착했습니다.

② 모니터의 높이는 구름이의 눈높이보다 약 40cm 아래에 위치하도록 하여 고개를 젖힘으로 발생할 수 있는 후궁반장과 신체 긴장을 최소화하도록 하였습니다. 그리고 구름이와 모니터 사이의 거리는 30cm 내외로 조정하여 안정적으로 팔을 뻗어 화면상의 원하는 것을 잘 가리킬 수 있도록 하였습니다. 또한 이때 거치대의 안정성을 보기 위해 구름이가 모니터상의 그림을 눌렀을 때 그것이 잘 선택되는지를 확인하는 과정을 두어 터치모니터의 활성화 정도를 살폈습니다.

# 3. 입력매체 적용하기

## 1) 터치모니터 연습하기

기본 설정

- 화면 터치 기준점 재세팅
- 터치 시 터치음이 나도록 설정

## ① 터치 연습하기

㉮ 스크린의 원하는 위치에 손가락으로 가볍게 눌렀다 떼는 터치 연습을 3~4회 반복합니다.

↓

㉯ 화면의 어느 곳이라도 손가락이 닿으면 클릭되어 순차적으로 진행되는 프로그램을 이용하여 손가락이나 손의 일부분이 터치되는 연습을 반복합니다.

↓

㉰ 한 번 터치를 할 때 한 번만 눌러지도록 손의 조절 능력을 기를 수 있도록 많은 반복 연습을 합니다.

## ② 특정 대상 터치하기

㉮ 모니터를 크게 좌우 두 부분으로 나누어 색깔을 달리 지정하고, 좌측이나 우측 중 한 곳을 손가락으로 선택하여 터치하는 연습을 합니다.

↓

㉯ 모니터를 크게 상하좌우 네 부분으로 나누어 색깔을 달리 지정하고, 상하좌우의 네 구역을 손가락으로 한 번씩 터치하는 연습을 합니다. [그림 3-5]와 같이 그림판에 사각형 네 개를 그리고 페인트통 툴을 설정하여 사각형을 터치하면 각각의 사각형이 다른 색으로 변하도록 하여 학생의 흥미를 유발할 수 있습니다.

[그림 3-5] 페인트통 툴에서 각각 다른 색을 선택하고 사각형을 터치하여 네 가지 색으로 색칠하기

↓

⊕ 상용화된 프로그램을 이용하여 그림 두 개 중 하나 선택하기(예, 파라다이스 복지재단 도깨비한글 문자 학습 모드), 플래시 프로그램에서 그림 고르기, 플래시 프로그램에서 색칠하기 등과 같은 학생의 활동 수준을 고려하여 터치모니터를 이용하여 연습을 하면 지루해하지 않고 학습 활동에 참여할 수 있습니다.

[그림 3-6] 두 개의 단어 중에서 하나를 선택(도깨비한글 2-평가하기, 파라다이스 복지재단)

### ③ 스틱형 핸드 포인터로 터치하기

연습 과정에서 너비가 5cm 이상인 그림을 터치하여 선택하고자 손과 손가락을 움직일 수 있었지만, 터치를 할 때 다른 손가락이 모두 펴치는 불수의적 움직임이 동반되고 있어 이로 인해 불필요한 터치가 일어났습니다.

주먹을 쥐고 한 손가락만 펼 수 있어야 터치의 정확도가 높아지는데 구름이의 경우는 자신의 의지와 상관없이 다른 손가락도 함께 펴져서 원하지 않는 다른 것이 터치되는 오류가 많이 발생하여 정확하게 대상을 선택하는 데 어려움이 많았고 구름이가 점점 자신감을 잃기도 했습니다.

▶ 구름이가 핸드 포인터로 사용한 마우스 포인터

여기서 사용된 마우스 포인터(핸드 포인터)는 원래 입으로 물고 키보드의 키를 누르는 용도로 보급된 보조기기였지만 여기서는 구름이에게 필요한 압력막대로 이용하게 되었습니다. 재질이 가볍고 끝 부분에 고무가 있어 비교적 모니터에 손상을 적게 주는 점으로 인해 핸드 포인터로 응용할 수 있었습니다. 구름이가 이용한 터치모니터가 압력식이라 손이 아닌 압력막대의 사용이 가능했습니다.

[그림 3-7] 마우스 포인터

이러한 불편 사항을 개선하기 위해 마우스 포인터(핸드 포인터)를 연필처럼 손에 쥐고 터치포인터로 이용하는 방법으로 터치모니터 접근 방식을 바꾸어 보았습니다. 이러한 접근 방식의 변화로 구름이는 원하는 표적 대상을 정확하게 터치할 수 있게 되어 학습 속도도 매우 진전되었으며, 터치 성공률도 높아져 학생의 학습 참여도와 집중 시간이 향상되는 것을 확인할 수 있었습니다.

[그림 3-8] 구름이가 핸드 포인터로 터치모니터를 이용하는 모습

㉮ 스틱형 핸드 포인터를 손에 쥐고 터치모니터를 눌렀다 떼기를 3~5회 반복 연습합니다.

㉯ 포인터로 두 개의 그림 중 하나 선택하기를 연습합니다.

㉰ 핸드 포인터로 '다음으로 가기' 버튼 클릭을 연습합니다. 두 개의 그림 중 하나의 그림을 선택하는 문제 풀이를 한 다음, 다음으로 가기 버튼을 눌러 프로그램(파라다이스 복지재단 도깨비한글 2 학습 모드)을 독립적으로 사용하는 연습을 하였습니다.

## 4. 현황 및 발전 가능성

### 1) 현 황

구름이는 마우스 포인터를 손에 쥐어 주면 터치모니터 화면에서 두 개의 그림 중 하나를 선택하거나 특정 버튼을 선택하여 프로그램을 진행시킬 수 있습니다. 현재 지름이 5cm 이상인 그림을 선택할 때 3~4회 시도 시 한 번 정도 성공할 수 있을 만큼 정확도를 향상시키고 있는 중입니다.

이러한 기능적 습득을 바탕으로 다음과 같은 일들을 할 수 있습니다.

- 학습
  - 터치모니터에 제시되는 2개의 그림카드 중 하나를 선택하여 학습할 수 있습니다.
  - 터치모니터 화면을 한 번 클릭하여 파워포인트 슬라이드 쇼를 진행할 수 있습니다.
  - 여러 개의 그림 중 하나를 선택하여 제시된 문제를 풀 수 있습니다.

- 여가
  - 색칠하기 프로그램을 이용하여 그림의 색을 바꿀 수 있습니다.
  - 나열된 사진들을 선택하여 큰 사진으로 확인할 수 있습니다.

### 2) 발전 가능성

터치모니터는 입력매체로서 기능적인 한계가 있습니다. 또 구름이의 경우 문자 습득의 어려움으로 컴퓨터 이용에도 내용적인 한계가 있습니다. 하지만 구름이는 컴퓨터 이용에 거부감이 없고 컴퓨터를 통한 학습이나 컨텐츠 이용에 흥미를 가지고 있으므로 컴퓨터가 구름이의 학습과 여가에 활용될 수 있습니다.

첫째, 터치모니터를 사용하기 위해 연습을 통해 터치의 정확도를 높이고 목표점의 크기를 점차 줄여 나가야 합니다. 교육용 소프트웨어들이 제한된 환경에서 대부분 3cm 내외의 그림 목표물을 선택하는 점을 감안할 때 컴퓨터를 이용한 교육용 소프트웨어를 대부분 사용할 수 있게 됩니다. 제한된 컴퓨터 구성 환경의 교육용 프로그램이나 인터넷에 상용화된 교육용 플래시 프로그램을 이용한다면 구름이의 인지 능력에 적합한 어휘 확장과 학습에 컴퓨터가 유용하게 사용할 수 있을 것입니다.

둘째, 구름이의 경우 대부분의 여가시간을 TV 시청으로 보내고 있습니다. 그러나 앞으로 지속적으로 터치모니터 사용훈련을 하여 컴퓨터 접근을 시도한다면 음악 감상이나 영화 감상은 물론, 다양한 취미와 여가활동을 컴퓨터를 통해 확장해 나갈 수 있으리라 기대합니다.

## 비슷한 친구: 터치모니터를 이용하는 별이

### 1. 기본 정보

별이는 주 장애가 정신지체이고, 중복장애로 무릎관절 구축의 양마비를 보이는 17세의 고등학생입니다. 일상생활을 할 때 손이나 팔의 움직임에 큰 기능상의 어려움은 보이지 않고 있으나 컴퓨터에서 제시되는 자극에 주의하는 지속시간이 짧고 키보드나 마우스를 이용하여 컴퓨터를 활용하는 방법을 지도하는 데 어려움이 있습니다.

#### 🖵 인지

별이는 선택적 주의집중력과 선별 과제에 대한 주의집중력이 낮고, 주의집중의 지속시간이 짧다는 등의 어려움으로 인해 컴퓨터 접근 방법을 습득하는 데도 어려움을 보입니다.

### 2. 입력매체 선정

별이는 마우스나 키보드의 사용에 신체적인 어려움이 없었으나 마우스나 키보드의 특정 버튼을 조작하여 컴퓨터의 화면을 변화시킬 수 있다는 점을 이해하는 데 인지적인 어려움이 있었습니다. 이에 보다 직관적인 입력매체인 터치모니터를 이용하여 컴퓨터에 수월하게 접근하게 됩니다.

> 터치모니터는 다른 입력매체에 비해 직관적인 접근이 가능한 입력매체입니다. 일반적인 마우스나 키보드가 특정한 입력 방법을 익혀서 사용하여야 하는 간접적인 매체라면 터치모니터는 손을 뻗어 직접 색칠을 하거나 눈에 보이는 화면을 선택하고 변화시킬 수 있는 보다 직관적인 매체입니다. 이에 나이가 어리거나 인지적·정서적 어려움이 있는 학생의 컴퓨터 학습의 시작 단계에서 이용할 수 있습니다.

별이의 경우 생활 연령을 고려하여 별이가 흥미를 가질 만한 인물사진(선생님이나 연예인 등), 영상, 소리(목소리나 노래) 등과 같은 시·청지각적 자극을 소재로 별이가 터치모니터를 이용하여 컴퓨터에 신호를 보냈을 때에만 진행되도록 프로그램을 제작하여 제시하였습니다. 이렇게 구조화된 환경 내에서 별이는 언어적·신체적 촉진 없이 스스로 터치모니터를 터치하여 프로그램이 계속 진행되도록 조작하였습니다.

[그림 3-9] 별이가 터치모니터를 이용하는 모습

　시작 단계에서는 화면의 어떠한 부분을 터치하더라도 프로그램이 진행되도록 하여 별이가 터치모니터를 터치하도록 주의를 끌었습니다. 별이가 컴퓨터 화면에 주의를 기울이는 시간이 어느 정도 늘어나면 별이가 사용하던 프로그램에 '다시하기' 버튼을 만들어 해당 버튼을 터치했을 때 학습 프로그램이 처음부터 다시 시작되도록 하였습니다.

　처음에는 화면의 아무 부분이나 누르며 주의를 집중하지 못하던 별이가 차츰 컴퓨터에서 자신이 좋아하는 자극이 제공됨을 인지하고 주의를 기울이기 시작하였고, 컴퓨터 활동에 참여하는 시간도 늘어나게 되었습니다. 무엇보다 다른 학생의 활동이나 선생님 등 컴퓨터 학습과 상관없는 자극에 관심을 가지던 모습이 사라지고 컴퓨터 화면을 응시하면서 활동에 참여하기 시작하였습니다. 또한 원하는 프로그램과 원하지 않는 프로그램을 구별하여 선생님의 손을 이끌어 원하는 컴퓨터 프로그램을 시작해 달라는 신체적 요구를 하기에 이르렀습니다.

　별이는 프로그램의 특정 영역을 터치하였을 때 프로그램이 끝나거나 다시 시작하는 것을 이해하고 프로그램이 끝나기를 기다리거나 다시 시작하며 메뉴를 사용하기 시작하였습니다.

[그림 3-10] 학습 주제와 관련하여 별이를 위해 구조화된 프로그램(저자 제작)

이를 통해 별이는 [그림 3-10]과 같이 별이를 위해 구조화된 프로그램에서 컴퓨터를 자신의 여가나 학습의 도구로 이용할 수 있게 되었습니다.


## 3. 요약 및 제언

별이는 컴퓨터에 관심이 없거나 입력매체를 어떻게 사용하여야 하는지 몰라 컴퓨터 접근을 회피하는 학생들에게 구조화된 프로그램으로 컴퓨터 접근의 기회를 제공해 줄 수 있다는 점을 보여 주는 사례입니다. 뇌성마비 학생들 중 많은 수가 신체적 어려움뿐 아니라 인지적인 어려움으로 인해 컴퓨터라는 매체에 접근하지 못하고 있거나 컴퓨터를 마치 TV처럼 일방적인 자극을 제공받는 수동적인 방식으로 이용하고 있습니다. 별이는 구조화된 프로그램 속에서 훈련을 통해 프로그램을 선택하고 제어할 수 있었습니다. 별이의 생활연령과 흥미를 고려한 구조화된 프로그램이 많이 제공된다면 별이도 일상생활에서 컴퓨터를 여가와 학습에 이용할 수 있게 될 것입니다.

◆ 처음으로 마우스 연습을 하는 학생을 위한 팁

처음 컴퓨터 접근을 시도하는 학생들에게 마우스의 커서 움직임을 눈으로 추적한다는 것은 참 어려운 과제일 수 있습니다. 또한 마우스의 움직임이 어떤 변화를 주는지 알지 못하는 경우도 있습니다. 이러한 마우스 움직임을 익힐 수 있도록 개발된 프로그램들이 있습니다. 가장 먼저 상용화된 제품으로는 찾기 기능이 포함된 도깨비한글 프로그램을 들 수 있습니다. 화면 창에 마우스를 대고 마우스를 움직이면 이내 화면 속에 가려져 있던 그림들이 나타나게 됩니다. 이것으로 학생이 마우스를 움직이는 자극을 제공하면 화면에서는 즉각적인 반응으로 그림을 보여 줍니다. 이러한 원리를 이용하여 한국우진학교(2003)에서는 '교재원 프로그램'을 만들고 그 안에 하나의 프로그램으로 꽃 찾기 기능을 추가하여 이를 실현해 냈습니다.

http://www.woojin.sc.kr/flower/
프리웨어로 제공되는 프로그램으로, 마우스를 화면에 대고 움직이면 숨겨져 있던 꽃 그림이 나타납니다. 왼쪽 버튼을 누르지 않고 마우스 포인터의 이동만으로도 반응이 나타납니다.

http://www.semall.co.kr/webdemo/07BrainVita/demo.html
상용화된 프로그램으로, 음성으로 칸 안에 있는 그림들 중 한 가지 도형을 찾으라고 말하면 마우스를 움직여 도형을 찾아내는 기능이 있습니다.

제4장

# 시간제한 없이 스위치를 이용하는 들이

## 1. 기본 정보

들이는 현재 고등학교 3학년에 재학 중인 만 18세의 남학생입니다.

뇌성마비 혼합형 사지마비 학생으로, 보고 듣는 데 어려움은 없지만 온몸이 경직되어 자유롭게 움직이는 데는 어려움이 많습니다.

- 들이
- 만 18세(남)
- 시간제한 없이 스위치 이용

### 1) 의사소통

**(1) 좋고 싫음 표현하기**

좋고 싫음을 웃음이나 얼굴 찡그림 또는 무표정으로 표현합니다.

**(2) 다른 사람의 말에 반응하기**

다른 사람이 들이의 이름을 부르면 손을 들거나 웃음으로 반응합니다.

질문에 대한 긍정과 부정의 표현은 분명하지 않아 언어적 의사소통에 어려움이 있습니다.

## 2) 인 지

문자 인지나 문자 이해에는 어려움이 있으나 익숙한 사람이나 환경에 편안하게 반응합니다.

## 3) 일상생활 자세

### (1) 가 정

주로 누워서 생활합니다. 누운 자리에서 몸을 뒤척이는 정도는 할 수 있지만 혼자서는 움직이거나 구르기 어렵고 돌아눕거나 앉은 자세를 취할 때는 도움이 필요합니다.

### (2) 이 동

실내에서는 맞춤형 이너가 장착된 수동 휠체어에 앉아 보호자의 도움을 받아 이동합니다. 장거리 이동 시에는 자동차 시트에 이너를 올리고 앉아 안전벨트를 하여 체간이 지지되도록 고정한 뒤 이동합니다.

### (3) 학 교

들이의 몸에 맞춤형으로 제작된 이너를 장착한 수동 휠체어에 앉아 체간의 지지를 위해 허리, 가슴, 어깨를 벨트로 고정하고 등받이를 직각에서 10°~20° 내외로 비스듬히 젖힌 후 머리 지지대에 머리를 기대고 생활하며 하지의 안정성을 확보하기 위해 발판에 두 발이 약 5°~10° 외회전되도록 하고 고정 벨트를 사용합니다.

## 4) 대근육운동

팔을 번쩍 들어 올렸다 내리는 동작을 할 수 있습니다.

[그림 4-1] 휠체어에 앉은 자세

### 5) 소근육운동

손가락을 폈다 구부렸다 할 수 있으나 쥐기 패턴의 반사를 보이고 있어 자신의 의지대로 조절하는 데는 어려움이 있습니다.

### 6) 자발적인 신체 움직임

들이의 컴퓨터 접근에 유용하게 사용될 자발적인 신체 움직임은 크게 다음 두 가지로 요약할 수 있습니다.

- 팔을 들어 올렸다 내리기
- 손가락을 구부리며 사물 만지기

들이는 위의 두 가지 신체 움직임을 이용하여

- 출석을 불렀을 때 손들기
- 손가락 입에 넣기
- 팔을 내려 휠체어 바퀴 만지기
- 스위치 만지기

등을 할 수 있습니다.

## 2. 입력매체 선정

### 1) 기기 선정 이유

들이의 자발적 신체 움직임인 팔을 들어 올렸다 내리는 동작을 이용하기 위해서는 정교한 움직임이 요구되지 않는 단순한 형태의 보조 입력매체가 필요합니다.

들이의 인지 능력과 자발적 신체 움직임을 고려하여 단순한 형태로 컴퓨터에 신호를 보

내는 스위치 이용으로 컴퓨터 접근을 시작합니다.

## 2) 기기 적용

들이는 팔을 위로 들어 올렸다 내릴 수 있으므로 위에서 아래로 누르는 가장 일반적인 형태의 보편적인 압축식 스위치를 이용하였습니다. 들이의 경우는 크기가 크고 둥근 형태의 빅 레드 스위치(Big Red Switch)를 주로 사용하였습니다.

## 3) 장 착

[그림 4-2] 외전대 위에 스위치를 고정
하여 사용하는 모습

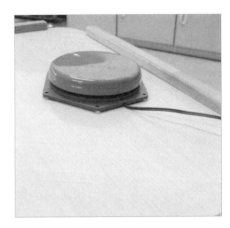

[그림 4-3] 휠체어용 랩트레이에
스위치를 고정하여 사용하는 모습

들이가 팔꿈치 관절을 자유롭게 구부릴 수 있다는 점을 고려하여 스위치는 양쪽 허벅지 사이에 있는 외전대 위에 올려 두고 빅 레드 스위치의 바닥면에 밸크로의 암수를 붙여 고정시켰습니다. 들이가 휠체어용 랩트레이를 사용하게 된 이후에는 정중선에 대한 개념을 알려 주기 위해 휠체어용 랩트레이의 중앙 부분에 빅 레드 스위치를 밸크로로 고정시켜 사용하였습니다.

들이와 같이 뒤로 젖히고 입력매체를 휠체어에 고정하여 사용하는 경우 일반적인 형태의 컴퓨터 책상은 필요하지 않습니다. 그보다는 들이의 눈높이에 맞게 모니터 화면을 아래로 향하게 해 줄 수 있는 모니터 거치대를 이용하는 것이 좋습니다.

# 3. 입력매체 적응하기

## 🔲 스위치 사용하기

기본 설정

- 컴퓨터에 연결된 스위치 인터페이스에 스위치 연결
- 스위치 인터페이스의 스위치 입력 신호 설정

▶ 스위치 작동하고 컴퓨터의 반응 살피기

㉮ **교사와 함께 스위치 누르기**  들이의 팔을 교사가 잡고 함께 스위치를 눌렀을 때 컴퓨터에서 어떤 소리가 나고 화면이 어떻게 변화되는지 들이가 확인하도록 지도합니다. 이때 교사는 스위치를 누를 때마다 소리가 나면서 순차적으로 화면이 변하는 프로그램을 종류와 내용을 바꾸어 가며 제시합니다.

↓

㉯ **스스로 스위치 누르기**  들이의 인지 능력을 고려하여 들이가 흥미를 가질 수 있는 사진과 음악 등으로 프로그램을 구성하고 들이가 스스로 스위치를 누를 수 있도록 유도합니다. 들이가 스위치를 누르면 소리나 음악이 들리면서 화면이 바뀌고 누르지 않으면 자극이 제공되지 않도록 환경을 구성합니다. 이때 들이가 스스로 스위치를 누르는 시간의 간격이 길어지면 한 번씩 교사가 함께 스위치를 눌러 주며 들이가 스위치 조작에 관심을 가지도록 촉진합니다.

↓

㉰ **반복하며 연습하기**  다양한 수업 장면과 프로그램에서 들이가 스스로 스위치를 누르도록 시간을 두고 연습합니다.

## 4. 현황 및 발전 가능성

### 1) 현 황

들이는 말이나 글로 의사소통을 하기도 어렵고, 그렇다고 다양한 몸짓과 신체 움직임, 표정 등으로 의사표현을 하는 것도 아닙니다. 이러한 들이의 특성이 기초적인 학습기술을 도입하는 데 어려움으로 작용합니다. 하지만 들이에게 스위치와 연동된 프로그램을 제시했을 때 들이는 스위치를 손으로 누르거나 만지작거리며 계속 스위치와 연동 프로그램에 주의를 기울였습니다. 반면 스위치만 제시하고 프로그램이 연동되지 않았을 때는 관심을 덜 보이며 스위치를 만지는 빈도도 감소하는 것을 관찰할 수 있었습니다.

이러한 들이의 반응 패턴은 들이가 자발적으로 자신의 의사를 표현하지는 않지만 들이가 스위치를 누르거나 만지면 소리나 음악, 사진 등이 컴퓨터 속에서 변화한다는 것을 알고 있다는 것으로 받아들여집니다.

간단히 말하면 들이는 스위치를 작동해야 모니터의 화면이 변하고 소리가 난다는 것을 알고 있었습니다. 이러한 반응을 기초로 들이는 다음과 같은 일을 할 수 있습니다.

- 학습
  - 손으로 스위치를 누르거나 만져 프로그램을 시작하거나 다음 단계로 바꿀 수 있습니다.

들이의 컴퓨터 접근은 다른 컴퓨터 이용 사례와 비교하면 상대적으로 매우 미약한 활동으로 보일 수 있습니다. 그러나 들이가 다른 학습활동이나 학교생활에서 자발적 움직임을 거의 보여 주지 않는 점을 고려하면 들이 개인에게 있어 주목할 만한 행동이라 할 수 있습니다. 이러한 작은 변화가 학습이나 일상적인 대화 장면으로 확장되어 나갈 수 있는 가능성을 담고 있기 때문입니다.

### 2) 발전 가능성

첫째, 들이는 컴퓨터를 통해 자극의 일방적 수용 단계를 벗어나 자극의 쌍방 교류를 경험할 수 있었습니다. 즉, TV 매체 등과 같이 들이가 어떠한 반응을 보여 주지 않아도 매체가 일방적으로 자극을 제시하며 학생이 수동적으로 그림(영상) 상징을 수용하는 방식에서 벗어나, 들이가 스스로 스위치를 작동시켜 누르거나 만진 경우에만 컴퓨터가 반응을 나타 낸다는 것을 알게 되었고, 상호작용의 원리에 따라 세상에 대해 처음으로 능동적인 행동 패턴을 보이는 계기가 되었습니다.

둘째, 아주 간단한 자극-반응 관계이고, 스위치를 누르기 위해 손을 올렸다가 떼는 방 식으로 작동을 시키지만 이제는 들이가 컴퓨터를 활용하여 음악 감상을 하고, 그동안 찍 은 사진을 모아 감상하는 활동과 같이 여가활동에 참여할 수 있다고 생각하면 들이의 미 래도 즐거운 일들이 펼쳐질 수 있을 것이라고 생각합니다. 이는 그동안의 TV와 같이 누군 가가 켜 놓은 프로그램을 봐야 하는 상황이 아니라 들이의 의도에 따라 시작하고, 변화하 는 프로그램을 감상할 수 있다는 것이고, 중도 · 중복장애 학생들에게 큰 의미를 가지고 있습니다.

◆ 처음으로 컴퓨터 접근을 시도하는 중도 · 중복장애 학생들을 위해서

• 주의집중 시간이 짧으므로 활동을 짧게 계획합니다.

• 정보처리 능력이 부족하므로 많은 시범과 단서를 사용하여 지도하고, 자주 긍정적인 피드백을 제공합니다.

• 배우고 있는 기술을 연습하고 반복할 수 있는 기회를 제공합니다.

• 과제를 단순화하여 제공하고 과제 분석을 통해 작은 단위부터 차근차근 접근해 나가는 것이 효과적입니다.

• 한 상황에서 습득한 지식이나 기술을 새로운 상황이나 유사한 상황에서 일반화하는 데 어려움이 있으므로 실제 상황과 매우 유사한 모의상황에서 교수활동을 제공합니다.

• 좀 더 독립적인 문제해결자가 되게 하기 위해서 학생이 이미 알고 있는 것부터 시작하고 배운 자료에 새로운 것을 연결하여 제공하는 방법을 선택합니다. 특히 청소년기의 학생들이라면 좋아하는 연예인이나 선생님을 소재로 삼아도 좋습니다.

• 관련 수업의 소프트웨어 프로그램을 활용할 때는 학생 혼자 학습할 기회를 주는 것도 중요하지만, 적절한 시기와 빈도로 학생 곁에서 언어적으로 상호작용하여 자기주도성을 키워 나가도록 지도하는 것이 필요합니다.

• 새로운 기능 습득에 어려움을 보이거나 동기가 유발되지 않는 학생을 지도할 때는 지도 속도를 늦추거나 과제 수행을 하는 데 충분한 시간을 제공해 주는 것이 바람직합니다.

• 학생들이 지나치게 컴퓨터 게임에 몰두하는 경우를 대비하여 시간을 정해 두고 시작하는 것이 바람직합니다.

• 간혹 성인 접근 사이트에 접속하거나 유료 사이트에 접속하는 것을 방지하기 위해 유해 차단 프로그램을 설치하는 것이 바람직합니다.

## 시간제한 없이 스위치를 이용하는 친구들(물이, 강이, 풀이)

### 물이의 이야기

## 1. 기본 정보

시각장애로 청각 자극에만 반응하며 강직형 사지마비 뇌성마비 학생으로 팔을 수평으로 움직이는 동작 이외에 자발적으로 움직이는 것은 어렵습니다.

## 2. 입력매체 선정

물이에게 컴퓨터 접근을 처음 시도했던 2004년만 해도 스위치와 스위치 인터페이스를 구하기 어려웠습니다. 그래서 일반형 마우스를 사용하여 밑면에 벨크로로 책상 등에 고정하고 마우스의 왼쪽 클릭 버튼 위에 3~4cm 정도 높이로 우드락을 붙여 물이가 팔과 손을 움직이면 고정된 마우스의 왼쪽 버튼이 눌려지게 하였습니다.

물이의 경우는, 시각장애를 지니고 있었으므로 컴퓨터에서 나오는 음악이나 소리에 관심을 많이 보이고 있었으며, 그 소리가 신기한지 소리가 나는 쪽을 향해 팔을 뻗는 움직임을 보이며 마우스를 찾았습니다.

## 3. 요약 및 제언

평소 물이는 수업시간에 울거나 짜증을 많이 내는 편이었으나 주먹 쥔 팔을 움직여 마우스를 클릭하고 노래가 나오면 매우 좋아했습니다. 처음에는 음악을 좋아해서 이러한 반응을 보이는 줄 알았습니다. 그래서 오디오나 컴퓨터를 이용하여 음악을 들어 주었지만 이내 몸을 틀며 짜증을 내었습니다. 이후 자신의 팔을 움직여 무엇인가 클릭하니 노래가 나오면 좋아하는 행동을 보여 자신이 의지를 가지고 능동적으로 노래를 실행하는 것에 주의를 기울이고 흥미를 보인다는 것을 확인할 수 있었습니다.

시각장애로 인해 제한 시간 내에 스위치를 누르는 것까지 훈련을 발전시키지 못하였으나 학생의 성취감이나 여가활용을 위해 컴퓨터를 사용할 수 있었습니다.

들이와 같이 일반적인 방법으로 의사소통하는 것이 원활하지 않더라도 컴퓨터를 이용하여 자극-반응 관계를 능동적으로 수행할 기회를 얻고 자신이 행한 작고 미세한 동작 하나를 수행하여 반응을 얻게 되면서 '자기가 무엇인가를 해냈다' 고 하는 성취감을 얻게 됩니다. 따라서 이러한 기회를 통하여 학생에게 동기를 부여하면 스스로 실행해 내고자 하는 참여의지를 키워 나갈 수 있다는 가능성을 보여 준 사례라고 할 수 있습니다.

## 강이의 이야기

### 1. 기본 정보

강이는 경직형과 불수의 운동형의 혼합형 사지마비로 자발적인 신체 움직임이 거의 없고 팔을 움직이는 것도 불수의 움직임이거나 손을 입에 넣고 빼는 자극을 즐기기 위한 행동인 경우가 많았습니다.

### 2. 입력매체 선정

일반적인 방법으로는 인지적 학습이나 의사소통이 어렵고, 주로 소통의 방법으로 강이가 선택한 방법은 칭얼거림과 미소로 자신의 기분을 표현하는 것입니다. 강이는 음악 소리를 매우 좋아하여 음악을 계속 틀어 주기를 바랐습니다. 그래서 들이처럼 음악을 들을 수 있는 기기에 스위치를 연결하여 주고 강이 스스로 그 스위치를 눌러 노래가 나오도록 하는 방법을 알려 준 후에는, 스스로 그러한 조작 활동을 통해 음악 듣는 것을 더 좋아하게 되었습니다. 이러한 상황에서는 강이가 손을 입에 넣고 빼는 행동이나 칭얼거림의 횟

수가 줄어들었고, 스위치를 누르거나 만져서 음악이 나오게 하는 빈도도 늘어났습니다.

강이는 언어적 촉구에 따라 스위치를 눌러 음악이 흘러나오면 교사의 칭찬을 듣고 더 큰 성취감을 느끼는지, 큰 소리로 소리 내어 웃곤 했습니다.

## 3. 요약 및 제언

강이의 사례는 상호작용을 학습하기 어려운 정도의 신체 기능을 지니고 있다고 하더라도 신체의 어느 한 부분이라도 학생 스스로 움직일 수 있는 신체 부위를 찾으면 컴퓨터 접근을 할 수 있음을 보여 줍니다. 또한 지체장애 이외에 정신지체 등의 중복장애로 인한 중도 지적장애를 지니고 있다 하더라도 컴퓨터를 매개로 감각적 매체를 활용하여 자극-반응 관계를 익혀 학생-교사 간 상호작용의 단서로 활용할 수 있음을 보여 주는 좋은 사례라 할 수 있습니다.

## 풀이의 이야기

### 1. 기본 정보

혼합형 사지마비로 자발적인 신체 움직임이 거의 없고 눈을 맞추거나 깜빡이는 것, 손가락을 움직이는 것 이외에는 자신의 의사를 표현하기 어려웠습니다.

### 2. 입력매체 선정

풀이는 일반적인 방법으로 인지적 학습이나 의사소통이 어려워 학습한 내용에 대한 확인이 어렵습니다. 풀이는 일방적인 컴퓨터 자극의 제공에는 별로 흥미를 보이지 않았고 컴퓨터를 스스로 조작하고자 하는 의지를 보였습니다.

불수의적 움직임과 수시로 발생하는 긴장 반사 등으로 스위치의 기능적 사용이 어려워 안정적인 손가락의 움직임이 확보되도록 팔을 고정시켜야 했습니다. 휠체어 나무 손잡이에 수건으로 감싼 팔을 팔꿈치와 팔목이 수평이 되도록 올려놓고 벨크로를 이용하여 고정하였습니다. 스위치는 스트링 스위치의 끈 부분을 풀이의 손가락에 걸어 손가락으로 줄을 당김으로써 스위치가 작동되도록 하였습니다.

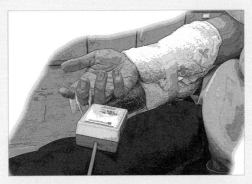

[그림 4-4] 스트링 스위치 사용 모습

손가락의 원활한 움직임을 확보하기 위해 팔을 고정하였습니다.

## 3. 요약 및 제언

풀이는 강한 의지를 가지고 훈련에 참여하였으나 연습 당시 풀이의 휠체어 랩트레이에는 팔을 고정하는 장치가 없어, 팔을 꽉 묶었을 때는 팔에 자국이 많이 생기곤 하였고 느슨하게 묶거나 풀면 스위치 조작의 정확도가 떨어졌습니다. 풀이는 의지가 강하고 의욕적인 학생으로 팔을 부드럽게 고정할 수 있는 장치와 손가락의 미세한 움직임에 부드럽게 작동되는 스위치가 공급된다면 컴퓨터를 여가에 활용하는 것 이상의 결과를 기대할 수 있는 사례였습니다.

## 시간제한 없이 스위치를 이용하는 또 다른 경우(산이, 바다)

산이와 바다는 들이(제2부 제4장)와 바람이(제2부 제5장)의 중간 정도의 컴퓨터 사용 능력을 보이는 학생입니다. 시간제한을 두지 않고 스위치를 눌러야 프로그램이 작동하는 들이의 사례와 2~5초의 시간제한을 두고 입력 커서가 스캐닝 되도록 만들어진 프로그램을 누르도록 했던 바람이의 중간 단계에 해당한다고 할 수 있습니다.

산이와 바다는 현재 시간제한 없이 스위치를 조작하여 컴퓨터에 신호를 보내며 컴퓨터를 이용하고 있지만 첫째, 시간제한을 두지 않는 상태에서 긍정(O)과 부정(×)의 상징을 선택함으로써 상대방이 자신의 의사를 이해할 수 있도록 컴퓨터를 이용할 수 있다는 것, 둘째, 컴퓨터를 이용하여 자신의 의사를 표현하거나 학습을 하고자 하는 욕구가 강하다는 것, 셋째, 시간제한 있는 스위치 이용을 훈련하는 단계라는 점에서 들이의 사례와 구별됩니다.

### 산이의 이야기

## 1. 기본 정보

만 10세의 초등학교 4학년 남학생으로, 뇌성마비 1급 불수의 운동형 사지마비 학생입니다.

### 1) 의사소통 능력

상대방의 말이나 지시를 이해하고 지시에 따라 고개를 들거나 팔을 움직이려고 시도할 수 있으며 '네'나 '응' 같이 음성적으로 긍정의 반응을 보일 수 있고, '맞으면 손들어 보세요, ~ 하고 싶은 사람' 등의 질문에 손을 들어 올려 참여 의사를 밝히는 등 몸짓으로 자신의 의사를 표현할 수 있습니다. 하지만 조음을 만들어 내기는 어렵습니다.

## 2) 인지 및 문자 이해력

익숙한 단어를 통문자로 인지하는 정도이지만, 음운 수준에서 자모 조합을 하여 문자를 인지하는 것은 아닙니다.

## 3) 자발적 신체 움직임

학교에서는 몸통에 맞게 제작된 이너를 장착한 휠체어에 앉아 생활을 합니다. 자발적인 신체 움직임으로는, 왼손으로 책상 위에 고정된 손잡이를 잡아 몸통과 고개에 발생하는 불수의적 움직임을 최소화한 후 오른손 주먹을 쥔 상태로 몸의 정중선에 놓인 스위치를 누를 수 있습니다.

책상의 가운데에 놓인 무선 자동차의 콘트롤 박스의 조이스틱을 주먹 쥔 손으로 움직일 수 있습니다만, 방향 조절을 수의적으로 통제하기는 어렵고 자동차를 건드려 움직이는 정도입니다. 손을 들어 올려서 책상 위에 올려 두는 것과 고개가 떨구어졌을 때 '고개 들라'는 말을 듣고 스스로 고개를 들어 올릴 수 있으나 그 시간이 길지는 않습니다.

[그림 4-5] 교육활동을 할 때 왼손을 고정한 후 오른손으로 활동하는 모습

[그림 4-6] 휠체어에 앉아 있는 모습

## 2. 입력매체 선정

### 1) 스위치 이용하기

산이에게 맞는 스위치를 찾기 위해 일차적으로 울티메이티드 스위치, 스퀘어드 스위치 (Squared Switch), 슬래머 스위치(Slammer Switch) 등을 테스트하였습니다.

[그림 4-7] 울티메이티드 스위치

[그림 4-8] 스퀘어드 스위치

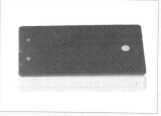

[그림 4-9] 슬래머 스위치

산이의 신체 경직이 심해서 팔을 휘둘러 암(arm) 부분을 치게 되면 작동 부위의 반동이 심해서 여러 차례 클릭하는 형태로 반응을 보이게 됩니다.

사각형의 3면에서 눌렀을 때 작동하는 스퀘어드 스위치는 조금 더 센 압력을 가해서 스위치를 누르는 방식이라 산이에게 테스트해 보았습니다.

누를 때 딸깍 소리가 제법 크게 나서 자신이 자극을 주고 있음에 대한 인지를 할 수 있어 스위치 연습을 시작하는 학생들에게 유용합니다.

### 2) 스위치 작동 연습하기

산이는 휠체어용 랩트레이 위에 스위치를 올려놓고 팔을 들었다가 스위치 위에 올려 스위치를 누르고 다시 팔을 들어 올려 스위치를 작동시킵니다.

[그림 4-10] 상하 압축식 스위치 사용모습

산이의 경우는 신호를 보고 컴퓨터에 반응을 입력하기 위해 팔을 들어 스위치를 누를 때까지 소요시간이 오래 걸리고, 스위치에 올려진 손을 떼는 데 걸리는 시간도 상당히 오래 걸렸습니다. 이에 스위치를 작동하기 위해서 스위치가 딸깍 소리가 나도록 누르고 바로 손을 떼어 내는 동작을 반복해서 연습해야 했습니다.

반복 연습에는 파워포인트 프로그램의 슬라이드쇼 화면전환과 제한 시간 없이 화면의 어느 곳을 클릭해도 한 단계씩 프로그램이 진행되도록 한 플래시로 제작된 클릭프로그램을 이용하였습니다. 산이는 학습 의욕이 높아 플래시 프로그램이나 파워포인트 화면전환 모두 흥미를 가지고 적극적으로 참여하였습니다.

## 3) 제한 시간 내에 스위치 누르기 연습하기

제한 시간 내에 스위치를 작동하는 연습을 하였습니다. 기존에 8초 간격으로 스캐닝 되도록 만들어진 스위치 모드 프로그램을 작동시키는 데 어려움이 있어 12초 간격으로 2개의 대상이 번갈아 색이 변하는 프로그램을 제작하여 적용하였습니다. 산이는 12초 이내에 스위치를 눌러 원하는 것을 선택하는 데 10번 중 1~2번은 제시간 내에 누를 수 있게 되었지만 스위치 조작이 원활하지 않아 시간 내에 원하는 것을 선택하기 위해서는 여전히 연습이 필요하였습니다.

## 4) 적용 스위치와 배치 위치 조정하기

손을 이용한 스위치 이용을 일 년 정도 연습하면서 산이가 좀 더 쉽게 컴퓨터에 접근할 수 있는 방법을 모색하였습니다. 손 이외에 산이가 자발적으로 움직일 수 있는 머리를 움직여 뺨으로 스위치를 누르는 방법을 찾아보았습니다.

사진과 같이 스위치 거치대(Universal Swith Mounting System)에 젤리 빈 스위치(Jelly Bean Switch)를 연결하여 오른쪽 뺨의 위치에 고정시키고 모니터의 위치를 조절하여 모니터를 주시하면서 스위치를 누를 수 있도록 지도하였습니다. 산이는 오른쪽으로 고개를 돌리며 스위치를 눌렀는데 이 방법으로 손을 이용하는 것보다 쉽게 스위치를 조작할 수 있었습니다.

[그림 4-11] 뺨이나 머리로 스위치를 누르는 모습

## 3. 요약 및 제언

산이는 현재 스위치를 눌렀다 떼는 데 소요시간이 오래 걸리고 제한 시간 내에 스위치 누르기가 잘 이루어지 않고 있으나 스위치 이용에 흥미를 가지고 적극적으로 컴퓨터를 이용하고자 하는 의욕을 보이는 사례입니다. 최근에 보다 쉽게 스위치를 조작할 수 있는 위치를 찾았으며 시간 내에 스위치를 조작하는 연습이 필요한 단계입니다. 산이가 컴퓨터 접근을 포기하지 않고 꾸준히 연습하기 위해서는 다음과 같은 노력이 요구됩니다.

첫째, 산이의 흥미를 끌 수 있는 연습 프로그램을 개발하여 제공해야 합니다. 제한 시간 내에 스위치를 눌러 원하는 것을 선택하고, 선택한 것을 얻을 수 있다는 것의 의미를 알 수 있도록 해야 합니다.

둘째, 기술 향상을 위해 꾸준한 연습이 필요합니다. 처음에 학생들이 컴퓨터에 접근하는 모습을 보면 기능을 습득하기에 신체적 어려움이 있을 듯해 보이지만, 학생들이 하고자 하는 참여 의지와 학습 동기가 높은 경우, 스스로 자신의 불수의적 움직임을 조절해 나가는 능력을 키워 나가게 됩니다. 스위치를 누르는 것도 연습에 의해 기능의 속도와 정교함이 향상될 수 있는 대소근육 조절 기능을 요하는 조작 기술 중의 하나임을 인식한다면 연습을 통해 충분히 향상될 수 있습니다.

셋째, 산이에게 적합한 스위치와 이를 적용할 수 있는 적절한 신체 위치를 찾는 노력을 해야 합니다. 특히 뇌성마비 학생들이 수의적으로 움직일 수 있는 신체 위치를 찾는 것은 그 학생의 미래를 개척해 주는 것이라 할 수 있습니다. 학생이 스스로 통제할 수 있는 신체 부위가 한 곳이라도 있다는 것을 믿고 그곳을 찾아 기능 향상을 위한 노력을 기울인다면 스위치를 이용한 컴퓨터 이용과 학습에 발전 가능성이 있습니다.

앞에서 소개된 많은 사례들이 짧게는 3년에서 길게는 10년 이상 훈련을 지속하였던 것을 감안할 때 이제 컴퓨터 이용의 시작 단계면서 아직 초등학생인 산이는 발전 가능성을 보며 꾸준히 훈련할 수 있는 환경을 제공해 주어야 하는 사례입니다. 컴퓨터 이용에 관한한, 산이의 5년 뒤의 모습은 훈련의 지속 여부에 따라 크게 달라질 수 있습니다.

## 바다의 이야기

### 1. 기본 정보

만 14세의 중학교 2학년 여학생이며 뇌성마비 1급 사지마비 경직형으로 듣는 데 어려움이 없습니다. 사물의 형태나 윤곽을 어렴풋이 볼 수 있으나 그림카드를 변별하거나 커서의 위치를 인식하는 등의 시지각에 어려움이 있어 컴퓨터 이용 시 큰 그림이나 청각적인 단서에 의존하여 학습을 합니다.

### ⎚ 의사소통 및 인지

다른 사람의 말을 듣고 이해하여 자신의 의사를 긍정과 부정, 몸짓 등을 이용하여 표현할 수 있으며 문자 인지는 어렵습니다. 팔을 들었다가 내리는 동작과 옆으로 옮기는 동작을 스스로 할 수 있습니다.

## 2. 입력매체 선정

### 1) 스위치 이용하기

[그림 4-12] 스위치를 이용하는 모습

[그림 4-12]와 같이 스위치를 바다의 주먹 쥔 손이 닿는 위치에 두었을 때 주먹으로 스위치를 눌렀다 떼며 컴퓨터에 신호를 보낼 수 있습니다. 어깨를 돌려 팔을 위로 올렸다가 스위치 위에 주먹 쥔 손을 놓아 스위치를 누를 수 있으나 스위치에서 손을 떼는 데 2초 이상의 시간이 걸립니다. 바다는 자신이 스위치를 누르는 동안 모니터를 쳐다보면서 화면이 변하는 모습을 살펴보고 즐거움을 표현합니다.

### 2) 스위치 작동 연습하기

바다는 컴퓨터의 이용에 관심이 많고 스위치를 눌렀을 때 프로그램이 작동하는 것을 정확히 인지하고 있으며 이를 이용하는 것에 큰 흥미를 나타내고 있습니다. 학급에서는 주로 파워포인트 슬라이드를 다음 페이지로 넘기거나 파라다이스 재단의 스위치 모드 프로그램을 이용하며 스위치 작동을 연습하였습니다.

단, 시력이 좋은 편은 아니어서 모니터상의 커서가 이동하는 대로 눈으로 쫓는 것을 어려워하여 제한 시간 내에 스위치를 누르는 동작을 익히는 데 많은 연습이 필요했습니다. 특히 바다는 체력적인 어려움도 있었습니다. 컴퓨터 접근 활동을 하는 동안 신체 긴장도

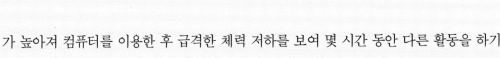

가 높아져 컴퓨터를 이용한 후 급격한 체력 저하를 보여 몇 시간 동안 다른 활동을 하기 어려운 상황이 발생하기도 하였습니다. 그럼에도 불구하고 바다는 늘 컴퓨터라는 말에 방긋 웃으면 반가움을 표현하곤 하여 안타까움을 자아냈습니다.

## 3. 요약 및 제언

바다는 긍정과 부정의 의사 표현을 기식음의 '네' 라는 대답과 미소/무표정으로 표현할 수 있고 컴퓨터 이용에 적극적인 학생입니다. 향후 꾸준히 연습을 해 나간다면 제한 시간 내에 스스로 스위치를 누를 수 있을 것입니다.

여전히 해결하기 어려운 문제는 시지각의 문제로 커서의 이동을 눈으로 확인하기 어렵다는 점입니다. 하지만 메뉴를 소리로 전환하여 학생이 들을 수 있도록 하고, 제한 시간을 카운트해서 제시하는 프로그램을 제공한다면 시각적 제한으로 작용하는 장애 요인을 해소할 수 있을 것입니다.

바다의 컴퓨터 접근은 바다를 위해 청각화된 스캐닝 프로그램을 전제하고 바다의 체력 조건을 고려하여 학생의 흥미와 욕구에 따라 진행해 나간다면 역시 긍정적인 평가를 할 만한 사례입니다.

◆ 놀잇감을 이용한 스위치 연습

중도·중복장애의 어린 아동이나 인지 발달이 늦은 학생들은 보조공학기기를 활용한 놀이를 통해 간단한 스위치 조작을 할 수 있습니다. 운동이 자유롭지 못한 뇌성마비 학생들의 경우에는 일반적인 놀잇감을 가지고 놀거나 또래와의 놀이에 함께 참여하는 데 어려움을 보일 수 있습니다. 이때 전환 스위치를 이용하여 간단하게 스위치를 만들어 제공해 줄 수 있습니다. 이러한 놀잇감을 이용한 놀이에 대한 참여와 놀이활동은 보조공학의 지원을 통해 촉진, 진보될 수 있으며, 컴퓨터에 좀 더 용이하게 접근할 수 있습니다.

[그림 4-13] 미니레이서

사진출처: http://enablingdevices.com

[그림 4-14] 미니 스턴트 리모트 컨트롤

사진출처: http://enablingdevices.com

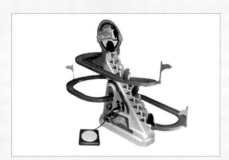

[그림 4-15] 펭귄 롤러 코스터

사진출처: http://enablingdevices.com

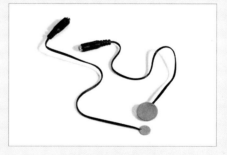

[그림 4-16] Battery Device Adapter

사진출처: www.enablemart.com

일반적으로 상용화된 도구를 이용하여 장난감에 스위치를 적용할 수 있습니다. 일반적인 완구에 Battery Device Adapter를 연결하여 작은 스위치와 연결하면 간단하게 스위치 사용이 가능한 장난감으로의 전환이 가능합니다. 이러한 Battery Device Adapter는 이미 상용화되어 시판되는 제품도 있고, 나사렛대학교 재활보조공학센터에서 제작·보급하는 제품도 있습니다.

제5장

# 시간제한 있는 상태에서 스위치를 이용하는 바람이

## 1. 기본 정보

바람이는 늦은 나이에 학교생활을 시작해 현재 고등학교 3학년에 재학 중인 만 25세의 남학생입니다.

뇌성마비 경직형 사지마비 학생으로, 보고 듣는 데 어려움은 없지만 온몸이 경직되어 자유롭게 움직이는 데 어려움이 많습니다.

> • 바람이
> • 만 25세(남)
> • 시간제한 있는 상태에서 스위치 사용

### 1) 의사소통

#### (1) '예' '아니요'로 의사 표현하기

일상생활에서 이루어지는 일반적인 대화를 이해하고, 간단한 문장형 질문에 대한 긍정과 부정을 혀를 차는 소리로 표현합니다. 긍정은 혀는 한 번 '쯧' 하고 차는 것으로, 부정은 혀를 차지 않고 가만히 있는 것으로 미리 약속하고 의사소통할 수 있습니다. 물을 마시고 싶거나 용변 의사가 있을 때는 여러 번 소리를 내어 도움을 요청합니다.

#### (2) 상대방의 이야기 이해하기

한두 문장으로 제시되는 이야기나 질문을 이해하고 질문에 응할 수 있으며 상황을 파악하여 상황에 맞는 답변을 하기도 합니다.

(3) 생각이나 의견 표현하기

바람이의 의사표현은 바람이의 혀 차는 소리로 제한되어 있습니다. 바람이의 생각이나 의사는 질문을 하는 상대의 질문 범위 내에서만 표현됩니다.

## 2) 인 지

### (1) 문자 인지
통문자, 낱글, 숫자 모두 인지하거나 구별하는 데 어려움이 있습니다.

### (2) 사물 인지
익숙한 생활용품의 그림이나 사진을 보여 주고 이름을 이야기하면 해당 그림을 고를 수 있습니다.

## 3) 일상생활 자세

### (1) 가 정
주로 누워서 생활합니다.

### (2) 이 동
수동 휠체어에 바람이의 체형에 맞게 제작한 이너를 장착하고 고개 가눔을 돕는 머리 받침대를 사용합니다. 체간 지지를 위해 골반 고정 벨트와 가슴 고정 벨트를 사용합니다.

### (3) 학 교
대부분의 시간 동안 바람이의 신체를 본떠 맞춤 제작한 이너가 장착된 수동 휠체어에 앉아 생활합니다. 다만, 바람이는 척추측만과 강직이 심한 편이라 두 시간에 한 번 정도는 침대에 누워 휴식을 취해야 합니다.

## 4) 대근육운동

팔을 들어 보라고 이야기했을 때 주먹을 쥔 오른팔을 들어 올릴 수 있으나 근긴장으로

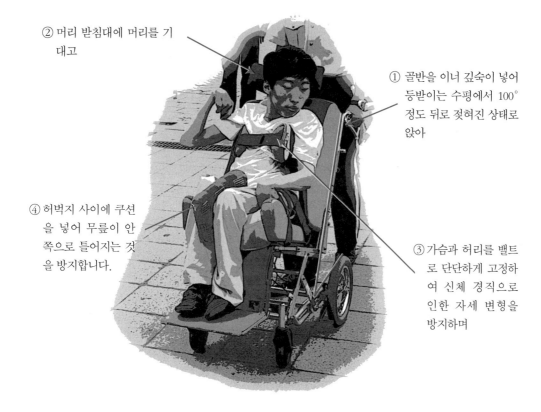

② 머리 받침대에 머리를 기대고

① 골반을 이너 깊숙이 넣어 등받이는 수평에서 100° 정도 뒤로 젖혀진 상태로 앉아

④ 허벅지 사이에 쿠션을 넣어 무릎이 안쪽으로 틀어지는 것을 방지합니다.

③ 가슴과 허리를 밸트로 단단하게 고정하여 신체 경직으로 인한 자세 변형을 방지하며

[그림 5-1] 휠체어에 앉아 있는 모습

원하는 때에 자유롭게 조절되는 것은 아닙니다. 특히 긴장했을 때 의도하지 않게 팔이 번쩍 들어 올려지는 동작이 나타납니다.

## 5) 자발적인 신체 움직임

바람이의 자발적인 신체 움직임은 다음과 같습니다.

- 얼굴을 15° 정도 옆으로 돌릴 수 있음
- 혀를 차서 소리를 냄

바람이는 위의 신체 움직임을 이용하여 혀를 차서 도움이 필요한 상황을 알리고 질문에 '예' '아니요'를 표현합니다.

## 2. 입력매체 선정

### 1) 기기 선정 이유

바람이의 신체적 특성을 고려하였을 때 컴퓨터 접근을 위해서 수지 기능이 요구되는 일반 마우스나 키보드보다는 대안적인 보조입력장치의 적용이 요구됩니다. 바람이의 자발적 움직임이 얼굴을 왼쪽으로 10° 정도 움직일 수 있는 것이므로 얼굴을 살짝 돌렸을 때 작동할 수 있는 입력매체로 가장 단순한 움직임에 작동하는 스위치를 사용하기로 합니다.

### 2) 기기 적용

바람이의 경우 스위치의 종류보다는 스위치를 설치하는 위치가 더 중요합니다. 왼쪽 뺨에 스위치를 대 주고 얼굴을 움직임으로써 스위치가 작동하는 것을 확인한 뒤 스위치를 원하는 위치에 고정할 수 있도록 해 주는 스위치 거치대와 얼굴 옆에 설치하기에 적당한 크기의 젤리 빈 스위치를 적용합니다.

[그림 5-2] 젤리 빈 스위치

[그림 5-3] 스위치 거치대

젤리 빈 스위치는 3점 신호 입력 방식으로 원의 어느 부분을 눌러도 신호가 입력되며 입력 에러도 적고 고장도 적어 손쉽게 이용되는 스위치입니다. 특히 지름이 6cm 내외로 작고 무게도 가벼운 편이라 스위치 거치대에 장착하여 사용하기에 편리하였습니다.

스위치 거치대는 스위치를 부착하는 머리 부분이 360도 회전되면서 중간 관절 부분이 한 번 더 구부러져 바람이가 스위치를 배치할 부분을 찾는 데 유용하게 사용되었습니다. 특히 튼튼한 몸체와 강력한 고정 기능으로 바람이의 스위치 연습을 편리하게 만들었습니다.

## 3) 장 착

스위치를 스위치 거치대에 부착한 후 스위치가 바람이의 왼쪽 복사뼈 부분에서 2cm 내외에 위치하도록 휠체어에 스위치 거치대를 고정합니다([그림 5-4]). 이때 뺨을 왼쪽으로 돌려 스위치를 누르고 얼굴을 떼는 동작을 2~3회 반복하며 스위치의 위치를 보완한 후 스위치 거치대의 고정 장치를 완전히 고정합니다.

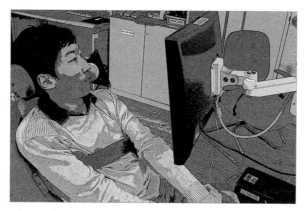

[그림 5-4] 바람이가 뺨으로 스위치를 이용하는 모습

컴퓨터 이용 환경 1

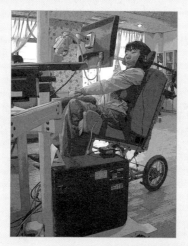

[그림 5-5] 바람이가 컴퓨터를 이용하는 모습

바람이의 상체가 수직에서 10°도 이상 뒤로 젖혀진 상태이므로 모니터 화면은 위에서 아래를 바라보는 방향으로 각도를 조정하여 바람이의 눈높이에 맞추고 거리를 30cm 정도로 조정합니다.

## 3. 입력매체 적응하기

### 1) 스위치 사용 연습하기

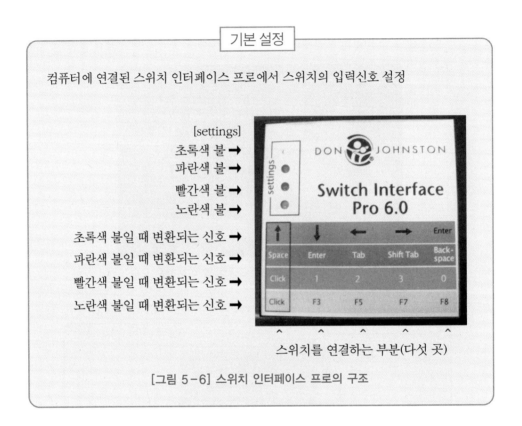

기본 설정

컴퓨터에 연결된 스위치 인터페이스 프로에서 스위치의 입력신호 설정

[settings]
초록색 불 ➡
파란색 불 ➡
빨간색 불 ➡
노란색 불 ➡

초록색 불일 때 변환되는 신호 ➡
파란색 불일 때 변환되는 신호 ➡
빨간색 불일 때 변환되는 신호 ➡
노란색 불일 때 변환되는 신호 ➡

스위치를 연결하는 부분(다섯 곳)

[그림 5-6] 스위치 인터페이스 프로의 구조

　스위치 인터페이스 프로는 스위치를 연결하는 위치와 신호에 따라 입력신호를 각각 다르게 설정할 수 있습니다. 사용하는 프로그램에 따라 스위치를 작동하였을 때 컴퓨터의 클릭 신호로 받을 것인지, 스페이스키(space key) 신호로 받을 것인지 미리 설정하고 확인해야 합니다.

① 시간제한 없이 작동하기

㉮ **뺨을 이용한 스위치 조작 연습하기**　뺨으로 스위치를 눌렀다 떼는 동작을 연습합니다.

⑭ **스위치 눌렀다 떼기 연습하기**  스위치를 한 번 눌렀을 때 순차적으로 실행되는 프로그램으로 스위치 누르기 연습을 합니다. 예를 들면, 마우스 클릭이나 스페이스키를 한 번 눌렀을 때 작동되는 프로그램을 이용하여 스위치를 한 번에 한 번씩 누르는 연습을 합니다.

  스페이스키 또는 스위치를 순차적으로 누르는 것만으로 진행되는 프로그램은 학생의 생활 연령이나 인지 능력을 고려하여 플래시 프로그램으로 제작하여 사용할 수 있습니다.

[그림 5-7] 클릭 S/W-꽃 완성하기(저자 제작)

⑮ **다양한 프로그램에서 도움 받아 연습하기**  바람이가 좋아하는 뮤직비디오나 영상에 교사가 마우스를 포인팅하면 바람이가 스위치를 눌러 실행시킵니다. 또한 파워포인트 슬라이드쇼를 실행할 때 바람이가 스위치를 눌러 화면전환하도록 하여 스위치 사용을 연습합니다.

바람이는 생활 연령이 25세로 유아용으로 제작된 학습 소프트웨어에는 흥미를 보이지 않았습니다. 이런 학생들의 경우 매번 프로그램을 제작하기 어려울 때 교사가 수업 장면에서 마우스로 포인팅을 해 주고 학생이 실행만 하도록 한다든지 수업 자료의 페이지 넘김 등의 역할을 맡겨 스위치 이용에 흥미를 유발함으로써 훈련을 촉진할 수 있습니다.

## ② 시간제한을 두고 작동하기

㉮ **일정 시간 내에 스위치 작동하기** 스위치 누르는 연습이 숙달되면 2~10초까지 일정 시간 내에 스위치를 누르는 연습을 합니다.

↓

㉯ **2개 중 하나 선택하기** 연습을 통해 바람이에게 적합한 시간제한이 파악되면 파악된 시간제한에 따라 그림 2개 중 1개를 선택하는 프로그램을 이용하여 스위치 사용을 연습합니다.

↓

㉰ **스위치 모드 프로그램 이용하기** 신호 입력 커서가 시간제한을 두고 이동하도록 제작된 상용 프로그램(파라다이스 복지재단 프로그램의 스위치 모드)을 이용하면 프로그램의 메뉴를 이용하는 연습을 할 수 있습니다. 이를 이용하여 시간제한을 두고 스위치 작동하기를 연습합니다.

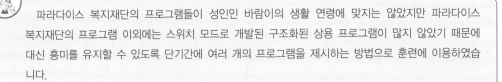

파라다이스 복지재단의 프로그램들이 성인인 바람이의 생활 연령에 맞지는 않았지만 파라다이스 복지재단의 프로그램 이외에는 스위치 모드로 개발된 구조화된 상용 프로그램이 많지 않았기 때문에 대신 흥미를 유지할 수 있도록 단기간에 여러 개의 프로그램을 제시하는 방법으로 훈련에 이용하였습니다.

## ③ 학습에 이용하기

㉮ **반복 학습하며 스위치 이용하기** 제한 시간 내에 스위치를 눌러 원하는 것을 선택하는 데 익숙해지면 단어 학습이나 같은 숫자 찾기 등의 학습 장면을 플래시 프로그램 등을 이용하여 제작하여 반복 학습하면서 스위치를 이용하도록 합니다.

↓

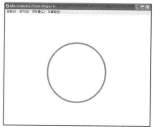

[그림 5-8] 단어 학습 프로그램(저자 제작)

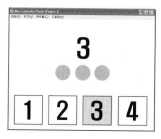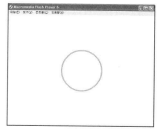

[그림 5-9] 숫자 찾기 프로그램(저자 제작)

㉯ **학습 내용 스위치 모드로 만들어 문제 풀기**  교과 시간에 학습한 내용을 중심으로 3개나 4개의 그림이나 단어 중에서 하나를 고르는 프로그램을 스위치 모드로 제작하여 스위치 이용 훈련과 학습을 동시에 진행합니다.

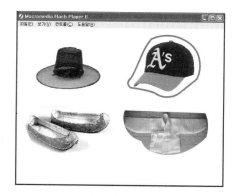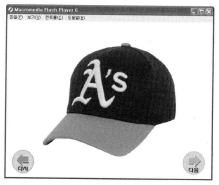

[그림 5-10] 사회 교과 관련 스위치 프로그램(저자 제작)

## 4. 현황 및 발전 가능성

### 1) 현 황

현재 바람이는 얼굴을 왼쪽으로 돌리는 움직임을 이용해 왼쪽 뺨 옆에 장착된 스위치를 6초 이내에 누를 수 있습니다.

이러한 기능 습득을 바탕으로 다음과 같은 일들을 할 수 있습니다.

- 순차적으로 진행되는 프로그램
  - 클릭이나 스페이스키 입력만으로 진행되는 프로그램을 사용할 수 있습니다.

- 페이지 넘기기
  - 파워포인트 슬라이드쇼에서 페이지 넘기기를 할 수 있습니다.

- 선택형 문제
  - 스위치 모드로 제작된 4지 또는 5지선다형으로 제시되는 문제를 풀 수 있습니다.

- 여가
  - 신호 입력 커서가 일정 시간 단위로 스캐닝 되도록 제작된 홈페이지나 스위치 모드 동화를 감상할 수 있습니다.

> 바람이의 경우 인지적으로 문자 인지가 제한되어 컴퓨터 이용 내용에 제한이 있고 기능적으로 스위치만으로 컴퓨터에 접근하여야 하므로 사용할 수 있는 프로그램이나 이용 환경에 제약이 따릅니다.

### 2) 발전 가능성

스위치를 눌러 여러 개의 대상 중 하나를 선택할 수 있는 바람이의 능력은 반복 학습과 객관적인 학습 내용 평가에 이용할 수 있습니다. 단, 바람이의 학습내용과 관련된 스위치

모드 프로그램 제작이 전제되어야 합니다.

바람이가 고등학생인 점을 고려할 때 바람이가 스위치를 일정 시간 이내에 누를 수 있는 기능을 습득한 것을 활용하여 스위치와 소형화된 모바일 장치를 연계하면 바람이의 그림 기반 의사소통 도구를 개발·적용함으로써 졸업 후 의사소통 기회 확대에 도움이 될 수 있습니다.

또한 현재는 매우 미미한 수준이나 향후 모든 인터넷 웹사이트 접근에 있어 스위치 모드가 추가된다면 바람이가 졸업 후 컴퓨터를 이용한 웹서핑이나 음악 감상 등을 통해 취미활동에 컴퓨터를 이용할 수도 있게 됩니다.

이와 같이 바람이가 제한 시간 내에 스위치를 눌러 컴퓨터에 신호를 보내고 원하는 것을 선택할 수 있는 상황에서 바람이의 컴퓨터 접근에 대한 전망은 바람이가 접근할 수 있는 소프트웨어의 제공 보장 여부에 따라 달라집니다. 물리적 환경에서 경사로를 설치하거나 점자 안내판을 만드는 것과 같이 컴퓨터 환경 내에서도 스위치 사용자를 위한 프로그램 및 웹사이트 개발자들의 인식 변화와 사회적인 공감대가 필요한 부분입니다.

# 시간제한 있는 상태에서 스위치를 이용하는 친구 달이

## 1. 기본 정보

달이는 사지마비 경직형의 여학생으로 현재는 고등학교를 졸업하였습니다. 발성은 어려우나 긍정과 부정을 입 모양과 표정으로 표현할 수 있습니다. 보고 듣는 데 어려움은 없으나 문자 인지에 어려움이 있습니다. 학습에 의욕이 강하고 무엇이든 스스로 하고자 하는 강한 의지를 보이는 학생입니다.

### ⊟ 자발적인 신체 움직임

근긴장으로 자유롭지는 않으나 팔을 위아래로 움직일 수 있습니다.

## 2. 입력매체 선정

컴퓨터에 연결된 인터페이스에 스위치를 연결하여 사용합니다. 책상 위에 스위치를 벨크로로 움직이지 않게 고정하면 달이가 팔을 높이 들었다 내려 스위치를 누르고 다시 팔을 들어 올리는 동작을 통해 컴퓨터에 신호를 입력합니다.

달이는 이런 방법으로 정해진 시간 이내에 스위치를 작동시키며 스위치 모드 프로그램에서 원하는 것을 선택합니다. 주로 사물 이름 찾기, 그림 순서대로 놓기 등의 문제를 풀면서 컴퓨터를 이용하였습니다.

## 3. 요약 및 제언

스위치 모드 프로그램을 이용하면서 달이는 좀 더 다양한 방법으로 컴퓨터를 이용하기를 원하였지만 스위치 모드 프로그램의 제한으로 학교를 졸업할 때까지 다양한 프로그램

을 사용하지 못하였습니다. 달이의 사례는 한글을 익히지 못한 인지적 제한을 가지고 있
으나 컴퓨터를 다양하게 사용하기 원하는 학생을 위해 세분화된 단계의 다양한 프로그램
과 컴퓨터 접근 방법의 모색이 요구됨을 시사하고 있습니다.

제6장

# 스위치로 스캔되는 화면 글자판을
# 이용하는 솔이

## 1. 기본 정보

솔이는 현재 고등학교 1학년에 재학 중인 만 16세
의 여학생입니다.

사지마비 경직형 뇌성마비 학생으로, 보고 듣는
데 어려움은 없지만 온몸이 경직되어 자유롭게 움
직이는 데는 어려움이 많습니다.

- 솔이
- 만 16세(여)
- 스위치로 스캔되는 화면
  글자판 이용

솔이는 현재 16세이지만 컴퓨터 접근에 대한 이야기는 10세(초3)부터 시작됩니다.

### 1) 의사소통

#### (1) '예' '아니요'로 의사 표현하기

일상생활에서 이루어지는 일반적인 대화를 이해하고, 기초적인 학습 과제와 관련된 질
문에 긍정과 부정을 몸짓으로 표현합니다. 대부분의 상황에서 '예'는 고개를 젖히며 다
리를 뻗는 동작으로, '아니요'는 좌우로 고개를 저으며 떨구는 동작으로 의사를 표현합
니다.

### (2) 이야기 이해하기

한두 문장으로 제시되는 이야기나 질문을 이해하고 질문에 응할 수 있습니다.

### (3) 생각이나 의견 표현하기

솔이의 생각이나 의사는 솔이가 몸짓으로 보여 주는 긍정과 부정으로 표현됩니다. 솔이는 발성이나 한글 인지에 어려움이 있어 말이나 글로 의사를 표현하지 못합니다. 그래서 솔이의 의견은 교사가 질문의 범위를 좁혀 가면서 스무고개 식으로 질문하면 긍정과 부정으로 대답하면서 의사를 확인합니다. 학습 상황에서 익숙한 단어나 그림 카드를 보여 주면 솔이가 긍정과 부정의 몸짓으로 의사를 전달합니다.

## 2) 인 지

### (1) 문자 인지

제시된 문자를 보고 여러 개의 자음과 모음 중 하나를 선택하여 같은 문자를 조합할 수 있습니다.

### (2) 문자 이해

읽을 수 있는 단어가 제한되어 있으나 문자 이해 학습을 진행해 나가면서 단어와 그림을 연결하는 학습 단계입니다.

 일반적인 문자 인지 학습은 통문자 인지에서 자음 모음 조합으로 발전하지만 장애로 인해 문자에 노출되는 방법이 제한되는 경우 솔이처럼 문자 조합을 먼저 모방훈련하면서 문자를 읽고 의미를 이해하는 학습으로 진행하는 학생들도 있습니다.

## 3) 일상생활 자세

### (1) 가 정

주로 누워서 생활을 합니다.

(2) 이동

수동 휠체어에 솔이 체형에 맞게 제작한 이너를 장착하고 고개 가눔을 돕기 위한 머리 받침대를 사용합니다. 체간 지지를 위해 가슴 고정 벨트와 골반 고정 벨트를 사용합니다.

(3) 학교

대부분의 시간을 이너가 장착된 수동 휠체어에 앉아서 생활합니다.

① 이너가 장착된 휠체어에 앉아

② 머리 받침대에 머리를 기대고

③ 가슴과 허리를 벨트로 고정합니다.

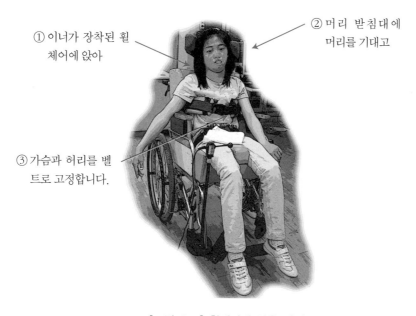

[그림 6-1] 휠체어에 앉은 자세

[그림 6-2] 활동에 참여하는 모습

활동에 참여할 때는 휠체어에 랩트레이를 장착하여 팔을 올려 놓고 팔의 근긴장도를 스스로 이완할 수 있도록 도와줍니다.

## 4) 대근육운동

솔이는 지시에 따라 팔을 가슴까지 들어 올릴 수 있지만 근긴장으로 의도하지 않은 불필요한 동작이 함께 나타나기도 합니다. 시간이 조금 걸리지만 팔을 높이 들었다가 아래로 툭 떨어뜨리는 듯한 동작도 할 수 있습니다.

이너 장착 휠체어에 앉은 자세에서 발을 20cm 정도 들어 올릴 수 있으며 무릎과 허벅지 부분을 10cm 정도 들어 올릴 수 있습니다.

또한 목받침에 기댄 상태에서 머리를 15° 정도 오른쪽으로 돌릴 수 있습니다.

## 5) 자발적인 신체 움직임

솔이의 컴퓨터 접근에 유용하게 사용될 자발적인 신체 움직임은 크게 다음 세 가지입니다.

- 손과 팔을 들었다 내리기
- 머리 오른쪽으로 15°정도 돌리기
- 무릎과 허벅지 10cm 정도 들어 올리기

하늘이는 위의 세 가지 신체 움직임을 이용하여

- 긍정과 부정 표현하기
- 보치아 경기하기
- 팔을 위에서 아래로 움직여 스위치 누르기
- 눈 아래쪽 광대뼈 부분을 활용하여 고개를 오른쪽으로 돌려 스위치 눌렀다 떼기
- 허벅지를 들어 올림으로써 스위치 조작하기

등을 할 수 있습니다.

 솔이에게 맞는 컴퓨터 접근 환경을 찾기 위해서는 솔이의 다양한 신체 조건을 체크하는 것이 중요합니다.

## 2. 입력매체 선정

### 1) 기기 선정 이유

솔이의 여러 가지 자발적인 신체 움직임 중에서 팔을 위에서 아래로 내리는 동작을 이용하여 컴퓨터에 접근하도록 합니다. 신체 움직임이 제한되어 있을 때 머리나 다리보다는 팔이나 손을 사용할 수 있는지를 평가하는 좀 더 보편적인 접근방법을 먼저 시도합니다.

### 2) 기기 적용

팔을 위에서 아래로 내리치는 동작으로 작동되는 스위치는 가장 일반적인 형태로 빅 레드 스위치나 조글 스위치 등 다양한 제품이 시판되고 있습니다. 이러한 스위치는 스위치 인터페이스 장치를 통해 컴퓨터에 연결하고 보통 손이 내려오는 위치에 배치해서 사용합니다.

그러나 솔이가 처음 컴퓨터 접근을 시도한 10년 전에는 고가의 스위치나 인터페이스를 신속하게 구하기 쉽지 않은 경우 키보드를 물리적으로 개조하는 방법으로 컴퓨터 접근 훈련을 시작하기도 하였습니다.

[그림 6-3] 키보드 + 키가드 변형

다양한 보조기기를 보다 손쉽게 구할 수 있는 지금도 보조입력장치는 여전히 고가의 물건입니다. 그래서 요즘에도 보조기기 적용의 초기 단계에서는 가장 보편적으로 접할 수 있는 입력매체인 키보드나 마우스를 약간 변형하여 스위치 적용 여부를 테스트하기도 합니다.

▶ 일반 키보드의 스위치 전환 팁([그림 6-3] '키보드＋키가드 변형' 참조)

1. 일반 키보드에 키가드를 장착합니다.

2. 스페이스키 부분에 우드락 등을 0.5cm 이상의 두께로 붙입니다.

3. 손바닥으로 키보드를 위에서 아래로 눌렀을 때 키가드 위로 튀어나온 우드락 부분이 눌리면서 스페이스키만 눌려지면 스페이스키만 작동하는 간편 스위치가 완성됩니다.

## 3) 장 착

일반 키보드에 키가드와 우드락을 사용하여 스위치 대용으로 이용할 때, 책상 위 솔이의 손이 스페이스키 위에 붙인 우드락에 잘 닿을 수 있는 위치에 키보드를 놓고 벨크로로 책상에 고정합니다.

> 컴퓨터 이용 환경

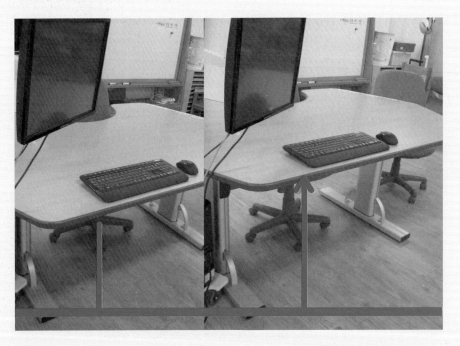

[그림 6-4] 책상을 이용하는 경우

이너가 장착된 휠체어는 일반 휠체어에 비해 높이가 높아 [그림 6-4]와 같이 높낮이가 조절되는 전동책상을 이용하도록 합니다.

# 3. 입력매체 적응하기

## ⊟ 키보드＋키가드 변형 스위치 연습하기

┌─── 기본 설정 ───┐

- 일반 키보드의 스위치 변환 팁을 이용하여 키보드 변형
- 스페이스키를 눌렀을 때 작동하는 프로그램 준비

### ① 시간제한 없이 작동하기

㉮ **눌렀다 떼기**　스위치로 변형된 키보드의 스페이스키를 2~3회 손으로 눌렀다 떼는 연습을 합니다. 솔이의 경우 손과 팔을 위로 들었다 내려 키를 누른 뒤 다시 팔을 들기 어려워하여 손을 내려 키를 누른 뒤 손을 옆으로 옮기는 동작을 연습합니다.

↓

㉯ **시간제한 없이 눌렀다 떼기 연습하기**　파라다이스 복지재단에서 제작·보급한 도깨비한글 2(쉬운 모드)를 선택하였습니다. 스페이스키를 누를 때마다 순차적으로 프로그램이 진행되는 소프트웨어로 시간제한 없이 스위치를 눌러 한글 학습과 음악을 들으며 프로그램을 진행하면서 스위치 변형 키보드를 작동하는 것을 반복 연습합니다.

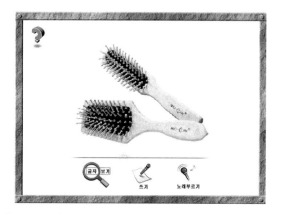

> 스페이스키 입력에 따라 순차적으로 진행되는 소프트웨어: 파라다이스 복지재단의 도깨비한글 2의 쉬운 모드

[그림 6-5] 도깨비한글 2 쉬운 모드(파라다이스 복지재단)

② 시간제한 내에 작동하기

㉮ **8초 이내에 작동하기**    2초, 4초, 6초, 8초 단위로 입력 커서가 메뉴 사이를 이용하는 교육용 프로그램에서 입력대기시간이 가장 긴 8초를 선택하고 프로그램 내에서 스페이스바를 눌렀다 떼는 연습을 합니다.

㉯ **다양한 프로그램 내에서 연습하기**    다양한 스위치 모드 프로그램(도깨비한글 1·2, 달팽이과학동화, 생각하기 말하기 등)을 이용하여 시간제한 내에 변형된 키보드를 누르는 연습을 하며 프로그램을 이용합니다. 솔이의 경우 키를 누른 뒤 손을 옆으로 움직이는 동작까지 시간이 많이 필요하여 주로 8초 정도로 입력대기시간을 정하여 프로그램을 사용하였습니다.

[그림 6-6] 스위치 모드 입력대기시간 설정
(파라다이스 복지재단)

[그림 6-7] 도깨비한글 1 스위치 모드
(파라다이스 복지재단)

[그림 6-8] 모모와 함께 들어봐요 스위치 모드
(파라다이스 복지재단)

[그림 6-9] 생각하기 말하기 2 스위치 모드
(파라다이스 복지재단)

[그림 6-10] 즐거운 우리집 스위치 모드
(파라다이스 복지재단)

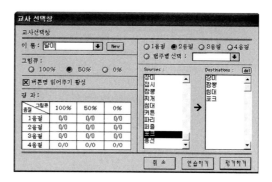

[그림 6-11] 교사 기능 설정
(파라다이스 복지재단)

스위치 입력만으로 프로그램을 제어할 수 있는 스위치 모드 기능이 있는 교육용 소프트웨어가 국내에 많지 않은 상황에서 파라다이스 복지재단에서 개발한 대부분의 교육용 소프트웨어는 모두 마우스 모드와 스위치 모드로 제공되고 있어 스위치 훈련에 매우 유용하게 사용됩니다. 이 교육용 소프트웨어는 비교적 어린 아동에게 적용하기에 적합하므로 중·고등학교 학생들의 생활 연령을 고려한 교육용 소프트웨어 개발이 절실합니다.

## 4. 입력매체 변경

### 1) 기기 선정 이유

솔이가 제한 시간 내에 스위치를 눌러 컴퓨터에 접근하는 훈련을 반복하면서 솔이의 프로그램 이용 능력은 향상되어 갔으나 솔이와 훈련을 주로 담당하던 어머니는 스위치로 사용할 수 있는 프로그램이 한정되어 있는 것에 불안함을 표현하였습니다.

이에 솔이가 문자 인지 면에서 아직 문자 학습을 익히고 있는 단계였으나 스위치만으로도 컴퓨터에서 문자를 입력할 수 있다는 것을 안내하고 어머니와 솔이의 컴퓨터 접근 훈련의 동기와 목표를 강화하기 위해 입력기기를 변경하여 문자 입력 훈련을 시작합니다.

## 2) 기기 적용

[그림 6-12] 디스커버 스위치

[그림 6-13] 화면 글자 입력판

　메던텍 사의 디스커버 스위치는 화면 글자 입력판에 스캔 기능이 있어 마우스를 이용하지 않고 스위치만으로도 문자 입력이 가능하게 해 줍니다.

　솔이의 경우 그림과 같은 화면 글자 입력판을 이용하여 워드프로세서 프로그램에서 문자를 입력하였습니다.

　디스커버 스위치는

• 컴퓨터에 직접 연결하여 스위치를 작동하면 연동된 입력·선택판이 자동으로 컴퓨터에 나타납니다.

• 수십 종의 영문판으로 제공되는 입력·선택판을 수정하여 한글 글자판, 숫자 입력판, 의사소통판으로 편집이 가능하며 이를 저장하여 원하는 프로그램에 연동하여 이용할 수 있습니다.

[그림 6-14] 영문 글자 입력판

[그림 6-15] 편집한 한글 입력판

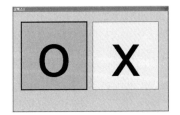

[그림 6-16] 의사소통 선택판

[그림 6-17] 편집한 숫자 입력판

메던텍 사의 디스커버 스위치는 절판되었으나 같은 기능을 하는 인터페이스 기기와 프로그램이 분리되어 판매되고 있습니다. 제2부 제6장의 '6. 입력매체 변경 2) 기기적용'에서 자세하게 소개됩니다.

# 5. 입력매체 적응하기

## ⊡ 디스커버 스위치 화면 글자 입력판 사용 연습하기

기본 설정

- 디스커버 스위치를 컴퓨터에 직접 연결함
- 디스커버 프로그램 활성화
- 워드프로세서 프로그램에서 디스커버 스위치 작동 시 한글 글자 입력판이 연동 세팅
- 입력대기 속도 조정
- 스위치 배치 위치 조정 및 밸크로로 바닥에 고정
- 글자 크기 조정(35포인트 이상)
- 글씨체 조정(굴림, 고딕, 명조 중 선택)

## ① 숫자 보고 입력하기

▶ 디스커버 스위치에서 숫자 입력하기

① 스위치를 작동하면 연동된 숫자 입력판이 화면에 나타납니다.

② 입력판의 선택 커서가 행 단위로 이동합니다.

③ 원하는 행에 선택 커서가 대기할 때 스위치를 작동하여 해당 행을 선택합니다.

④ 선택된 행 안에서 선택 커서가 열 단위로 이동합니다.

⑤ 원하는 열에 선택 커서가 대기할 때 스위치를 작동하면 해당 열이 선택되면서 숫자가 입력됩니다.

⑥ 각 행의 특정 키를 선택하면 입력판이 사라집니다.

㉮ **시범 보이기** 디스커버 스위치를 이용한 숫자 입력 방법을 교사가 직접 시범을 보이며 설명합니다.

㉯ **무작위로 선택하기** 솔이가 디스커버 스위치를 누르고 움직이는 입력 커서를 확인하여 때에 맞춰 눌러 아무 숫자나 무작위로 선택하도록 하고 선택된 숫자가 워드프로세서 프로그램에 입력된 것을 확인하도록 합니다.

㉰ **제시된 숫자 입력하기** 교사가 특정 숫자를 솔이에게 제시하면 솔이는 디스커버 스위치를 누르고 입력 커서가 스캔되는 것을 확인하여 때에 맞추어 스위치를 누르는 과정을 2~3회 반복하며 같은 숫자를 입력합니다.

㉱ **입력판 빠져나오기** 행을 잘못 선택했을 때 기다리지 않고 입력판을 빠져나가는 키를 선택하여 입력시간을 단축하는 방법을 연습합니다.

㉲ **지우기 키 사용하기** 입력판에 설정되어 있는 지우기 키 사용 방법을 지도하여 잘못 입력된 숫자를 지우는 방법을 연습합니다.

㉳ **반복하여 연습하기** 제시된 숫자를 보고 입력하는 연습을 반복하며 스위치 사용방법을 익힙니다.

② 문자 보고 입력하기

솔이와 같이 문자 학습 단계에 있는 학생들의 경우에는 문자 입력 훈련이 익숙해질 때까지는 문자 입력 과정을 지도교사나 보조교사가 계속 지켜보면서 선택한 키와 입력된 키를 확인해 주고 오류 발생 시 수정해 주어야 합니다. 특히 컴퓨터에 글자 입력 시 앞 글자의 종성이 뒷글자의 초성이 되는 과정이 오류가 아니라는 것을 인식할 수 있도록 특별히 신경 써서 지도해야 합니다. 이런 지원을 통해 학생들은 지루한 문자 입력 과정에서 실패감보다는 성취감을 느끼며 훈련을 지속할 수 있습니다.

㉮ **시범 보이기**  교사가 디스커버 스위치를 이용하여 글자판에서 자음과 모음을 조합하여 문자를 입력하는 과정을 시범으로 보여 줍니다.

↓

㉯ **글자 입력판의 자음과 모음 배치 눈에 익히기**  글자판을 띄워 놓고 제시된 글자를 완성하기 위한 자음과 모음의 위치 찾는 방법을 설명합니다

↓

㉰ **자음과 모음 입력하기**  제시된 글자에 맞는 자음과 모음의 입력을 연습합니다.

↓

㉱ **띄어쓰기와 줄 바꾸기**  스페이스키와 엔터키 입력 방법을 알려 주고 문장이나 단어 입력 시 어떤 결과가 나타나는지 보여 주며 설명합니다.

↓

㉲ **문자 입력 연습하기**  이름이나 익숙한 단어를 중심으로 자음과 모음이 조합된 문자를 입력합니다.

## 6. 입력매체 변경

### 1) 기기 변경 이유

솔이가 한 번 스위치를 누르는 데에는 팔을 위로 올리는 동작, 스위치 윗부분을 향해 아래로 내리치는 동작, 손을 옆으로 옮기는 동작이 요구됩니다. 이로 인해 입력대기시간이 길어지면서 솔이의 컴퓨터 이용 의욕이 감소되며 한글 학습 속도도 저하되었습니다.

이에 선생님들은 팔 움직임 이외에 솔이가 자발적으로 움직일 수 있다고 판단되는 머리 움직임과 다리 움직임을 이용한 컴퓨터 접근을 시도하였습니다.

## 2) 기기 적용

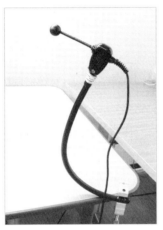

[그림 6-18] 울티메이티드 스위치

울티메이티드 스위치는 스위치 작동 부분의 유연성이 뛰어나 불필요한 긴장으로 신체 조절이 어려운 학생들도 신체적 충격에 대한 위험부담 없이 사용할 수 있습니다. 다만, 스위치를 치는 힘이 너무 큰 경우 작동 부위가 흔들려 연속으로 2~3회 신호가 입력되는 오류가 발생하는 단점도 있습니다.

솔이의 경우 머리의 움직임을 이용할 때 머리를 옆으로 돌리는 힘과 거리 조절이 섬세하지 않아 딱딱하게 고정된 스위치에 얼굴을 다치지 않도록 하기 위해 선생님들은 유연성이 있는 이 스위치를 적용하였습니다.

그리고 솔이의 다리의 움직임을 이용할 때에도 별도의 스위치 고정 장치가 필요 없다는 장점으로 인해 이 스위치가 다시 선택되었습니다.

[그림 6-19] 디스커버 프로 V 2.3

[그림 6-20] 인텔리 스위치

울티메이티드 스위치는 디스커버 스위치에도 연결하여 사용이 가능하지만 디스커버 스위치 대신 위의 디스커버 프로(Discover Pro) V 2.3과 인텔리 스위치(IntelliSwitch)로 기기를 변경한 이유는 컴퓨터의 운영체제가 업그레이드 되었기 때문입니다.

컴퓨터와 스위치를 연결해 주는 인텔리 스위치 장치와 소프트웨어 형식인 디스커버 프로 V 2.3을 함께 사용하면 Windows XP 운영체제에서도 보다 안정적으로 스위치를 통해 화면 선택창과 입력창을 제어할 수 있습니다.

## 3) 장 착

① 인텔리 스위치를 컴퓨터에 연결합니다.

② 울티메이티드 스위치를 인텔리 스위치에 연결합니다.

③ 울티메이티드 스위치를 작동하였을 때 디스커버 프로의 입력·선택판이 연동되는
　지 확인합니다.
④ 울티메이티드 스위치의 스위치 작동 부분을 솔이가 움직이는 부분에 맞게 조정하고
　고정합니다.

[그림 6-21] 다리 움직임을 이용할 때 스위치 배치

솔이가 무릎과 허벅지를 살짝 들었을 때 스위치가 눌러지도록 그림과 같이 스위치를 배치합니다.

　　스위치의 배치는 솔이의 자발적인 움직임의 위치를 찾아 배치합니다. 스위치의 위치에 솔이가 맞추는
것이 아니라 솔이의 움직임에 스위치의 위치를 전적으로 맞추는 것이지요. 그래서 학생의 자발적인 움
직임에 맞춰 쉽고 편안하게 사용할 수 있는 스위치 작동 위치를 찾는 것은 경우에 따라 몇 달에서 몇
년이 소요되기도 합니다. 솔이의 경우도 적절한 위치를 찾는 데까지 6년이 걸렸습니다.

## 컴퓨터 이용 환경 1

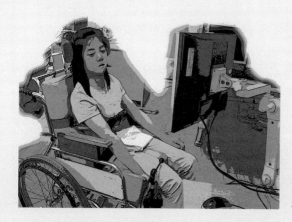

[그림 6-22] 데스크탑 컴퓨터를 이
용하는 경우

모니터는 각도 조절이 가능한 모니터를
이용하여 위쪽에서 아래쪽으로 솔이가
모니터를 잘 볼 수 있도록 배치합니다.

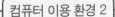

컴퓨터 이용 환경 2

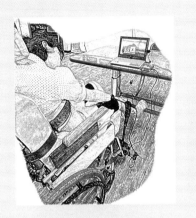

[그림 6-23] 노트패드 컴퓨터를 책상에 놓고 이용하는 경우

각도 조절이 가능한 모니터를 이용하여 위쪽에서 아래쪽으로 솔이가 모니터를 잘 볼 수 있도록 배치합니다.

컴퓨터 이용 환경 3

[그림 6-24] 노트패드 컴퓨터를 휠체어에 고정하여 사용하는 경우

가정에서는 개인적으로 제작한 고정 장치를 이용하여 컴퓨터를 휠체어에 고정하여 사용합니다.

## 7. 입력매체 적응하기

⊟ 울티메이티드 스위치로 디스커버 프로 선택 · 입력판 사용하기

기본 설정

- 컴퓨터에 연결된 인텔리 스위치에 울티메이티드 스위치 연결하기
- 인텔리 스위치, 디스커버 프로 프로그램 활성화
- 운영체제에서 스위치 작동 시 워드패드 프로그램 실행 선택판 연동 세팅
- 워드패드 프로그램에서 스위치 작동 시 한글 글자 입력판 또는 숫자 입력판 연동 세팅
- 입력대기 속도 조정
- 글자 크기 조정(35포인트 이상)
- 글씨체 조정(굴림, 고딕, 명조 중 선택)

① 울티메이티드 스위치 사용 연습하기

가. 머리의 움직임을 이용하여 스위치 작동하기

가) 울티메이티드 스위치를 2~3회 얼굴로 눌러 선택 · 입력판을 화면에 띄우는 연습을 합니다.

나) 울티메이티드 스위치로 글자판을 연동하여 글자를 입력하는 연습을 합니다.

다) 제시된 단어를 보고 입력하는 연습을 합니다.

머리의 움직임을 이용하여 스위치를 작동할 때 팔을 이용한 것보다는 입력대기시간이 짧아졌지만 움직임이 자유롭지 못하고 울티메이티드 스위치가 입에 들어가는 등 위험 요소가 있어 연습을 지속할 수 없었습니다. 이에 솔이의 세 번째 자발적인 움직임인 다리의 움직임을 연습하는 것으로 적용 위치를 변경하게 됩니다.

나. 다리의 움직임을 이용하여 스위치 작동하기

가) 무릎과 허벅지를 살짝 들어 허벅지 위쪽에 배치된 울티메이티드 스위치를 누르고 선택 · 입력판을 화면에 띄우는 연습을 합니다.

나) 울티메이티드 스위치로 글자판을 연동하여 글자를 입력하는 연습을 합니다.

다) 제시된 단어를 보고 입력하는 연습을 합니다.

솔이는 오른쪽 다리를 움직일 때 원하지 않게 오른쪽 팔도 같이 움직이며 스위치의 위치를 바꿔 버리는 경우가 있습니다. 선생님들은 솔이의 컨디션과 솔이의 의사를 고려하여 솔이가 원할 경우 솔이의 오른쪽 팔을 벨크로 패드로 휠체어에 고정하여 스위치의 오작동을 줄이고 스위치 조작에 집중할 수 있도록 도왔습니다.

② 한글 입력판으로 문자 보고 입력하기

제시된 한글을 보고 한글 입력판에서 자음과 모음을 찾아 입력합니다.

[그림 6-25] 한글 입력판 1

[그림 6-26] 한글 입력판 2

[그림 6-27] 한글 입력판 3

[그림 6-28] 한글 입력판 4

 글 입력 연습은 앞에서 다룬 디스커버 스위치로 문자 입력 연습하기와 동일합니다.

다만, 사용하는 글자 입력판은 몇 차례 변경되었는데 한글 입력판 1은 가장 오래 사용한 글자판이고, 한글 입력판 2는 잠시 사용하다 최근에는 한글 입력판 3을 사용하고 있습니다. 한글 입력판은 기본적으로는 숙달을 위해 자주 바꾸지 않지만 입력 속도나 효율성을 높이기 위해 변경하기도 합니다.

③ 숫자 입력판으로 숫자 입력하기

숫자를 입력할 때는 숫자 입력판을 이용합니다. 솔이는 1~10까지 숫자를 읽고 쓸 수 있으므로 수학 학습 시 유용하게 이용할 수 있습니다.

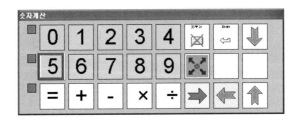

[그림 6-29] 화면 숫자 입력판

숫자 입력 연습 과정은 앞에서 다룬 디스커버 스위치로 숫자 입력 연습하기와 동일합니다.

④ 의사소통 선택판으로 의사 표현하기

㉮ **OX 선택하기**   그림과 같은 OX 선택판에서 입력 커서가 스캔되는 동안 하나를 선택하여 의사를 표현합니다. 선택한 후에 O나 X를 읽어 주는 소리가 나오도록 설정하면 수업 장면에서도 유용하게 사용할 수 있습니다.

↓

㉯ **1, 2, 3, 4 중 하나 선택하기**   그림과 같이 1, 2, 3, 4 선택판에서 입력 커서가 스캔되는 동안 하나를 선택하여 의사를 표현합니다. 선택한 후에 숫자를 읽어 주는 소리가 나오도록 설정하여 수업 장면에서 솔이가 4지 선다 문제를 풀거나 예시를 선택할 때 유용하게 사용할 수 있습니다.

솔이는 현재 고등학교 2학년입니다. 초등학교 3학년 때부터 디스커버 스위치를 이용한 한글 입력을 연습하여 한글을 보고 입력하는 기능이 좋은 편입니다. 다만, 아직 한글 문자 인지를 완전히 학습한 단계가 아니라서 한글 예시가 없이 자신의 의사를 표현하는 데 컴퓨터를 이용하는 것에는 한계가 뚜렷합니다. 솔이의 나이를 고려한다면 이제 솔이의 컴퓨터 접근은 다양한 의사소통 선택판의 제공과 활용에 초점이 맞추어지고 활성화되어야 할 시점이라고 할 수 있습니다.

# 8. 현황 및 발전 가능성

## 1) 현 황

현재 솔이는 울티메이티드 스위치와 인텔리 스위치, 디스커버 프로 프로그램이 설치된 컴퓨터를 이용하여 화면에 입력판이나 선택판을 띄우고 입력대기시간 4초 이내에 원하는 문자나 숫자 그림 등을 선택할 수 있습니다.

이러한 기능적 습득을 바탕으로 다음과 같은 일들을 할 수 있습니다.

- 아래아한글
  - 한글 입력판을 띄우고 제시된 단어나 3음절 정도의 문장을 그대로 보고 입력할 수 있습니다.

- 숫자 입력
  - 숫자 입력판을 이용하여 수학시간에 문제에 대한 답을 입력할 수 있습니다.

- 의사소통
  - 의사소통 선택판을 이용하여 수업 장면에서 OX로 자신의 의사를 표현할 수 있습니다.
  - 1, 2, 3, 4 중 하나를 선택하여 4지 선다 문제나 질문에 답할 수 있습니다.

솔이의 컴퓨터 이용은 디스커버 프로에서 제공하는 입력·선택판에 제한되어 있습니다. 솔이는 지난 수년간 파라다이스 복지재단에서 개발한 스위치 모드 프로그램을 대부분 섭렵한 상태입니다. 하지만 현재 제공되는 많은 웹사이트와 소프트웨어들은 스위치 모드를 제공하지 않고 있어 기능확장이 어려운 실정입니다. 솔이를 위한 또는 스위치에만 의존하여 컴퓨터를 제어하는 학생들을 위한 입력 커서 스캔 속도를 조절할 수 있는 프로그램과 웹사이트가 필요합니다. 그럼 솔이의 컴퓨터 이용도 정보검색, 정보교류, 여가활용 등 보다 다양한 분야로 발전할 수 있을 것입니다.

## 2) 발전 가능성

솔이는 이제 컴퓨터를 집과 학교에서 동시에 이동하면서 사용하고 있습니다. 이러한 이동성은 솔이의 컴퓨터 이용에 날개를 달아 줄 수 있습니다.

우선 기존에 이용해 오던 대로 문자 입력 연습을 통해 생활에 밀접한 생활 단어를 학습하여 자신의 의사를 표현하는 데 사용할 수 있습니다. 다만, 현재 한글 문자 인지가 완전히 학습된 단계가 아니므로 솔이가 의사소통을 위해 많이 사용할 수 있는 제한된 단어목록을 만들어 선택적으로 꾸준히 연습하는 것이 효율적입니다.

또한 숫자 입력판을 이용하여 수학 학습에 활용할 수 있으며 일상생활에서는 전화번호 등 자신에게 필요한 숫자를 외우고 표현할 수도 있습니다.

무엇보다 의사소통 선택판을 다양하게 제작하고 제공한다면 수업 장면이나 일상생활에서 자신의 의사를 보다 쉽고 분명하게 표현할 수 있게 됩니다. 솔이가 앞으로 컴퓨터를 생활에서 가장 많이 활용할 수 있는 부분이고 기대되는 부분입니다.

**하나 더!**

◈ 과학적 증거에 기반을 둔 효과적인 읽기 교수

◈ 음운론적 접근법

• **개별 소리 변별**: 소리를 합쳐서 단어를 말해 보게 하는 것으로 단어를 보여 주지 않고 소리를 듣고 말하게 합니다.

• **큰 단위에서 작은 단위로**: 처음에는 문장을 단어로, 단어를 음절로, 음절을 음소로 지도합니다.

• **자음-모음-(자음)의 패턴 가르치기**: 처음에는 적은 수의 음소로 이루어져 자음 및 모음의 조합이 쉬운 단어를 지도합니다.

• **모델링과 비계학습**: 자주 모델을 보여 주고, 학생이 하는 음절의 분절·혼합 과정에 대해 연습할 기회를 많이 제공합니다.

• **글자·소리 대응하기**: 학생이 청각적인 과제를 잘 수행하면 글자와 소리 대응 과제를 많이 제공합니다.

　음운인식은 구어에서 사용하는 낱말들 속에 들어 있는 소리를 지각하고 인식할 수 있는 능력입니다. 즉, 글을 읽는 사람이 단어나 문장을 사용할 때 말소리를 지각하고 말소리의 최소 단위인 음소들을 결합하고, 분절하고, 빼고 삽입하고 대체할 줄 아는 능력을 의미합니다.

　음운인식의 구성요소 중 청각적 혼합과 분리는 읽기 습득과 강력한 상관을 가지며, 읽기 전 단계를 가르치는 데 있어 매우 중요합니다. 일부 학자들은 취학 학생들에게 음운인식이 읽기의 성과에 실패를 가늠할 수 있는 결정적인 요소 중 가장 강력한 요소라고 여기고 있으며, 이러한 음운인식에 대한 습득을 하고 나면 상위의 독해나 비평 등의 상위 읽기 기능을 수행해 낼 수 있게 됩니다. 과학적 읽기 교수에 대한 상세한 내용은 학지사에서 출간된 『학습문제가 있는 학생들을 위한 특수교육 교수방법』(Mercer & Mercer, 2010)을 참조하시기 바랍니다.

**비슷한 친구: 스위치로 스캔되는 화면 글자판을 이용하는 숲이**

## 1. 기본 정보

현재 고등학교를 졸업한 숲이는 지체장애 뇌성마비 1급 사지마비 경직형으로 듣고 보는 데 어려움이 없습니다. 숲이는 초등학교 3학년부터 컴퓨터 접근을 위한 훈련을 시작하였습니다.

### 1) 의사소통

발성을 통한 의사 표현에는 어려움이 있으나 상대방의 말을 이해하고 질문에 맞게 긍정과 부정을 표현할 수 있습니다. 긍정과 부정은 입 모양이나 고개를 떨구는 행동으로 표현할 수 있습니다. 컴퓨터를 이용한 문자 입력으로 질문에 대답하거나 자신의 의사를 표현할 수 있습니다.

### 2) 인지 및 문자 이해력

한글 인지가 가능하고 문장을 읽고 내용을 이해하고 대답할 수 있습니다. 컴퓨터를 이용하여 자신의 의견이나 생각에 따라 원하는 단어나 문장을 입력할 수 있습니다.

### 3) 자발적인 신체 움직임

중지를 손바닥 쪽으로 구부리는 자발적인 신체 움직임이 가능합니다. 휠체어 트레이에 손등을 아래 방향으로 놓고 손목을 고정하는 과정에서 가장 안정적일 때 손가락을 움직일 수 있습니다.

## 2. 입력매체 선정

### 1) 기기 적용

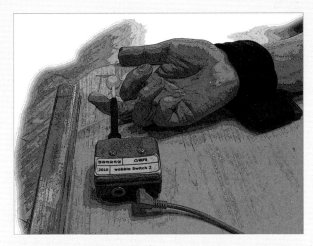

[그림 6-30] 손을 고정하고 손가락을 구부리는 동작으로
와블 스위치를 사용하는 모습

숲이는 컴퓨터를 이용할 때 그림과 같이 와블 스위치의 작동부분을 손가락 안쪽에 위치하도록 스위치를 고정하였고 손가락을 움직일 때 스위치가 작동되도록 하여 컴퓨터를 이용하였습니다. 숲이의 컴퓨터 접근은 초등학교 고학년 때 파라다이스 복지재단으로부터 평가와 지원을 받아 시작되었습니다. 1990년대 후반이었던 당시 숲이는 매킨토시 컴퓨터와 매킨토시용 디스커버 케넥스(Discover: Kenex), 그리고 와블 스위치와 책상을 모두 지원받아 함께 사용합니다.

### 2) 컴퓨터 이용

정해진 시간 내에 스위치를 작동시켜 원하는 것을 선택하거나 커서가 스캔되는 한글 입력판을 이용하여 문자를 입력하는 과정이 초등학교 고학년부터 꾸준하게 훈련됩니다.

중학교 과정에 이르러서는 컴퓨터를 이용하여 정해진 시간 내에 스위치 모드 프로그램에서 원하는 것 선택하기, 스위치로 원하는 단어와 문장 입력하기, 간단한 도형 따라 그리기 등이 가능하게 됩니다. 특히 문장으로 제시된 질문에 디스커버 계열 한글 입력판을 이용하여 문장이나 단어를 입력하거나 숫자를 입력하는 데 컴퓨터를 가장 많이 활용합니다.

## 3. 요약 및 제언

숲이의 경우 어린 시절부터 컴퓨터 접근을 위한 하드웨어적인 지원을 통해 신체 장애를 극복하고 컴퓨터 접근에 가시적인 효과를 나타낸 대표적인 사례입니다.

그러나 시간이 지남에 따라 지원받은 매킨토시 컴퓨터가 노후되고 메모리 등에서 문제가 발생하였고 국내에서는 주로 IBM 계열의 컴퓨터가 많아 프로그램이나 자료의 호환에도 어려움이 발생하게 됩니다. 이로 인해 컴퓨터나 보조기기를 전부 교체해야 하는 상황에서 경제적인 이유로 컴퓨터의 가정에서의 연계 이용이나 고등부 졸업 후 이용이 불투명해집니다.

성인 장애인을 대상으로 한 정보통신보조기기 지원사업도 경제적 활동을 할 수 있는 장애인을 중심으로 하고 있으며 수요자 요구에 따른 기기 선정보다는 공급자 중심의 기기 선정으로 사업이 진행되고 있어 숲이와 같이 인지 능력이 뛰어나며 컴퓨터를 통해 삶의 질이 향상될 수 있는 중도·중복 장애학생을 위한 컴퓨터 접근 지원은 사각지대에 놓여 있는 상황입니다.

숲이는 중도·중복 장애학생과 성인의 컴퓨터 접근을 위한 지원이 요원한 현실에서 학령기에 훈련된 컴퓨터 접근이 성인기까지 보장되지 못한 안타까운 사례입니다. 학령기에 적용된 컴퓨터 접근이 장애인의 궁극적인 삶의 질을 향상시킬 수 있도록 하기 위해서는 장애인의 연령, 장애 정도, 소속에 상관없이 전문적인 보조공학서비스와 필요한 보조공학기기가 지속적으로 지원되어야 합니다. 보조공학서비스가 교육, 취업, 여가생활, 지역사회생활 등 장애인의 삶에 다방면으로 지원될 수 있도록 각 정부부처를 초월한 장애인 중심의 보조공학기기 지원 법제도와 전달체계 구축이 시급한 실정입니다.

제7장
# 헤드 포인터로
# 키보드를 이용하는 나무

## 1. 기본 정보

나무는 만 20세의 뇌성마비 경직형 사지마비 학생입니다. 보고 듣는 데 어려움이 없습니다.

> • 나무
> • 만 20세(남)
> • 헤드 포인터로 키보드 이용

### 1) 의사소통

#### (1) '예' '아니요' 로 의사 표현하기

고개를 끄덕이며 '예' 라고 말하며 상대방의 말에 긍정과 부정을 표현할 수 있습니다. 특히 밝은 성격으로 인해 일상적인 수용언어에 미소와 음성, 고개짓으로 답을 합니다.

#### (2) 상대방의 이야기 이해하기

발성으로 조음을 만들기는 어려우나 상대방의 말을 듣고 이해하여 긍정과 부정을 몸짓으로 표현할 수 있습니다.

#### (3) 생각이나 의견 표현하기

자기의 생각을 잘 표현하는 경우는 밝게 웃으며 고개짓을 합니다만, 자신의 생각과 다른 경우 침통한 표정이나 고개를 가로저어 아니라는 표현을 합니다.

글을 읽고 이해할 수 있으며 컴퓨터로 문자를 입력할 수 있으나 글자 입력의 방법 면에서 자신의 생각을 표현하는 데에 제한이 많습니다. 그리고 다른 사람의 도움 없이 스스로 글자를 입력하는 데도 어려움이 있습니다. 한글 읽기는 가능하고 쓰기는 학습하는 과정이라고 할 수 있습니다.

## 2) 인 지

### (1) 문자 인지

처음에는 익숙한 단어 위주의 의미를 파악하는 정도였지만, 컴퓨터로 자모 입력을 하기 시작하면서 음소 수준의 낱말 입력을 할 수 있게 됩니다. 음운 중심의 글자 입력을 시작하면서 학습 속도가 매우 빨리 진전되어 몇 년 뒤에는 간단한 주어+술어 수준의 문장을 써 냈습니다. 철자가 정확한 것은 아니었지만 읽는 사람이 글의 의미를 파악할 수 있는 정도입니다.

### (2) 문자 이해

긴 문장을 읽고 내용을 파악하는 것에는 어려움을 보였고, 간간이 아는 단어를 중심으로 내용을 추측하는 정도입니다.

일반적인 문자 인지 학습은 통문자 인지에서 자음과 모음 조합으로 발전하지만 장애로 인해 문자에 노출되는 방법이 제한되는 경우 나무처럼 나이가 많은 학생들 중에는 문자 조합을 먼저 모방하거나 컴퓨터에서 자음과 모음을 입력하면서 스스로 깨닫는 경우도 있습니다. 이런 경우는 꾸준한 연습과 지원이 있다면 의외로 짧은 시간 안에 글자를 습득하고 문장 수준으로 발전하기도 합니다.

## 3) 자발적인 신체 움직임

- 팔을 위아래로 움직이기
- 머리를 상하 좌우로 움직이기
- 머리의 움직임으로 헤드 포인터를 이용하기

활동에 참여할 때는 휠체어 높이에 맞는 책상을 제공하여 팔을 올려놓고 팔의 근긴장도를 스스로 이완할 수 있도록 도와줍니다.

　나무는 몸 전체에 신체 경직이 나타나고 있습니다. 그런 와중에도 체간을 스스로 유지하고 목을 잘 가눈다고 하는 장점을 지니고 있습니다. 하지만 팔과 다리에 경직이 발생하면 내전되어 신체 균형을 잃는 경우가 종종 발생하므로 나무의 몸에 맞춘 이너를 휠체어에 장착하고 앉아 후궁반장 반사를 최소화하기 위해 골반과 가슴 벨트를 사용하였고, 체간 지지를 하도록 하였습니다. 그리고 두 다리가 내전되는 것을 방지하기 위해 좌석의 중앙에 외전대를 고정시켜 두고, 발목에 두 다리를 외전시키기 위한 외전대를 사용하여 내전이 되지 않도록 고정하였습니다.

② 가슴과 골반을 벨트로 고정합니다.

① 이너가 장착된 휠체어에 앉아

③ 의자의 가운데에 외전대를 설치하고 발목은 내전되지 않도록 벨크로로 고정합니다.

[그림 7-1] 휠체어에 앉아 있는 모습

　나무에게 맞는 컴퓨터 접근 환경을 찾기 위해서는 키보드를 모니터 밑에 약 15°로 기울여 제공하기도 했고, 모니터 위에 키보드를 얹어 사용해 보기도 했습니다. 나무의 경우는 고개를 자유롭게 움직일 수 있어 나무에게 물어 더 편안한 환경을 선택하도록 하였습니다.

## 2. 입력매체 선정

### 1) 기기 선정 이유

나무는 주먹 쥔 팔을 상하좌우로 움직일 수 있습니다. 팔을 원하는 대로 정교하게 움직일 수 있는 것은 아니지만 일단 팔의 움직임을 이용하여 스위치에 접근하여 보기로 하였습니다.

### 2) 기기 적용

처음 컴퓨터에 접근하는 단계에서는 상하로 움직이는 팔의 기능을 이용하여 가장 일반적인 상하압축식 스위치를 책상에 장착하고 팔로 눌렀다 떼어 작동하도록 하였습니다. 나무는 문자 인지가 가능하고 컴퓨터 사용에 대한 의지가 있어 스위치로 글자를 입력할 수 있는 디스커버 스위치도 함께 적용하였습니다.

요즘에는 다양한 보조기기를 정보통신보조기기 보급 사업을 통해 낮은 비용으로 개별적으로 구입하여 사용할 수 있습니다만, 학생의 가능성을 테스트해 보기 위해 꼭 고가의 보조입력기기를 구입해야 하는 것은 아닙니다.

가정이나 학교에서 일반적으로 사용하는 마우스에 백업이나 좀 단단한 스펀지류를 왼쪽 마우스 버튼 위에 붙여 주고 학생이 이것을 누를 수 있는지 살펴봐 주시기 바랍니다. 마우스를 약간 변형하여 스위치 적용 여부를 테스트하기도 합니다. 경우에 따라서는 오른쪽 마우스가 동시에 눌리는 것을 방지하기 위해서 오른쪽 버튼이 활성화되지 않도록 조치하고 접근해 보는 것도 바람직합니다.

학생이 클릭하는 것에 재미를 느끼기 시작한다면 학생의 거주지역 장애인복지관이나 특수교육지원센터에 기기 대여를 요청해 볼 수 있습니다. 학생이 충분히 적응이 된 이후에는 개인용으로 구입하여 적용하는 것이 바람직합니다.

▶ 일반 마우스의 변형 팁
1. 일반 마우스의 왼쪽 클릭 버튼 위에 우드락이나 단단한 상자를 붙입니다.
2. 클릭하면 화면이 변화하는 자리에 마우스를 이동시키고 학생에게 클릭할 기회를 제공합니다.
3. 학생이 흥미를 느낀다면 게임이나 그림판 등을 이용하여 자극-반응 관계의 폭이 큰 프로그램을 간단하게 만들어 제공합니다.

## 3. 입력매체 적응하기

### 1) 스위치 사용하기

기본 설정

- 컴퓨터에 스위치 인터페이스 연결
- 스위치를 스위치 인터페이스에 연결
- 스위치 인터페이스의 입력 신호를 '클릭' 으로 설정

① 시간제한 없이 작동하기

㉮ 눌렀다 떼기

↓

㉯ 시간제한 없이 눌렀다 떼기 연습하기

② 시간제한 내에 작동하기

㉮ 8초 이내에 작동하기

↓

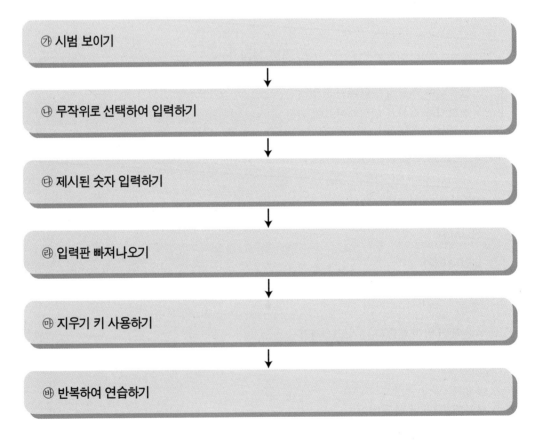

㉯ 다양한 프로그램 내에서 연습하기

↓

㉰ 시간제한을 8초에서 줄여 나가며 연습하기

## 2) 디스커버 스위치 한글 입력판 사용 연습하기

### ① 숫자 보고 입력하기

㉮ 시범 보이기

↓

㉯ 무작위로 선택하여 입력하기

↓

㉰ 제시된 숫자 입력하기

↓

㉱ 입력판 빠져나오기

↓

㉲ 지우기 키 사용하기

↓

㉳ 반복하여 연습하기

② 문자 보고 입력하기

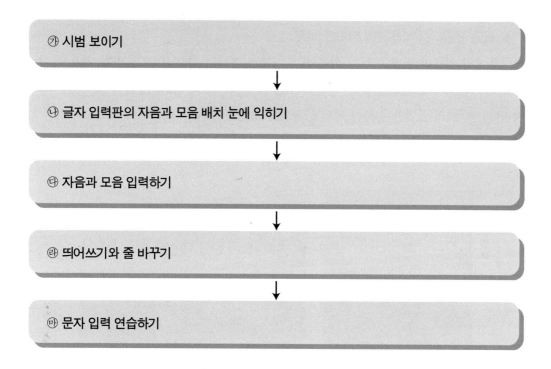

㉮ 시범 보이기

↓

㉯ 글자 입력판의 자음과 모음 배치 눈에 익히기

↓

㉰ 자음과 모음 입력하기

↓

㉱ 띄어쓰기와 줄 바꾸기

↓

㉲ 문자 입력 연습하기

## 4. 입력매체 변경

### 1) 기기 변경 이유

간단한 낱말을 보고 그대로 입력할 수 있었으나 팔을 이용하여 스위치를 누르는 데 시간이 오래 걸리고, 디스커버 계열의 프로그램이 고가여서 일반화하기 어려웠습니다. 특히 한글 운영체제에서 프로그램 충돌과 에러가 많이 발생하면서 글자를 입력할 때마다 오류가 발생하여 나무가 원활하게 이용하는 데 어려움이 있었습니다. 이에 한글 입력을 위한 다른 방법을 찾아보게 됩니다.

## 2) 기기 적용

▶ 헤드 포인터를 사용하여 키보드 누르기

나무에게 컴퓨터 접근을 하기 위해 헤드 포인터를 사용하였습니다. 먼저 키보드 위에는 키가드를 씌워 포인터가 다른 키를 누르는 것을 방지할 수 있게 환경을 조성했습니다. 머리에는 헬멧의 앞이마 부분에 헤드 포인터를 고정하여 헤드 포인터로 키보드의 자음 키와 모음 키를 눌러 글을 입력할 수 있도록 하였습니다.

[그림 7-2] 헤드 포인터로 모니터 위에 설치된 키보드를 누르는 모습

[그림 7-3] 헤드 포인터가
장착된 헬멧을 착용한 모습

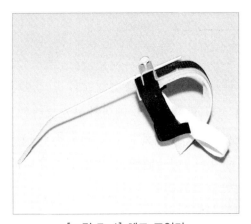

[그림 7-4] 헤드 포인터

## 5. 입력매체 적응하기

⊟ 헤드 포인터를 사용하여 키보드 누르기

기본 설정

- 컴퓨터 위 또는 아래쪽에 키보드를 설치
- 헤드 포인터로 키보드의 자모를 찍을 수 있도록 거리와 각도 조절
- 보고 쓰기 과제나 질문에 대한 답의 자모를 찍어 안정성 확인

① 보고 그대로 입력 단계

처음 연습 단계에서는 머리에 장착된 헤드 포인터로 키보드의 키를 하나씩 눌러 낱말을 보고 그대로 입력하는 것을 연습하였습니다.

② 자발적 입력 단계

차차 자신이 원하는 단어를 자발적으로 입력하는 연습을 하였습니다.

③ 질문에 대한 답 입력 단계

동시에 학습 단계에서 학습 내용에 맞는 질문에 답을 입력하는 방법으로 연습을 진행하였습니다.

## 6. 현황 및 발전 가능성

### 1) 현 황

나무는 컴퓨터를 이용하여 자신이 원하는 것을 표현하는 데 흥미를 가지고 적극적으로 참여하는 학생입니다. 지루하고 긴 연습기간을 묵묵히 인내심을 가지고 따라 주었고 화면 키보드를 이용할 때나 헤드 포인터를 이용할 때 컴퓨터 사용을 위해 꾸준히 노력하였습니다.

나무는 키보드를 모니터 위에 올려 놓고 헤드 포인터를 머리에 씌워 주면 헤드 포인터로 키보드의 키를 눌러 글을 입력할 수 있습니다. 한글을 완전히 습득한 경우가 아니어서 맞춤법이 정확하지는 않으나 간단한 문장을 입력할 수 있습니다.

이러한 기능적 습득을 바탕으로 다음과 같은 일을 할 수 있습니다.

- 아래아한글
  - 자신이 이야기하고자 하는 내용을 문장으로 입력할 수 있습니다.

- 인터넷
  - 알고 지내는 사람들에게 도움을 받아 이메일을 보낼 수 있습니다.

나무의 한글 입력이 완벽하지는 않지만 이 장에서 소개한 기기들을 의사표현과 메일 내용 입력에 활용할 수 있었고, 이를 통해 의사소통의 범위를 넓어지는 효과를 얻었습니다. 나무는 컴퓨터의 쓰임을 잘 이해하고 보낸 메일에 답장을 받는 것을 보상으로 여기며 힘든 컴퓨터 이용 과정을 인내하는 학생입니다.

## 2) 발전 가능성

나무의 사례는 경제적 여건에 맞는, 단순하지만 현실적인 컴퓨터 접근 방법을 모색함으로써 학교 졸업 후에도 컴퓨터 접근이 가능해진 경우입니다. 컴퓨터를 여가생활에 활용하면서 지체장애 학생 스스로 환경을 통제하고 다른 사람들과 소통하는 모범적인 사례라 할 수 있습니다.

나무가 꾸준히 컴퓨터를 이용하며 지원을 받아 터치모니터를 함께 이용할 수 있게 된다면 컴퓨터 이용 시 받아야 하는 도움은 점차 줄여 나가며 컴퓨터를 생활 전반에서 보다 폭넓게 활용할 기반을 마련할 수 있으리라 기대됩니다.

◈ 네티켓

　네티켓은 법적 제재 등의 타율적 해결에 의존하기보다는 네티즌이 자율적으로 사이버공간의 문제를 미리 방지하고 이성적으로 해결해 나가자는 적극적인 의미를 갖습니다.

　다양한 보조공학기기를 통해 인터넷 접근이 수월해지면서 청소년기의 학생들에게 인터넷상에서 지켜야 하는 예절을 가르치고 다양한 의견을 밝히는 일에도 참여하게 됩니다. 이러한 과정에서 학생들이 지켜야 하는 네티켓은 물론, 악의적인 답글을 달아 상대방의 마음을 상하게 하는 일은 없도록 가르쳐야 합니다.

　다음은 1994년 미국 플로리다 대학교의 버지니아 셰어(Virginia Shea) 교수가 제시한 네티켓입니다.

- 인간임을 기억하라.
- 실제 생활에서 적용된 것처럼 똑같은 기준과 행동을 고수하라.
- 현재 자신이 어떤 곳에 접속해 있는지 알고, 그곳 문화에 어울리게 행동하라.
- 다른 사람의 시간을 존중하라.
- 온라인상의 당신 자신을 근사하게 만들어라.
- 전문적인 지식을 공유하라.
- 논쟁은 절제된 감정 아래 행하라.
- 다른 사람의 사생활을 존중하라.
- 당신의 권력을 남용하지 마라.
- 다른 사람의 실수를 용서하라.

게시판에 글을 남길 때는…
- 게시판의 글은 짧고 명확하게 쓴다.
- 게시물 내용을 잘 설명할 수 있게 알맞은 제목을 붙인다.
- 문법에 맞는 표현과 올바른 맞춤법을 사용한다.
- 사실과 다른 내용을 알리지 않는다.
- 다른 사람을 욕하거나 비난하는 글을 올리지 않는다.
- 같은 글을 여러 번 반복해서 올리지 않는다.
- 태그 사용을 자제한다.

 **참고문헌**

김세주, 성인영, 박승희, 정한영(2005). 뇌성마비아동의 이해 서울: 시그마프레스.

김종인, 박경옥(2008). 컴퓨터를 활용한 중증 뇌성마비 학생의 쓰기표현력 향상을 위한 과정중심 글쓰기 지도 사례연구. 특수교육저널: 이론과 실천, 9(1), 459-481.

김현주(2002). AAC를 통한 상호작용적 이야기책 읽기 활동이 중복장애아동의 초기 문해력(early literacy)과 의사소통행동에 미치는 효과. 이화여자대학교 대학원 석사학위논문.

김혜리, 落合俊郞(2008). 중도·중복장애아동의 의사소통 경험양식에 관한 현상학적 연구. 중복지체부자유아교육, 51(1), 251-269.

류재연, 윤희봉, 임경원, 고등영, 박경옥, 이태수, 김성남(2009). 특수교육의 이해. 서울: 시그마프레스.

박경옥(2005). 대화상대자에 의한 의사소통 중재가 중도·중복장애 유아의 의사소통 기술 습득에 미치는 영향. 단국대학교 대학원 박사학위논문.

박경옥(2006). 중도 뇌성마비 아동의 비상징적 의사소통 능력 사정. 특수교육저널: 이론과 실천, 7(3), 207-229.

박경옥(2007). 교실 속의 테크놀로지-중중장애 아동의 의사소통을 중심으로. 장애아동과 테크놀로지, 10, 20-24.

박경옥(2008). 뇌성마비 학생의 초인지적 읽기이해 전략 특성. 특수교육저널: 이론과 실천, 9(3), 17-37.

박경옥(2009). 장애학생의 과학과 지도의 실제. 장애 학생의 과학과지도. 국립특수교육원 원격연수 교재.

박경옥(2011). 지체 및 뇌성마비 학생의 비상징적 의사소통 행동 타당화 및 유형화. 특수교육저널: 이론과 실천, 12(1), 145-171.

박경옥, 박은송, 박희찬(2010). 최중도 지체장애 학생의 진로교육에 대한 학부모 인식. 중복지체부자유아교육연구, 53(4), 167-190.

박경옥, 육주혜(2011). 비상징적 의사소통 사용자의 평가 문항 타당화 및 유형화. 중복지체부자유아교육연구, 54(1), 75-95.

박지환(2007). 신경계 질환별 물리치료. 서울: 현문사.

육주혜(2011). 뇌병변장애대학생의 컴퓨터 작업환경 설계 사례 연구. 재활공학연구, 2(1), 41-58.

육주혜, 김광선, 이근민, 김성희(2009a). 지체·뇌병변장애인의 컴퓨터 접근 평가 문항 개발. 보조공학저널, 3(2), 23-38.

육주혜, 김광선, 이근민, 김성희(2009b). 미국의 지체·뇌병변장애인을 위한 컴퓨터 접근 평가 도구 분석. 보조공학저널, 3(1), 1-18.

육주혜, 박경옥(2010). 지체 및 뇌병변장애인을 위한 컴퓨터입력 보조기기 사용능력 평가(SACIP) 문항 개발 및 유형탐색. 특수교육학연구, 45(2), 69-88.

육주혜, 오도영, 공진용, 남세현, 강인학, 김성남, 김정연, 이선민(2008). 장애인 보조기구 서비스 과정 안내서. 한국장애인개발원.

육주혜, 오영환, 박희동, 김진술, 안나연, 오현정, 노임대, 이상묵(2011). 장애인의 교육과 고용을 지원하는 보조공학서비스 적용 사례와 기초 모형 개발. 나사렛대학교 재활보조공학센터 Quality of Life Technology 기반구축사업단.

이근민, 김인서(2004). 지체장애 아동을 위한 컴퓨터 교육실 구축 모델 및 대체접근을 통한 컴퓨터 접근성 향상에 관한 연구. 중복·지체부자유아교육, 43, 161-179.

이미경, 박경옥, 한경근(2010). 직접교수가 AAC체계를 사용하는 비구어 지체 및 뇌성마비 학생의 음운 인식과 단어재인에 미치는 영향. 특수교육연구, 17(1), 199-222.

이상희(2007). 의사소통장애 아동을 위한 비구어적 의사소통에 관한 최근 연구 검토. 유아교육·보육행정연구, 11(4), 83-109.

이소현, 박은혜(1998). 특수아동교육. 서울: 학지사.

이소현, 박은혜(2006). 특수아동교육(2판). 서울: 학지사.

이숙정(2004). 독일 중복장애아 교육에 대한 일 고찰-의사소통 교육을 중심으로. 한국특수교육학회 추계학술대회, 24-31.

이숙정(2007). 중도·중복 장애학생 수업구성을 위한 "기초적 관계(Elementare Beziehung)" 이론 분석. 특수교육저널: 이론과 실제, 8(4), 241-262.

이화여자대학교 교육공학과(2004). 21세기 교육방법 및 교육공학 (p. 156). 서울: 교육과학사.

정보인, 정민혜, 안덕현(2000). 뇌성마비 영유아 바로 키우기. 서울: 교육과학사.

정해동, 김주영, 박은혜, 박숙자(1999). 장애학생을 위한 보완대체의사소통 지도. 안산: 국립특수교육원.

지체장애아교육을 생각하는 교사 모임(1999). 뇌성마비아를 위한 신체특성 평가도구 개발. 서울: 파라다이스복지재단.

한국우진학교(2003). 자연관찰 교재원 학습프로그램(CD). 서울: 한국우진학교.

한국우진학교(2011). 교육실습생 연수자료. 서울: 한국우진학교.

한국정보화진흥원. http://www.nia.or.kr

Alcantud, F., Dolz, I., Gaya, C., & Martin, M. (2006). The voice recognition system as a way of accessing the computer for people with physical standards as usual. *Technology and Disability, 18*(3), 89–98.

Arvedson, J. (2002). Gastroesophageal/extraesophageal reflex and voice disorders in children. In C. Sapienza & B. H. Ruddy (Eds.), *Perspectives on Voice and Voice Disorders, 12*(1), 17–19(ASHA-Division 3 Newsletter).

Arvedson, J. C., & Brodsky, L. (2002). *Pediatric swallowing and feeding: Assessment and management* (2nd ed.). Albany: Singular Publishing Group.

Assistive Technology Outcomes Measurement System (ATOMS). http://www.r2d2.uwm.edu/atoms(검색일: 2010년 4월 26일)

Assistive Technology, Inc. (2002). *EvaluWareTM: Assessment activities for AAC and computer access.* Newton, MA: Assistive Technology, Inc.

Bax, M., Tydeman, C., & Flodmark, O. (2006). Clinical and MRI correlatees of cerebral palsy. *Journal of the American Medical Association, 296*, 1602–1609.

Beard, L. A., Carpenter, L. B., & Johnston, L. B. (2011). *Assistive technology: Access for all students* (2nd ed.). Upper Saddle River, NJ: Pearson Education, INC.

Best, S. J., Heller, K. W., & Bigge, J. L. (2004). *Teaching Individuals with Physical or Multiple Disabilities* (5th ed.). Upper Saddle River, NJ: Merrill/Prentice Hall.

Beukelman, D., & Mirenda, P. (2005). *Augmentative and alternative communication management of severe communication disorders in children and adults.* Baltimore: Paul H. Brooks Co.

Beukelman, D., & Mirenda, P. (2005). *Augmentative and Alternative communication: Supporting children and adults with complex communication needs.* Baltimore: Paul H. Brooks Publishing Co.

Bigge, J. L. (1991). *Teaching individuals with physical and multiple disabilities* (3rd ed.). New York: Macmillan.

Bishop, D., Brown, B., & Robson, J. (1990). The relationship between phoneme discrimination, speech production, and language comprehension in cerebral-palsied individuals. *Journal of Speech and Hearing Research, 33*, 210–219.

Bobath, B., & Bobath, K. (1975). *Motor developmental in the different types of cerebral palsy.* London: Willam Heinemann Medical Books Limited.

Cauley, K., Golinkoff, R., Hirsk-Pasek, K., & Gordon, L. (1989). Revealing hidden competencies: A new method for studying language comprehension in children with motor impairments. *American Journal of Mental Retardation, 94*, 55–63.

Coggins, T. (1998). Clinical assessment of emerging language: How to gather evidence and make informed decisions. In A. M. Wetherby, S. F. Warren, & J. Reichle (Eds.), *Transitions in prelinguistic communication* (pp. 186–198). Baltimore: Paul H. Brookes.

Crickmay, M. C. (1991). 뇌성마비의 언어치료(박혜숙, 나운우 공역). 연세대학교 출판부.

Duffy, J. (1995). *Motor speech disorders: Substrates, differential diagnosis, and management*. St. Louis: Mosby, Inc.

Farmer, A., & Lencione, R. M. (1977). An extraneous vocal behavior in cerebral palsied speakers. *British journal of Disorders of Communication, 12*, 109-118.

Fraser, B. A., Bryen, D., & Morano, C. K. (1995). Physical characteristics assessment: Computer access for individuals with cerebral palsy. *Assistive Technology, 7*(1), 26-35.

Hardy, J. C. (1983). Suggestions for physiological research in dysarthria. *Cortex, 3*, 128-156.

Heward, W. L. (2006). 최신특수교육(김진호, 박재국, 안성우, 유은정, 윤치연, 이효신 공역). 서울: 시그마프레스.

Higgis, C. M., & Hodge, M. M. (2002). Vowel area and intelligibility in children with and without dysarthria. *Journal of Medical Speech-Language Pathology, 10*, 271-277.

Hodge, M. M., & Wellman, L. (1999). Management of children with dysarthria. In A. J. Caruso & E. A. Strand (Eds.), *Clinical motor speech disorders in children* (pp. 209-280). New York: Thieme.

Johnston, L., Beard, L. A., & Carpenter, L. B. (2007). *Assistive Technology: Access for all students*. Upper Saddle River, NJ: Pearson Education Inc.

Kennes, J., Rosebaum, P. M., Hanna, S., Walter, S., Russell, D., Raina, P., Bartlett, D., & Galuppi, B. (2002). Health status of school-aged children with cerebral palsy: Information from a population-based sample. *Developmental Medicine & Child Neurology, 44*, 240-247.

Kent, R. D., & Netsell, R. (1978). Articulatory abnormalities in athetoid cerebral palsy. *Journal of Speech and hearing Disorders, 43*, 353-373.

Kent, R. D., Netsell, R., & Bauer, L. L. (1975). Cineradiographic assessment of articulatory mobility in the dysarthrias. *Journal of Speech and Hearing Disorders, 40*, 467-480.

Koester, H. H. (2004). *Compass*. Ann Arbor, MI: Koester Performance Research.

Kuder. S. J. (2010). 언어장애와 의사소통 장애: 학령기 아동 가르치기(김화수 역). 서울: 시그마프레스.

Linder, T. W. (1993). *Transdisciplinary Play-based Assessment: A Functional Approch to Working with Young Children* (2nd ed.). Baltimore: Paul H. Brookes.

Mar, H. (1996). *Psychological evaluation of children who are deaf-blind: An overview with recommendations for practice*. Monmouth, OR: DB-LINK, the National Information Clearinghouse on children who Are Deaf-Blind.

Marino, M. T., Marino, E. C., & Shaw, S. F. (2006). Making informed assistive technology decisions for students with high incidence disabilities. *Teaching Exceptional Children, 38*(6), 18-25.

Mercer, C. D., & Mercer, A. R. (2010). 학습문제가 있는 학생들을 위한 특수교육 교수방법(서선진, 안재정, 이금자 공역). 서울: 학지사.

Morris, S. E., & Klein, M. D. (2000). *Prefeeding skills: A comprehensive resource for mealtime developmental* (2nd ed.). San Antonio, TX: Therapy Skill Buiders, A Harcourt Health Science

Company.

Nechring, W. M., & Steele, S. (1996). Cerebral palsy. In P. L. Jackson & J. A. Vessey (Eds.), *Primary care of the child with a chronic condition* (2nd ed.). St. Louis: Mosby.

Netsell, R. (1978). *Speech motor control research in cerebral palsy.* Paper presented at the annual convention of the American Speech and Hearing Association, San Francisco, CA.

Netsell, R. (1986). The acquisition of speech motor control: A perspective with directions for the reach. In R. Netsell (Ed.), *A neurobiologic view of speech production and the dysarthrias* (p. 3). San Diego: College-Hill Press.

Netsell, R. (2001). Speech aeromechanics and dysarthrias: Implications for children with traumatic brain injury. *Journal of Head Trauma Rehabilitation, 16,* 415-425.

Owens, R., Metz, D. E., & Haas, A. (2007). *Introduce to communication disorders* (2rd ed.). Boston: Allyn & Bacon.

Platt, L. J., Andrews, G., Young, M., & Quinn, P. T. (1980). Dysarthria of adult cerebral palsy: I. Intelligibility and articulatory impairment. *Journal of Speech and Hearing Research, 23,* 28-40.

Redmon, S. M., & Johnston, S. S. (2001). Evaluating the morphological competence of children with severe speech and physical impairments. *Journal of Speech, language, and Hearing Research, 44,* 1362-1375.

Rosenshine, B. (2002). Converging Findings on Classroom Institution. In A. Molmar (Ed.), *School Reform Proposals: The Research Evidence* (pp. 9-30). Greenwich, CT: Information Age Publishing.

Solomon, N. P., & Charrow, W. (1998). Speech breathing in able-bodied children and children with cerebral palsy: A review of the literature and implications for clinical intervention. *American Journal of Speech-Language Pathology, 7*(2), 61-78.

Sturm, J. M., Erickson, K. A., & Yodar, D. E. (2003). State of the science: Enhancing literracy participation through AAC technologies. *Journal of Assistive Technology, 14,* 45-54.

Valadez, J. R., & Duran, R. (2007). Redefining the digital divide: Beyond access to computers and the Internet. *The High School Journal, 90*(3), 31-44.

van Dijk, J. (1999). *Development through relationships: Entering the social world.* Paper presented at the Development through relationships: 5th Annual World Conference on Deafblindness, Lisbon, Portugal.

Wetherby, A., Prizants, B., & Schuler, A. (2000). Understanding the nature of communication and language impairment. In A. Wetherby & B. Prizants (Eds.), *Autism spectrum disorders: A transactional developmental perspective* (pp. 109-141). Baltimore: Paul H Brookes.

Williams, W. B., Stemach, G., Wolf, S., & Stanger, C. (1995). *Lifespace Access Profile Upper Extension: Assistive technology assessment and planning for individuals with severe or multiple disabilities.* Irvine, CA: Lifespace Access Assistive Technology Systems.

Wisconsin Assistive Technology Initiative (2004). *The WATI Assessment Package.* Oshkosh, WI: Wisconsin Assistive Technology Initiative.

Wit, J., Maassen, B., Garbreel, F., & Thoonen, G. (1993). Maximum performance tasks in children with developmental spastic dysarthria. *Journal of Speech and Hearing Research, 36,* 452–459.

Workinger, M. S. (1986). *Acoustic analysis of the dysarthrias in children with athetoid and spastic cerebral palsy.* Unpublished doctoral dissertation, University of Wisconsin-Madison.

Workinger, M. S., & Kent, R. (1991). Perceptual analysis of the dysarthrias in children with athetoid and spastic cerebral palsy. In C. A. Moore, K. M. Yorkston, & D. R. Beukelman (Eds.), *Dysarthria and apraxia of speech: Perspectives on mangement* (pp. 109–126). Baltimore: Paul H. Brookes.

Workinger, M. S. (2010). 뇌성마비 언어치료: SLP를 위한 가이드북(신후남, 이명순 공역). 서울: 박학사.

Wu, T. F., & Chen, M. C. (2007). Performance of different pointing devices on children with cerebral palsy: Universal Access in HCI, Part III, HCII 2007. *Lecture Notes in Computer Science, 4556,* 269–462.

# 부 록

# Discover Pro 프로그램과 IntelliSwitch 사용하기

▶ Discover Pro V 2.3

　컴퓨터 화면에 소리 출력기능이 있는 문자 입력판, 프로그램 연동판, 의사소통판, 마우스 조작판 등을 띄워 마우스나 스위치로 컴퓨터를 제어할 수 있도록 도와주는 프로그램입니다. 화면에 제시되는 입력창과 선택창의 편집과 변형이 쉽고 다양합니다. 특히 창을 통해 제시되는 선택대상을 스캔하는 기능이 정교하고 체계적이며 속도조절의 폭이 넓고 용이하여 스위치만으로 문자 입력, 프로그램 실행, 마우스 조작, 의사소통 등을 가능하게 합니다. Discover Switch 구매 시 함께 제공되던 프로그램이었으나 윈도우 XP 버전을 출시하면서 Discover Pro라는 프로그램과 IntelliSwitch라는 하드웨어로 분리하여 판매되고 있습니다.

▶ IntelliSwitch

　다양한 기능이 있으나 Discover Pro 프로그램과 함께 사용할 때는 스위치 인터페이스 역할을 합니다. 스위치를 연결한 IntelliSwitch를 Discover Pro 프로그램이 설치된 컴퓨터에 연결하고 IntelliSwitch 환경설정에서 Discover Pro 프로그램을 선택하면 연결된 스위치로 Discover Pro 입력/선택창을 실행하고 조작할 수 있습니다.

## 1. Discover Pro V 2.3 + IntelliSwitch 사용법

### [사전준비] IntelliSwitch 프로그램 및 Discover Pro V 2.3 프로그램 설치

▶ Discover Pro의 Activation, DeActivation

　프로그램을 설치한 뒤 정품 프로그램임을 인증하는 인증키를 입력하고 활성화시켜야 합니다. 메던텍 사에서 제공하는 사이트에서 30일 한정판을 다운받아 사용할 수 있지만 기간이 지나면 프로그램 삭제가 되지 않으니 주의해야 합니다. 정품 구매 후 인증키를 입력하고 사용하던 컴퓨터를 포맷할 때 꼭 미리 DeActivation을 해 주어야 포맷 후에도 사용할 수 있습니다.

## 1) 연결 및 프로그램 가동 확인

컴퓨터에 IntelliSwitch를 연결하고 사용할 스위치를 연결한 뒤 Discover Pro와 IntelliSwitch가 켜져 있는지 확인합니다.

① Dicover Pro 프로그램 확인하기

작업표시줄 오른쪽에 왼쪽 그림과 같은 눈 모양의 Discover Pro 마크를 클릭하여 오른쪽 그림과 같은 풀다운 메뉴가 나타나면 정상적으로 켜져 있는 것입니다. 꺼져 있을 때는 Turn Discover On 해 주어야 합니다.

② IntelliSwitch 인식 확인

작업표시줄 오른쪽의 IntelliSwitch 마크가 붉은색이면 꺼져 있는 것이고, 파란색이면 정상적으로 켜져 있는 것입니다.

이때 IntelliSwitch 마크를 클릭했을 때 나타나는 풀다운 메뉴에서 Mode가 Discover Pro로 체크되어 있는지 확인하세요(프로그램 설치 시 1회만 체크해 주면 다음 부팅부터는 자동으로 설정되어 있습니다.).

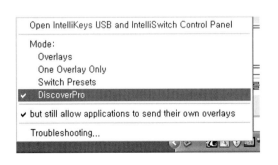

## 2) 스위치와 프로그램 연동 확인하기

스위치를 작동하였을 때 화면 입력/선택창이 나타나는지 확인합니다. 특별히 설정해 놓은 것이 없다면 아래와 같이 APPLICATION LAUNCHER가 나타납니다. 어떤 창이든 스위치 작동 시 창이 나타나면 정상적으로 사용할 수 있는 상태입니다.

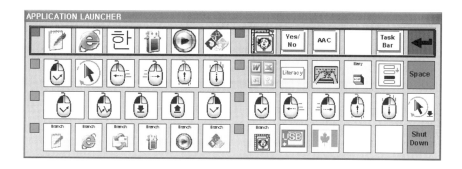

## 3) 필요한 화면 입력/선택창 불러오기

① Discover Pro 마크를 클릭합니다.

② Open Setup…을 선택합니다.

③ 현재 선택되어 있는 화면 입력/선택창을 확인하고 원하는 화면 입력/선택창을 선택하고 열기를 클릭합니다.

## 4) 스캔 속도 변경하기

① Discover Pro 마크를 클릭합니다.

② Change Scan Speed...를 선택합니다.

③ 속도 조절 손잡이를 드래그하여 입력대기시간을 조절합니다.

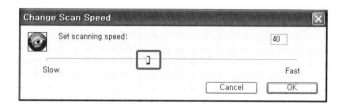

오른쪽으로 옮기면 입력대기시간이 짧아지고 왼쪽으로 옮기면 입력대기시간이 길어집니다.

입력대기시간이란 화면 입력/선택창에서 스캔되는 커서가 이동하는 시간을 의미합니다.

## 5) 프로그램별 화면 입력/선택창 연동 설정하기

① Discover Pro 마크를 클릭합니다.

② Choose User...를 선택합니다.

③ Discver Switch가 선택된 상태에서 Setup Links...를 선택합니다.

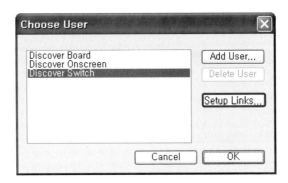

④ 화면 입력/선택창을 연동한 프로그램을 선택하고 Attach New를 선택합니다.

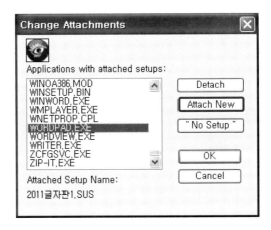

⑤ 연동할 화면 입력/선택창을 선택하고 열기를 클릭합니다.

⑥ Change Attachments에서 연동된 화면 선택/입력창을 확인한 뒤 OK를 클릭하고, Choose User에서 OK를 클릭하면 연동이 완료됩니다.

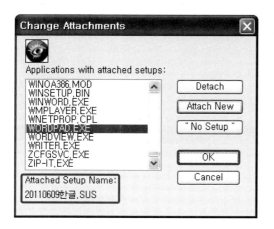

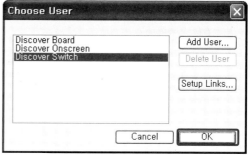

# 2. 화면 입력/선택창 이용의 실제

## 1) 글자나 숫자 입력

화면 입력/선택창을 이용하여 글이나 수를 입력할 수 있습니다. 화면 입력창에서 원하는 문자를 선택하여 텍스트 입력 커서가 위치한 곳에 문자를 입력하는 방법입니다.

① 문자를 입력할 수 있는 프로그램 실행하기

MS-Word, 아래아한글, 워드패드, 파워포인트의 문자 입력 상자, 인터넷의 문자 입력창 모두 가능합니다.

② 입력 커서 확인하기

커서가 입력 가능한 상태인지 확인합니다. 이때 한글 입력 모드인지, 글자 크기는 적당한지 키보드로 입력하면서 확인합니다.

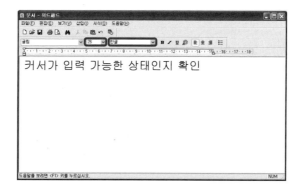

③ Open Setup... 에서 화면 입력/선택창을 글자 입력이 가능한 창으로 선택합니다.

④ 스위치를 작동하면 아래와 같은 창이 열립니다.

⑤ 스캔이 되는 검은색 테두리가 입력을 원하는 위치의 행에 갈 때까지 기다렸다 스위
치를 작동합니다.

⑥ 스캔이 되는 검은색 테두리가 입력을 원하는 위치의 열 그룹에 갈 때까지 기다렸다
　 스위치를 작동합니다.

⑦ 스캔이 되는 검은색 테두리가 입력을 원하는 위치에 가면 스위치를 작동합니다.

⑧ 입력된 문자나 숫자를 확인합니다.

## 2) 의사소통

화면 입력/선택창은 의사소통 수단으로 이용할 수 있습니다. 화면 선택창에서 원하는 그림을 선택하여 미리 지정되거나 또는 녹음되어 있는 말소리를 출력하는 방법입니다.

### (1) OX 선택하기

긍정과 부정을 묻는 질문에 O나 X 중 하나를 선택하여 의사를 표현하는 데 이용할 수 있습니다.

① Open Setup… 에서 OX.SUS 선택하기

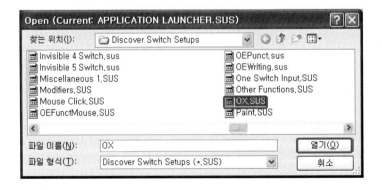

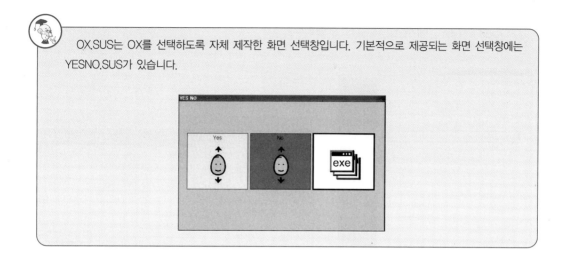

OX.SUS는 OX를 선택하도록 자체 제작한 화면 선택창입니다. 기본적으로 제공되는 화면 선택창에는 YESNO.SUS가 있습니다.

② 화면에 아래와 같은 선택창이 나타나면 스캔이 되는 검은색 테두리가 선택을 원하는 그림에 갈 때까지 기다렸다 스위치를 작동합니다.

③ O를 선택하면 '오' 라는 소리가 X를 선택하면 '엑스' 라는 소리가 나옵니다.

영어의 경우 설정을 하면 녹음 없이도 음성출력이 가능하며, 우리말의 경우에는 따로 음성으로 녹음한 소리 파일을 선택창에 연결하여 주어야 합니다.

(2) 1, 2, 3, 4 선택하기

사지선다형 질문에서 1~4 중 하나를 선택하여 의사를 표현하는 데 이용할 수 있습니다.

① Open Setup... 에서 1234.SUS 선택하기

 1234.SUS는 OX를 선택하도록 자체 제작한 화면 선택창입니다.

② 화면에 아래와 같은 선택창이 나타나면 스캔이 되는 검은색 테두리가 선택을 원하는 그림에 갈 때까지 기다렸다 스위치를 작동합니다.

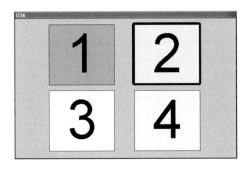

③ 1를 선택하면 '일', 2를 선택하면 '이', 3을 선택하면 '삼', 4를 선택하면 '사' 라는 소리가 나옵니다.

(3) Advanced ABC Chat.SUS에서 의사 표현하기

여러 개의 그림 중 하나를 선택하여 의사를 표현하는 데 이용할 수 있습니다.

기본으로 제공되는 Advanced ABC Chat.SUS는 영어로 출력됩니다. 학생들에게 실질적으로 적용하기 위해서는 우리말 음성출력을 위해 녹음하고 그림을 우리 정서에 맞게 바꾸는 등 한글화하는 과정이 필요합니다.

① Open Setup… 에서 Advanced ABC Chat.SUS 선택하기

② 화면에 아래와 같은 선택창이 나타나면 스캔이 되는 검은색 테두리가 선택을 원하는 그림에 갈 때까지 기다렸다 스위치를 작동합니다.

③ 그림을 선택하면 선택한 그림에 따라 'Hi' 'Great!' 'Yes' 'Good morning' 등의 소리가 나옵니다.

## 3. 화면 입력/선택창 편집 및 작성 방법

### 1) 기존의 화면 입력/선택창 편집하기

① Discover Pro 마크를 클릭합니다.

② Open Setup...을 클릭하고 편집을 원하는 화면 입력/선택창을 마우스 오른쪽 클릭
으로 복사합니다.

③ 복사한 화면 입력/선택창을 열려 있는 화면의 비어 있는 공간에 오른쪽 클릭으로 붙
여넣기합니다.

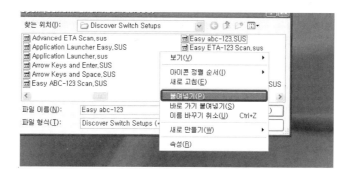

컴퓨터마다 화면 입력/선택창 파일들이 모여 있는 Discover Switch Setups 폴더의 위치가 약간씩 다릅니다. 각각의 컴퓨터에서 Discover Switch Setups 폴더의 위치를 확인하려면 Open Setup...을 클릭하여 열린 창에서 아래 v 부분을 클릭하면 폴더의 경로를 확인할 수 있습니다.

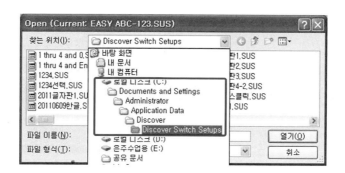

④ 붙여넣은 파일을 확인하고 오른쪽 클릭으로 파일명을 수정하고 열기를 클릭합니다.

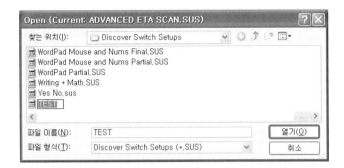

⑤ Discover Pro 마크를 클릭하고 Edit Setup...을 선택합니다.

⑥ 열린 창이 편집하려는 화면 입력/선택창인지 확인하고 수정하려는 문자키나 그림키를 더블클릭합니다.

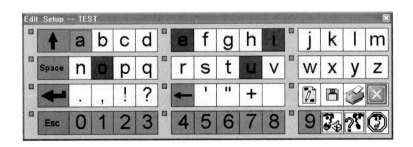

⑦ 아래와 같이 수정할 키의 속성창이 열리면 해당 키의 각 속성을 수정합니다.

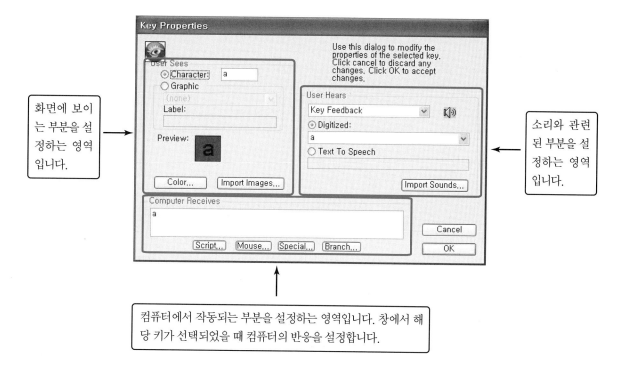

화면에 보이는 부분을 설정하는 영역입니다.

소리와 관련된 부분을 설정하는 영역입니다.

컴퓨터에서 작동되는 부분을 설정하는 영역입니다. 창에서 해당 키가 선택되었을 때 컴퓨터의 반응을 설정합니다.

각 부분을 자세히 살펴보면 다음과 같습니다.

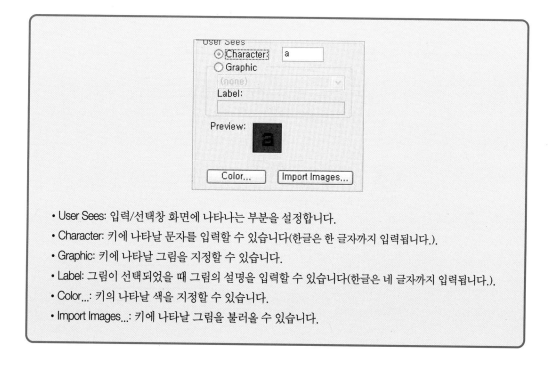

• User Sees: 입력/선택창 화면에 나타나는 부분을 설정합니다.
• Character: 키에 나타날 문자를 입력할 수 있습니다(한글은 한 글자까지 입력됩니다.).
• Graphic: 키에 나타날 그림을 지정할 수 있습니다.
• Label: 그림이 선택되었을 때 그림의 설명을 입력할 수 있습니다(한글은 네 글자까지 입력됩니다.).
• Color...: 키의 나타날 색을 지정할 수 있습니다.
• Import Images...: 키에 나타날 그림을 불러올 수 있습니다.

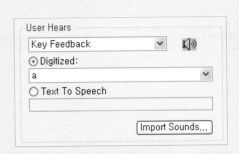

- User Hears: 입력/선택창에서 출력되는 소리를 설정합니다.
- Key Feedback: 해당 키를 선택했을 때 출력되는 소리입니다.
- Digitized: 출력될 소리 파일의 이름이 나타납니다.
- Text To Speech: 입력된 영어 문장을 음성으로 출력해 줍니다.
- ◀» : 출력될 소리를 미리 들을 수 있습니다.
- Import Souds...: 기본으로 내장되어 있는 소리 파일이나 내가 따로 녹음하여 저장한 파일을 불러올 수 있습니다.

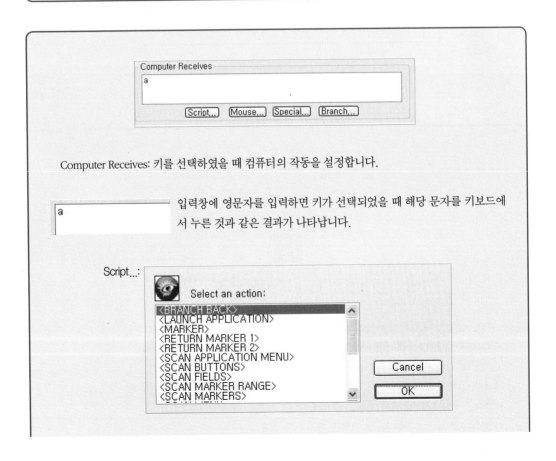

Computer Receives: 키를 선택하였을 때 컴퓨터의 작동을 설정합니다.

입력창에 영문자를 입력하면 키가 선택되었을 때 해당 문자를 키보드에서 누른 것과 같은 결과가 나타납니다.

정해져 있는 명령어 중 하나를 설정하여 실행되게 합니다. 예를 들어 〈LAUNCH APPLICATION〉을 선택하여 *.exe를 클릭하여 설정하면 이 키를 선택하였을 때 *.exe라는 프로그램이 실행되게 됩니다.

Mouse...:

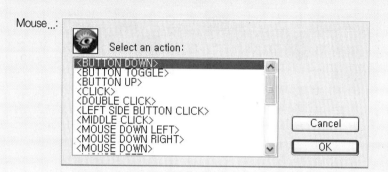

마우스의 기능 중 하나를 설정하여 실행되게 합니다.

Special...:

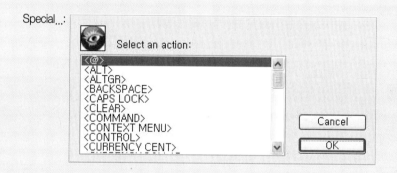

키보드의 기능이나 기타 기능 중 하나를 설정하여 실행되게 합니다.

Branch...:

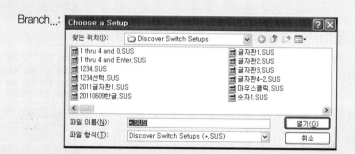

다른 화면 입력/선택창이 열리도록 합니다. 동시에 2개의 창이 열리는 것이 아니라 현재 사용하던 창은 닫히고 새 창이 불러집니다.

〈예시 1: 영어 입력창에서 한글이 입력되도록 변경하는 방법〉

① a키만 변경해 보도록 하겠습니다. 먼저 a를 더블클릭합니다.

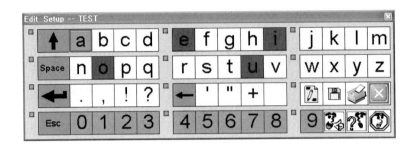

② 아래와 같은 속성창이 나타나면 설정을 바꾼 뒤 OK를 클릭합니다.

 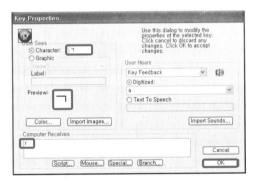

- Charater를 한글 ㄱ으로 변경합니다.
- Computer Receive 창에 영어로 한글 ㄱ에 해당하는 r을 입력합니다. 한글을 그대로 입력하면 인식하지 못합니다.
- Preview의 색깔 상자를 클릭하면 키를 원하는 색으로 변경할 수 있습니다.
- 키를 선택했을 때 설정해 놓은 소리가 나지 않도록 하려면 Digitized를 None으로 설정하면 됩니다.

② 스위치를 작동하면 다음과 같이 입력창이 변경된 것을 확인할 수 있습니다. 입력 커

서가 a에 있을 때 스위치를 작동하면 한글 ㄱ이 입력됩니다.

이때 정상적으로 한글이 입력되기 위해서는 두 가지 전제 조건이 필요합니다. **하나! 꼭 워드프로세서 프로그램 등 텍스트 입력창에 컴퓨터의 커서가 활성화되어** 있어야 합니다. 입력할 부분에 커서가 활성화되어 있지 않으면 스위치 작동 후에 컴퓨터가 보내는 출력 신호가 나타날 곳이 없습니다. **둘! 한영키로 한글 입력 상태이어야 합니다.** Discover Pro 프로그램은 영어를 인식하고 출력하여도 워드프로그램이나 운영체제에서 한글 입력 상태로 설정되어 있으면 한글이 출력됩니다.

〈예시2: 프로그램이 실행되도록 설정하는 방법〉

① 임의의 키를 엑셀 프로그램을 실행하는 키로 변경하여 보겠습니다. 아래 입력창에서 임의의 키를 선택하여 더블클릭합니다.

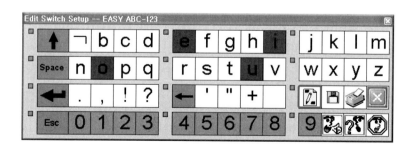

② 다음과 같이 해당 키의 속성창이 뜨면 Computer Receives의 모든 내용을 지우고 Script 버튼을 클릭합니다.

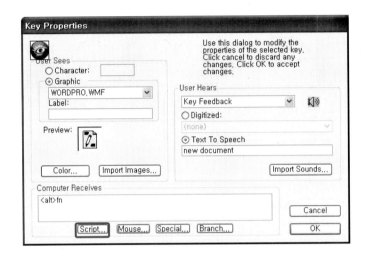

③ 먼저 LAUNCH APPLICATION을 선택한 뒤 아래 그림과 같이 선택창이 뜨면 연결할 프로그램의 exe 파일이 있는 폴더로 이동하여 exe 파일을 선택하고 열기를 누릅니다.

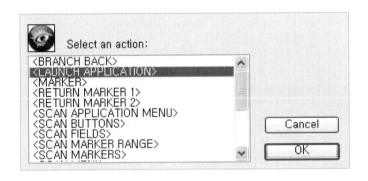

④ 아래와 같이 Computer Receives의 입력창이 변경된 것을 확인합니다.

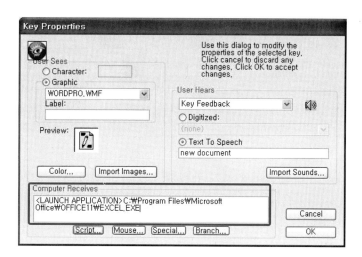

⑤ 이미 입력된 그림을 지우고 키에 보여질 문자를 임의로 지정하고 키의 색도 임의로
변경합니다.

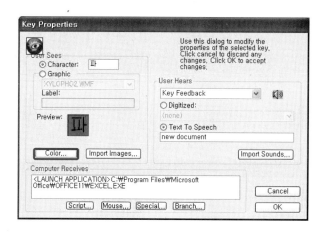

⑥ 다음과 같이 입력창이 변경된 것을 확인합니다.

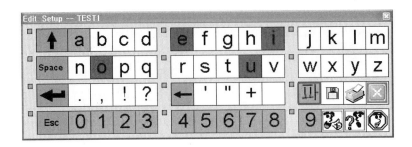

스위치를 조작하여 위의 키에 커서가 왔을 때 작동하면 엑셀 프로그램이 실행되는 것을 확인할 수 있습니다.

〈예시 3: 다른 창으로 이동하도록 설정하는 방법〉

① 위의 입력창에서 임의로 키 하나를 선택합니다.

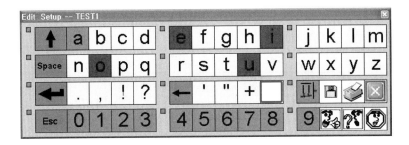

② 아래와 같이 해당 키의 속성창이 나타나면 Branch... 버튼을 클릭합니다.

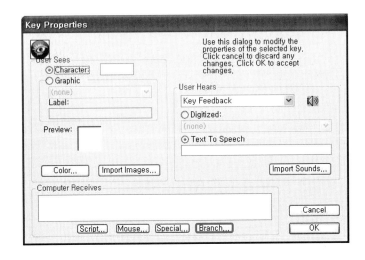

③ 해당 키가 선택되었을 때 불러올 화면 입력/선택창을 선택합니다.

④ 그림과 같이 Computer Receives의 입력 내용을 확인합니다.

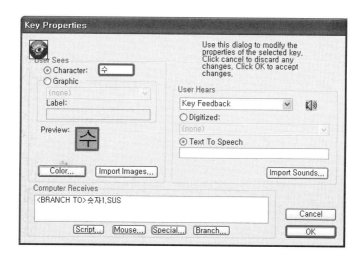

⑤ 화면에 나타날 키의 문자값이나 색을 지정하고 OK합니다.

⑥ 다음과 같이 입력창이 변경된 것을 확인합니다.

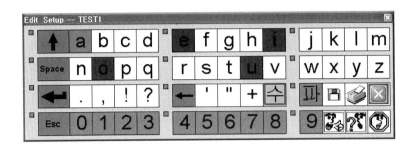

스위치를 조작하여 위의 키에 커서가 왔을 때 작동하면 다음과 같이 숫자.SUS가 실행되는 것을 확인할 수 있습니다.

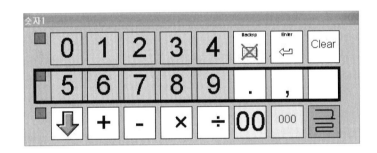

선택창끼리 연결할 때는 왔다 갔다 할 수 있도록 위와 같은 경우에는 [글]키를 선택하여다시 문자 입력판으로 돌아갈 수 있도록 설정하는 것이 좋습니다.

## 2) 화면 입력/선택창 만들기

화면 입력/선택창을 만드는 과정은 기존에 제공되는 화면 입력/선택창을 편집하는 것과 거의 같습니다. 여기서는 OX 선택창을 만드는 것을 예로 설명합니다.

① 작업표시줄에서 DiscoverPro 마크를 클릭하여 Create Setup From Template... 메뉴를 선택합니다.

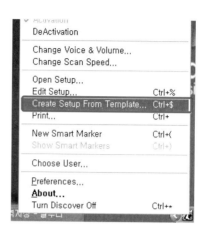

② 원하는 template를 선택한 뒤 원하는 이름으로 저장합니다.

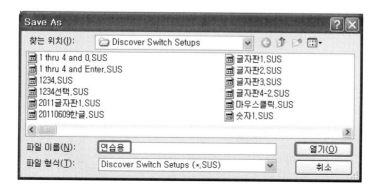

③ 비어 있는 키를 하나 선택하여 속성창을 연 뒤

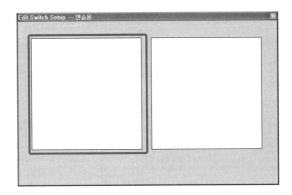

④ 아래와 같이 나타나는 문자, 키의 색, 소리로 읽힐 문자를 입력하고 OK를 클릭합니다.

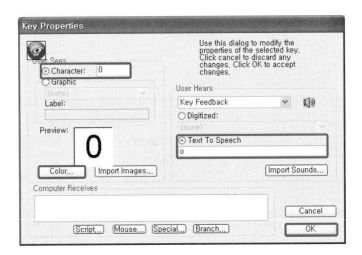

⑤ 남아 있는 키를 선택하여 속성창을 연 뒤

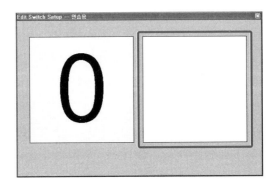

⑥ 아래와 같이 나타나는 문자, 키의 색, 소리로 읽힐 문자를 입력하고 OK를 클릭합
니다.

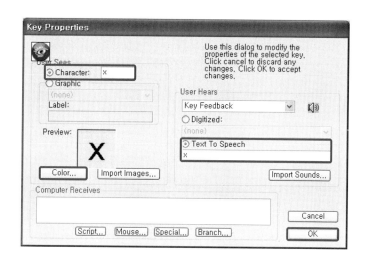

⑦ 완성된 선택창의 모습입니다. O가 선택되면 '오' 소리가, X가 선택되면 '엑스' 소
리가 출력됩니다.

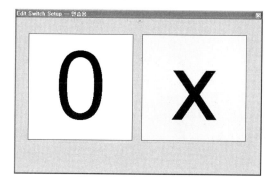

## 부록 B

# 장애학생 컴퓨터 접근 지원 법률

### 「장애인 등에 대한 특수교육법」

[시행 2011.12. 8.] [법률 제10789호, 2011. 6. 7., 타법개정]

제1장 총칙

제1조(목적) 이 법은 「교육기본법」 제18조에 따라 국가 및 지방자치단체가 장애인 및 특별한 교육적 요구가 있는 사람에게 통합된 교육환경을 제공하고 생애주기에 따라 장애유형·장애정도의 특성을 고려한 교육을 실시하여 이들이 자아실현과 사회통합을 하는 데 기여함을 목적으로 한다.

제2조(정의) 이 법에서 사용하는 용어의 정의는 다음과 같다.

1. "특수교육"이란 특수교육대상자의 교육적 요구를 충족시키기 위하여 특성에 적합한 교육과정 및 제2호에 따른 특수교육 관련서비스 제공을 통하여 이루어지는 교육을 말한다.

2. "특수교육 관련서비스"란 특수교육대상자의 교육을 효율적으로 실시하기 위하여 필요한 인적·물적 자원을 제공하는 서비스로서 상담지원·가족지원·치료지원·보조인력지원·보조공학기기지원·학습보조기기지원·통학지원 및 정보접근지원 등을 말한다.

3. "특수교육대상자"란 제15조에 따라 특수교육을 필요로 하는 사람으로 선정된 사람을 말한다.

4. "특수교육교원"이란 「초·중등교육법」 제2조 제5호에 따른 특수학교 교원자격증을 가진 자로서 특수교육대상자의 교육을 담당하는 교원을 말한다.

5. "보호자"란 친권자·후견인, 그 밖의 사람으로서 특수교육대상자를 사실상 보호하는 사람을 말한다.

6. "통합교육"이란 특수교육대상자가 일반학교에서 장애유형·장애정도에 따라 차별을 받지 아니하고 또래와 함께 개개인의 교육적 요구에 적합한 교육을 받는 것을 말한다.

7. "개별화교육"이란 각급학교의 장이 특수교육대상자 개인의 능력을 계발하기 위하여 장애유형 및 장애특성에 적합한 교육목표·교육방법·교육내용·특수교육 관련서비스 등이 포함된 계획을 수립하여 실시하는 교육을 말한다.

8. "순회교육"이란 특수교육교원 및 특수교육 관련서비스 담당 인력이 각급학교나 의료기관, 가정 또는 복지시설(장애인복지시설, 아동복지시설 등을 말한다. 이하 같다) 등에 있는 특수교육대상자를 직접 방문하여 실시하는 교육을 말한다.

9. "진로 및 직업교육"이란 특수교육대상자의 학교에서 사회 등으로의 원활한 이동을 위하여 관련 기관의 협력을 통하여 직업재활훈련·자립생활훈련 등을 실시하는 것을 말한다.

10. "특수교육기관"이란 특수교육대상자에게 유치원·초등학교·중학교 또는 고등학교(전공과를 포함한다. 이하 같다)의 과정을 교육하는 특수학교 및 특수학급을 말한다.

11. "특수학급"이란 특수교육대상자의 통합교육을 실시하기 위하여 일반학교에 설치된 학급을 말한다.

12. "각급학교"란 「유아교육법」 제2조 제2호에 따른 유치원 및 「초·중등교육법」 제2조에 따른 학교를 말한다.

제3조(의무교육 등) ① 특수교육대상자에 대하여는 「교육기본법」 제8조에도 불구하고 유치원·초등학교·중학교 및 고등학교 과정의 교육은 의무교육으로 하고, 제24조에 따른 전공과와 만 3세 미만의 장애영아교육은 무상으로 한다.

② 만 3세부터 만 17세까지의 특수교육대상자는 제1항에 따른 의무교육을 받을 권리를 가진다. 다만, 출석

일수의 부족 등으로 인하여 진급 또는 졸업을 하지 못하거나, 제19조 제3항에 따라 취학의무를 유예하거나 면제받은 자가 다시 취학할 때의 그 학년이 취학의무를 면제 또는 유예받지 아니하고 계속 취학하였을 때의 학년과 차이가 있는 경우에는 그 해당 연수(年數)를 더한 연령까지 의무교육을 받을 권리를 가진다.

③ 제1항에 따른 의무교육 및 무상교육에 드는 비용은 대통령령으로 정하는 바에 따라 국가 또는 지방자치단체가 부담한다.

제4조(차별의 금지) ① 각급학교의 장 또는 대학(「고등교육법」 제2조에 따른 학교를 말한다. 이하 같다)의 장은 특수교육대상자가 그 학교에 입학하고자 하는 경우에는 그가 지닌 장애를 이유로 입학의 지원을 거부하거나 입학전형 합격자의 입학을 거부하는 등 교육기회에 있어서 차별을 하여서는 아니 된다.

② 국가, 지방자치단체, 각급학교의 장 또는 대학의 장은 다음 각 호의 사항에 관하여 장애인의 특성을 고려한 교육시행을 목적으로 함이 명백한 경우 외에는 특수교육대상자 및 보호자를 차별하여서는 아니 된다.

1. 제28조에 따른 특수교육 관련서비스 제공에서의 차별
2. 수업참여 배제 및 교내외 활동 참여 배제
3. 개별화교육지원팀에의 참여 등 보호자 참여에서의 차별
4. 대학의 입학전형절차에서 장애로 인하여 필요한 수험편의 내용을 조사·확인하기 위한 경우 외에 별도의 면접이나 신체검사를 요구하는 등 입학전형 과정에서의 차별

## 제2장 국가 및 지방자치단체의 임무

제5조(국가 및 지방자치단체의 임무) ① 국가 및 지방자치단체는 특수교육대상자에게 적절한 교육을 제공하기 위하여 다음 각 호의 업무를 수행하여야 한다.

1. 장애인에 대한 특수교육종합계획의 수립
2. 특수교육대상자의 조기발견
3. 특수교육대상자의 취학지도
4. 특수교육의 내용, 방법 및 지원체제의 연구·개선

5. 특수교육교원의 양성 및 연수
6. 특수교육기관 수용계획의 수립
7. 특수교육기관의 설치·운영 및 시설·설비의 확충·정비
8. 특수교육에 필요한 교재·교구의 연구·개발 및 보급
9. 특수교육대상자에 대한 진로 및 직업교육 방안의 강구
10. 장애인에 대한 고등교육 및 평생교육 방안의 강구
11. 특수교육대상자에 대한 특수교육 관련서비스 지원 방안의 강구
12. 그 밖에 특수교육의 발전을 위하여 필요하다고 인정하는 사항

② 국가 및 지방자치단체는 제1항의 업무를 수행하는 데 드는 경비를 예산의 범위 안에서 우선적으로 지급하여야 한다.

③ 국가는 제1항의 업무 추진이 부진하거나 제2항의 예산조치가 부족하다고 인정되는 지방자치단체에 대하여는 예산의 확충 등 필요한 조치를 하도록 권고하여야 한다.

④ 교육과학기술부장관은 제1항의 업무를 효율적으로 수행하기 위하여 보건복지부장관·고용노동부장관·여성가족부장관 등 관계 중앙행정기관 간에 협조체제를 구축하여야 한다. 〈개정 2008. 2. 29, 2010. 6. 4〉

제6조(특수교육기관의 설립 및 위탁교육) ① 국가 및 지방자치단체는 특수교육대상자의 취학편의를 고려하여 특수교육기관을 지역별 및 장애영역별로 균형 있게 설치·운영하여야 한다.

② 국가 및 지방자치단체는 국립 또는 공립의 특수교육기관이 부족하거나 특수교육대상자의 의무교육 또는 무상교육을 위하여 필요한 경우에는 사립의 특수교육기관에 그 교육을 위탁할 수 있다.

③ 제2항에 따라 특수교육을 위탁한 경우에는 해당 특수교육기관의 교육여건이 국립 또는 공립 특수교육기관의 수준에 미달하지 아니하도록 지원하여야 한다.

④ 제2항에 따른 위탁교육·제3항에 따른 지원 또는 비용부담 등에 관하여 필요한 사항은 대통령령으로 정한다.

제7조(위탁교육기관의 변경신청) ① 제6조 제2항에 따라 교육을 위탁받은 사립의 특수교육기관에 취학하고 있는 특수교육대상자 또는 그의 보호자는 해당 특수교육기관의 교육활동이 매우 불량하거나 특수교육대상자의 특성에 맞지 아니하여 특수교육대상자의 교육에 현저한 지장을 주고 있다고 판단되는 때에는 교육장 또는 교육감에게 그 사유를 구체적으로 명시하여 취학하고 있는 교육기관 외의 교육기관에 취학할 수 있도록 교육기관 변경을 신청할 수 있다.

② 제1항에 따른 변경신청을 받은 교육장 또는 교육감은 신청 접수일부터 30일 이내에 제10조 제1항에 따른 시·군·구특수교육운영위원회 또는 시·도특수교육운영위원회를 열어 신청인·해당 학교의 장 등 이해관계인의 의견을 들은 후 변경 여부를 결정·통보하여야 한다.

제8조(교원의 자질향상) ① 국가 및 지방자치단체는 특수교육교원의 자질향상을 위한 교육 및 연수를 정기적으로 실시하여야 한다.

② 국가 및 지방자치단체는 특수교육대상자의 통합교육을 지원하기 위하여 일반학교의 교원에 대하여 특수교육 관련 교육 및 연수를 정기적으로 실시하여야 한다.

③ 제1항과 제2항에 따른 교육 및 연수에 필요한 사항은 대통령령으로 정한다.

제9조(특수교육대상자의 권리와 의무의 안내) 국가 및 지방자치단체는 제15조 제1항 각 호의 장애를 가지고 있는 자를 알게 되거나 제15조에 따라 특수교육대상자를 선정한 경우에는 2주일 이내에 보호자에게 해당 사실과 의무교육 또는 무상교육을 받을 권리 및 보호자의 권리·책임 등을 통보하여야 한다.

제10조(특수교육운영위원회) ① 제5조에 따른 국가 및 지방자치단체의 업무수행에 관한 주요 사항을 심의하기 위하여 교육과학기술부장관 소속으로 중앙특수교육운영위원회를, 교육감 소속으로 시·도특수교육운영위원회를, 교육장 소속으로 시·군·구특수교육운영위원회를 각각 둔다. 〈개정 2008. 2. 29〉

② 제1항에 따른 중앙특수교육운영위원회의 구성·운영 등에 관하여 필요한 사항은 대통령령으로, 시·도특수교육운영위원회 및 시·군·구특수교육운영위원회의 구성·운영 등에 관하여는 특별시·광역시·도 및 특별자치도(이하 "시·도"라 한다)의 교육규칙으로 각각 정한다.

제11조(특수교육지원센터의 설치·운영) ① 교육감은 특수교육대상자의 조기발견, 특수교육대상자의 진단·평가, 정보관리, 특수교육 연수, 교수·학습활동의 지원, 특수교육 관련서비스 지원, 순회교육 등을 담당하는 특수교육지원센터를 하급교육행정기관별로 설치·운영하여야 한다.

② 제1항에 따른 특수교육지원센터는 하급교육행정기관이나 특수학교, 특수학급이 설치된 일반 초·중·고등학교 또는 관할 지역의 관공서(장애인복지관을 포함한다) 등 특수교육대상자를 비롯한 지역주민의 접근이 편리한 곳에 설치하여야 한다.

③ 특수교육지원센터의 설치·운영 등에 관하여 필요한 사항은 대통령령으로 정한다.

제12조(특수교육에 관한 연차보고서) 정부는 특수교육의 주요 현황과 정책에 관한 보고서를 매년 정기국회 개회 전까지 국회에 제출하여야 한다.

제13조(특수교육 실태조사) ① 교육과학기술부장관은 특수교육대상자의 배치계획·특수교육교원의 수급계획 등 특수교육정책의 수립을 위한 실태조사를 3년마다 실시하여야 한다. 〈개정 2008. 2. 29〉

② 교육과학기술부장관은 대학에 취학하는 장애학생의 교육여건을 개선하기 위하여 필요하다고 인정하는 경우 장애학생의 교육복지 실태 등에 관한 조사를 실시할 수 있다. 〈개정 2008. 2. 29〉

③ 제1항과 제2항에 따른 조사의 내용과 방법, 그 밖에 조사에 관하여 필요한 사항은 대통령령으로 정한다.

## 제3장 특수교육대상자의 선정 및 학교배치 등

제14조(장애의 조기발견 등) ① 교육장 또는 교육감은 영유아의 장애 및 장애 가능성을 조기에 발견하기 위하여 지역주민과 관련 기관을 대상으로 홍보를 실시하고, 해당 지역 내 보건소와 병원 또는 의원(醫院)에서 선별검사를 무상으로 실시하여야 한다.

② 교육장 또는 교육감은 제1항에 따른 선별검사를 효율적으로 실시하기 위하여 지방자치단체 및 보건소와 병·의원 간에 긴밀한 협조체제를 구축하여야

한다.

③ 보호자 또는 각급학교의 장은 제15조 제1항 각 호에 따른 장애를 가지고 있거나 장애를 가지고 있다고 의심되는 영유아 및 학생을 발견한 때에는 교육장 또는 교육감에게 진단·평가를 의뢰하여야 한다. 다만, 각급학교의 장이 진단·평가를 의뢰하는 경우에는 보호자의 사전 동의를 받아야 한다.

④ 교육장 또는 교육감은 제3항에 따라 진단·평가를 의뢰받은 경우 즉시 특수교육지원센터에 회부하여 진단·평가를 실시하고, 그 진단·평가의 결과를 해당 영유아 및 학생의 보호자에게 통보하여야 한다.

⑤ 제1항의 선별검사의 절차와 내용, 그 밖에 검사에 필요한 사항과 제3항의 사전 동의 절차 및 제4항에 따른 통보 절차에 필요한 사항은 대통령령으로 정한다.

제15조(특수교육대상자의 선정) ① 교육장 또는 교육감은 다음 각 호의 어느 하나에 해당하는 사람 중 특수교육을 필요로 하는 사람으로 진단·평가된 사람을 특수교육대상자로 선정한다.

1. 시각장애
2. 청각장애
3. 정신지체
4. 지체장애
5. 정서·행동장애
6. 자폐성장애(이와 관련된 장애를 포함한다)
7. 의사소통장애
8. 학습장애
9. 건강장애
10. 발달지체
11. 그 밖에 대통령령으로 정하는 장애

② 교육장 또는 교육감이 제1항에 따라 특수교육대상자를 선정할 때에는 제16조 제1항에 따른 진단·평가결과를 기초로 하여 고등학교 과정은 교육감이 시·도특수교육운영위원회의 심사를 거쳐, 중학교 과정 이하의 각급학교는 교육장이 시·군·구특수교육운영위원회의 심사를 거쳐 이를 결정한다.

제16조(특수교육대상자의 선정절차 및 교육지원 내용의 결정) ① 특수교육지원센터는 진단·평가가 회부된 후 30일 이내에 진단·평가를 시행하여야 한다.

② 특수교육지원센터는 제1항에 따른 진단·평가를 통하여 특수교육대상자로의 선정 여부 및 필요한 교육지원 내용에 대한 최종의견을 작성하여 교육장 또는 교육감에게 보고하여야 한다.

③ 교육장 또는 교육감은 특수교육지원센터로부터 최종의견을 통지받은 때부터 2주일 이내에 특수교육대상자로의 선정 여부 및 제공할 교육지원 내용을 결정하여 부모 등 보호자에게 서면으로 통지하여야 한다. 교육지원 내용에는 특수교육, 진로 및 직업교육, 특수교육 관련서비스 등 구체적인 내용이 포함되어야 한다.

④ 제1항에 따른 진단·평가의 과정에서는 부모 등 보호자의 의견진술의 기회가 충분히 보장되어야 한다.

제17조(특수교육대상자의 배치 및 교육) ① 교육장 또는 교육감은 제15조에 따라 특수교육대상자로 선정된 자를 해당 특수교육운영위원회의 심사를 거쳐 다음 각 호의 어느 하나에 배치하여 교육하여야 한다.

1. 일반학교의 일반학급
2. 일반학교의 특수학급
3. 특수학교

② 교육장 또는 교육감은 제1항에 따라 특수교육대상자를 배치할 때에는 특수교육대상자의 장애정도·능력·보호자의 의견 등을 종합적으로 판단하여 거주지에서 가장 가까운 곳에 배치하여야 한다.

③ 교육감이 관할 구역 내에 거주하는 특수교육대상자를 다른 시·도에 소재하는 각급학교 등에 배치하고자 할 때에는 해당 시·도 교육감(국립학교의 경우에는 해당 학교의 장을 말한다)과 협의하여야 한다.

④ 제3항에 따라 특수교육대상자의 배치를 요구받은 교육감 또는 국립학교의 장은 대통령령으로 정하는 특별한 사유가 없는 한 이에 응하여야 한다.

⑤ 제1항부터 제4항까지의 규정에 따른 특수교육대상자의 배치 등에 관하여 필요한 사항은 대통령령으로 정한다.

## 제4장 영유아 및 초·중등교육

제18조(장애영아의 교육지원) ① 만 3세 미만의 장애영아의 보호자는 조기교육이 필요한 경우 교육장에게 교육을 요구할 수 있다.

② 제1항에 따른 요구를 받은 교육장은 특수교육지원

센터의 진단·평가결과를 기초로 만 3세 미만의 장애영아를 특수학교의 유치원과정, 영아학급 또는 특수교육지원센터에 배치할 수 있다.

③ 제2항에 따라 배치된 장애영아가 의료기관, 복지시설 또는 가정 등에 있을 경우에는 특수교육교원 및 특수교육 관련서비스 담당 인력 등으로 하여금 순회교육을 제공하도록 할 수 있다.

④ 국가 및 지방자치단체는 장애영아를 위한 교육여건을 개선하고 설비를 정비하기 위하여 노력하여야 한다.

⑤ 그 밖에 장애영아의 교육지원에 필요한 사항은 대통령령으로 정한다.

제19조(보호자의 의무 등) ① 특수교육대상자의 보호자는 그 보호하는 자녀에 대하여 제3조 제1항에 따른 의무교육의 기회를 보호하고 존중하여야 한다.

② 부득이한 사유로 취학이 불가능한 의무교육대상자에 대하여는 대통령령으로 정하는 바에 따라 제1항에 따른 취학의무를 면제하거나 유예할 수 있다. 다만, 만 3세부터 만 5세까지의 특수교육대상자가 「영유아보육법」에 따라 설치된 어린이집 중 대통령령으로 정하는 일정한 교육 요건을 갖춘 어린이집을 이용하는 경우에는 제1항에서 정하는 유치원 의무교육을 받고 있는 것으로 본다. 〈개정 2011. 6. 7〉

③ 제2항에 따라 취학의무를 면제 또는 유예 받은 자가 다시 취학하고자 하는 경우에는 대통령령으로 정하는 바에 따라 취학하게 할 수 있다.

제20조(교육과정의 운영 등) ① 특수교육기관의 유치원·초등학교·중학교·고등학교과정의 교육과정은 장애의 종별 및 정도를 고려하여 교육과학기술부령으로 정하고, 영아교육과정과 전공과의 교육과정은 교육감의 승인을 받아 학교장이 정한다. 〈개정 2008. 2. 29〉

② 특수교육기관의 장 및 특수교육대상자가 배치된 일반학교의 장은 제1항에 따른 교육과정의 범위 안에서 특수교육대상자 개인의 장애종별과 정도, 연령, 현재 및 미래의 교육요구 등을 고려하여 교육과정의 내용을 조정하여 운영할 수 있다.

③ 특수학교의 장은 교육감의 승인을 받아 유치원·초등학교·중학교·고등학교과정을 통합하여 운영할 수 있다.

제21조(통합교육) ① 각급학교의 장은 교육에 관한 각종 시책을 시행함에 있어서 통합교육의 이념을 실현하기 위하여 노력하여야 한다.

② 제17조에 따라 특수교육대상자를 배치받은 일반학교의 장은 교육과정의 조정, 보조인력의 지원, 학습보조기기의 지원, 교원연수 등을 포함한 통합교육계획을 수립·시행하여야 한다.

③ 일반학교의 장은 제2항에 따라 통합교육을 실시하는 경우에는 제27조의 기준에 따라 특수학급을 설치·운영하고, 대통령령으로 정하는 시설·설비 및 교재·교구를 갖추어야 한다.

제22조(개별화교육) ① 각급학교의 장은 특수교육대상자의 교육적 요구에 적합한 교육을 제공하기 위하여 보호자, 특수교육교원, 일반교육교원, 진로 및 직업교육 담당 교원, 특수교육 관련서비스 담당 인력 등으로 개별화교육지원팀을 구성한다.

② 개별화교육지원팀은 매 학기마다 특수교육대상자에 대한 개별화교육계획을 작성하여야 한다.

③ 특수교육대상자가 다른 학교로 전학할 경우 또는 상급학교로 진학할 경우에는 전출학교는 전입학교에 개별화교육계획을 14일 이내에 송부하여야 한다.

④ 특수교육교원은 제1항부터 제3항까지의 규정에 따른 업무를 수행하기 위하여 각 업무를 지원하고 조정한다.

⑤ 제1항에 따른 개별화교육지원팀의 구성, 제2항에 따른 개별화교육계획의 수립·실시 등에 관하여 필요한 사항은 교육과학기술부령으로 정한다. 〈개정 2008. 2. 29〉

제23조(진로 및 직업교육의 지원) ① 중학교 과정 이상의 각급학교의 장은 특수교육대상자의 특성 및 요구에 따른 진로 및 직업교육을 지원하기 위하여 직업평가·직업교육·고용지원·사후관리 등의 직업재활훈련 및 일상생활적응훈련·사회적응훈련 등의 자립생활훈련을 실시하고, 대통령령으로 정하는 자격이 있는 진로 및 직업교육을 담당하는 전문인력을 두어야 한다.

② 중학교 과정 이상의 각급학교의 장은 대통령령으로 정하는 기준에 따라 진로 및 직업교육의 실시에 필요한 시설·설비를 마련하여야 한다.

③ 특수교육지원센터는 특수교육대상자에게 효과적인 진로 및 직업교육을 지원하기 위하여 대통령령으로 정하는 바에 따라 관련 기관과의 협의체를 구성하여야 한다.

제24조(전공과의 설치·운영) ① 특수교육기관에는 고등학교 과정을 졸업한 특수교육대상자에게 진로 및 직업교육을 제공하기 위하여 수업연한 1년 이상의 전공과를 설치·운영할 수 있다.

② 교육과학기술부장관 및 교육감은 지역별 또는 장애유형별로 전공과를 설치할 교육기관을 지정할 수 있다. 〈개정 2008. 2. 29〉

③ 전공과를 설치한 각급학교는 「학점인정 등에 관한 법률」 제7조에 따라 학점인정을 받을 수 있다.

④ 제1항 및 제2항에 따른 전공과의 시설·설비 기준, 전공과의 운영 및 담당 인력의 배치 기준 등에 관하여 필요한 사항은 대통령령으로 정한다.

제25조(순회교육 등) ① 교육장 또는 교육감은 일반학교에서 통합교육을 받고 있는 특수교육대상자를 지원하기 위하여 일반학교 및 특수교육지원센터에 특수교육교원 및 특수교육 관련서비스 담당 인력을 배치하여 순회교육을 실시하여야 한다.

② 교육감은 장애정도가 심하여 장·단기의 결석이 불가피한 특수교육대상자의 교육을 위하여 필요한 경우 순회교육을 실시하여야 한다.

③ 교육감은 이동이나 운동기능의 심한 장애로 인하여 각급학교에서 교육을 받기 곤란하거나 불가능하여 복지시설·의료기관 또는 가정 등에 거주하는 특수교육대상자의 교육을 위하여 필요한 경우 순회교육을 실시하여야 한다.

④ 제1항부터 제3항까지의 규정에 따른 순회교육의 수업일수 등 순회교육의 운영에 필요한 사항은 대통령령으로 정한다.

제26조(종일제를 운영하는 유치원 과정의 교육기관) ① 「유아교육법」 제2조 제6호에 따른 종일제를 운영하는 유치원 과정의 교육기관에 특수교육대상자가 배치되는 경우 해당 각급학교의 장은 특수교육대상자에 대한 종일제 운영을 담당할 인력을 학급당 1인 이상 추가로 배치할 수 있다.

② 제1항에 따른 종일제 담당 인력의 자격기준, 운영방법 등에 관하여 필요한 사항은 대통령령으로 정한다.

제27조(특수학교의 학급 및 각급학교의 특수학급 설치 기준) ① 특수학교와 각급학교의 장은 다음 각 호의 기준에 따라 학급 및 특수학급을 설치하여야 한다.

1. 유치원 과정의 경우: 특수교육대상자가 1인 이상 4인 이하인 경우 1학급을 설치하고, 4인을 초과하는 경우 2개 이상의 학급을 설치한다.

2. 초등학교·중학교 과정의 경우: 특수교육대상자가 1인 이상 6인 이하인 경우 1학급을 설치하고, 6인을 초과하는 경우 2개 이상의 학급을 설치한다.

3. 고등학교 과정의 경우: 특수교육대상자가 1인 이상 7인 이하인 경우 1학급을 설치하고, 7인을 초과하는 경우 2개 이상의 학급을 설치한다.

② 교육감은 제1항에도 불구하고 순회교육의 경우 장애의 정도와 유형에 따라 학급 설치 기준을 하향 조정할 수 있다.

③ 특수학교와 특수학급에 두는 특수교육교원의 배치기준은 대통령령으로 정한다.

제28조(특수교육 관련서비스) ① 교육감은 특수교육대상자와 그 가족에 대하여 가족상담 등 가족지원을 제공하여야 한다.

② 교육감은 특수교육대상자가 필요로 하는 경우에는 물리치료, 작업치료 등 치료지원을 제공하여야 한다.

③ 각급학교의 장은 특수교육대상자를 위하여 보조인력을 제공하여야 한다.

④ 각급학교의 장은 특수교육대상자의 교육을 위하여 필요한 장애인용 각종 교구, 각종 학습보조기, 보조공학기기 등의 설비를 제공하여야 한다.

⑤ 각급학교의 장은 특수교육대상자의 취학 편의를 위하여 통학차량 지원, 통학비 지원, 통학 보조인력의 지원 등 통학 지원 대책을 마련하여야 한다.

⑥ 각급학교의 장은 특수교육대상자의 생활지도 및 보호를 위하여 기숙사를 설치·운영할 수 있다. 기숙사를 설치·운영하는 특수학교에는 특수교육대상자의 생활지도 및 보호를 위하여 교육과학기술부령으로 정하는 자격이 있는 생활지도원을 두어야 한다. 생활지도원의 배치 기준은 국립학교의 경우 교육과학기술부령으로, 공립 및 사립학교의 경우에는 시·도 교육규칙으로 각각 정한다. 〈개정 2008. 2. 29〉

⑦ 각급학교의 장은 각급학교에서 제공하는 각종 정보(교육기관에서 운영하는 인터넷 홈페이지를 포함한다)를 특수교육대상자에게 제공하는 경우 특수교육대상자의 장애유형에 적합한 방식으로 제공하여야 한다.

⑧ 제1항부터 제7항까지의 규정에 따른 특수교육 관련 서비스의 제공을 위하여 필요한 사항은 대통령령으로 정한다.

## 제5장 고등교육 및 평생교육

제29조(특별지원위원회) ① 대학의 장은 다음 각 호의 사항을 심의·결정하기 위하여 특별지원위원회를 설치·운영하여야 한다.

1. 대학의 장애학생 지원을 위한 계획
2. 심사청구 사건에 대한 심사·결정
3. 그 밖에 장애학생 지원을 위하여 대통령령으로 정하는 사항

② 특별지원위원회의 설치·운영 등에 관하여 필요한 사항은 대통령령으로 정한다.

제30조(장애학생지원센터) ① 대학의 장은 장애학생의 교육 및 생활에 관한 지원을 총괄·담당하는 장애학생지원센터를 설치·운영하여야 한다. 다만, 장애학생이 재학하고 있지 아니하거나 대통령령으로 정하는 바에 따라 장애학생 수가 일정 인원 이하인 소규모 대학 등은 장애학생 지원부서 또는 전담직원을 둠으로써 이에 갈음할 수 있다.

② 장애학생지원센터(제1항에 따라 장애학생 지원부서 또는 전담직원으로 갈음하는 경우에는 이를 말한다)는 다음 각 호의 업무를 담당한다.

1. 장애학생을 위한 각종 지원에 관한 사항
2. 제31조에서 정하는 편의제공에 관한 사항
3. 교직원·보조인력 등에 대한 교육에 관한 사항
4. 장애학생 교육복지의 실태조사에 관한 사항
5. 그 밖에 대학의 장이 부의하는 사항

③ 장애학생지원센터의 설치·운영에 관하여 필요한 사항은 대통령령으로 정한다.

제31조(편의제공 등) ① 대학의 장은 해당 학교에 재학 중인 장애학생의 교육활동의 편의를 위하여 다음 각 호의 수단을 적극적으로 강구하고 제공하여야 한다.

1. 각종 학습보조기기 및 보조공학기기 등의 물적 지원
2. 교육보조인력 배치 등의 인적 지원
3. 취학편의 지원
4. 정보접근 지원
5. 「장애인·노인·임산부 등의 편의증진보장에 관한 법률」 제2조 제2호에 따른 편의시설 설치 지원

② 국가 및 지방자치단체는 제1항에 따라 필요한 경비를 예산의 범위 안에서 지원하여야 한다.

제32조(학칙 등의 작성) 대학의 장은 이 법에서 정하는 장애학생의 지원 등에 관하여 필요한 내용을 학칙에 규정하여야 한다.

제33조(장애인 평생교육과정) ① 각급학교의 장은 해당 학교의 교육환경을 고려하여 「장애인복지법」 제2조에 따른 장애인의 계속교육을 위한 장애인 평생교육과정을 설치·운영할 수 있다.

② 「평생교육법」 제2조 제2호에 따른 평생교육기관은 장애인의 평생교육 기회의 확대를 위하여 별도의 장애인 평생교육과정을 설치·운영할 수 있다. 〈개정 2011. 7. 21〉

③ 「평생교육법」 제19조에 따라 설립된 평생교육진흥원은 장애인의 평생교육 기회 확대 방안 및 장애인 평생교육 프로그램을 개발하여야 한다. 〈개정 2011. 7. 21〉

④ 「평생교육법」 제20조에 따라 설치 또는 지정된 시·도평생교육진흥원은 「평생교육법」 제2조 제2호에 따른 평생교육기관이 장애인 평생교육과정을 설치·운영할 수 있도록 지원하여야 한다. 〈개정 2011. 7. 21〉

제34조(장애인평생교육시설의 설치) ① 국가 및 지방자치단체는 초·중등교육을 받지 못하고, 학령기를 지난 장애인을 위하여 학교형태의 장애인평생교육시설을 설치·운영할 수 있다.

② 국가 및 지방자치단체 외의 자가 제1항에 따른 장애인평생교육시설을 설치하고자 하는 때에는 대통령령으로 정하는 시설과 설비를 갖추어 교육감에게 등록하여야 한다.

③ 국가 및 지방자치단체는 장애인평생교육시설의 운영에 필요한 경비를 예산의 범위 안에서 지원하여야 한다.

## 제6장 보칙 및 벌칙

**제35조(대학의 심사청구 등)** ① 장애학생 및 그 보호자는 대학에 이 법에 따른 각종 지원조치를 제공할 것을 서면으로 신청할 수 있다.

② 대학의 장은 제1항에 따른 신청에 대하여 2주 이내에 지원 여부 및 그 사유를 신청자에게 서면으로 통지하여야 한다.

③ 장애학생 및 그 보호자는 제1항에 따른 신청에 대한 대학의 결정(부작위 및 거부를 포함한다)과 이 법을 위반하는 대학의 장 또는 교직원의 행위에 대하여 특별지원위원회에 심사청구를 할 수 있다.

④ 특별지원위원회는 제3항의 심사청구에 관하여 2주 이내에 결정을 하여야 한다.

⑤ 제3항에 따른 심사에서는 청구인에게 의견진술 기회를 주어야 한다.

⑥ 대학의 장, 교직원, 그 밖의 관계자는 제4항에 따른 결정에 따라야 한다.

⑦ 그 밖에 특별지원위원회에 대한 심사청구에 관하여 필요한 사항은 대통령령으로 정한다.

**제36조(고등학교 과정 이하의 심사청구)** ① 특수교육대상자 또는 그 보호자는 다음 각 호의 어느 하나에 해당하는 교육장, 교육감 또는 각급학교의 장의 조치에 대하여 이의가 있을 때에는 해당 시·군·구특수교육운영위원회 또는 시·도특수교육운영위원회에 심사청구를 할 수 있다.

1. 제15조 제1항에 따른 특수교육대상자의 선정

2. 제16조 제3항에 따른 교육지원 내용의 결정 사항

3. 제17조 제1항에 따른 학교에의 배치

4. 제4조를 위반하는 부당한 차별

② 제17조 제1항에 따라 특수교육대상자를 배치받은 각급학교의 장은 이에 응할 수 없는 특별한 사유가 있거나 배치받은 특수교육대상자가 3개월 이상 학교생활에의 적응에 상당한 어려움이 있는 경우에는 해당 시·군·구특수교육운영위원회 또는 시·도특수교육운영위원회에 심사청구를 할 수 있다.

③ 시·군·구특수교육운영위원회 또는 시·도특수교육운영위원회는 제1항과 제2항의 심사청구를 받은 때에는 이를 심사하여 30일 이내에 그 결정을 청구인에게 통보하여야 한다.

④ 제3항의 심사에서는 청구인에게 의견진술의 기회를 주어야 한다.

⑤ 교육장, 교육감, 각급학교의 장, 그 밖의 관계자는 제3항에 따른 결정에 따라야 한다.

⑥ 제3항에서 정하는 심사결정에 이의가 있는 특수교육대상자 또는 그 보호자는 그 통보를 받은 날부터 90일 이내에 행정심판을 제기할 수 있다.

⑦ 제1항부터 제4항까지의 규정에 따른 심사청구의 절차 등에 관하여 필요한 사항은 대통령령으로 정한다.

**제37조(권한의 위임과 위탁)** ① 이 법에 따른 교육과학기술부장관의 권한은 그 일부를 대통령령으로 정하는 바에 따라 교육감에게 위임할 수 있다. 〈개정 2008. 2. 29〉

② 이 법에 따른 교육감의 권한은 그 일부를 대통령령으로 정하는 바에 따라 교육장에게 위임할 수 있다.

**제38조(벌칙)** 다음 각 호의 어느 하나에 해당하는 자는 300만 원 이하의 벌금에 처한다.

1. 제4조 제1항을 위반하여 장애를 이유로 특수교육대상자의 입학을 거부하거나 입학전형 합격자의 입학을 거부하는 등의 불이익한 처분을 한 교육기관의 장

2. 제4조 제2항 제1호부터 제3호까지의 규정을 위반하여 특수교육 관련서비스의 제공, 수업참여 및 교내외 활동 참여와 개별화교육지원팀에의 보호자 참여에 있어서 차별한 자

3. 제4조 제2항 제4호를 위반하여 대학의 입학전형절차에서 수험편의의 내용의 확인과 관계없는 별도의 면접이나 신체검사를 요구한 자

부칙 〈제10876호, 2011. 7. 21〉

이 법은 공포한 날부터 시행한다.

## 「장애인차별금지 및 권리구제 등에 관한 법률」

[시행 2011.12. 8] [법률 제10789호, 2011. 6. 7, 타법개정]

### 제1장 총칙

**제1조(목적)** 이 법은 모든 생활영역에서 장애를 이유로 한 차별을 금지하고 장애를 이유로 차별받은 사람의 권익을 효과적으로 구제함으로써 장애인의 완전한 사회참여와 평등권 실현을 통하여 인간으로서의 존엄과 가치를 구현함을 목적으로 한다.

**제2조(장애와 장애인)** ① 이 법에서 금지하는 차별행위의 사유가 되는 장애라 함은 신체적·정신적 손상 또는 기능상실이 장기간에 걸쳐 개인의 일상 또는 사회생활에 상당한 제약을 초래하는 상태를 말한다.

② 장애인이라 함은 제1항에 따른 장애가 있는 사람을 말한다.

**제3조(정의)** 이 법에서 사용하는 용어의 정의는 다음과 같다. 〈개정 2008. 3. 21, 2009. 5. 22, 2010. 5. 11, 2011. 3. 29, 2011. 6. 7〉

1. "광고"라 함은 「표시·광고의 공정화에 관한 법률」 제2조 제1호 및 제2호에 따른 표시 및 광고를 말한다.

2. "보조견"이라 함은 「장애인복지법」 제40조에 따른 장애인 보조견을 말한다.

3. "장애인보조기구 등"이란 「장애인복지법」 제65조에 따른 장애인보조기구, 그 밖에 장애인의 활동을 돕기 위한 자동차 기타 기구를 말한다. 그 밖에 장애인의 활동을 돕기 위한 자동차 기타 기구의 구체적인 범위는 대통령령으로 정하되, 「장애인고용촉진 및 직업재활법」 제21조 제1항 제2호에 따른 작업보조 공학기기 및 「정보격차해소에 관한 법률」 제9조에 따른 정보통신기기, 그 밖에 관계 법령에서 정하는 내용과의 관계 및 이 법에서 정하는 관련 조항과의 관계 등을 고려하여 정한다.

4. "공공기관"이라 함은 국가 및 지방자치단체, 그 밖에 대통령령으로 정하는 공공단체를 말한다.

5. "사용자"라 함은 「근로기준법」 제2조 제1항 제2호에 따른 사업주 또는 사업경영 담당자, 그 밖의 근로자에 관한 사항에 대하여 사업주를 위하여 행위하는 자를 말한다.

6. "교육기관"이란 「영유아보육법」에 따른 어린이집, 「유아교육법」·「초·중등교육법」 및 「고등교육법」에 따른 각급 학교, 「평생교육법」에 따른 평생교육시설, 「학점인정 등에 관한 법률」에서 정한 교육과학기술부장관의 평가인정을 받은 교육훈련기관, 「직업교육훈련 촉진법」에 따른 직업교육훈련기관, 그 밖에 대통령령으로 정하는 기관을 말한다.

7. "교육책임자"라 함은 교육기관의 장 또는 운영책임자를 말한다.

8. "정보"라 함은 다음 각 목의 사항으로 구분한다.

　가. "전자정보"라 함은 「국가정보화 기본법」 제3조 제1호에 따른 정보를 말한다. 이 경우 "자연인 및 법인"에는 이 법의 규정에 따른 공공기관도 포함되는 것으로 본다.

　나. "비전자정보"라 함은 「국가정보화 기본법」 제3조 제1호에 따른 정보를 제외한 정보로서 음성, 문자, 수화, 점자, 몸짓, 기호 등 언어 및 비언어적 방법을 통하여 처리된 모든 종류의 자료와 지식을 말하며, 그 생산·획득·가공·보유 주체가 자연인·법인 또는 공공기관 여부를 불문한다.

　다. "개인정보"라 함은 「개인정보 보호법」 제2조 제1호에 따른 개인정보를 말한다.

9. "정보통신"이라 함은 「국가정보화 기본법」 제3조 제5호에 따른 정보통신을 말하며, 그 주체가 자연인·법인 또는 공공기관 여부를 불문한다.

10. "문화·예술활동"이라 함은 「문화예술진흥법」 제2조 제1항 제1호의 문학, 미술(응용미술을 포함한다), 음악, 무용, 연극, 영화, 연예, 국악, 사진, 건축, 어문 및 출판에 관한 활동을 말한다.

11. "문화·예술사업자"라 함은 문화·예술의 요소를 담고 있는 분야에서 기획·개발·제작·생산·전시·유통·판매를 포함하는 일체의 행위를 하는 자를 말한다.

12. "체육"이라 함은 「국민체육진흥법」 제2조의 체육 및 학교체육, 놀이, 게임, 스포츠, 레저, 레크리에이션 등 체육으로 간주되는 모든 신체활동을 말한다.

13. "가정 및 가족"이라 함은 「건강가정기본법」 제3조 제1호 및 제2호의 가정 및 가족을 말한다.

14. "복지시설 등"이라 함은 장애인이 장·단기간 생활하고 있는 시설로서, 「사회복지사업법」 제34조에 의한 사회복지시설, 「장애인복지법」 제58조에 따른 장애인복지시설 및 신고를 하지 아니하고 장애인 1인 이상을 보호하고 있는 시설을 말한다.

15. "시설물"이라 함은 「건축법」 제2조 제1항 제2호·제6호 및 제7호에 따른 건축물, 거실 및 주요구조부를 말한다.

16. "이동 및 교통수단 등"이라 함은 사람이 일상적으로 이용하는 도로 및 보도와 「교통약자의 이동편의 증진법」 제2조 제2호 및 제3호에 따른 교통수단 및 여객시설을 말한다.

17. "건강권"이라 함은 보건교육, 장애로 인한 후유장애와 질병 예방 및 치료, 영양개선 및 건강생활의 실천 등에 관한 제반 여건의 조성을 통하여 건강한 생활을 할 권리를 말하며, 의료 받을 권리를 포함한다.

18. "의료인 등"이라 함은 「의료법」 제2조 제1항에 따른 의료인과 국가 및 관련 협회 등에서 정한 자격·면허 등을 취득한 물리치료사, 작업치료사, 언어치료사, 심리치료사, 의지·보조기 기사 등 장애인의 건강에 개입되는 사람을 말한다.

19. "의료기관 등"이라 함은 「의료법」 제3조의 의료기관 및 의료인이 장애인의 건강을 위하여 서비스를 행하는 보건기관, 치료기관, 약국, 그 밖에 관계 법령에 정하고 있는 기관을 말한다.

20. "괴롭힘 등"이라 함은 집단따돌림, 방치, 유기, 괴롭힘, 희롱, 학대, 금전적 착취, 성적 자기결정권 침해 등의 방법으로 장애인에게 가해지는 신체적·정신적·정서적·언어적 행위를 말한다.

제4조(차별행위) ① 이 법에서 금지하는 차별이라 함은 다음 각 호의 어느 하나에 해당하는 경우를 말한다.

1. 장애인을 장애를 사유로 정당한 사유 없이 제한·배제·분리·거부 등에 의하여 불리하게 대하는 경우

2. 장애인에 대하여 형식상으로는 제한·배제·분리·거부 등에 의하여 불리하게 대하지 아니하지만 정당한 사유 없이 장애를 고려하지 아니하는 기준을 적용함으로써 장애인에게 불리한 결과를 초래하는 경우

3. 정당한 사유 없이 장애인에 대하여 정당한 편의 제공을 거부하는 경우

4. 정당한 사유 없이 장애인에 대한 제한·배제·분리·거부 등 불리한 대우를 표시·조장하는 광고를 직접 행하거나 그러한 광고를 허용·조장하는 경우. 이 경우 광고는 통상적으로 불리한 대우를 조장하는 광고효과가 있는 것으로 인정되는 행위를 포함한다.

5. 장애인을 돕기 위한 목적에서 장애인을 대리·동행하는 자(장애아동의 보호자 또는 후견인 그 밖에 장애인을 돕기 위한 자임이 통상적으로 인정되는 자를 포함한다. 이하 "장애인 관련자"라 한다)에 대하여 제1호부터 제4호까지의 행위를 하는 경우. 이 경우 장애인 관련자의 장애인에 대한 행위 또한 이 법에서 금지하는 차별행위 여부의 판단대상이 된다.

6. 보조견 또는 장애인보조기구 등의 정당한 사용을 방해하거나 보조견 및 장애인보조기구 등을 대상으로 제4호에 따라 금지된 행위를 하는 경우

② 제1항 제3호의 "정당한 편의"라 함은 장애인이 장애가 없는 사람과 동등하게 같은 활동에 참여할 수 있도록 장애인의 성별, 장애의 유형 및 정도, 특성 등을 고려한 편의시설·설비·도구·서비스 등 인적·물적 제반 수단과 조치를 말한다.

③ 제1항에도 불구하고 다음 각 호의 어느 하나에 해당하는 정당한 사유가 있는 경우에는 이를 차별로 보지 아니한다.

1. 제1항에 따라 금지된 차별행위를 하지 않음에 있어서 과도한 부담이나 현저히 곤란한 사정 등이 있는 경우

2. 제1항에 따라 금지된 차별행위가 특정 직무나 사업 수행의 성질상 불가피한 경우. 이 경우 특정 직무나 사업 수행의 성질은 교육 등의 서비스에도 적용되는 것으로 본다.

④ 장애인의 실질적 평등권을 실현하고 장애인에 대한 차별을 시정하기 위하여 이 법 또는 다른 법령 등에서 취하는 적극적 조치는 이 법에 따른 차별로 보지 아니한다.

제5조(차별판단) ① 차별의 원인이 2가지 이상이고, 그 주된 원인이 장애라고 인정되는 경우 그 행위는 이 법에 따른 차별로 본다.

② 이 법을 적용함에 있어서 차별 여부를 판단할 때에는 장애인 당사자의 성별, 장애의 유형 및 정도, 특성

등을 충분히 고려하여야 한다.

제6조(차별금지) 누구든지 장애 또는 과거의 장애경력 또는 장애가 있다고 추측됨을 이유로 차별을 하여서는 아니 된다.

제7조(자기결정권 및 선택권) ① 장애인은 자신의 생활 전반에 관하여 자신의 의사에 따라 스스로 선택하고 결정할 권리를 가진다.

② 장애인은 장애인 아닌 사람과 동등한 선택권을 보장받기 위하여 필요한 서비스와 정보를 제공 받을 권리를 가진다.

제8조(국가 및 지방자치단체의 의무) ① 국가 및 지방자치단체는 장애인 및 장애인 관련자에 대한 모든 차별을 방지하고 차별받은 장애인 등의 권리를 구제할 책임이 있으며, 장애인 차별을 실질적으로 해소하기 위하여 이 법에서 규정한 차별 시정에 대하여 적극적인 조치를 하여야 한다.

② 국가 및 지방자치단체는 장애인 등에게 정당한 편의가 제공될 수 있도록 필요한 기술적·행정적·재정적 지원을 하여야 한다.

제9조(다른 법률과의 관계) 장애를 사유로 한 차별의 금지 및 권리구제에 관하여 이 법에서 규정한 것 외에는 「국가인권위원회법」으로 정하는 바에 따른다.

## 제2장 차별금지

〈제1절 고용〉

제10조(차별금지) ① 사용자는 모집·채용, 임금 및 복리후생, 교육·배치·승진·전보, 정년·퇴직·해고에 있어 장애인을 차별하여서는 아니 된다.

② 「노동조합 및 노동관계조정법」 제2조 제4호에 따른 노동조합은 장애인 근로자의 조합 가입을 거부하거나 조합원의 권리 및 활동에 차별을 두어서는 아니 된다.

제11조(정당한 편의제공 의무) ① 사용자는 장애인이 해당 직무를 수행함에 있어서 장애인 아닌 사람과 동등한 근로조건에서 일할 수 있도록 다음 각 호의 정당한 편의를 제공하여야 한다.

1. 시설·장비의 설치 또는 개조

2. 재활, 기능평가, 치료 등을 위한 근무시간의 변경 또는 조정

3. 훈련 제공 또는 훈련에 있어 편의 제공

4. 지도 매뉴얼 또는 참고자료의 변경

5. 시험 또는 평가과정의 개선

6. 화면낭독·확대 프로그램, 무지점자단말기, 확대 독서기, 인쇄물음성변환출력기 등 장애인보조기구의 설치·운영과 낭독자, 수화 통역자 등의 보조인 배치

② 사용자는 정당한 사유 없이 장애를 이유로 장애인의 의사에 반하여 다른 직무에 배치하여서는 아니 된다.

③ 사용자가 제1항에 따라 제공하여야 할 정당한 편의의 구체적 내용 및 적용대상 사업장의 단계적 범위 등에 관하여는 대통령령으로 정한다.

제12조(의학적 검사의 금지) ① 사용자는 채용 이전에 장애인 여부를 조사하기 위한 의학적 검사를 실시하여서는 아니 된다. 다만, 채용 이후에 직무의 본질상 요구되거나 직무배치 등을 위하여 필요한 경우에는 그러하지 아니하다.

② 제1항 단서에 따라 의학적 검사를 실시할 경우 그 비용은 원칙적으로 사용자가 부담한다. 사용자의 비용부담 방식 및 그 지원 등에 필요한 사항은 대통령령으로 정한다.

③ 사용자는 제1항 단서에 따라 취득한 장애인의 건강상태나 장애 또는 과거 장애경력 등에 관한 개인정보를 누설하여서는 아니 된다.

〈제2절 교육〉

제13조(차별금지) ① 교육책임자는 장애인의 입학 지원 및 입학을 거부할 수 없고, 전학을 강요할 수 없으며, 「영유아보육법」에 따른 어린이집, 「유아교육법」 및 「초·중등교육법」에 따른 각급 학교는 장애인이 당해 교육기관으로 전학하는 것을 거절하여서는 아니 된다. 〈개정 2011. 6. 7〉

② 제1항에 따른 교육기관의 장은 「장애인 등에 대한 특수교육법」 제17조를 준수하여야 한다. 〈개정 2010. 5. 11〉

③ 교육책임자는 당해 교육기관에 재학 중인 장애인 및 그 보호자가 제14조 제1항 각 호의 편의 제공을 요청할 때 정당한 사유 없이 이를 거절하여서는 아니 된다.

④ 교육책임자는 특정 수업이나 실험·실습, 현장견학,

수학여행 등 학습을 포함한 모든 교내외 활동에서 장애를 이유로 장애인의 참여를 제한, 배제, 거부하여서는 아니 된다.

⑤ 교육책임자는 취업 및 진로교육, 정보제공에 있어서 장애인의 능력과 특성에 맞는 진로교육 및 정보를 제공하여야 한다.

⑥ 교육책임자 및 교직원은 교육기관에 재학 중인 장애인 및 장애인 관련자, 특수교육 교원, 특수교육보조원, 장애인 관련 업무 담당자를 모욕하거나 비하하여서는 아니 된다.

⑦ 교육책임자는 장애인의 입학 지원 시 장애인 아닌 지원자와 달리 추가 서류, 별도의 양식에 의한 지원서류 등을 요구하거나, 장애인만을 대상으로 한 별도의 면접이나 신체검사, 추가시험 등(이하 "추가서류 등"이라 한다)을 요구하여서는 아니 된다. 다만, 추가서류 등의 요구가 장애인의 특성을 고려한 교육시행을 목적으로 함이 명백한 경우에는 그러하지 아니하다.

⑧ 국가 및 지방자치단체는 장애인에게 「장애인 등에 대한 특수교육법」 제3조 제1항에 따른 교육을 실시하는 경우, 정당한 사유 없이 해당 교육과정에 정한 학업시수를 위반하여서는 아니 된다. 〈개정 2010. 5. 11〉

제14조(정당한 편의제공 의무) ① 교육책임자는 당해 교육기관에 재학 중인 장애인의 교육활동에 불이익이 없도록 다음 각 호의 수단을 적극적으로 강구하고 제공하여야 한다.

1. 장애인의 통학 및 교육기관 내에서의 이동 및 접근에 불이익이 없도록 하기 위한 각종 이동용 보장구의 대여 및 수리

2. 장애인 및 장애인 관련자가 필요로 하는 경우 교육보조인력의 배치

3. 장애로 인한 학습 참여의 불이익을 해소하기 위한 확대 독서기, 보청기기, 높낮이 조절용 책상, 각종 보완·대체 의사소통 도구 등의 대여 및 보조견의 배치나 휠체어의 접근을 위한 여유 공간 확보

4. 시·청각 장애인의 교육에 필요한 수화통역, 문자통역(속기), 점자자료, 자막, 큰 문자자료, 화면낭독·확대프로그램, 보청기기, 무지점자단말기, 인쇄물음

성변환출력기를 포함한 각종 장애인보조기구 등의 의사소통 수단

5. 교육과정을 적용함에 있어서 학습진단을 통한 적절한 교육 및 평가방법의 제공

6. 그 밖에 장애인의 교육활동에 불이익이 없도록 하는 데 필요한 사항으로서 대통령령으로 정하는 사항

② 교육책임자는 제1항 각 호의 수단을 제공하는 데 필요한 업무를 수행하기 위하여 장애학생지원부서 또는 담당자를 두어야 한다.

③ 제1항을 적용함에 있어서 그 적용대상 교육기관의 단계적 범위와 제2항에 따른 장애학생지원부서 및 담당자의 설치 및 배치, 관리·감독 등에 필요한 사항은 대통령령으로 정한다.

〈제3절 재화와 용역의 제공 및 이용〉

제15조(재화·용역 등의 제공에 있어서의 차별금지) ① 재화·용역 등의 제공자는 장애인에 대하여 장애를 이유로 장애인 아닌 사람에게 제공하는 것과 실질적으로 동등하지 않은 수준의 편익을 가져다주는 물건, 서비스, 이익, 편의 등을 제공하여서는 아니 된다.

② 재화·용역 등의 제공자는 장애인이 해당 재화·용역 등을 이용함으로써 이익을 얻을 기회를 박탈하여서는 아니 된다.

제16조(토지 및 건물의 매매·임대 등에 있어서의 차별금지) 토지 및 건물의 소유·관리자는 당해 토지 및 건물의 매매, 임대, 입주, 사용 등에 있어서 정당한 사유 없이 장애인을 제한·분리·배제·거부하여서는 아니 된다.

제17조(금융상품 및 서비스 제공에 있어서의 차별금지) 금융상품 및 서비스의 제공자는 금전대출, 신용카드 발급, 보험가입 등 각종 금융상품과 서비스의 제공에 있어서 정당한 사유 없이 장애인을 제한·배제·분리·거부하여서는 아니 된다.

제18조(시설물 접근·이용의 차별금지) ① 시설물의 소유·관리자는 장애인이 당해 시설물을 접근·이용하거나 비상시 대피함에 있어서 장애인을 제한·배제·분리·거부하여서는 아니 된다.

② 시설물의 소유·관리자는 보조견 및 장애인보조기구 등을 시설물에 들여오거나 시설물에서 사용하는

것을 제한·배제·분리·거부하여서는 아니 된다.

③ 시설물의 소유·관리자는 장애인이 당해 시설물을 접근·이용하거나 비상시 대피함에 있어서 피난 및 대피시설의 설치 등 정당한 편의의 제공을 정당한 사유 없이 거부하여서는 아니 된다.

④ 제3항을 적용함에 있어서 그 적용을 받는 시설물의 단계적 범위 및 정당한 편의의 내용 등 필요한 사항은 관계 법령 등에 규정한 내용을 고려하여 대통령령으로 정한다.

제19조(이동 및 교통수단 등에서의 차별금지) ① 「교통약자의 이동편의증진법」 제2조 제5호 및 제6호에 따른 교통사업자(이하 "교통사업자"라 한다) 및 교통행정기관(이하 "교통행정기관"이라 한다)은 이동 및 교통수단 등을 접근·이용함에 있어서 장애인을 제한·배제·분리·거부하여서는 아니 된다. 〈개정 2010. 5. 11〉

② 교통사업자 및 교통행정기관은 이동 및 교통수단 등의 이용에 있어서 보조견 및 장애인보조기구 등의 동승 또는 반입 및 사용을 거부하여서는 아니 된다.

③ 교통사업자 및 교통행정기관은 이동 및 교통수단 등의 이용에 있어서 장애인 및 장애인 관련자에게 장애 또는 장애인이 동행·동반한 보조견 또는 장애인보조기구 등을 이유로 장애인 아닌 사람보다 불리한 요금 제도를 적용하여서는 아니 된다.

④ 교통사업자 및 교통행정기관은 장애인이 이동 및 교통수단 등을 장애인 아닌 사람과 동등하게 이용하여 안전하고 편리하게 보행 및 이동을 할 수 있도록 하는 데 필요한 정당한 편의를 제공하여야 한다.

⑤ 교통행정기관은 교통사업자가 장애인에 대하여 이 법에 정한 차별행위를 행하지 아니하도록 홍보, 교육, 지원, 감독하여야 한다.

⑥ 국가 및 지방자치단체는 운전면허시험의 신청, 응시, 합격의 모든 과정에서 정당한 사유 없이 장애인을 제한·배제·분리·거부하여서는 아니 된다.

⑦ 국가 및 지방자치단체는 장애인이 운전면허시험의 모든 과정을 장애인 아닌 사람과 동등하게 거칠 수 있도록 정당한 편의를 제공하여야 한다.

⑧ 제4항 및 제7항을 적용함에 있어서 그 적용대상의 단계적 범위 및 정당한 편의의 내용 등 필요한 사항은 대통령령으로 정한다.

제20조(정보접근에서의 차별금지) ① 개인·법인·공공기관(이하 이 조에서 "개인 등"이라 한다)은 장애인이 전자정보와 비전자정보를 이용하고 그에 접근함에 있어서 장애를 이유로 제4조 제1항 제1호 및 제2호에서 금지한 차별행위를 하여서는 아니 된다.

② 장애인 관련자로서 수화통역, 점역, 점자교정, 낭독, 대필, 안내 등을 위하여 장애인을 대리·동행하는 등 장애인의 의사소통을 지원하는 자에 대하여는 누구든지 정당한 사유 없이 이들의 활동을 강제·방해하거나 부당한 처우를 하여서는 아니 된다.

제21조(정보통신·의사소통 등에서의 정당한 편의제공의무) ① 제3조 제4호·제6호·제7호·제8호 가목 후단 및 나목·제11호·제18호·제19호에 규정된 행위자, 제12호·제14호부터 제16호까지의 규정에 관련된 행위자, 제10조 제1항의 사용자 및 같은 조 제2항의 노동조합 관계자(행위자가 속한 기관을 포함한다. 이하 이 조에서 "행위자 등"이라 한다)는 당해 행위자 등이 생산·배포하는 전자정보 및 비전자정보에 대하여 장애인이 장애인 아닌 사람과 동등하게 접근·이용할 수 있도록 수화, 문자 등 필요한 수단을 제공하여야 한다. 이 경우 제3조 제8호 가목 후단 및 나목에서 말하는 자연인은 행위자 등에 포함되지 아니한다.

② 공공기관 등은 자신이 주최 또는 주관하는 행사에서 장애인의 참여 및 의사소통을 위하여 필요한 수화통역사·문자통역사·음성통역자·보청기기 등 필요한 지원을 하여야 한다.

③ 「방송법」 제2조 제3호에 따른 방송사업자와 「인터넷 멀티미디어 방송사업법」 제2조 제5호에 따른 인터넷 멀티미디어 방송사업자는 장애인이 장애인 아닌 사람과 동등하게 제작물 또는 서비스를 접근·이용할 수 있도록 폐쇄자막, 수화통역, 화면해설 등 장애인 시청 편의 서비스를 제공하여야 한다. 〈개정 2010. 5. 11〉

④ 「전기통신사업법」에 따른 기간통신사업자(전화서비스를 제공하는 사업자만 해당한다)는 장애인이 장애인 아닌 사람과 동등하게 서비스를 접근·이용할 수 있도록 통신설비를 이용한 중계서비스(영상통화서비스, 문자서비스 또는 그 밖에 방송통신위원회가 정하여 고시하는 중계서비스를 포함한다)를 확보하

여 제공하여야 한다. 〈개정 2010. 5. 11〉

⑤ 다음 각 호의 사업자는 장애인이 장애인 아닌 사람과 동등하게 접근·이용할 수 있도록 출판물(전자출판물을 포함한다. 이하 이 항에서 같다) 또는 영상물을 제공하기 위하여 노력하여야 한다. 다만, 「도서관법」제18조에 따른 국립중앙도서관은 새로이 생산·배포하는 도서자료를 점자, 음성 또는 확대문자 등으로 제공하여야 한다. 〈신설 2010. 5. 11〉

1. 출판물을 정기적으로 발행하는 사업자

2. 영화, 비디오물 등 영상물의 제작업자 및 배급업자

⑥ 제1항에 따른 필요한 수단을 제공하여야 하는 행위자 등의 단계적 범위 및 필요한 수단의 구체적인 내용과 제2항에 따른 필요한 지원의 구체적인 내용 및 범위와 그 이행 등에 필요한 사항, 제3항과 제4항에 따른 사업자의 단계적 범위와 제공하여야 하는 편의 구체적 내용 및 그 이행 등에 필요한 사항은 대통령령으로 정한다. 〈신설 2010. 5. 11〉

[제목개정 2010. 5. 11]

제22조(개인정보보호) ① 장애인의 개인정보는 반드시 본인의 동의하에 수집되어야 하고, 당해 개인정보에 대한 무단접근이나 오·남용으로부터 안전하여야 한다.

② 제1항을 적용함에 있어서 「개인정보 보호법」, 「정보통신망 이용촉진 및 정보보호 등에 관한 법률」 등 관련 법률의 규정을 준용한다. 〈개정 2011. 3. 29〉

③ 장애아동이나 정신장애인 등 본인의 동의를 얻기 어려운 장애인에 있어서 당해 장애인의 개인정보의 수집·이용·제공 등에 관련된 동의행위를 대리하는 자는 「민법」의 규정을 준용한다.

제23조(정보접근·의사소통에서의 국가 및 지방자치단체의 의무) ① 국가 및 지방자치단체는 장애인의 특성을 고려한 정보통신망 및 정보통신기기의 접근·이용을 위한 도구의 개발·보급 및 필요한 지원을 강구하여야 한다.

② 정보통신 관련 제조업자는 정보통신제품을 설계·제작·가공함에 있어서 장애인이 장애인 아닌 사람과 동등하게 접근·이용할 수 있도록 노력하여야 한다.

③ 국가와 지방자치단체는 장애인이 장애의 유형 및 정도, 특성에 따라 수화, 구화, 점자, 큰문자 등을 습득

하고 이를 활용한 학습지원 서비스를 제공받을 수 있도록 필요한 조치를 강구하여야 하며, 위 서비스를 제공하는 자는 장애인의 의사에 반하여 장애인의 특성을 고려하지 않는 의사소통양식 등을 강요하여서는 아니 된다.

제24조(문화·예술활동의 차별금지) ① 국가와 지방자치단체 및 문화·예술사업자는 장애인이 문화·예술활동에 참여함에 있어서 장애인의 의사에 반하여 특정한 행동을 강요하여서는 아니 되며, 제4조 제1항 제1호·제2호 및 제4호에서 정한 행위를 하여서는 아니 된다.

② 국가와 지방자치단체 및 문화·예술사업자는 장애인이 문화·예술활동에 참여할 수 있도록 정당한 편의를 제공하여야 한다.

③ 국가 및 지방자치단체는 장애인이 문화·예술시설을 이용하고 문화·예술활동에 적극적으로 참여할 수 있도록 필요한 시책을 강구하여야 한다.

④ 제2항을 적용함에 있어서 그 적용대상이 되는 문화·예술사업자의 단계적 범위 및 정당한 편의의 구체적인 내용 등 필요한 사항은 대통령령으로 정한다.

제25조(체육활동의 차별금지) ① 체육활동을 주최·주관하는 기관이나 단체, 체육활동을 목적으로 하는 체육시설의 소유·관리자는 체육활동의 참여를 원하는 장애인을 장애를 이유로 제한·배제·분리·거부하여서는 아니 된다.

② 국가 및 지방자치단체는 자신이 운영 또는 지원하는 체육프로그램이 장애인의 성별, 장애의 유형 및 정도, 특성 등을 고려하여 운영될 수 있도록 하고 장애인의 참여를 위하여 필요한 정당한 편의를 제공하여야 한다.

③ 국가 및 지방자치단체는 장애인이 체육활동에 참여할 수 있도록 필요한 시책을 강구하여야 한다.

④ 제2항을 시행하는 데 필요한 사항은 대통령령으로 정한다.

〈제4절 사법·행정절차 및 서비스와 참정권〉

제26조(사법·행정절차 및 서비스 제공에 있어서의 차별금지) ① 공공기관 등은 장애인이 생명, 신체 또는 재산권 보호를 포함한 자신의 권리를 보호·보장받기 위

하여 필요한 사법·행정절차 및 서비스 제공에 있어 장애인을 차별하여서는 아니 된다.

② 공공기관 및 그 소속원은 사법·행정절차 및 서비스의 제공에 있어서 장애인에게 제4조 제1항 제1호·제2호 및 제4호부터 제6호까지에서 정한 행위를 하여서는 아니 된다.

③ 공공기관 및 그 소속원은 직무를 수행하거나 권한을 행사함에 있어서 다음 각 호에 해당하는 차별행위를 하여서는 아니 된다.

1. 허가, 신고, 인가 등에 있어 장애인을 정당한 사유 없이 장애를 이유로 제한·배제·분리·거부하는 경우

2. 공공사업 수혜자의 선정기준을 정함에 있어서 정당한 사유 없이 장애인을 제한·배제·분리·거부하거나 장애를 고려하지 아니한 기준을 적용함으로써 장애인에게 불리한 결과를 초래하는 경우

④ 공공기관 및 그 소속원은 사법·행정절차 및 서비스를 장애인이 장애인 아닌 사람과 실질적으로 동등한 수준으로 이용할 수 있도록 제공하여야 하며, 이를 위하여 정당한 편의를 제공하여야 한다.

⑤ 공공기관 및 그 소속원은 장애인이 사법·행정절차 및 서비스에 참여하기 위하여 장애인 스스로 인식하고 작성할 수 있는 서식의 제작 및 제공 등 정당한 편의 제공을 요구할 경우 이를 거부하거나 임의로 집행함으로써 장애인에게 불이익을 주어서는 아니 된다.

⑥ 사법기관은 사건관계인에 대하여 의사소통이나 의사표현에 어려움을 겪는 장애가 있는지 여부를 확인하고, 그 장애인이 형사사법 절차에서 조력을 받기를 신청할 경우 정당한 사유 없이 이를 거부하여서는 아니 되며, 그에 필요한 조치를 마련하여야 한다. 〈개정 2010. 5. 11〉

⑦ 사법기관은 장애인이 인신구금·구속 상태에 있어서 장애인 아닌 사람과 실질적으로 동등한 수준의 생활을 영위할 수 있도록 정당한 편의 및 적극적인 조치를 제공하여야 한다.

⑧ 제4항부터 제7항까지의 규정에 필요한 사항은 대통령령으로 정한다.

제27조(참정권) ① 국가 및 지방자치단체와 공직선거후보자 및 정당은 장애인이 선거권, 피선거권, 청원권 등을 포함한 참정권을 행사함에 있어서 차별하여서는 아니 된다.

② 국가 및 지방자치단체는 장애인의 참정권을 보장하기 위하여 필요한 시설 및 설비, 참정권 행사에 관한 홍보 및 정보 전달, 장애의 유형 및 정도에 적합한 기표방법 등 선거용 보조기구의 개발 및 보급, 보조원의 배치 등 정당한 편의를 제공하여야 한다.

③ 공직선거후보자 및 정당은 장애인에게 후보자 및 정당에 관한 정보를 장애인 아닌 사람과 동등한 정도의 수준으로 전달하여야 한다.

〈제5절 모·부성권, 성 등〉

제28조(모·부성권의 차별금지) ① 누구든지 장애인의 임신, 출산, 양육 등 모·부성권에 있어 장애를 이유로 제한·배제·분리·거부하여서는 아니 된다.

② 입양기관은 장애인이 입양하고자 할 때 장애를 이유로 입양할 수 있는 자격을 제한하여서는 아니 된다.

③ 교육책임자 및 「영유아보육법」에 따른 어린이집 및 그 보육교직원와 「아동복지법」에 따른 아동복지시설 및 그 종사자 등은 부모가 장애인이라는 이유로 그 자녀를 구분하거나 불이익을 주어서는 아니 된다. 〈개정 2011. 6. 7〉

④ 국가 및 지방자치단체에서 직접 운영하거나 그로부터 위탁 혹은 지원을 받아 운영하는 기관은 장애인의 피임 및 임신·출산·양육 등에 있어서의 실질적인 평등을 보장하기 위하여 관계 법령으로 정하는 바에 따라 장애유형 및 정도에 적합한 정보·활동보조 서비스 등의 제공 및 보조기기·도구 등의 개발 등 필요한 지원책을 마련하여야 한다.

⑤ 국가 및 지방자치단체는 임신·출산·양육 등의 서비스 제공과 관련하여 이 법에서 정한 차별행위를 하지 아니하도록 홍보·교육·지원·감독하여야 한다.

제29조(성에서의 차별금지) ① 모든 장애인의 성에 관한 권리는 존중되어야 하며, 장애인은 이를 주체적으로 표현하고 향유할 수 있는 성적 자기결정권을 가진다.

② 가족·가정 및 복지시설 등의 구성원은 장애인에 대하여 장애를 이유로 성생활을 향유할 공간 및 기타 도구의 사용을 제한하는 등 장애인이 성생활을 향유할 기회를 제한하거나 박탈하여서는 아니 된다.

③ 국가 및 지방자치단체는 장애인이 성을 향유할 권리

를 보장하기 위하여 관계 법령에서 정하는 바에 따라 필요한 지원책을 강구하고, 장애를 이유로 한 성에 대한 편견·관습, 그 밖의 모든 차별적 관행을 없애기 위한 홍보·교육을 하여야 한다.

### 〈제6절 가족·가정·복지시설, 건강권 등〉

**제30조(가족·가정·복지시설 등에서의 차별금지)** ① 가족·가정 및 복지시설 등의 구성원은 장애인의 의사에 반하여 과중한 역할을 강요하거나 장애를 이유로 정당한 사유 없이 의사결정과정에서 장애인을 배제하여서는 아니 된다.

② 가족·가정 및 복지시설 등의 구성원은 정당한 사유 없이 장애인의 의사에 반하여 장애인의 외모 또는 신체를 공개하여서는 아니 된다.

③ 가족·가정 및 복지시설 등의 구성원은 장애를 이유로 장애인의 취학 또는 진학 등 교육을 받을 권리와 재산권 행사, 사회활동 참여, 이동 및 거주의 자유(이하 이 항에서 "권리 등"이라 한다)를 제한·박탈·구속하거나 권리 등의 행사로부터 배제하여서는 아니 된다.

④ 가족·가정의 구성원인 자 또는 구성원이었던 자는 자녀 양육권과 친권의 지정 및 면접교섭권에 있어 장애인에게 장애를 이유로 불리한 합의를 강요하거나 그 권리를 제한·박탈하여서는 아니 된다.

⑤ 복지시설 등의 장은 장애인의 시설 입소를 조건으로 친권포기각서를 요구하거나 시설에서의 생활 중 가족 등의 면접권 및 외부와의 소통권을 제한하여서는 아니 된다.

**제31조(건강권에서의 차별금지)** ① 의료기관 등 및 의료인 등은 장애인에 대한 의료행위에 있어서 장애인을 제한·배제·분리·거부하여서는 아니 된다.

② 의료기관 등 및 의료인 등은 장애인의 의료행위와 의학연구 등에 있어 장애인의 성별, 장애의 유형 및 정도, 특성 등을 적극적으로 고려하여야 하며, 의료행위에 있어서는 장애인의 성별 등에 적합한 의료정보 등의 필요한 사항을 장애인 등에게 제공하여야 한다.

③ 공공기관은 건강과 관련한 교육 과정을 시행함에 있어서 필요하다고 판단될 경우 장애인의 성별 등을 반영하는 내용을 포함하여야 한다.

④ 국가 및 지방자치단체는 선천적·후천적 장애 발생의 예방 및 치료 등을 위하여 필요한 시책을 추진하여야 하며, 보건·의료 시책의 결정과 집행과정에서 장애인의 성별 등을 고려하여야 한다.

**제32조(괴롭힘 등의 금지)** ① 장애인은 성별, 연령, 장애의 유형 및 정도, 특성 등에 상관없이 모든 폭력으로부터 자유로울 권리를 가진다.

② 괴롭힘 등의 피해를 당한 장애인은 상담 및 치료, 법률구조, 그 밖에 적절한 조치를 받을 권리를 가지며, 괴롭힘 등의 피해를 신고하였다는 이유로 불이익한 처우를 받아서는 아니 된다.

③ 누구든지 장애를 이유로 학교, 시설, 직장, 지역사회 등에서 장애인 또는 장애인 관련자에게 집단따돌림을 가하거나 모욕감을 주거나 비하를 유발하는 언어적 표현이나 행동을 하여서는 아니 된다.

④ 누구든지 장애를 이유로 사적인 공간, 가정, 시설, 직장, 지역사회 등에서 장애인 또는 장애인 관련자에게 유기, 학대, 금전적 착취를 하여서는 아니 된다.

⑤ 누구든지 장애인의 성적 자기결정권을 침해하거나 수치심을 자극하는 언어표현, 희롱, 장애 상태를 이용한 추행 및 강간 등을 행하여서는 아니 된다.

⑥ 국가 및 지방자치단체는 장애인에 대한 괴롭힘 등을 근절하기 위한 인식개선 및 괴롭힘 등 방지 교육을 실시하고 적절한 시책을 강구하여야 한다.

## 제3장 장애여성 및 장애아동 등

**제33조(장애여성에 대한 차별금지)** ① 국가 및 지방자치단체는 장애를 가진 여성임을 이유로 모든 생활 영역에서 차별을 하여서는 아니 된다.

② 누구든지 장애여성에 대하여 임신·출산·양육·가사 등에 있어서 장애를 이유로 그 역할을 강제 또는 박탈하여서는 아니 된다.

③ 사용자는 남성근로자 또는 장애인이 아닌 여성근로자에 비하여 장애여성 근로자를 불리하게 대우하여서는 아니 되며, 직장보육서비스 이용 등에 있어서 다음 각 호의 정당한 편의제공을 거부하여서는 아니 된다.

1. 장애의 유형 및 정도에 따른 원활한 수유 지원

2. 자녀상태를 확인할 수 있도록 하는 소통방식의 지원

3. 그 밖에 직장보육서비스 이용 등에 필요한 사항

④ 교육기관, 사업장, 복지시설 등의 성폭력 예방교육 책임자는 성폭력 예방교육을 실시함에 있어서 장애여성에 대한 성인식 및 성폭력 예방에 관한 내용을 포함시켜야 하며, 그 내용이 장애여성을 왜곡하여서는 아니 된다.

⑤ 교육기관 및 직업훈련을 주관하는 기관은 장애여성에 대하여 다음 각 호의 차별을 하여서는 아니 된다. 다만, 다음 각 호의 행위가 장애여성의 특성을 고려하여 적절한 교육 및 훈련을 제공함을 목적으로 함이 명백한 경우에는 이를 차별로 보지 아니한다.

1. 학습활동의 기회 제한 및 활동의 내용을 구분하는 경우

2. 취업교육 및 진로선택의 범위 등을 제한하는 경우

3. 교육과 관련한 계획 및 정보제공 범위를 제한하는 경우

4. 그 밖에 교육에 있어서 정당한 사유 없이 장애여성을 불리하게 대우하는 경우

⑥ 제3항을 적용함에 있어서 그 적용대상 사업장의 단계적 범위와 제3항 제3호에 필요한 사항의 구체적 내용 등은 대통령령으로 정한다.

제34조(장애여성에 대한 차별금지를 위한 국가 및 지방자치단체의 의무) ① 국가 및 지방자치단체는 장애여성에 대한 차별요인이 제거될 수 있도록 인식개선 및 지원책 등 정책 및 제도를 마련하는 등 적극적 조치를 강구하여야 하고, 통계 및 조사연구 등에 있어서도 장애여성을 고려하여야 한다.

② 국가 및 지방자치단체는 정책의 결정과 집행과정에 있어서 장애여성임을 이유로 참여의 기회를 제한하거나 배제하여서는 아니 된다.

제35조(장애아동에 대한 차별금지) ① 누구든지 장애를 가진 아동임을 이유로 모든 생활 영역에서 차별을 하여서는 아니 된다.

② 누구든지 장애아동에 대하여 교육, 훈련, 건강보호 서비스, 재활서비스, 취업준비, 레크리에이션 등을 제공받을 기회를 박탈하여서는 아니 된다.

③ 누구든지 장애아동을 의무교육으로부터 배제하여서는 아니 된다.

④ 누구든지 장애를 이유로 장애아동에 대한 유기, 학대, 착취, 감금, 폭행 등의 부당한 대우를 하여서는 아니 되며, 장애아동의 인권을 무시하고 강제로 시설 수용 및 무리한 재활 치료 또는 훈련을 시켜서는 아니 된다.

제36조(장애아동에 대한 차별금지를 위한 국가 및 지방자치단체의 의무) ① 국가 및 지방자치단체는 장애아동이 장애를 이유로 한 어떠한 종류의 차별도 없이 다른 아동과 동등한 권리와 자유를 누릴 수 있도록 필요한 조치를 다하여야 한다.

② 국가 및 지방자치단체는 장애아동의 성별, 장애의 유형 및 정도, 특성에 알맞은 서비스를 조기에 제공할 수 있도록 조치하여야 하고, 이를 위하여 장애아동을 보호하는 친권자 및 양육책임자에 대한 지원책을 마련하여야 한다.

제37조(정신적 장애를 가진 사람에 대한 차별금지 등) ① 누구든지 정신적 장애를 가진 사람의 특정 정서나 인지적 장애 특성을 부당하게 이용하여 불이익을 주어서는 아니 된다.

② 국가와 지방자치단체는 정신적 장애를 가진 사람의 인권침해를 예방하기 위하여 교육, 홍보 등 필요한 법적·정책적 조치를 강구하여야 한다.

## 제4장 장애인차별시정기구 및 권리구제 등

제38조(진정) 이 법에서 금지하는 차별행위로 인하여 피해를 입은 사람(이하 "피해자"라 한다) 또는 그 사실을 알고 있는 사람이나 단체는 국가인권위원회(이하 "위원회"라 한다)에 그 내용을 진정할 수 있다.

제39조(직권조사) 위원회는 제38조의 진정이 없는 경우에도 이 법에서 금지하는 차별행위가 있다고 믿을 만한 상당한 근거가 있고 그 내용이 중대하다고 인정할 때에는 이를 직권으로 조사할 수 있다.

제40조(장애인차별시정소위원회) ① 위원회는 이 법에서 금지하는 차별행위에 대한 조사와 구제 업무를 전담하는 장애인차별시정소위원회(이하 "소위원회"라 한다)를 둔다.

② 소위원회의 구성·업무 및 운영 등에 관하여 필요한 사항은 위원회의 규칙으로 정한다.

제41조(준용규정) ① 제38조 및 제39조에 따른 진정의 절

차·방법·처리, 진정 및 직권에 따른 조사의 방법에 관하여 이 법에 특별한 규정이 없는 사항에 관하여는 「국가인권위원회법」의 규정을 준용한다.

② 「국가인권위원회법」 제40조부터 제50조까지의 규정은 이 법에 따른 진정 및 직권조사의 경우에 준용한다.

제42조(권고의 통보)  위원회는 이 법이 금지하는 차별행위로 「국가인권위원회법」 제44조의 권고를 한 경우 그 내용을 법무부장관에게 통보하여야 한다.

제43조(시정명령)  ① 법무부장관은 이 법이 금지하는 차별행위로 「국가인권위원회법」 제44조의 권고를 받은 자가 정당한 사유 없이 권고를 이행하지 아니하고 다음 각 호의 어느 하나에 해당하는 경우로서 그 피해의 정도가 심각하고 공익에 미치는 영향이 중대하다고 인정되는 경우 피해자의 신청에 의하여 또는 직권으로 시정명령을 할 수 있다.

1. 피해자가 다수인인 차별행위에 대한 권고 불이행
2. 반복적 차별행위에 대한 권고 불이행
3. 피해자에게 불이익을 주기 위한 고의적 불이행
4. 그 밖에 시정명령이 필요한 경우

② 법무부장관은 제1항에 따른 시정명령으로서 이 법에서 금지되는 차별행위를 한 자(이하 "차별행위자"라 한다)에게 다음 각 호의 조치를 명할 수 있다.

1. 차별행위의 중지
2. 피해의 원상회복
3. 차별행위의 재발방지를 위한 조치
4. 그 밖에 차별시정을 위하여 필요한 조치

③ 법무부장관은 제1항 및 제2항에 따른 시정명령을 서면으로 하되, 그 이유를 구체적으로 명시하여 차별행위자와 피해자에게 각각 교부하여야 한다.

④ 법무부장관이 차별시정에 필요한 조치를 명하는 기간, 절차, 방법 등에 필요한 사항은 대통령령으로 정한다.

제44조(시정명령의 확정)  ① 법무부장관의 시정명령에 대하여 불복하는 관계 당사자는 그 명령서를 송달받은 날부터 30일 이내에 행정소송을 제기할 수 있다.

② 제1항의 기간 이내에 행정소송을 제기하지 아니한 때에는 그 시정명령은 확정된다.

제45조(시정명령 이행상황의 제출요구 등)  ① 법무부장관은 확정된 시정명령에 대하여 차별행위자에게 그 이행상황을 제출할 것을 요구할 수 있다.

② 피해자는 차별행위자가 확정된 시정명령을 이행하지 아니하는 경우에 이를 법무부장관에게 신고할 수 있다.

## 제5장 손해배상, 입증책임 등

제46조(손해배상)  ① 누구든지 이 법의 규정을 위반하여 타인에게 손해를 가한 자는 그로 인하여 피해를 입은 사람에 대하여 손해배상책임을 진다. 다만, 차별행위를 한 자가 고의 또는 과실이 없음을 증명한 경우에는 그러하지 아니하다.

② 이 법의 규정을 위반한 행위로 인하여 손해가 발생한 것은 인정되나 차별행위의 피해자가 재산상 손해를 입증할 수 없을 경우에는 차별행위를 한 자가 그로 인하여 얻은 재산상 이익을 피해자가 입은 재산상 손해로 추정한다.

③ 법원은 제2항에도 불구하고 차별행위의 피해자가 입은 재산상 손해액을 입증하기 위하여 필요한 사실을 입증하는 것이 해당 사실의 성질상 곤란한 경우에는 변론 전체의 취지와 증거조사의 결과에 기초하여 상당한 손해액을 인정할 수 있다.

제47조(입증책임의 배분)  ① 이 법률과 관련한 분쟁해결에 있어서 차별행위가 있었다는 사실은 차별행위를 당하였다고 주장하는 자가 입증하여야 한다.

② 제1항에 따른 차별행위가 장애를 이유로 한 차별이 아니라거나 정당한 사유가 있었다는 점은 차별행위를 당하였다고 주장하는 자의 상대방이 입증하여야 한다.

제48조(법원의 구제조치)  ① 법원은 이 법에 따라 금지된 차별행위에 관한 소송 제기 전 또는 소송 제기 중에 피해자의 신청으로 피해자에 대한 차별이 소명되는 경우 본안 판결 전까지 차별행위의 중지 등 그 밖의 적절한 임시조치를 명할 수 있다.

② 법원은 피해자의 청구에 따라 차별적 행위의 중지, 임금 등 근로조건의 개선, 그 시정을 위한 적극적 조치 등의 판결을 할 수 있다.

③ 법원은 차별행위의 중지 및 차별시정을 위한 적극적 조치가 필요하다고 판단하는 경우에 그 이행 기간을

밝히고, 이를 이행하지 아니하는 때에는 늦어진 기간에 따라 일정한 배상을 하도록 명할 수 있다. 이 경우 「민사집행법」 제261조를 준용한다.

## 제6장 벌칙

제49조(차별행위) ① 이 법에서 금지한 차별행위를 행하고 그 행위가 악의적인 것으로 인정되는 경우 법원은 차별을 한 자에 대하여 3년 이하의 징역 또는 3천만 원 이하의 벌금에 처할 수 있다.

② 제1항에서 악의적이라 함은 다음 각 호의 사항을 전부 고려하여 판단하여야 한다.

1. 차별의 고의성
2. 차별의 지속성 및 반복성
3. 차별 피해자에 대한 보복성
4. 차별 피해의 내용 및 규모

③ 법인의 대표자나 법인 또는 개인의 대리인·사용인, 그 밖의 종업원이 그 법인 또는 개인의 업무에 관하여 악의적인 차별행위를 한 때에는 행위자를 벌하는 외에 그 법인 또는 개인에 대하여도 제1항의 벌금형을 과한다. 다만, 법인 또는 개인이 그 위반행위를 방지하기 위하여 해당 업무에 관하여 상당한 주의와 감독을 게을리하지 아니한 경우에는 그러하지 아니하다. 〈개정 2010. 5. 11〉

④ 이 조에서 정하지 아니한 벌칙은 「국가인권위원회법」의 규정을 준용한다.

제50조(과태료) ① 제44조에 따라 확정된 시정명령을 정당한 사유 없이 이행하지 아니한 자는 3천만 원 이하의 과태료에 처한다.

② 제1항에 따른 과태료는 법무부장관이 부과·징수한다. 〈개정 2010. 5. 11〉

③ 삭제 〈2010. 5. 11〉
④ 삭제 〈2010. 5. 11〉
⑤ 삭제 〈2010. 5. 11〉

부칙 〈제10789호, 2011. 6. 7〉 (영유아보육법)

제1조(시행일) 이 법은 공포 후 6개월이 경과한 날부터 시행한다. 〈단서 생략〉

제2조부터 제5조까지 생략

제6조(다른 법률의 개정) ① 부터 〈24〉까지 생략

〈25〉 장애인차별금지 및 권리구제 등에 관한 법률 일부를 다음과 같이 개정한다.

제3조 제6호 중 "보육시설"을 "어린이집"으로 하고, 제13조 제1항 중 "보육시설"을 "어린이집"으로 하며, 제28조 제3항 중 "보육시설 및 그 종사자"를 "어린이집 및 그 보육교직원"으로 한다.

〈26〉부터 〈32〉까지 생략

# 「국가정보화 기본법」

[시행 2011. 7. 20] [법률 제10629호, 2011. 5. 19, 타법개정]

## 제1장 총칙

제1조(목적) 이 법은 국가정보화의 기본 방향과 관련 정책의 수립·추진에 필요한 사항을 규정함으로써 지속 가능한 지식정보사회의 실현에 이바지하고 국민의 삶의 질을 높이는 것을 목적으로 한다.

제2조(기본이념) 이 법은 국가정보화의 추진을 통하여 인간의 존엄을 바탕으로 사회적, 윤리적 가치가 조화를 이루는 지식정보사회를 실현하고 이를 지속적으로 발전시키는 것을 기본이념으로 한다.

제3조(정의) 이 법에서 사용하는 용어의 뜻은 다음과 같다.

1. "정보"란 특정 목적을 위하여 광(光) 또는 전자적 방식으로 처리되어 부호, 문자, 음성, 음향 및 영상 등으로 표현된 모든 종류의 자료 또는 지식을 말한다.
2. "정보화"란 정보를 생산·유통 또는 활용하여 사회 각 분야의 활동을 가능하게 하거나 그러한 활동의 효율화를 도모하는 것을 말한다.
3. "국가정보화"란 국가기관, 지방자치단체 및 공공기관이 정보화를 추진하거나 사회 각 분야의 활동이 효율적으로 수행될 수 있도록 정보화를 통하여 지원하는 것을 말한다.
4. "지식정보사회"란 정보화를 통하여 지식과 정보가 행정, 경제, 문화, 산업 등 모든 분야에서 가치를 창출하고 발전을 이끌어가는 사회를 말한다.
5. "정보통신"이란 정보의 수집·가공·저장·검색·

송신·수신 및 그 활용, 이에 관련되는 기기(器機)·기술·서비스 및 그 밖에 정보화를 촉진하기 위한 일련의 활동과 수단을 말한다.

6. "정보보호"란 정보의 수집, 가공, 저장, 검색, 송신, 수신 중 발생할 수 있는 정보의 훼손, 변조, 유출 등을 방지하기 위한 관리적·기술적 수단(이하 "정보보호시스템"이라 한다)을 마련하는 것을 말한다.

7. "지식정보자원"이란 국가적으로 보존 및 이용 가치가 있는 자료로서 학술, 문화, 과학기술, 행정 등에 관한 디지털화된 자료나 디지털화의 필요성이 인정되는 자료를 말한다.

8. "정보문화"란 정보기술의 활용 과정에서 형성된 사회구성원들의 행동방식, 가치관, 규범 등의 생활양식을 말한다.

9. "정보격차"란 사회적, 경제적, 지역적 또는 신체적 여건으로 인하여 정보통신서비스에 접근하거나 정보통신서비스를 이용할 수 있는 기회에 차이가 생기는 것을 말한다.

10. "공공기관"이란 다음 각 목의 기관을 말한다.
    가. 「공공기관의 운영에 관한 법률」에 따른 공공기관
    나. 「지방공기업법」에 따른 지방공사 및 지방공단
    다. 특별법에 따라 설립된 특수법인
    라. 「초·중등교육법」, 「고등교육법」 및 그 밖의 다른 법률에 따라 설치된 각급 학교
    마. 그 밖에 대통령령으로 정하는 법인·기관 및 단체

11. "정보통신망"이란 「전기통신기본법」 제2조 제2호에 따른 전기통신설비를 이용하거나 전기통신설비와 컴퓨터 및 컴퓨터의 이용기술을 활용하여 정보를 수집, 가공, 저장, 검색, 송신 또는 수신하는 정보통신체제를 말한다.

12. "정보통신기반"이란 정보통신망과 이에 접속하여 이용되는 정보통신기기, 소프트웨어 및 데이터베이스 등을 말한다.

13. "초고속정보통신망"이란 실시간으로 동영상정보를 주고 받을 수 있는 고속·대용량의 정보통신망을 말한다.

14. "광대역통합정보통신망"이란 통신·방송·인터넷이 융합된 멀티미디어 서비스를 언제 어디서나 고속·대용량으로 이용할 수 있는 정보통신망을 말한다.

15. "광대역통합정보통신기반"이란 광대역통합정보통신망과 이에 접속되어 이용되는 정보통신기기·소프트웨어 및 데이터베이스 등을 말한다.

16. "광대역통합연구개발망"이란 광대역통합정보통신망과 관련한 기술 및 서비스를 시험·검증하고 연구개발을 지원하기 위한 정보통신망을 말한다.

제4조(국가정보화 추진의 기본원칙) ① 국가와 지방자치단체는 제2조에 따른 기본이념을 고려하여 국가정보화 추진을 위한 시책을 수립·시행하여야 한다.

② 국가와 지방자치단체는 국가정보화 추진 과정에서 민간과의 협력 체계를 마련하는 등 사회 각 계층의 다양한 의견을 수렴하도록 노력하여야 한다.

③ 국가와 지방자치단체는 국가정보화 추진 과정에서 정보화의 역기능을 방지하기 위한 정보보호, 개인정보 보호 등의 대책을 마련하여야 한다.

④ 국가와 지방자치단체는 국민이 국가정보화의 성과를 보편적으로 누릴 수 있도록 필요한 조치를 하여야 한다.

⑤ 국가와 지방자치단체는 시책 추진에 필요한 재원을 마련하기 위하여 노력하여야 한다.

제5조(다른 법률과의 관계) ① 국가정보화의 추진에 관한 다른 법률을 제정하거나 개정할 때에는 이 법의 목적과 기본이념에 맞도록 노력하여야 한다.

② 국가정보화의 추진에 관하여 다른 법률에 특별한 규정이 있는 경우를 제외하고는 이 법에서 정하는 바에 따른다.

## 제2장 국가정보화 정책의 수립 및 추진체계

제6조(국가정보화 기본계획의 수립) ① 정부는 국가정보화의 효율적, 체계적 추진을 위하여 5년마다 국가정보화 기본계획(이하 "기본계획"이라 한다)을 수립하여야 한다.

② 기본계획은 행정안전부장관이 국가와 지방자치단체의 부문계획을 종합하여 수립하며, 제9조에 따른 국가정보화전략위원회(이하 "위원회"라 한다)의 심의를 거쳐 확정한다. 기본계획 중 대통령령으로 정하는 중요한 사항을 변경하는 경우에도 또한 같다.

③ 기본계획에는 다음 각 호의 사항이 포함되어야 한다. 〈개정 2011. 5. 19〉

1. 국가정보화 정책의 기본 방향 및 중장기 발전방향

2. 행정, 보건, 사회복지, 교육, 문화, 환경, 과학기술 등 공공 분야의 정보화

3. 제16조에 따른 지역정보화

4. 산업·금융 등 민간 분야 정보화의 지원

5. 제2호부터 제4호까지의 사항과 관련된 분야별 정보보호, 국가정보화 기반의 조성 및 고도화

6. 정보문화의 창달 및 정보격차의 해소

7. 개인정보 보호, 건전한 정보통신 윤리 확립, 이용자의 권익보호 및 지식재산권의 보호

8. 정보의 공동활용 및 표준화

9. 국가정보화와 관련된 법령·제도의 개선

10. 국가정보화와 관련된 국제협력의 활성화

11. 국가정보화와 관련된 재원의 조달 및 운용

12. 그 밖에 국가정보화 추진을 위하여 필요한 사항

④ 행정안전부장관은 위원회의 심의를 거쳐 국가와 지방자치단체의 부문계획의 작성지침을 정하고 이를 관계 기관에 통보할 수 있다.

⑤ 중앙행정기관(대통령 소속 기관 및 국무총리 소속 기관을 포함한다. 이하 같다)의 장과 지방자치단체의 장은 소관 주요 정책을 수립하고 집행을 할 때 제3항 각 호의 사항을 우선적으로 고려하여야 한다.

제7조(국가정보화 시행계획의 수립) ① 중앙행정기관의 장과 지방자치단체의 장은 기본계획에 따라 매년 국가정보화 시행계획(이하 "시행계획"이라 한다)을 수립·시행하여야 한다.

② 중앙행정기관의 장과 지방자치단체의 장은 전년도 시행계획의 추진 실적과 다음 해의 시행계획을 위원회에 제출하여 심의를 받아야 한다. 시행계획 중 대통령령으로 정하는 중요한 사항을 변경하는 경우에도 또한 같다.

③ 위원회는 제2항에 따라 제출된 시행계획을 심의한 후 그 의견을 기획재정부장관에게 제시하여야 한다.

④ 기획재정부장관은 시행계획에 필요한 예산을 편성할 때에는 제3항에 따른 위원회의 의견을 참작하여야 한다.

⑤ 시행계획의 수립 및 시행 등에 필요한 사항은 대통령령으로 정한다.

제8조(국가정보화 정책 등의 조정) ① 중앙행정기관의 장이나 지방자치단체의 장은 다른 중앙행정기관의 장이나 지방자치단체의 장이 수행하는 국가정보화 정책이나 사업 추진이 해당 기관의 국가정보화 정책이나 사업 추진에 지장을 줄 우려가 있다고 인정될 때에는 미리 행정안전부장관과 협의한 후 위원회에 조정을 요청할 수 있다.

② 위원회는 제1항에 따른 조정 요청을 받으면 이를 심의하여 그 조정 결과를 해당 중앙행정기관의 장이나 지방자치단체의 장에게 통보하여야 한다.

③ 해당 중앙행정기관의 장이나 지방자치단체의 장은 특별한 사유가 없으면 제2항에 따라 통보받은 조정 결과를 해당 국가정보화 정책이나 사업 추진에 반영하여야 한다.

④ 조정의 절차와 방법 등에 필요한 사항은 대통령령으로 정한다.

제9조(국가정보화전략위원회) ① 국가정보화 추진과 관련된 사항을 심의하기 위하여 대통령 소속으로 국가정보화전략위원회를 둔다.

② 위원은 위원장 2명을 포함하여 35명 이내로 한다.

③ 위원장은 국무총리와 제3호에 속한 사람 중에서 대통령이 위촉하는 사람이 공동으로 되고, 위원은 다음 각 호의 사람이 된다. 다만, 제1호의 위원은 제10조에서 정한 위원회의 심의사항이 해당 기관의 업무와 관련되어 있어 협조가 필요하거나 그 밖에 필요한 경우에만 위원회에 출석한다.

1. 국회사무총장, 법원행정처장, 헌법재판소사무처장과 중앙선거관리위원회사무총장

2. 중앙행정기관의 장과 지방자치단체의 장 중 대통령령으로 정하는 사람

3. 국가정보화에 관한 전문지식과 경험이 풍부한 사람 중에서 대통령이 위촉하는 사람

④ 제3항 제3호에 따른 위원의 임기는 2년으로 하고 1차에 한하여 연임할 수 있다.

⑤ 위원회의 효율적 운영 및 지원을 위하여 간사 1명을 두되, 간사는 행정안전부장관이 된다.

⑥ 위원회에 상정할 안건을 미리 검토하고 위원회가 위임한 안건을 심의하기 위하여 위원회에 국가정보화

전략실무위원회(이하 "실무위원회"라 한다)를 두며, 실무위원회 소속으로 안건 심의 등을 지원하기 위하여 분야별 전문위원회를 둔다.

⑦ 위원회의 운영과 실무위원회 및 분야별 전문위원회의 구성과 운영에 필요한 사항은 대통령령으로 정한다.

제10조(위원회의 기능) 위원회는 다음 각 호의 사항을 심의한다.

1. 기본계획 및 시행계획의 수립
2. 기본계획 및 시행계획 중 대통령령으로 정하는 중요한 사항의 변경
3. 제6조 제4항에 따른 부문계획의 작성지침
4. 제8조에 따른 국가정보화 정책이나 사업 추진의 조정
5. 기본계획 및 시행계획의 주요 시책에 대한 추진실적 분석 및 점검
6. 제27조 제1항에 따른 지식정보자원의 지정
7. 정보문화의 창달 및 정보격차의 해소를 위한 사업의 우선 순위 결정
8. 「전자정부법」과 그 밖의 다른 법령에서 위원회의 심의사항으로 정한 사항
9. 중장기 지식정보자원 관리계획
10. 그 밖에 국가정보화의 추진과 관련하여 위원장이 필요하다고 인정하는 사항

제11조(정보화책임관) ① 국가기관과 지방자치단체의 장은 해당 기관의 국가정보화 시책의 효율적인 수립·시행과 국가정보화 사업의 조정 등의 업무를 총괄하는 책임관(이하 "정보화책임관"이라 한다)을 임명할 수 있다.

② 정보화책임관은 해당 기관의 업무와 관련하여 다음 사항을 담당한다. 〈개정 2010. 2. 4〉

1. 국가정보화 사업의 총괄조정, 지원 및 평가
2. 국가정보화 정책과 기관 내 다른 정책·계획 등과의 연계·조정
3. 정보기술을 이용한 행정업무의 지원
4. 정보자원의 획득·배분·이용 등의 종합조정 및 체계적 관리와 정보공동활용방안의 수립
5. 정보문화의 창달과 정보격차의 해소
6. 「전자정부법」 제2조 제12호에 따른 정보기술아키텍처(이하 "정보기술아키텍처"라 한다)의 도입·활용

7. 정보화 교육
8. 그 밖에 다른 법령에서 정보화책임관의 업무로 정하는 사항

제12조(정보화책임관 협의회) ① 중앙행정기관 및 지방자치단체는 정보화의 효율적 추진과 필요한 정보의 교류 및 관련 정책의 협의 등을 하기 위하여 제11조에 따라 임명된 정보화책임관으로 구성된 정보화책임관 협의회(이하 이 조에서 "협의회"라 한다)를 구성·운영한다.

② 협의회는 다음 각 호의 사항을 협의한다.

1. 전자정부와 관련된 정책의 수립·시행에 관한 사항
2. 행정정보의 공동이용에 관한 사항
3. 정보기술아키텍처에 관한 사항
4. 정보자원의 체계적 관리 및 표준화에 관한 사항
5. 여러 국가기관, 지방자치단체 및 공공기관(이하 "국가기관등"이라 한다)이 관련된 전자정부사업, 지역정보화사업, 정보문화 창달 및 정보격차 해소의 추진에 관한 사항
6. 그 밖에 의장이 필요하다고 인정하는 사항

③ 협의회의 의장은 행정안전부장관이 된다. 다만, 의장이 필요하다고 인정하는 경우에는 관계 기관의 정보화책임관을 협의회의 위원으로 추가할 수 있다.

④ 제1항부터 제3항까지에서 규정한 사항 외에 협의회의 운영에 필요한 사항은 대통령령으로 정한다.

제13조(정보화계획의 반영 등) ① 사회간접자본시설사업 및 지역개발사업 등 대통령령으로 정하는 대규모 투자사업을 시행하려는 중앙행정기관의 장과 지방자치단체의 장은 해당 사업계획을 수립·시행할 때에는 정보기술의 활용, 정보통신기반 및 정보통신서비스의 연계이용 등을 위한 정보화계획을 수립하여 최대한 반영하여야 한다.

② 행정안전부장관은 중앙행정기관과 지방자치단체가 제1항에 따른 정보화계획을 효과적으로 수립할 수 있도록 기술 및 인력 등 필요한 사항을 지원할 수 있다.

제14조(한국정보화진흥원의 설립 등) ① 국가기관등의 국가정보화 추진과 관련된 정책의 개발과 건강한 정보문화 조성 및 정보격차 해소 등을 지원하기 위하여 한국정보화진흥원(이하 "정보화진흥원"이라 한다)을 설립한다.

② 정보화진흥원은 법인으로 한다.

③ 정보화진흥원은 다음 각 호의 사업을 한다.

1. 기본계획과 시행계획의 수립·시행에 필요한 전문기술의 지원

2. 국가기관등의 정보통신망 관리 및 운영의 지원

3. 국가기관등이 보유한 주요 정보의 원활한 유통과 공동이용을 위한 시스템의 구축·운영 및 표준화의 지원

4. 국가기관등의 정보자원 관리 지원

5. 국가기관등의 정보화사업 추진 및 평가 지원

6. 국가기관등의 정보통신 신기술 활용 촉진과 이에 따른 전문기술의 지원

7. 정보문화의 창달과 인터넷 중독의 실태조사, 예방 및 해소 지원

8. 정보격차의 해소를 위한 지원

9. 건강한 정보문화의 확립 및 정보격차의 해소를 위한 교육 및 홍보

10. 국가정보화, 정보문화 및 정보격차 해소와 관련된 정책 개발을 지원하기 위한 동향 분석, 미래예측 및 법·제도의 조사·연구

11. 국가정보화, 정보문화 및 정보격차 해소와 관련된 국제협력 및 홍보

12. 다른 법령에서 정보화진흥원의 업무로 정하거나 정보화진흥원에 위탁한 사업

13. 그 밖에 국가기관등의 장이 위탁하는 사업

④ 국가기관등은 정보화진흥원의 설립, 시설, 운영 및 사업 추진 등에 필요한 경비에 충당하도록 하기 위하여 정보화진흥원에 출연할 수 있으며, 정부는 정보화진흥원의 설립 및 운영 등을 위하여 필요한 국유재산을 무상으로 대여할 수 있다.

⑤ 정보화진흥원은 지원을 받으려는 국가기관등에 그 지원에 드는 비용의 전부 또는 일부를 부담하게 할 수 있다.

⑥ 정보화진흥원에 관하여는 이 법 및 「공공기관의 운영에 관한 법률」에서 정한 것을 제외하고는 「민법」 중 재단법인에 관한 규정을 준용한다.

⑦ 정보화진흥원이 아닌 자는 한국정보화진흥원의 명칭을 사용하지 못한다.

⑧ 제1항부터 제7항까지에서 규정한 사항 외에 정보화진흥원의 설립과 운영에 필요한 사항은 대통령령으로 정한다.

## 제3장 국가정보화의 추진

### 〈제1절 분야별 정보화의 추진〉

제15조(공공정보화의 추진) ① 국가기관등은 행정 업무의 효율성 향상과 국민 편익 증진 등을 위하여 행정, 보건, 사회복지, 교육, 문화, 환경, 과학기술 등 소관 업무에 대한 정보화를 추진하여야 한다.

② 국가기관등은 제1항에 따른 정보화(이하 "공공정보화"라 한다)를 효율적으로 추진하기 위하여 정보기술아키텍처를 도입·활용하는 등 필요한 방안을 마련하여야 한다.

제16조(지역정보화의 추진) ① 국가기관과 지방자치단체는 지역 주민의 삶의 질 향상과 지역 간 균형발전, 정보격차 해소 등을 위하여 하나 또는 여러 개의 지역·도시에 대하여 행정·생활·산업 등의 분야를 대상으로 하는 정보화를 추진할 수 있다.

② 국가기관과 지방자치단체는 제1항에 따른 정보화(이하 "지역정보화"라 한다)를 추진하는 경우 지역의 수요와 특성을 고려하여야 하며, 관계 기관의 의견을 수렴하고 그 결과를 최대한 반영하여야 한다.

③ 국가기관은 지방자치단체가 추진하는 지역정보화를 위하여 행정, 재정, 기술 등 필요한 사항을 지원할 수 있다.

제17조(민간 분야 정보화의 지원) 정부는 산업·금융 등 민간 분야의 생산성 향상과 부가가치 창출 등을 위하여 기업의 정보화 및 정보통신기반의 구축·이용 등 민간 분야의 정보화에 필요한 사항을 지원할 수 있다.

제18조(지식·정보의 공유·유통) 국가기관등은 국가정보화의 추진을 통하여 창출되는 각종 지식과 정보가 사회 각 분야에 공유·유통될 수 있도록 필요한 기반을 마련하여야 한다.

제19조(민간기관 등과의 협력) ① 국가기관등은 공공정보화를 추진할 때 민간투자를 적극 유치하고, 관련 민간사업자와 민간사업자단체에 필요한 지원을 할 수 있다.

② 국가기관등은 공공정보화를 추진하기 위하여 대통령령으로 정하는 바에 따라 민간기관 등과 협의체를 구성·운영할 수 있다.

제20조(정보통신응용서비스 이용 등의 활성화)  정부는 인터넷, 원격정보통신서비스 및 전자거래 등 정보통신망을 활용한 응용서비스의 이용을 활성화하고 우수한 콘텐츠의 개발을 촉진하기 위한 시책을 마련하여야 한다.

제21조(표준화의 추진)  정부는 국가정보화를 효율적으로 추진하고 정보의 공동활용을 촉진하며 정보통신의 효율적 운영 및 호환성 확보 등을 위하여 표준화를 추진하여야 한다.

제22조(정보통신망의 상호연동 등)  ① 정부는 국가기관과 지방자치단체가 구축한 정보통신망의 효율적인 운영과 정보의 공동활용을 촉진하기 위하여 정보통신망 간 상호연동에 필요한 시책을 마련하여야 한다.

② 국가기관과 지방자치단체가 정보통신망을 구축ㆍ운영하려는 경우에는 다른 기관의 정보통신망을 공동활용하는 방안을 우선적으로 마련하여야 한다.

제23조(국가정보화 관련 영역과의 연계)  ① 정부는 정보통신산업의 기반조성을 위하여 필요한 시책을 마련하여야 한다.

② 정부는 정보통신기반을 조기에 구축하고 사회 각 분야에서 이용을 활성화하기 위하여 필요한 시책을 마련하여야 한다.

제24조(국제협력)  ① 정부는 국가정보화에 관한 국제적 동향을 파악하고 국제협력을 추진하여야 한다.

② 정부는 국가정보화에 관한 국제협력을 추진하기 위하여 다음 각 호의 업무를 할 수 있다.

1. 국가정보화 관련 기술과 인력의 국제교류 지원
2. 국제표준화와 국제공동연구개발사업 등의 지원
3. 국가정보화와 관련된 국제기구 및 외국정부와의 협력
4. 국가정보화와 관련된 국제평가
5. 국가정보화와 관련된 민간부문의 국제협력 지원
6. 정보문화 창달 및 정보격차 해소와 관련된 국제협력
7. 그 밖에 국제협력과 관련하여 대통령령으로 정하는 사항

〈제2절 지식정보자원의 관리 및 활용〉

제25조(지식정보자원의 관리 등)  ① 국가기관과 지방자치단체는 지식정보자원을 효율적으로 관리하여야 한다.

② 행정안전부장관은 지식정보자원의 효율적인 수집, 개발 및 활용 등을 촉진하기 위하여 관계 기관의 장과의 협의 및 위원회의 심의를 거쳐 다음 각 호의 사항이 포함된 중장기 지식정보자원 관리계획을 대통령령으로 정하는 바에 따라 수립ㆍ시행하여야 한다.

1. 지식정보자원 관리의 기본방향
2. 지식정보자원의 관리 및 활용
3. 지식정보자원의 표준화 및 공동이용
4. 지식정보자원의 유통체계 구축
5. 지식정보자원 관리의 평가
6. 지식정보자원의 관리를 위한 재원 확보
7. 그 밖에 지식정보자원의 효율적인 수집, 개발 및 활용 등을 위하여 필요한 사항

③ 중앙행정기관의 장과 지방자치단체의 장은 소관 지식정보자원을 효율적으로 관리하고 그 활용을 촉진하기 위하여 적절한 시책을 마련하여야 하며, 행정안전부장관은 해당 기관의 시책 추진을 효율적으로 지원하기 위한 대책을 마련하여야 한다.

제26조(지식정보자원의 표준화)  ① 행정안전부장관은 지식정보자원의 개발ㆍ활용 및 효율적인 관리를 위하여 다음 각 호의 사항과 관련된 표준화를 추진하여야 한다. 다만, 「산업표준화법」 등 다른 법률에 관련 표준이 있는 경우에는 그 표준을 따라야 한다.

1. 지식정보자원의 수집, 보존 및 전송
2. 지식정보자원의 공동활용
3. 그 밖에 지식정보자원의 개발ㆍ활용 및 효율적인 관리를 위하여 필요한 사항

② 지식정보자원의 표준화에 관한 사항은 대통령령으로 정한다.

제27조(중요지식정보자원의 지정 및 활용)  ① 행정안전부장관은 관계 기관의 장과의 협의 및 위원회의 심의를 거쳐 지식정보자원 중에서 보존 및 이용 가치가 높아 특별히 관리할 필요성이 있는 지식정보자원을 지정할 수 있다.

② 해당 중앙행정기관의 장과 지방자치단체의 장은 제1항에 따라 지정된 지식정보자원(이하 "중요지식정보자원"이라 한다)에 대한 디지털화 추진, 중요지식정보자원의 유통, 표준화 계획 등을 수립하여 위원회에 보고하여야 한다.

③ 중요지식정보자원을 이용하려는 자는 보유하고 있는 기관의 장에게 중요지식정보자원을 제공하여 줄 것을 요청할 수 있다. 이 경우 제공에 드는 비용은 제공을 요청하는 자가 부담하게 할 수 있다.

④ 중요지식정보자원의 지정기준, 지정절차, 관리, 유통 및 제공방법 등에 필요한 사항은 대통령령으로 정한다.

제28조(전문기관의 지정) ① 행정안전부장관은 지식정보자원의 관리·유통·활용·표준화 및 중요지식정보자원의 지정·관리 등을 위한 사업을 효율적으로 추진하기 위하여 전문기관을 지정할 수 있으며, 전문기관의 업무 수행을 위하여 예산의 범위에서 출연할 수 있다.

② 전문기관의 지정 및 운영에 필요한 사항은 대통령령으로 정한다.

## 제4장 국가정보화의 역기능 방지

### 〈제1절 정보이용의 건전성·보편성 보장〉

제29조(정보문화의 창달) ① 국가기관과 지방자치단체는 모든 국민이 국가정보화의 편익을 누릴 수 있도록 다음 각 호의 사항을 포함한 정보문화의 창달 및 확산 시책을 마련하여야 한다.

1. 정보문화 교육과 관련 인력의 양성
2. 정보문화 창달을 위한 홍보
3. 정보문화 교육 콘텐츠의 개발·보급
4. 정보문화 창달을 위한 사업이나 활동을 하는 단체에 대한 지원
5. 정보문화의 향유 및 교류 활성화를 위한 제도와 그 기반조성에 관한 사항
6. 그 밖에 정보문화 창달을 위하여 필요한 사항

② 행정안전부장관은 관계 중앙행정기관의 장과 협의하여 「유아교육법」 제13조 및 「초·중등교육법」 제23조에 따라 교육과학기술부장관이 정하는 교육과정의 기준과 내용에 정보문화에 관한 교육내용이 포함될 수 있도록 노력하여야 한다.

제30조(인터넷 중독의 예방 및 해소) 행정안전부장관은 관계 중앙행정기관의 장과 협의하여 인터넷 등의 지나친 이용으로 이용자가 일상생활에서 쉽게 회복할 수 없는 신체적, 정신적, 사회적 기능의 손상을 입는 것

(이하 "인터넷 중독"이라 한다)을 예방·해소하기 위하여 필요한 계획을 수립하고 시행하여야 한다.

제31조(정보격차 해소 시책의 마련) 국가기관과 지방자치단체는 모든 국민이 정보통신서비스에 원활하게 접근하고 정보를 유익하게 활용할 기본적 권리를 실질적으로 누릴 수 있도록 필요한 시책을 마련하여야 한다.

제32조(장애인·고령자 등의 정보 접근 및 이용 보장) ① 국가기관등은 인터넷을 통하여 정보나 서비스를 제공할 때 장애인·고령자 등이 쉽게 웹사이트를 이용할 수 있도록 접근성을 보장하여야 한다.

② 「정보통신망 이용촉진 및 정보보호 등에 관한 법률」 제2조 제3호에 따른 정보통신서비스 제공자(이하 "정보통신서비스 제공자"라 한다)는 그 서비스를 제공할 때 장애인·고령자 등의 접근과 이용의 편익을 증진하기 위하여 노력하여야 한다.

③ 정보통신 관련 제조업자는 정보통신기기 및 소프트웨어(이하 "정보통신제품"이라 한다)를 설계, 제작, 가공할 때 장애인·고령자 등이 쉽게 접근하고 이용할 수 있도록 노력하여야 한다.

④ 국가기관등은 정보통신제품을 구매할 때 장애인·고령자 등의 정보 접근과 이용 편의를 보장한 정보통신제품을 우선하여 구매하도록 노력하여야 한다.

⑤ 행정안전부장관은 장애인·고령자 등의 정보 접근 및 이용 편의 증진을 위한 정보통신서비스 및 정보통신제품 등의 종류·지침 등을 정하여 고시하여야 한다.

제33조(정보격차의 해소와 관련된 기술 개발 및 보급지원) ① 국가기관과 지방자치단체는 장애인·고령자 등의 정보 접근 및 이용환경 개선을 위한 관련 기술을 개발하기 위하여 필요한 시책을 마련하여야 하며, 행정안전부장관은 관련 기술의 개발을 지원할 수 있다.

② 국가기관과 지방자치단체는 다음 각 호의 사업자에게 재정 지원 및 기술적 지원을 할 수 있다.

1. 장애인·고령자 등의 정보 접근 및 이용환경 개선을 위하여 정보통신제품을 개발·생산하는 사업자
2. 장애인·고령자·농어민·저소득자를 위한 콘텐츠를 제공하는 사업자
3. 제1항에 따른 관련 기술을 개발·보급하는 사업자

③ 제2항에 따른 지원대상자의 선정·지원 방법 및 절

차 등에 관한 사항은 대통령령으로 정한다.

제34조(정보통신제품의 지원)  국가기관과 지방자치단체는 다음 각 호의 어느 하나에 해당하는 사람에게 대통령령으로 정하는 바에 따라 유상 또는 무상으로 정보통신제품을 제공할 수 있다.

1. 「장애인복지법」 제2조에 따른 장애인

2. 「국민기초생활 보장법」 제2조 제1호에 따른 수급권자

3. 그 밖에 경제적, 지역적, 신체적 또는 사회적 제약으로 인하여 정보를 이용하기 어려운 사람으로서 대통령령으로 정하는 사람

제35조(정보격차해소교육의 시행 등)  ① 국가기관과 지방자치단체는 정보격차의 해소를 위하여 필요한 교육(이하 이 조에서 "정보격차해소교육"이라 한다)을 시행하여야 한다.

② 국가기관과 지방자치단체는 다음 각 호의 어느 하나에 해당하는 사람에 대한 정보격차해소교육 비용의 전부 또는 일부를 부담할 수 있다.

1. 「장애인복지법」 제2조에 따른 장애인 중 대통령령으로 정하는 사람

2. 「국민기초생활 보장법」 제2조 제2호에 따른 수급자

3. 「북한이탈주민의 보호 및 정착지원에 관한 법률」 제2조 제1호에 따른 북한이탈주민

4. 그 밖에 국가의 부담으로 정보격차해소교육을 할 필요가 있다고 대통령령으로 정하는 사람

③ 정부는 정보격차해소교육이나 정보격차해소교육에 필요한 시설의 관리를 위하여 「병역법」 제2조에 따른 공익근무요원 등 필요한 인력을 지원할 수 있다.

④ 정보격차해소교육의 대상 및 종류는 대통령령으로 정한다.

제36조(재원의 조달)  ① 국가기관과 지방자치단체는 정보문화의 창달과 정보격차의 해소를 위하여 필요한 재원을 확보하도록 노력하여야 한다.

② 국가기관과 지방자치단체는 정보문화의 창달과 정보격차의 해소를 위하여 국가 예산 또는 지방자치단체의 예산으로 관련 사업을 지원할 수 있다.

〈제2절 정보이용의 안전성 및 신뢰성 보장〉

제37조(정보보호 시책의 마련)  ① 국가기관과 지방자치단체는 정보를 처리하는 모든 과정에서 정보의 안전한 유통을 위하여 정보보호를 위한 시책을 마련하여야 한다.

② 정부는 암호기술의 개발과 이용을 촉진하고 암호기술을 이용하여 정보통신서비스의 안전을 도모할 수 있는 조치를 마련하여야 한다.

제38조(정보보호시스템에 관한 기준 고시 등)  ① 행정안전부장관은 관계 기관의 장과 협의하여 정보보호시스템의 성능과 신뢰도에 관한 기준을 정하여 고시하고, 정보보호시스템을 제조하거나 수입하는 자에게 그 기준을 지킬 것을 권고할 수 있다.

② 행정안전부장관은 유통 중인 정보보호시스템이 제1항에 따른 기준에 미치지 못할 경우에 정보보호시스템의 보완 및 그 밖에 필요한 사항을 권고할 수 있다.

③ 제1항에 따른 기준을 정하기 위한 절차와 제2항에 따른 권고에 관한 사항 및 그 밖에 필요한 사항은 대통령령으로 정한다.

제39조(개인정보 보호 시책의 마련)  국가기관과 지방자치단체는 국가정보화를 추진할 때 인간의 존엄과 가치가 보장될 수 있도록 개인정보 보호를 위한 시책을 마련하여야 한다.

제40조(건전한 정보통신 윤리의 확립)  국가기관과 지방자치단체는 건전한 정보통신 윤리를 확립하기 위하여 미풍양속을 해치는 불건전한 정보의 유통을 방지하고 건강한 국민정서를 함양하며, 불건전한 정보로부터 청소년을 보호하기 위하여 필요한 시책을 마련하여야 한다.

제41조(이용자의 권익 보호 등)  ① 국가기관과 지방자치단체는 국가정보화를 추진할 때 이용자의 권익보호를 위하여 다음 각 호의 시책을 마련하여야 한다.

1. 이용자의 권익보호를 위한 홍보 · 교육 및 연구

2. 이용자의 권익보호를 위한 조직 활동의 지원 및 육성

3. 이용자의 명예 · 생명 · 신체 및 재산상의 위해 방지

4. 이용자의 불만 및 피해에 대한 신속 · 공정한 구제 조치

5. 그 밖에 이용자 보호와 관련된 사항

② 정보통신서비스 제공자는 사업을 할 때 이용자를 보호하기 위하여 필요한 조치를 마련하여야 한다.

제42조(지식재산권의 보호)  정부는 국가정보화를 추진할 때 저작권, 산업재산권 등 지식재산권이 합리적으로

보호될 수 있도록 필요한 시책을 마련하여야 한다.
〈개정 2011. 5. 19〉

[제목개정 2011. 5. 19]

## 제5장 연차보고 등

제43조(연차보고 등) ① 정부는 매년 국가정보화의 동향과 시책에 관한 보고서를 정기국회 개회 전까지 국회에 제출하여야 한다.

② 행정안전부장관은 다음 각 호의 사항에 관한 실태조사를 하고 그 결과를 종합하여 제1항에 따른 보고서에 포함하여야 한다.

1. 지식정보자원 관리의 실태
2. 정보문화 시책의 추진 실태
3. 정보격차의 실태 및 해소 현황
4. 그 밖에 대통령령으로 정하는 사항

③ 제2항에 따른 실태조사에 필요한 사항은 대통령령으로 정한다.

제44조(지표조사) 행정안전부장관은 사회 각 분야의 정보화에 대한 지표를 조사하고 개발하여 보급하여야 한다.

제45조(자료 제출의 요청) 행정안전부장관은 다음 각 호의 사항을 위하여 필요하면 국가기관등에 자료 제출을 요청할 수 있다.

1. 제6조에 따른 기본계획의 수립 및 변경의 지원
2. 제7조 및 제8조에 따른 시행계획의 심의 및 조정의 지원
3. 제24조에 따른 국제협력
4. 제27조에 따른 중요지식정보자원의 관리
5. 제43조에 따른 연차보고

제46조(권한의 위임 및 위탁) 이 법에 따른 행정안전부장관, 지식경제부장관, 방송통신위원회의 권한은 그 일부를 대통령령으로 정하는 바에 따라 행정안전부나 지식경제부 소속 기관의 장이나 지방자치단체의 장에게 위임하거나 다른 행정기관의 장에게 위탁할 수 있다.

제47조(과태료) ① 제14조 제7항을 위반한 자에게는 500만 원 이하의 과태료를 부과한다.

② 제1항에 따른 과태료는 행정안전부장관이 부과·징수한다.

## 제6장 정보통신기반의 고도화

제48조(전담기관의 지정 등) ① 방송통신위원회는 광대역통합정보통신기반의 원활한 구축과 이용촉진을 위하여 필요한 때에는 홍보, 국제협력, 기술개발 등 그 업무를 전담할 기관(이하 "전담기관"이라 한다)을 분야별로 지정할 수 있다.

② 정부는 광대역통합정보통신기반의 구축 및 이용촉진과 관련된 업무를 수행하는 데 소요되는 자금을 전담기관에 출연하거나 융자 등을 할 수 있다.

③ 전담기관은 제2항에 따른 자금을 별도로 관리하여야 한다.

④ 전담기관의 지정 및 운영 등에 관하여 필요한 사항은 대통령령으로 정한다.

제49조(초고속국가망의 관리 등) ① 방송통신위원회는 국가재정으로 공공기관과 대통령령으로 정하는 비영리기관(이하 "비영리기관등"이라 한다)이 이용하는 초고속정보통신망(이하 "초고속국가망"이라 한다)을 구축·관리하거나 제48조에 따라 지정된 전담기관으로 하여금 구축·관리하게 할 수 있다.

② 방송통신위원회는 비영리기관등이 초고속국가망을 최소의 비용으로 이용할 수 있도록 필요한 시책을 강구하여야 한다.

③ 초고속국가망의 구축·관리에 관하여 필요한 사항은 대통령령으로 정한다.

제50조(광대역통합연구개발망의 구축·관리 등) ① 방송통신위원회는 광대역통합정보통신망의 구축을 촉진하기 위하여 국가재정으로 광대역통합연구개발망을 구축·관리·운영하거나 제48조에 따라 지정된 전담기관으로 하여금 구축·관리·운영하게 할 수 있다.

② 방송통신위원회는 광대역통합정보통신망의 품질관리를 위하여 필요한 시책을 강구하여야 한다.

제51조(광대역통합정보통신망 확충을 위한 협조 등) ① 정부는 광대역통합정보통신망의 원활한 확충을 위하여 관로·공동구·전주 등(이하 "관로등"이라 한다)의 시설의 효율적 확충·관리에 필요한 시책을 강구하여야 한다.

② 「전기통신사업법」 제6조에 따른 기간통신사업자, 「방송법」 제2조에 따른 종합유선방송사업자 및 중계

유선방송사업자(이하 이 조에서 "기간통신사업자등"이라 한다)는 도로, 철도, 지하철도, 상·하수도, 전기설비, 전기통신회선설비 등을 건설·운용·관리하는 기관의 장에 대하여 필요한 비용부담을 조건으로 전기통신 선로설비(「방송법」 제80조에 따른 전송·선로설비를 포함한다)의 설치를 위한 관로등의 건설 또는 대여를 요청할 수 있다. 〈개정 2010. 3. 22〉

③ 기간통신사업자등은 제2항의 기관과 관로등의 건설 또는 대여에 관한 합의가 이루어지지 아니할 경우 방송통신위원회에 조정을 요청할 수 있다.

④ 방송통신위원회는 제3항에 따른 조정요청을 받아 조정을 할 경우 관계 중앙행정기관의 장과 사전에 협의하여야 한다.

⑤ 제2항부터 제4항까지에 따른 건설 또는 대여의 요청 및 합의와 조정에 관하여 필요한 사항은 대통령령으로 정한다.


부칙 〈제10629호, 2011. 5.19〉(「지식재산 기본법」)

제1조(시행일) 이 법은 공포 후 2개월이 경과한 날부터 시행한다. 〈단서 생략〉

제2조(다른 법률의 개정) ①부터 ④까지 생략

⑤ 「국가정보화 기본법」 일부를 다음과 같이 개정한다.

제6조 제3항 제7호 중 "지적재산권"을 "지식재산권"으로 한다.

제42조의 제목 "(지적재산권의 보호)"를 "(지식재산권의 보호)"로 하고, 같은 조 중 "지적재산권"을 "지식재산권"으로 한다.

⑥ 부터 〈22〉까지 생략


「장애인고용촉진 및 직업재활법」

[시행 2011. 10. 26] [법률 제10969호, 2011. 7.25, 일부개정]


제1장 총칙

제1조(목적) 이 법은 장애인이 그 능력에 맞는 직업생활을 통하여 인간다운 생활을 할 수 있도록 장애인의 고용촉진 및 직업재활을 꾀하는 것을 목적으로 한다.

제2조(정의) 이 법에서 사용하는 용어의 뜻은 다음과 같다. 〈개정 2010. 6. 4〉

1. "장애인"이란 신체 또는 정신상의 장애로 장기간에 걸쳐 직업생활에 상당한 제약을 받는 자로서 대통령령으로 정하는 기준에 해당하는 자를 말한다.

2. "중증장애인"이란 장애인 중 근로 능력이 현저하게 상실된 자로서 대통령령으로 정하는 기준에 해당하는 자를 말한다.

3. "고용촉진 및 직업재활"이란 장애인의 직업지도, 직업적응훈련, 직업능력개발훈련, 취업알선, 취업, 취업 후 적응지도 등에 대하여 이 법에서 정하는 조치를 강구하여 장애인이 직업생활을 통하여 자립할 수 있도록 하는 것을 말한다.

4. "사업주"란 근로자를 사용하여 사업을 행하거나 하려는 자를 말한다.

5. "근로자"란 「근로기준법」 제2조 제1항 제1호에 따른 근로자를 말한다. 다만, 소정근로시간이 대통령령으로 정하는 시간 미만인 자(중증장애인은 제외한다)는 제외한다.

6. "직업능력개발훈련"이란 「근로자직업능력 개발법」 제2조 제1호에 따른 훈련을 말한다.

7. "직업능력개발훈련시설"이란 「근로자직업능력 개발법」 제2조 제3호에 따른 직업능력개발훈련시설을 말한다.

8. "장애인 표준사업장"이란 장애인 고용 인원·고용 비율 및 시설·임금에 관하여 고용노동부령으로 정하는 기준에 해당하는 사업장(「장애인복지법」 제58조 제1항 제3호에 따른 장애인 직업재활시설은 제외한다)을 말한다.

제3조(국가와 지방자치단체의 책임) ① 국가와 지방자치단체는 장애인의 고용촉진 및 직업재활에 관하여 사업주 및 국민 일반의 이해를 높이기 위하여 교육·홍보 및 장애인 고용촉진 운동을 지속적으로 추진하여야 한다.

② 국가와 지방자치단체는 사업주·장애인, 그 밖의 관계자에 대한 지원과 장애인의 특성을 고려한 직업재활 조치를 강구하여야 하고, 장애인의 고용촉진을 꾀하기 위하여 필요한 시책을 종합적이고 효과적으로 추진하여야 한다. 이 경우 중증장애인과 여성장

애인에 대한 고용촉진 및 직업재활을 중요시하여야
한다.

제4조(국고의 부담) ① 국가는 매년 장애인 고용촉진 및
직업재활 사업에 드는 비용의 일부를 일반회계에서
부담할 수 있다.

② 국가는 매년 예산의 범위에서 장애인 고용촉진 및
직업재활 사업의 사무 집행에 드는 비용을 적극 지
원한다.

제5조(사업주의 책임) ① 사업주는 장애인의 고용에 관한
정부의 시책에 협조하여야 하고, 장애인이 가진 능력
을 정당하게 평가하여 고용의 기회를 제공함과 동시
에 적정한 고용관리를 할 의무를 가진다.

② 사업주는 근로자가 장애인이라는 이유로 채용·승
진·전보 및 교육훈련 등 인사관리상의 차별대우를
하여서는 아니 된다.

③ 사업주는 직장 내 장애인 근로자의 안정적인 근무여
건 조성과 채용 확대를 위하여 장애인 인식개선 교
육을 실시하여야 한다. 〈신설 2007. 12. 27〉

④ 고용노동부장관은 제3항에 따른 사업주의 장애인
인식개선 교육이 원활하게 이루어지도록 교육교재
등을 개발하여 보급하여야 한다. 〈신설 2007. 12. 27,
2010. 6. 4〉

제6조(장애인의 자립 노력 등) ① 장애인은 직업인으로서
의 자각을 가지고 스스로 능력 개발·향상을 도모하
여 유능한 직업인으로 자립하도록 노력하여야 한다.

② 장애인의 가족 또는 장애인을 보호하고 있는 자는
장애인에 관한 정부의 시책에 협조하여야 하고, 장
애인의 자립을 촉진하기 위하여 적극적으로 노력하
여야 한다.

제7조(장애인 고용촉진 및 직업재활 기본계획 등) ① 고용
노동부장관은 관계 중앙행정기관의 장과 협의하여 장
애인의 고용촉진 및 직업재활을 위한 기본계획을 세
워야 한다. 〈개정 2008. 2. 29, 2009. 10. 9, 2010. 6. 4〉

② 제1항의 기본계획에는 다음 각 호의 사항이 포함되
어야 한다. 〈개정 2010. 6. 4〉

1. 장애인의 고용촉진 및 직업재활에 관한 사항

2. 제68조에 따른 장애인 고용촉진 및 직업재활 기금
에 관한 사항

3. 장애인을 위한 시설의 설치·운영 및 지원에 관한

사항

4. 그 밖에 장애인의 고용촉진 및 직업재활을 위하여
고용노동부장관이 필요하다고 인정하는 사항

③ 제1항의 기본계획, 장애인의 고용촉진 및 직업재활
에 관한 중요 사항은 「고용정책 기본법」 제10조에
따른 고용정책심의회(이하 "고용정책심의회"라 한
다)의 심의를 거쳐야 한다. 〈개정 2009. 10. 9〉

④ 삭제 〈2009. 10. 9〉

⑤ 삭제 〈2009. 10. 9〉

⑥ 삭제 〈2009. 10. 9〉

제8조(교육과학기술부 및 보건복지부와의 연계) ① 교육과
학기술부장관은 「장애인 등에 대한 특수교육법」에 따
른 특수교육 대상자의 취업을 촉진하기 위하여 필요
하다고 인정하면 직업교육 내용 등에 대하여 고용노
동부장관과 협의하여야 한다. 〈개정 2008. 2. 29, 2009.
10. 9, 2010. 6. 4〉

② 보건복지부장관은 직업재활 사업 등이 효율적으로
추진될 수 있도록 고용노동부장관과 긴밀히 협조하
여야 한다. 〈개정 2008. 2. 29, 2010. 1. 18, 2010. 6. 4〉

[제목개정 2008. 2. 29, 2010. 1. 18]

## 제2장 장애인 고용촉진 및 직업재활

제9조(장애인 직업재활 실시 기관) ① 장애인 직업재활 실
시 기관(이하 "재활실시기관"이라 한다)은 장애인에
대한 직업재활 사업을 다양하게 개발하여 장애인에게
직접 제공하여야 하고, 특히 중증장애인의 자립능력을
높이기 위한 직업재활 실시에 적극 노력하여야 한다.

② 재활실시기관은 다음 각 호의 어느 하나와 같다.
〈개정 2009. 10. 9, 2010. 6. 4〉

1. 「장애인 등에 대한 특수교육법」 제2조 제10호에 따
른 특수교육기관

2. 「장애인복지법」 제58조 제1항 제2호에 따른 장애인
복지관

3. 「장애인복지법」 제58조 제1항 제3호에 따른 장애인
직업재활시설

4. 「장애인복지법」 제63조에 따른 장애인복지단체

5. 「근로자직업능력 개발법」 제2조 제3호에 따른 직업
능력개발훈련시설

6. 그 밖에 고용노동부령으로 정하는 기관으로서 고용

노동부장관이 장애인에 대한 직업재활 사업을 수행할 능력이 있다고 인정하는 기관

제10조(직업지도) ① 고용노동부장관과 보건복지부장관은 장애인이 그 능력에 맞는 직업에 취업할 수 있도록 하기 위하여 장애인에 대한 직업상담, 직업적성 검사 및 직업능력 평가 등을 실시하고, 고용정보를 제공하는 등 직업지도를 하여야 한다. 〈개정 2008. 2. 29, 2010. 1. 18, 2010. 6. 4〉

② 고용노동부장관과 보건복지부장관은 장애인이 그 능력에 맞는 직업생활을 할 수 있도록 하기 위하여 장애인에게 적합한 직종 개발에 노력하여야 한다. 〈개정 2008. 2. 29, 2010. 1. 18, 2010. 6. 4〉

③ 고용노동부장관과 보건복지부장관이 제1항에 따른 직업지도를 할 때에 특별히 전문적 지식과 기술이 필요하다고 인정하면 이를 재활실시기관 등 관계 전문기관에 의뢰하고 그 비용을 지급할 수 있다. 〈개정 2008. 2. 29, 2010. 1. 18, 2010. 6. 4〉

④ 고용노동부장관과 보건복지부장관은 직업지도를 실시하거나 하려는 자에게 필요한 비용을 융자·지원할 수 있다. 〈개정 2008. 2. 29, 2010. 1. 18, 2010. 6. 4〉

⑤ 제3항과 제4항에 따른 비용 지급 및 융자·지원의 기준 등에 필요한 사항은 대통령령으로 정한다.

제11조(직업적응훈련) ① 고용노동부장관과 보건복지부장관은 장애인이 그 희망·적성·능력 등에 맞는 직업생활을 할 수 있도록 하기 위하여 필요하다고 인정하면 직업 환경에 적응시키기 위한 직업적응훈련을 실시할 수 있다. 〈개정 2008. 2. 29, 2010. 1. 18, 2010. 6. 4〉

② 고용노동부장관과 보건복지부장관은 제1항에 따른 직업적응훈련의 효율적 실시를 위하여 필요하다고 인정하면 그 훈련 기준 등을 따로 정할 수 있다. 〈개정 2008. 2. 29, 2010. 1. 18, 2010. 6. 4〉

③ 고용노동부장관과 보건복지부장관은 장애인의 직업능력 개발·향상을 위하여 직업적응훈련 시설 또는 훈련 과정을 설치·운영하거나 하려는 자에게 필요한 비용(훈련비를 포함한다)을 융자·지원할 수 있다. 〈개정 2008. 2. 29, 2010. 1. 18, 2010. 6. 4〉

④ 고용노동부장관과 보건복지부장관은 직업적응훈련 시설에서 직업적응훈련을 받는 장애인에게 훈련수당을 지원할 수 있다. 〈개정 2008. 2. 29, 2010. 1. 18, 2010. 6. 4〉

⑤ 제3항과 제4항에 따른 융자·지원의 기준 및 훈련수당의 지급 기준 등에 필요한 사항은 대통령령으로 정한다.

제12조(직업능력개발훈련) ① 고용노동부장관은 장애인이 그 희망·적성·능력 등에 맞는 직업생활을 할 수 있도록 하기 위하여 장애인에게 직업능력개발훈련을 실시하여야 한다. 〈개정 2010. 6. 4〉

② 고용노동부장관은 장애인의 직업능력 개발·향상을 위하여 직업능력개발훈련시설 또는 훈련 과정을 설치·운영하거나 하려는 자에게 필요한 비용(훈련비를 포함한다)을 융자·지원할 수 있다. 〈개정 2010. 6. 4〉

③ 고용노동부장관은 직업능력개발훈련시설에서 직업능력개발훈련을 받는 장애인에게 훈련수당을 지원할 수 있다. 〈개정 2010. 6. 4〉

④ 제2항과 제3항에 따른 융자·지원 기준 및 훈련수당의 지급 기준 등에 필요한 사항은 대통령령으로 정한다.

제13조(지원고용) ① 고용노동부장관과 보건복지부장관은 중증장애인 중 사업주가 운영하는 사업장에서는 직무 수행이 어려운 장애인이 직무를 수행할 수 있도록 지원고용을 실시하고 필요한 지원을 하여야 한다. 〈개정 2008. 2. 29, 2010. 1. 18, 2010. 6. 4〉

② 제1항에 따른 지원의 내용 및 기준 등에 필요한 사항은 대통령령으로 정한다.

제14조(보호고용) 국가와 지방자치단체는 장애인 중 정상적인 작업 조건에서 일하기 어려운 장애인을 위하여 특정한 근로 환경을 제공하고 그 근로 환경에서 일할 수 있도록 보호고용을 실시하여야 한다.

제15조(취업알선 등) ① 고용노동부장관은 고용정보를 바탕으로 장애인의 희망·적성·능력과 직종 등을 고려하여 장애인에게 적합한 직업을 알선하여야 한다. 〈개정 2010. 6. 4〉

② 고용노동부장관은 장애인이 직업생활을 통하여 자립할 수 있도록 장애인의 고용촉진을 위한 시책을 강구하여야 한다. 〈개정 2010. 6. 4〉

③ 고용노동부장관은 제1항과 제2항에 따른 취업알선

및 고용촉진을 할 때에 필요한 경우에는 그 업무의 일부를 재활실시기관 등 관계 전문기관에 의뢰하고 그 비용을 지급할 수 있다. 〈개정 2010. 6. 4〉

④ 고용노동부장관은 취업알선 시설을 설치·운영하거나 하려는 자에게 필요한 비용(취업알선을 위한 지원금을 포함한다)을 융자·지원할 수 있다. 〈개정 2010. 6. 4〉

⑤ 제3항과 제4항에 따른 비용 지급 및 융자·지원 기준 등에 필요한 사항은 대통령령으로 정한다.

제16조(취업알선기관 간의 연계 등) ① 고용노동부장관은 장애인의 취업 기회를 확대하기 위하여 취업알선 업무를 수행하는 재활실시기관 간에 구인·구직 정보의 교류와 장애인 근로자 관리 등의 효율적인 연계를 꾀하고, 제43조에 따른 한국장애인고용공단에서 이를 종합적으로 집중 관리할 수 있도록 취업알선전산망 구축 등의 조치를 강구하여야 한다. 〈개정 2009. 10. 9, 2010. 6. 4〉

② 고용노동부장관이 제1항에 따른 취업알선전산망 구축 등의 조치를 강구할 때에는 「직업안정법」 제2조의2 제1호에 따른 직업안정기관과 연계되도록 하여야 한다. 〈개정 2009. 10. 9, 2010. 6. 4〉

제17조(자영업 장애인 지원) ① 고용노동부장관은 자영업을 영위하려는 장애인에게 창업에 필요한 자금 등을 융자하거나 영업장소를 임대할 수 있다. 〈개정 2010. 6. 4〉

② 제1항에 따른 영업장소의 연간 임대료는 「국유재산법」에도 불구하고 그 재산 가액(價額)에 1천분의 10 이상을 곱한 금액으로 고용노동부장관이 정하되, 월할(月割)이나 일할(日割)로 계산할 수 있다. 〈개정 2010. 6. 4〉

③ 제1항과 제2항에 따른 융자·임대의 기준 등에 필요한 사항은 고용노동부령으로 정한다. 〈개정 2010. 6. 4〉

제18조(장애인 근로자 지원) ① 고용노동부장관은 장애인 근로자의 안정적인 직업생활을 위하여 필요한 자금을 융자할 수 있다. 〈개정 2010. 6. 4〉

② 제1항에 따른 융자 기준 등에 필요한 사항은 고용노동부령으로 정한다. 〈개정 2010. 6. 4〉

제19조(취업 후 적응지도) ① 고용노동부장관과 보건복지부장관은 장애인의 직업안정을 위하여 필요하다고 인정하면 사업장에 고용되어 있는 장애인에게 작업환경 적응에 필요한 지도를 실시하여야 한다. 〈개정 2008. 2. 29, 2010. 1. 18, 2010. 6. 4〉

② 제1항에 따른 지도의 내용 등에 필요한 사항은 대통령령으로 정한다.

제19조의2(근로지원인 서비스의 제공) ① 고용노동부장관은 중증장애인의 직업생활을 지원하는 사람(이하 이 조에서 "근로지원인"이라 한다)을 보내 중증장애인이 안정적·지속적으로 직업생활을 할 수 있도록 하는 등 필요한 서비스를 제공할 수 있다.

② 제1항에 따른 근로지원인 서비스 제공대상자의 선정 및 취소, 서비스의 제공방법 등 필요한 사항은 대통령령으로 정한다.

[본조신설 2011. 3. 9]

제20조(사업주에 대한 고용 지도) 고용노동부장관은 장애인을 고용하거나 고용하려는 사업주에게 필요하다고 인정하면 채용, 배치, 작업 보조구, 작업 설비 또는 작업환경, 그 밖에 장애인의 고용관리에 관하여 기술적 사항에 대한 지도를 실시하여야 한다. 〈개정 2010. 6. 4〉

제21조(장애인 고용 사업주에 대한 지원) ① 고용노동부장관은 장애인을 고용하거나 고용하려는 사업주에게 장애인 고용에 드는 다음 각 호의 비용 또는 기기 등을 융자하거나 지원할 수 있다. 이 경우 중증장애인 및 여성장애인을 고용하거나 고용하려는 사업주를 우대하여야 한다. 〈개정 2009. 10. 9, 2010. 6. 4〉

1. 장애인을 고용하는 데에 필요한 시설과 장비의 구입·설치·수리 등에 드는 비용

2. 장애인의 직업생활에 필요한 작업 보조 공학기기 또는 장비 등

3. 장애인의 적정한 고용관리를 위하여 장애인 직업생활 상담원, 작업 지도원, 수화 통역사 또는 낭독자 등을 배치하는 데에 필요한 비용

4. 그 밖에 제1호부터 제3호까지의 규정에 준하는 것으로서 장애인의 고용에 필요한 비용 또는 기기

② 고용노동부장관은 장애인인 사업주가 장애인을 고용하거나 고용하려는 경우에는 해당 사업주 자신의 직업생활에 필요한 작업 보조 공학기기 또는 장비 등을 지원할 수 있다. 〈신설 2011. 7. 25〉

③ 제1항 및 제2항에 따른 융자 또는 지원의 대상 및 기준 등에 필요한 사항은 대통령령으로 정한다. 〈개정 2011. 7. 25〉

제22조(장애인 표준사업장에 대한 지원) ① 고용노동부장관은 장애인 표준사업장을 설립·운영하거나 설립하려는 사업주에게 그 설립·운영에 필요한 비용을 융자하거나 지원할 수 있다. 〈개정 2010. 6. 4〉

② 고용노동부장관은 제1항에 따른 융자 또는 지원을 할 때에 다음 각 호의 사업주를 우대하여야 한다. 〈개정 2010. 6. 4〉

1. 중증장애인과 여성장애인을 고용하거나 고용하려는 사업주

2. 지방자치단체로부터 지원을 받거나 비영리 법인 또는 다른 민간 기업으로부터 출자를 받는 등 지역 사회의 적극적 참여를 통하여 장애인 표준사업장을 설립·운영하거나 설립하려는 사업주

③ 제28조 제1항에 따른 장애인 고용의무가 있는 사업주가 장애인표준사업장을 발행주식 총수 또는 출자총액 등 대통령령으로 정하는 기준에 따라 실질적으로 지배하고 있는 경우에는 제28조·제29조 및 제33조를 적용할 때에는 그 장애인 표준사업장에 고용된 근로자를 해당 사업주가 고용하는 근로자 수(다만, 여성·중증장애인을 제외한 장애인은 그 총수의 2분의 1에 해당하는 수를 말하며, 그 수에서 소수점 이하는 올린다)에 포함하고, 해당 장애인 표준사업장을 해당 사업주의 사업장으로 본다. 〈신설 2007. 7. 13, 2009. 10. 9〉

④ 제3항에도 불구하고 장애인 고용의무가 있는 둘 이상의 사업주가 장애인 표준사업장의 주식을 소유하거나 출자한 경우에는 그 비율에 해당하는 근로자 수(그 수에 소수점이 있는 경우에는 버린다)를 해당 사업주가 고용하고 있는 근로자 수에 포함한다. 다만, 장애인 고용의무가 있는 둘 이상의 사업주 중 제3항에 따른 실질적 지배사업주가 있는 경우에는 장애인 고용의무가 있는 다른 사업주가 주식을 소유하거나 출자한 비율에 해당하는 근로자 수를 제외한 나머지 근로자 수를 실질적 지배사업주가 고용하는 근로자 수에 포함한다. 〈신설 2011. 3. 9〉

⑤ 고용노동부장관은 중앙행정기관의 장, 지방자치단체 및 「공공기관의 운영에 관한 법률」 제4조에 따른 공공기관 등에 장애인 표준사업장에서 생산하는 제품을 우선적으로 구매하도록 하는 등 필요한 협조를 요청할 수 있다. 〈개정 2007. 7. 13, 2009. 10. 9, 2010. 6. 4, 2011. 3. 9〉

⑥ 제1항과 제2항에 따른 융자 또는 지원의 기준 등에 필요한 사항은 대통령령으로 정한다. 〈개정 2007. 7. 13, 2011. 3. 9〉

제23조(부당 융자 또는 지원금 등의 징수 및 지급제한) ① 고용노동부장관은 제21조 및 제22조에 따라 융자받거나 지원받은 자가 다음 각 호의 어느 하나에 해당하는 경우에는 당해 금액 또는 지원에 상응하는 금액을 징수하여야 한다. 〈개정 2010. 6. 4, 2011. 7. 25〉

1. 거짓 또는 그 밖의 부정한 방법으로 융자받거나 지원받은 경우

2. 사업주가 융자 또는 지원금을 제21조 제1항 각 호, 같은 조 제2항 및 제22조 제1항에 따른 사업의 목적에 집행하지 아니한 경우

② 제1항의 각 호에 해당하는 경우 그 사실이 있는 날부터 3년간 융자 또는 지원을 제한할 수 있다.

제24조(장애인 고용 우수사업주에 대한 우대) ① 고용노동부장관은 장애인의 고용에 모범이 되는 사업주를 장애인 고용 우수사업주로 선정하여 사업을 지원하는 등의 조치(이하 "우대조치"라 한다)를 할 수 있다. 〈개정 2010. 6. 4〉

② 제1항에 따른 장애인 고용 우수사업주의 선정·우대조치 등에 필요한 사항은 대통령령으로 정한다.

제25조(사업주에 대한 자료 제공) 고용노동부장관은 장애인을 고용하거나 고용하려는 사업주에게 장애인의 신체적·정신적 조건, 직업능력 등에 관한 정보, 그 밖의 자료를 제공하여야 한다. 〈개정 2010. 6. 4〉

제26조(장애인 실태조사) 고용노동부장관은 장애인의 고용촉진 및 직업재활을 위하여 2년마다 장애인의 취업직종·근로형태·근속기간·임금수준 등 고용현황 및 장애인근로자의 산업재해 현황에 대하여 전국적인 실태조사를 실시하여야 한다. 〈개정 2010. 6. 4〉

[전문개정 2007. 7. 13]

## 제3장 장애인 고용 의무 및 부담금

**제27조(국가와 지방자치단체의 장애인 고용 의무)** ① 국가와 지방자치단체의 장은 장애인을 소속 공무원 정원의 100분의 3 이상 고용하여야 한다. 〈개정 2007. 12. 27〉

② 각 시험 실시 기관(이하 "각급기관" 이라 한다)의 장은 장애인이 신규채용 인원의 100분의 3(장애인 공무원의 수가 해당 정원의 100분의 3 미만이면 100분의 6) 이상 채용되도록 시험을 실시하여야 한다. 다만, 「교육공무원법」 제11조 제1항에 따른 교사의 신규채용을 할 때에 장애인 응시 인원 또는 장애인 합격자의 수가 장애인 채용 예정 인원에 미치지 못하면 그 부족한 인원을 장애인이 아닌 자로 채용할 수 있다. 〈개정 2007. 12. 27〉

③ 임용권을 위임받은 기관의 장이 공개채용을 하지 아니하고 공무원을 모집하는 경우에도 제2항을 준용한다.

④ 제1항과 제2항은 공안직군 공무원, 검사, 경찰·소방·경호 공무원 및 군인 등에 대하여는 적용하지 아니한다. 다만, 국가와 지방자치단체의 장은 본문에 규정된 공안직군 공무원 등에 대하여도 장애인이 고용될 수 있도록 노력하여야 한다.

⑤ 제2항과 제3항에 따른 채용시험 및 모집에 응시하는 장애인의 응시 상한 연령은 중증장애인인 경우에는 3세, 그 밖의 장애인인 경우에는 2세를 각각 연장한다.

⑥ 「국가공무원법」에 따른 중앙인사관장기관의 장과 지방자치단체의 장은 소속 각급기관의 공무원 채용계획을 포함한 장애인 공무원 채용계획과 그 실시 상황을 대통령령으로 정하는 바에 따라 고용노동부장관에게 제출하여야 한다. 〈개정 2010. 6. 4〉

⑦ 고용노동부장관은 제6항에 따른 장애인 공무원 채용계획이 적절하지 아니하다고 인정되면 장애인 공무원 채용계획을 제출한 자에게 그 계획의 변경을 요구할 수 있고, 제1항에 따른 고용 의무의 이행 실적이 현저히 부진한 때에는 그 내용을 공표할 수 있다. 〈개정 2010. 6. 4〉

**제28조(사업주의 장애인 고용 의무)** ① 상시 50명 이상의 근로자를 고용하는 사업주(건설업에서 근로자 수를 확인하기 곤란한 경우에는 공사 실적액이 고용노동부장관이 정하여 고시하는 금액 이상인 사업주)는 그 근로자의 총수(건설업에서 근로자 수를 확인하기 곤란한 경우에는 대통령령으로 정하는 바에 따라 공사 실적액을 근로자의 총수로 환산한다)의 100분의 5의 범위에서 대통령령으로 정하는 비율(이하 "의무고용률" 이라 한다) 이상에 해당(그 수에서 소수점 이하는 버린다)하는 장애인을 고용하여야 한다. 〈개정 2010. 6. 4〉

② 제1항에도 불구하고 특정한 장애인의 능력에 적합하다고 인정되는 직종에 대하여는 장애인을 고용하여야 할 비율을 대통령령으로 따로 정할 수 있다. 이 경우 그 비율은 의무고용률로 보지 아니한다.

③ 의무고용률은 전체 인구 중 장애인의 비율, 전체 근로자 총수에 대한 장애인 근로자의 비율, 장애인 실업자 수 등을 고려하여 5년마다 정한다.

④ 제1항에 따른 상시 고용하는 근로자 수 및 건설업에서의 공사 실적액 산정에 필요한 사항은 대통령령으로 정한다.

**제28조의2(공공기관 장애인 의무고용률의 특례)** 제28조에도 불구하고 「공공기관의 운영에 관한 법률」 제4조에 따른 공공기관 중 같은 법 제5조에 따라 공기업 및 준정부기관으로 지정받은 공공기관의 의무고용률은 상시 고용하고 있는 근로자 수의 100분의 3으로 한다. 이 경우 의무고용률에 해당하는 장애인 수를 계산할 때에 소수점 이하는 버린다.

[본조신설 2009. 10. 9]

**제28조의3(장애인 고용인원 산정의 특례)** 제27조·제28조·제28조의2·제29조 및 제33조에 따라 장애인 고용인원을 산정하는 경우 중증장애인의 고용은 그 인원의 2배에 해당하는 장애인의 고용으로 본다. 다만, 소정근로시간이 대통령령으로 정하는 시간 미만인 중증장애인은 제외한다.

[본조신설 2009. 10. 9]

**제29조(사업주의 장애인 고용 계획 수립 등)** ① 고용노동부장관은 사업주에게 대통령령으로 정하는 바에 따라 장애인의 고용에 관한 계획과 그 실시 상황 기록을 작성하여 제출하도록 명할 수 있다. 〈개정 2010. 6. 4〉

② 고용노동부장관은 제1항에 따른 계획이 적절하지 아니하다고 인정하는 때에는 사업주에게 그 계획의

변경을 명할 수 있다. 〈개정 2010. 6. 4〉

③ 고용노동부장관은 제28조 제1항에 따른 사업주가 정당한 사유 없이 장애인 고용계획의 수립 의무 또는 장애인 고용 의무를 현저히 불이행하면 그 내용을 공표할 수 있다. 〈개정 2010. 6. 4〉

제30조(장애인 고용장려금의 지급) ① 고용노동부장관은 장애인의 고용촉진과 직업 안정을 위하여 장애인을 고용한 사업주(제28조 제1항을 적용받지 아니하는 사업주를 포함한다)에게 고용장려금을 지급할 수 있다. 〈개정 2010. 6. 4〉

② 고용장려금은 매월 상시 고용하고 있는 장애인 수에서 의무고용률(제28조 제1항을 적용받지 아니하는 사업주에게 고용장려금을 지급할 때에도 같은 비율을 적용한다)에 따라 고용하여야 할 장애인 총수(그 수에서 소수점 이하는 올린다)를 뺀 수에 제3항에 따른 지급단가를 곱한 금액으로 한다. 다만, 제33조에 따라 낼 부담금이 있는 경우에는 그 금액을 뺀 금액으로 한다.

③ 고용장려금의 지급단가 및 지급기간은 고용노동부장관이 「최저임금법」에 따라 월 단위로 환산한 최저임금액의 범위에서 제33조 제3항에 따른 부담기초액, 장애인 고용부담금 납부 의무의 적용 여부, 그 장애인 근로자에게 지급하는 임금, 고용기간 및 장애정도 등을 고려하여 다르게 정할 수 있다. 이 경우 중증장애인과 여성장애인에 대하여는 우대하여 정하여야 한다. 〈개정 2009. 10. 9, 2010. 6. 4〉

④ 「고용보험법」과 「산업재해보상보험법」에 따른 지원금 및 장려금 지급 대상인 장애인 근로자 및 그 밖에 장애인 고용촉진과 직업안정을 위하여 국가나 지방자치단체로부터 지원을 받는 등 대통령령으로 정하는 장애인 근로자에 대하여는 대통령령으로 정하는 바에 따라 고용장려금의 지급을 제한할 수 있다. 〈개정 2009. 10. 9〉

⑤ 제1항에 따른 고용장려금의 지급 및 청구에 필요한 사항은 대통령령으로 정하고, 그 지급 시기·절차 등에 필요한 사항은 고용노동부장관이 정한다. 〈개정 2010. 6. 4〉

제31조(부당이득금의 징수 및 지급 제한) ① 고용노동부장관은 제30조에 따른 고용장려금을 받은 자가 다음 각 호의 어느 하나에 해당하는 경우에는 각 호에 따라 지급한 금액을 징수하여야 한다. 다만, 제1호의 경우에는 지급한 금액의 5배의 범위에서 고용노동부령으로 정하는 금액을 추가로 징수하여야 한다. 〈개정 2010. 6. 4, 2011. 3. 9〉

1. 거짓이나 그 밖의 부정한 방법으로 고용장려금을 받은 경우

2. 그 밖에 잘못 지급된 고용장려금이 있는 경우

② 제1항 각 호 외의 부분 단서에 따른 추가 징수에 있어서 거짓이나 그 밖의 부정한 방법으로 고용장려금의 지급신청을 한 날부터 3개월 이내에 자진하여 그 부정행위를 신고한 자에 대하여는 추가징수를 면제할 수 있다.

③ 고용노동부장관은 고용장려금을 거짓이나 그 밖의 부정한 방법으로 지급받았거나 받으려 한 자에 대하여는 1년간의 고용장려금을 지급하지 아니한다. 다만, 고용장려금을 받은 날부터 3년이 지난 경우에는 그러하지 아니하다. 〈개정 2010. 6. 4, 2011. 3. 9〉

④ 제3항을 적용함에 있어서 고용장려금의 지급제한기간은 고용노동부장관이 지급제한을 한 날부터 기산한다. 〈신설 2011. 3. 9〉

제32조(포상금) 거짓이나 그 밖의 부정한 방법으로 제30조에 따른 고용장려금을 지급받은 자를 지방고용노동관서, 제43조에 따른 한국장애인고용공단 또는 수사기관에 신고하거나 고발한 자에게는 대통령령으로 정하는 바에 따라 포상금을 지급할 수 있다. 〈개정 2009. 10. 9, 2010. 6. 4〉

제33조(장애인 고용부담금의 납부 등) ① 의무고용률에 못 미치는 장애인을 고용하는 사업주(상시 50명 이상 100명 미만의 근로자를 고용하는 사업주는 제외한다)는 대통령령으로 정하는 바에 따라 매년 고용노동부장관에게 장애인 고용부담금(이하 "부담금"이라 한다)을 납부하여야 한다. 〈개정 2010. 6. 4〉

② 부담금은 사업주가 의무고용률에 따라 고용하여야 할 장애인 총수에서 매월 상시 고용하고 있는 장애인 수를 뺀 수에 제3항에 따른 부담기초액을 곱한 금액의 연간 합계액으로 한다. 〈개정 2009. 10. 9〉

③ 부담기초액은 장애인을 고용하는 경우에 매월 드는 다음 각 호의 비용의 평균액을 기초로 하여 고용정

부록 B 장애학생 컴퓨터 접근 지원 법률

책심의회의 심의를 거쳐 「최저임금법」에 따라 월 단위로 환산한 최저임금액의 100분의 60 이상의 범위에서 고용노동부장관이 정하여 고시하되, 장애인 고용률(매월 상시 고용하고 있는 근로자의 총수에 대한 고용하고 있는 장애인 총수의 비율)에 따라 부담기초액의 2분의 1 이내의 범위에서 가산할 수 있다. 다만, 장애인을 상시 1명 이상 고용하지 아니한 달이 있는 경우에는 그 달에 대한 사업주의 부담기초액은 「최저임금법」에 따라 월 단위로 환산한 최저임금액으로 한다. 〈개정 2009. 10. 9, 2010. 6. 4, 2011. 3. 9〉

1. 장애인을 고용하는 경우 필요한 시설·장비의 설치, 수리에 드는 비용

2. 장애인의 적정한 고용관리를 위한 조치에 필요한 비용

3. 그 밖에 장애인을 고용하기 위하여 특별히 드는 비용 등

④ 고용노동부장관은 「장애인복지법」 및 「산업재해보상보험법」에 따른 직업재활시설 또는 장애인표준사업장, 그 밖에 고용노동부장관이 정하는 장애인자립작업장에 생산설비와 원료·기술 등을 제공하고 생산관리 및 생산품의 판매를 전담하는 사업주 또는 직업재활시설 및 장애인자립작업장에 도급을 주어 그 생산품을 납품받는 사업주에 대하여 부담금을 감면할 수 있다. 〈개정 2010. 6. 4〉

⑤ 사업주는 다음 연도 1월 31일(연도 중에 사업을 그만두거나 끝낸 경우에는 그 사업을 그만두거나 끝낸 날부터 60일)까지 고용노동부장관에게 부담금 산출에 필요한 사항으로서 대통령령으로 정하는 사항을 적어 신고하고 해당 연도의 부담금을 납부하여야 한다. 〈개정 2009. 10. 9, 2010. 6. 4, 2011. 7. 25〉

⑥ 고용노동부장관은 사업주가 제5항에서 정한 기간에 신고를 하지 아니하거나 부담금을 납부하지 아니하였을 때에는 이를 조사하여 부담금을 징수할 수 있다. 〈개정 2009. 10. 9, 2010. 6. 4〉

⑦ 고용노동부장관은 사업주가 납부한 부담금의 금액이 실제로 납부하여야 할 금액과 다르거나 거짓된 신고에 따른 것이라고 인정하는 때에는 이를 조사하여 그 차액을 추징하거나 환급하여야 한다. 〈개정 2010. 6. 4〉

⑧ 부담금은 대통령령으로 정하는 대로 분할 납부를 하게 할 수 있다. 이 경우 분할 납부를 할 수 있는 부담금을 제5항에 따른 납부 기한에 모두 납부하는 경우에는 그 부담금액의 100분의 5 이내의 범위에서 대통령령으로 정하는 금액을 공제할 수 있다.

⑨ 제4항에 따른 도급의 기준, 그 밖에 부담금 감면의 요건·기준 등에 필요한 사항은 고용노동부장관이 정한다. 〈개정 2010. 6. 4〉

제34조(부담금 등 과오납금의 충당과 환급) 고용노동부장관은 사업주가 부담금, 그 밖에 이 법에 따른 징수금과 체납처분비로 납부한 금액 중 잘못 납부한 금액을 환급하려는 때 또는 제30조에 따라 사업주에게 고용장려금을 지급하여야 하는 때에는 대통령령으로 정하는 순위에 따라 납부하여야 하는 부담금, 그 밖에 이 법에 따른 징수금에 우선 충당하고, 그 잔액을 해당 사업주에게 환급하거나 지급할 수 있다. 〈개정 2010. 6. 4〉

제35조(가산금과 연체금의 징수) ① 고용노동부장관은 제33조 제6항 및 제7항에 따라 부담금을 징수하는 때에는 사업주가 납부하여야 할 부담금의 100분의 10에 상당하는 금액을 가산금으로 징수한다. 〈개정 2010. 6. 4〉

② 고용노동부장관은 제33조에 따른 납부금의 납부 의무자가 납부 기한까지 부담금을 납부하지 아니하였을 때에는 그 연체 기간에 대하여 36개월을 초과하지 아니하는 범위에서 「은행법」 제2조에 따른 은행의 연체이자율 등을 고려하여 대통령령으로 정하는 대로 월 단위로 연체금을 징수한다. 〈개정 2010. 5. 17, 2010. 6. 4〉

③ 제1항과 제2항에 따른 가산금 또는 연체금은 그 금액이 소액이거나 징수가 적절하지 아니하다고 인정되는 등 대통령령으로 정하는 경우에는 징수하지 아니한다.

제36조(통지) 고용노동부장관은 제33조 제6항 및 제7항에 따른 징수를 하려 할 때에는 고용노동부령으로 정하는 바에 따라 납부 의무자에게 그 금액과 납부 기한을 서면으로 알려야 한다. 〈개정 2010. 6. 4〉

제37조(독촉 및 체납처분) ① 고용노동부장관은 부담금, 그 밖에 이 법에 따른 징수금을 납부 의무자가 납부하지 아니하였을 때에는 기한을 정하여 독촉하여야 한

다. 〈개정 2010. 6. 4〉

② 고용노동부장관은 제1항에 따라 독촉을 하는 경우에는 독촉장을 발부하여야 한다. 이 경우에는 10일 이상의 납부 기간을 주어야 한다. 〈개정 2010. 6. 4〉

③ 제1항에 따라 독촉을 받은 자가 그 납부 기한까지 부담금이나 그 밖에 이 법에 따른 징수금을 납부하지 아니하였을 때에 고용노동부장관은 국세 체납처분의 예에 따라 징수할 수 있다. 〈개정 2010. 6. 4〉

④ 고용노동부장관은 제3항에 따른 체납처분의 예에 따라 압류한 재산의 공매(公賣)에 전문 지식이 필요하거나 그 밖에 특수한 사정이 있어 직접 공매하기에 적당하지 아니하다고 인정하는 때에는 대통령령으로 정하는 대로 「금융회사부실자산 등의 효율적 처리 및 한국자산관리공사의 설립에 관한 법률」에 따라 설립된 한국자산관리공사(이하 "공사"라 한다)에 이를 대행하게 할 수 있고, 이 경우 공매는 고용노동부장관이 한 것으로 본다. 〈개정 2010. 6. 4, 2011. 5. 19〉

⑤ 고용노동부장관은 제4항에 따라 공사가 공매를 대행하면 고용노동부령으로 정하는 바에 따라 수수료를 지급할 수 있다. 〈개정 2010. 6. 4〉

⑥ 제4항에 따라 공사가 공매를 대행하는 경우에 공사의 임원·직원은 「형법」 제129조부터 제132조까지의 규정을 적용하는 경우 공무원으로 본다.

제38조(징수 우선순위) 부담금이나 그 밖에 이 법에 따른 징수금의 징수 우선순위는 국세 및 지방세의 다음으로 한다.

제39조(서류의 송달) 부담금이나 그 밖에 이 법에 따른 징수금에 관한 서류의 송달에 관하여는 「국세기본법」 제8조부터 제12조까지의 규정을 준용한다.

제40조(소멸시효) 부담금이나 그 밖에 이 법에 따른 징수금을 징수하거나 그 환급을 받을 권리와 고용장려금을 받을 권리는 3년간 행사하지 아니하면 소멸시효가 완성된다.

제41조(시효의 중단) ① 제40조에 따른 소멸시효는 다음 각 호의 어느 하나에 해당하는 사유로 중단된다.

1. 제30조에 따른 고용장려금의 청구
2. 제31조 제1항에 따른 고용장려금 환수금의 반환 명령
3. 제33조 제7항에 따른 부담금 환급금의 청구

4. 제36조에 따른 납부 통지
5. 제37조에 따른 독촉
6. 제37조에 따른 체납처분 절차에 따라 행하는 교부청구
7. 그 밖의 「민법」에서 규정하고 있는 시효중단 사유

② 제1항에 따라 중단된 소멸시효는 다음 각 호의 어느 하나에 해당하는 기간이 지난 때부터 새로 진행한다. 다만, 제1항 제7호에 따라 중단된 소멸시효의 진행은 「민법」에 따른다.

1. 반환 명령에 따른 납부 기한
2. 부담금 환급금의 청구 중의 기간
3. 제36조에 따라 통지한 납부 기한
4. 독촉에 따른 납부 기한
5. 교부청구 중의 기간

제42조(결손처분) 고용노동부장관은 체납자에게 다음 각 호의 어느 하나에 해당하는 사유가 있을 때에는 부담금이나 그 밖에 이 법에 따른 징수금을 결손처분(缺損處分)할 수 있다. 〈개정 2010. 6. 4〉

1. 체납처분이 종결되고 체납액에 충당될 배분 금액이 체납액보다 적을 때
2. 제40조에 따라 소멸시효가 완성될 때
3. 그 밖에 대통령령으로 정하는 바에 따라 징수 가능성이 없을 때

## 제4장 한국장애인고용공단 〈개정 2009.10.9〉

제43조(한국장애인고용공단의 설립) ① 장애인이 직업생활을 통하여 자립할 수 있도록 지원하고, 사업주의 장애인 고용을 전문적으로 지원하기 위하여 한국장애인고용공단(이하 "공단"이라 한다)을 설립한다. 〈개정 2009. 10. 9〉

② 공단은 다음 각 호의 사업을 수행한다. 〈개정 2010. 6. 4〉

1. 장애인의 고용촉진 및 직업재활에 관한 정보의 수집·분석·제공 및 조사·연구
2. 장애인에 대한 직업상담, 직업적성 검사, 직업능력 평가 등 직업지도
3. 장애인에 대한 직업적응훈련, 직업능력개발훈련, 취업알선, 취업 후 적응지도
4. 장애인 직업생활 상담원 등 전문요원의 양성·연수

5. 사업주의 장애인 고용환경 개선 및 고용 의무 이행 지원

6. 사업주와 관계 기관에 대한 직업재활 및 고용관리에 관한 기술적 사항의 지도·지원

7. 장애인의 직업적응훈련 시설, 직업능력개발훈련시설 및 장애인 표준사업장 운영

8. 장애인의 고용촉진을 위한 취업알선 기관 사이의 취업알선전산망 구축·관리, 홍보·교육 및 장애인 기능경기 대회 등 관련 사업

9. 장애인 고용촉진 및 직업재활과 관련된 공공기관 및 민간 기관 사이의 업무 연계 및 지원

10. 장애인 고용에 관한 국제 협력

11. 그 밖에 장애인의 고용촉진 및 직업재활을 위하여 필요한 사업 및 고용노동부장관 또는 중앙행정기관의 장이 위탁하는 사업

12. 제1호부터 제11호까지의 사업에 딸린 사업

③ 공단은 제2항에 따른 사업을 효율적으로 수행하기 위하여 고용노동부장관의 승인을 받아 법인 또는 단체에 그 업무의 일부를 위탁할 수 있다. 〈개정 2010. 6. 4〉

[제목개정 2009. 10. 9]

제44조(법인격) 공단은 법인으로 한다.

제45조(사무소) ① 공단의 주된 사무소의 소재지는 정관으로 정한다.

② 공단은 필요하다고 인정하면 고용노동부장관의 승인을 받아 분사무소를 둘 수 있다. 〈개정 2010. 6. 4〉

제46조(설립등기) ① 공단은 주된 사무소의 소재지에서 설립등기를 함으로써 성립된다.

② 제1항에 따른 설립등기와 분사무소의 설치·이전, 그 밖의 등기에 필요한 사항은 대통령령으로 정한다.

제47조(정관) ① 공단의 정관에는 다음 각 호의 사항을 적어야 한다. 〈개정 2009. 10. 9〉

1. 목적

2. 명칭

3. 주된 사무소·분사무소 및 제55조에 따른 산하기관의 설치·운영

4. 업무와 그 집행

5. 재산과 회계

6. 임직원

7. 이사회의 운영

8. 정관의 변경

9. 공고의 방법

10. 내부규정의 제정·개정 및 폐지

11. 해산

② 공단의 정관은 고용노동부장관의 인가를 받아야 한다. 이를 변경하려고 할 때에도 같다. 〈개정 2010. 6. 4〉

제48조(임원의 임면) ① 공단에 이사장 1명을 포함한 10명 이상 15명 이하의 이사 및 감사 1명을 둔다.

② 이사장을 포함한 이사 3명은 상임으로 한다. 〈개정 2009. 10. 9〉

③ 임원의 임면(任免)에 관하여는 「공공기관의 운영에 관한 법률」 제26조에 따르되, 상임이사와 비상임이사 중 각각 3분의 1 이상은 장애인 중에서 임명하여야 한다. 〈개정 2009. 10. 9〉

④ 삭제 〈2009. 10. 9〉

⑤ 삭제 〈2009. 10. 9〉

제49조(임원의 임기) 이사장의 임기는 3년으로 하고, 이사와 감사의 임기는 2년으로 하되, 1년을 단위로 연임할 수 있다. 〈개정 2009. 10. 9〉

제50조(임원의 직무) ① 이사장은 공단을 대표하고 공단의 업무를 총괄한다.

② 이사장이 부득이한 사유로 그 직무를 수행할 수 없을 때에는 정관으로 정하는 바에 따라 상임이사 중 1명이 그 직무를 대행하고, 상임이사가 없거나 그 직무를 대행할 수 없을 때에는 정관으로 정하는 임원이 그 직무를 대행한다. 〈개정 2009. 10. 9〉

③ 이사는 이사회에 부쳐진 안건을 심의하고 의결에 참여하며, 상임이사는 정관으로 정하는 바에 따라 공단의 사무를 집행한다. 〈신설 2009. 10. 9〉

④ 감사는 「공공기관의 운영에 관한 법률」 제32조 제5항의 감사기준에 따라 공단의 업무와 회계를 감사하고, 그 의견을 이사회에 제출한다. 〈개정 2009. 10. 9〉

제51조(임원의 결격사유) 다음 각 호의 어느 하나에 해당하는 사람은 임원이 될 수 없다. 〈개정 2009. 10. 9〉

1. 「국가공무원법」 제33조 각 호의 결격사유에 해당하는 사람

2. 「공공기관의 운영에 관한 법률」 제34조 제1항 제2호

에 해당하는 사람

제52조(임직원의 겸직 제한) ① 공단의 상임임원과 직원은 그 직무 외에 영리를 목적으로 하는 업무에 종사하지 못한다.

② 상임임원이 그 임명권자나 제청권자의 허가를 받은 경우와 직원이 이사장의 허가를 받은 경우에는 비영리 목적의 업무를 겸할 수 있다.

[전문개정 2009. 10. 9]

제53조(이사회) ① 공단에 「공공기관의 운영에 관한 법률」 제17조 제1항 각 호의 사항을 심의·의결하기 위하여 이사회를 둔다.

② 이사회는 이사장을 포함한 이사로 구성한다.

③ 이사장은 이사회의 의장이 된다.

④ 이사회의 회의는 의장이나 재적이사 3분의 1 이상의 요구로 소집하고, 재적이사 과반수의 찬성으로 의결한다.

⑤ 감사는 이사회에 출석하여 의견을 진술할 수 있다.

[전문개정 2009. 10. 9]

제54조(직원의 임면) 공단의 직원은 정관으로 정하는 바에 따라 이사장이 임면한다. 이 경우 장애인 채용을 고려하여야 한다.

제55조(산하기관) ① 공단은 제43조 제2항에 따른 사업을 효율적으로 수행하기 위하여 고용노동부장관의 승인을 받아 필요한 산하기관을 둘 수 있다. 〈개정 2010. 6. 4〉

② 공단의 이사장은 산하기관을 지휘·감독한다.

③ 산하기관의 설치, 운영 등에 필요한 사항은 공단의 정관으로 정한다.

제56조(국유재산 등의 무상대부) 국가는 공단의 설립 및 운영을 위하여 필요하면 「국유재산법」 및 「물품관리법」에 따라 국유재산과 물품을 공단에 무상으로 대부할 수 있다.

제57조(자금의 차입) 공단은 제43조 제2항에 따른 사업을 위하여 필요하면 고용노동부장관의 승인을 받아 자금을 차입(국제기구, 외국 정부 또는 외국인으로부터의 차입을 포함한다)할 수 있다. 〈개정 2010. 6. 4〉

제58조(공단의 회계) ① 공단의 사업연도는 정부의 회계연도에 따른다.

② 공단은 회계규정을 정하여 고용노동부장관의 승인을 받아야 한다. 〈개정 2010. 6. 4〉

제58조의2(공단의 수입) 공단의 수입은 다음 각 호와 같다.

1. 정부 또는 정부 외의 자로부터 받은 출연금 또는 기부금

2. 제68조에 따른 장애인 고용촉진 및 직업재활 기금으로부터 받은 출연금

3. 제57조에 따른 차입금

4. 그 밖의 공단의 수입금

[본조신설 2011. 7. 25]

제59조 삭제 〈2009. 10. 9〉

제60조(예산의 편성 등) ① 이사장은 회계연도마다 「공공기관의 운영에 관한 법률」 제46조에 따라 수립한 경영목표와 같은 법 제50조에 따라 통보된 경영지침에 따라 다음 회계연도의 예산안을 편성하고, 다음 회계연도가 시작되기 전까지 이사회의 의결을 거쳐 고용노동부장관의 승인을 받아 예산을 확정하여야 한다. 예산을 변경하는 경우에도 또한 같다. 〈개정 2010. 6. 4〉

② 공단은 제1항에 따라 예산이 확정되면 지체 없이 이사회의 의결을 거쳐 그 회계연도의 예산에 따른 운영계획을 수립하고 그 운영계획을 예산이 확정된 후 2개월 이내에 고용노동부장관에게 제출하여야 한다. 예산이 변경되어 운영계획을 변경하는 경우에도 또한 같다. 〈개정 2010. 6. 4〉

[전문개정 2009. 10. 9]

제61조(결산서의 제출) 공단은 사업연도마다 세입·세출 결산서를 작성하고, 감사원규칙으로 정하는 바에 따라 공인회계사나 「공인회계사법」 제23조에 따라 설립된 회계법인을 선정하여 회계감사를 받아 매 회계연도 종료 후 2개월 이내에 고용노동부장관에게 제출하여야 한다. 〈개정 2010. 6. 4〉

[전문개정 2009. 10. 9]

제62조(잉여금의 처리) 공단은 사업연도마다 사업연도말의 결산 결과 잉여금이 생긴 때에는 이월손실을 보전(補塡)하고 나머지는 다음 연도에 이월하여 사용할 수 있다.

제63조(수수료의 징수) 공단은 제43조 제2항에 따른 사업에 관하여 수수료나 그 밖의 실비를 받을 수 있다.

제64조(출자 등) ① 공단은 사업을 효율적으로 수행하기 위하여 필요하면 제43조 제2항 제7호 및 제11호의 사

업에 출자하거나 출연(出捐)할 수 있다.

② 공단은 제17조에 따른 영업장소 임대를 목적으로 하는 시설을 관리·운영하기 위하여 고용노동부장관의 허가를 받아 관리기구를 설립할 수 있다. 이 경우 관리기구는 법인으로 하여야 한다. 〈개정 2010. 6. 4〉

③ 공단은 제2항에 따라 설립된 관리기구의 업무에 관하여 지도·감독한다.

④ 제1항과 제2항에 따른 출자·출연 및 관리기구의 설립에 필요한 사항은 대통령령으로 정한다.

제65조(업무의 지도·감독) ① 고용노동부장관은 공단의 업무를 지도·감독한다. 〈개정 2010. 6. 4〉

② 고용노동부장관은 공단에 대하여 업무·회계 및 재산에 관하여 필요한 사항을 보고하게 하거나 그 밖에 필요한 조치를 할 수 있다. 〈개정 2010. 6. 4〉

제65조의2(비밀누설 등의 금지) 공단의 임원 또는 직원이나 그 직에 있었던 자는 그 직무상 알게 된 비밀을 누설하거나 도용하여서는 아니 된다.

[본조신설 2007. 12. 27]

제66조(비슷한 명칭의 사용 금지) 공단이 아닌 자는 한국장애인고용공단 또는 이와 비슷한 명칭을 사용하지 못한다. 〈개정 2009. 10. 9〉

제67조(「민법」의 준용) 공단에 관하여는 이 법과 「공공기관의 운영에 관한 법률」에 규정된 것 외에는 「민법」 중 재단법인에 관한 규정을 준용한다. 〈개정 2009. 10. 9〉

## 제5장 장애인 고용촉진 및 직업재활 기금

제68조(장애인 고용촉진 및 직업재활 기금의 설치) 고용노동부장관은 공단의 운영, 고용장려금의 지급 등 장애인의 고용촉진 및 직업재활을 위한 사업을 수행하기 위하여 장애인 고용촉진 및 직업재활 기금(이하 "기금"이라 한다)을 설치한다. 〈개정 2010. 6. 4〉

제69조(기금의 재원) ① 기금은 다음 각 호의 재원으로 조성한다.

1. 정부 또는 정부 외의 자로부터의 출연금 또는 기부금
2. 제33조와 제35조에 따른 부담금·가산금 및 연체금
3. 기금의 운용에 따라 생기는 수익금과 그 밖의 공단 수입금
4. 제57조에 따른 차입금
5. 제70조에 따른 차입금

② 정부는 회계연도마다 제1항 제1호에 따른 출연금을 세출예산에 계상(計上)하여야 한다.

제70조(차입금) 기금을 지출할 때 자금이 부족하거나 부족할 것으로 예상되면 기금의 부담으로 금융기관 및 다른 기금, 그 밖의 재원 등으로부터 차입을 할 수 있다.

제71조(기금의 용도) 기금은 다음 각 호에 규정하는 비용의 지급에 사용한다. 〈개정 2011. 7. 25〉

1. 공단에의 출연
2. 제30조에 따른 고용장려금
3. 장애인 고용촉진 및 직업재활 정책에 관한 조사·연구에 필요한 경비
4. 직업지도, 직업적응훈련, 직업능력개발훈련, 취업알선 또는 장애인 고용을 위한 시설과 장비의 설치·수리에 필요한 비용의 융자·지원
5. 장애인을 고용하거나 고용하려는 사업주에 대한 비용·기기 등의 융자·지원
6. 장애인 표준사업장을 설립하여 운영하거나 설립·운영하려는 사업주에 대한 비용의 융자·지원
7. 직업지도, 취업알선, 취업 후 적응지도를 행하는 자에 대한 필요한 경비의 융자·지원
8. 장애인에 대한 직업적응훈련, 직업능력개발훈련을 행하는 자 및 그 장애인에 대한 훈련비·훈련수당
9. 자영업 장애인에 대한 창업자금 융자 및 영업장소 임대, 장애인 근로자에 대한 직업생활 안정 자금 등의 융자
10. 사업주의 장애인 고용관리를 위한 장애인 직업생활 상담원 등의 배치에 필요한 경비
11. 제70조에 따른 차입금의 상환금과 이자
12. 이 법에 따라 장애인과 사업주 등이 금융기관으로부터 대여받은 자금의 이차보전(利差補塡)
13. 제32조에 따른 포상금
14. 그 밖에 장애인 고용촉진 및 직업재활을 위하여 대통령령으로 정하는 사업에 필요한 비용과 제1호부터 제10호까지의 사업 수행에 따르는 경비

제72조(기금의 운용·관리) ① 기금은 고용노동부장관이 운용·관리한다. 〈개정 2010. 6. 4〉

② 기금의 회계연도는 정부의 회계연도에 따른다.

③ 기금을 운용할 때에는 그 수익이 대통령령으로 정하는 수준 이상이 되도록 하여야 하고, 다음 각 호의 어

느 하나에 해당되는 방법에 따라 운용하여야 한다. 〈개정 2010. 5. 17〉

1. 「은행법」이나 그 밖의 법률에 따른 은행 또는 체신관서에의 예탁

2. 국가 또는 지방자치단체가 발행하는 채권의 매입

3. 「은행법」이나 그 밖의 법률에 따른 은행이나 그 밖에 대통령령으로 정하는 자가 그 지급을 보증하는 채권의 매입

4. 「공공자금관리기금법」에 따른 공공자금관리기금으로의 예탁

5. 그 밖에 대통령령으로 정하는 방법

제73조(기금의 회계기관) ① 고용노동부장관은 기금의 수입과 지출에 관한 사무를 행하게 하기 위하여 소속 공무원 중에서 기금수입징수관, 기금재무관, 기금지출관 및 기금출납공무원을 임명한다. 〈개정 2010. 6. 4〉

② 고용노동부장관은 제82조에 따라 공단에 업무를 위탁한 경우에는 기금의 출납 업무 수행을 위하여 공단의 상임이사 중에서 기금수입담당이사와 기금지출원인행위 담당이사를, 공단의 직원 중에서 기금지출원과 기금출납원을 각각 임명하여야 한다. 이 경우 기금수입담당이사는 기금수입징수관의 업무를, 기금지출원인행위 담당이사는 기금재무관의 업무를, 기금지출원은 기금지출관의 업무를, 기금출납원은 기금출납공무원의 업무를 각각 수행한다. 〈개정 2009. 10. 9, 2010. 6. 4〉

제74조(자금계정의 설치) 고용노동부장관은 기금지출관으로 하여금 한국은행에 기금계정을 설치하도록 하여야 한다. 〈개정 2010. 6. 4〉

## 제6장 보칙

제75조(장애인 직업생활 상담원 등) ① 고용노동부장관은 장애인의 직업지도, 직업적응훈련, 직업능력개발훈련, 취업 후 적응지도 등 장애인의 고용촉진 및 직업재활을 위한 업무를 담당하는 장애인 직업생활 상담원 등 전문요원을 양성하여야 한다. 〈개정 2010. 6. 4〉

② 대통령령으로 정하는 일정 수 이상의 장애인 근로자를 고용하는 사업주는 제1항에 따른 장애인 직업생활 상담원을 두어야 한다.

③ 고용노동부장관은 필요하다고 인정하면 제9조 제2항에 따른 재활실시기관에서 제1항에 따른 전문요원에 대한 협조 요청이 있을 때에는 지원하여야 한다. 〈개정 2010. 6. 4〉

④ 제1항에 따른 전문요원의 종류·양성·배치·역할 및 자격 등에 필요한 사항은 고용노동부령으로 정한다. 〈개정 2010. 6. 4〉

제76조(보고와 검사 등) ① 고용노동부장관은 장애인 실태 조사, 장애인 고용 의무 이행 점검, 고용장려금 및 사업주에 대한 각종 지원, 부담금 징수 등의 업무 수행을 위하여 필요하다고 인정하면 관계 공무원으로 하여금 사업장에 출입하여 관계자에게 질문 또는 서류 검사를 하게 하거나 필요한 보고를 하게 할 수 있다. 〈개정 2010. 6. 4〉

② 제1항에 따라 사업장에 출입하는 공무원은 그 권한을 표시하는 증표를 지니고 이를 관계인에게 내보여야 한다. 이 경우 증표는 공무원증으로 대신할 수 있다.

제77조(세제 지원) 제69조 제1호에 따른 정부 외의 자에게서 받은 출연금 또는 기부금과 제71조 제2호의 고용장려금, 제4호부터 제9호 및 제14호의 지원에 대하여는 「조세특례제한법」으로 정하는 바에 따라 조세를 감면한다.

제78조(경비 보조) 국가 또는 지방자치단체는 장애인 고용촉진 사업을 수행하는 자에게는 그에 따른 비용의 전부 또는 일부를 대통령령으로 정하는 바에 따라 보조할 수 있다.

제79조(국가와 지방자치단체에 대한 특례) 「국가공무원법」에 따른 중앙인사관장기관의 장과 지방자치단체의 장이 공무원이 아닌 근로자를 고용하는 경우에는 그 근로자에 대하여 제28조, 제29조 및 제33조부터 제42조까지의 규정을 적용한다. 이 경우 다음 각 호에 해당하는 사람은 근로자 및 장애인 총수에서 제외한다. 〈개정 2010. 6. 4〉

1. 「국가공무원법」 제26조의4에 따른 견습근무 중인 사람

2. 「국가공무원법」 제50조 및 「지방공무원법」 제74조에 따른 교육훈련(실무수습을 포함한다)을 받고 있는 공무원 임용 예정자

3. 그 밖에 국가와 지방자치단체의 복지대책, 실업대책

등에 따라 고용하는 사람으로서 고용노동부령으로
정하는 사람

[전문개정 2009. 10. 9]

제80조(협조) ① 국가기관, 지방자치단체, 재활실시기관,
그 밖에 장애인과 관련된 기관 및 단체는 장애인의 고
용촉진 및 직업재활을 위하여 고용노동부장관이 실시
하는 시책에 협조하여야 한다. 〈개정 2010. 6. 4〉

② 고용노동부장관은 제1항에 따른 시책을 수행하는
자(국가기관과 지방자치단체는 제외한다)에게 필요
한 지원을 할 수 있다. 〈개정 2010. 6. 4〉

제81조(자료 제공의 요청) ① 고용노동부장관은 장애인
고용촉진 및 직업재활 사업의 효율적인 운영을 위하
여 필요하면 중앙행정기관, 지방자치단체, 그 밖의 장
애인 고용촉진 및 직업재활 사업과 관련되는 기관 ·
단체에 필요한 자료의 제공을 요청할 수 있다. 〈개정
2010. 6. 4〉

② 제82조에 따라 고용노동부장관의 권한 일부를 위임
받거나 위탁받은 공단 등은 부담금 부과 · 징수, 장
애인의 고용촉진 및 직업재활, 그 밖에 위임받거나
위탁받은 업무 수행상 필요하면 행정안전부 · 국토
해양부 · 보건복지부 · 국세청 · 지방자치단체 등 관
계 행정기관이나 장애인 고용촉진 및 직업재활 사업
과 관련되는 기관 · 단체 등에 필요한 자료의 제공을
요청할 수 있다. 〈개정 2010. 6. 4, 2011. 7. 25〉

③ 제1항과 제2항에 따라 자료의 제공을 요청받은 자는
정당한 사유가 없으면 이에 따라야 한다.

④ 제1항 및 제2항에 따라 고용노동부장관 및 공단 등
에 제공되는 자료에 대하여는 수수료 · 사용료 등을
면제한다. 〈신설 2011. 7. 25〉

제82조(권한의 위임 · 위탁) 이 법에 따른 고용노동부장관
의 권한은 대통령령으로 정하는 바에 따라 그 일부를
지방고용노동관서의 장, 특별시장, 광역시장, 도지사
또는 특별자치도지사에게 위임하거나 공단에 위탁할
수 있다. 〈개정 2009. 10. 9, 2010. 6. 4〉

제83조(다른 법률과의 관계) 이 법에서 정하지 아니하는
사항은 「근로기준법」, 「직업안정법」, 「근로자직업능
력 개발법」 등 노동 관계법에 따른다.

제84조(벌칙) 제31조 제1항 제1호에 따른 거짓이나 그 밖
의 부정한 방법으로 고용장려금을 지급받은 자는 5년

이하의 징역 또는 1천만 원 이하의 벌금에 처한다.

제84조의2(벌칙) 제65조의2를 위반하여 비밀을 누설하거
나 도용한 자는 2년 이하의 징역 또는 1천만 원 이하의
벌금에 처한다.

[본조신설 2007. 12. 27]

제85조(양벌규정) 법인의 대표자나 법인 또는 개인의 대
리인, 사용인, 그 밖의 종업원이 그 법인 또는 개인의
업무에 관하여 제84조의 위반행위를 하면 그 행위자
를 벌하는 외에 그 법인 또는 개인에게도 해당 조문의
벌금형을 과(科)한다. 다만, 법인 또는 개인이 그 위반
행위를 방지하기 위하여 해당 업무에 관하여 상당한
주의와 감독을 게을리하지 아니한 경우에는 그러하지
아니하다.

[전문개정 2009. 10. 9]

제86조(과태료) ① 제29조 제1항 또는 제2항에 따른 명령
을 위반한 자에게는 300만 원 이하의 과태료를 부과
한다.

② 다음 각 호의 어느 하나에 해당하는 자에게는 200만
원 이하의 과태료를 부과한다.

1. 제33조 제5항에 따른 신고를 하지 아니하였거나 거
짓된 신고를 한 때

2. 제76조 제1항에 따른 검사를 거부 · 방해 · 기피한 때
또는 보고를 하지 아니하였거나 거짓된 보고를 하였
을 때

③ 다음 각 호의 어느 하나에 해당하는 자에게는 100만
원 이하의 과태료를 부과한다.

1. 제66조를 위반하였을 때

2. 제75조 제2항을 위반하였을 때

3. 제76조 제1항에 따른 질문에 대하여 답변을 거부 ·
방해 · 기피하거나 또는 거짓된 답변을 하였을 때

④ 제1항부터 제3항까지의 규정에 따른 과태료는 대통
령령으로 정하는 바에 따라 고용노동부장관이 부
과 · 징수한다. 〈개정 2010. 6. 4〉

⑤ 삭제 〈2009. 10. 9〉

⑥ 삭제 〈2009. 10. 9〉

⑦ 삭제 〈2009. 10. 9〉

제87조(벌칙 적용에서의 공무원 의제) 제82조에 따라 이 법
의 업무를 위탁받아 행하는 공단의 임원 및 직원은
「형법」 제129조부터 제132조까지의 규정을 적용하는

경우 공무원으로 본다.

부칙 〈제10969호, 2011. 7. 25〉

이 법은 공포 후 3개월이 경과한 날부터 시행한다.

부록 C

# 부록 C

# 국내 정보통신 접근 관련 지침

## 한국형 웹 콘텐츠 접근성 지침 2.0 서문

### 1. 표준의 목적

본 표준은 장애인이 비장애인과 동등하게 웹 콘텐츠에 접근할 수 있는 웹 콘텐츠를 제작하는 방법에 관하여 기술하고 있다. 이 표준에 포함된 지침들은 웹 콘텐츠 저자, 웹 사이트 설계자 및 웹 콘텐츠 개발자들이 관련된 지침을 준수하여 접근성(Accessibility) 높은 웹 콘텐츠를 쉽게 만들 수 있도록 돕기 위하여 기획되었다. 즉, 본 표준은 웹 콘텐츠 저작자 및 개발자, 웹 사이트 설계자 등이 웹 콘텐츠를 접근성을 준수하여 콘텐츠를 쉽게 제작할 수 있는 지침들을 제공하는 데 그 목적이 있다.

### 2. 주요 내용 요약

한국형 웹 콘텐츠 접근성 지침 2.0(Korean Web Content Accessibility Guidelines 2.0)은 웹 콘텐츠의 접근성을 향상시키기 위한 기술적 규격을 포함하고 있다.

본 표준은 그동안 우리나라에서 웹 접근성 표준으로 사용되어온 정보통신 단체 표준인 "한국형 웹 콘텐츠 접근성 지침 1.0"(TTAS.OT-10.0003, 2004. 12. 23)과 이를 바탕으로 제정된 국가 표준인 '인터넷 웹 콘텐츠 접근성 지침'(KICS.OT-10.0003, 2005. 12. 21)에 해외 웹 관련 표준 및 기술 동향을 최대한 반영하여 개정했다. 이는 학계, 연구계, 장애인 단체, 웹 관련 기업 등의 전문가들로 웹 접근성 표준화 위원회를 구성하여 연구한 결과를 토대로 개정한 것이다. 특히, 본 표준은 2008년 12월에 제정된 웹 접근성 관련 국제 표준인 월드 와이드 웹 컨소시엄(W3C: World Wide Web Consortium)의 '웹 콘텐츠 접근성 가이드라인 2.0(WCAG 2.0: Web Content Accessibility Guidelines 2.0)'을 국내 실정에 맞게 반영 하였다.

본 표준에 포함된 지침들은 시각장애, 약시, 청각장애, 지체 장애, 학습 장애, 지적 장애, 뇌병변 장애, 광과민성 발작 등과 같은 개별적인 장애를 가진 사용자들이 쉽게 접근할 수 있는 웹 콘텐츠를 구축하는 데 필요한 방법을 소개하고 있다. 그러나 중복된 장애를 가지고 있는 사용자의 경우에는 본 표준에서 제시하는 방법만을 이용하여 구현한 웹 콘텐츠에는 접근하기 어려운 경우도 발생할 수 있다.

본 표준에서는 웹 접근성의 준수 여부를 평가할 수 있는 요구 조건과 지침들을 준수하면 얻을 수 있는 기대 효과를 소개하고 있다. 그러나 가능한 한, 지침들을 준수하기 위해서 특정한 기술이 사용되어야 함은 전제하지 않도록 하였다. 그 이유는 이 표준에 포함되는 지침들을 제정하는 시점에서 일반적으로 사용되는 기술만으로 한계를 정하기보다는 앞으로 개발될 기술을 최대한 수용할 수 있도록 하였기 때문이다. 이로 인하여 향후 개발될 여러 가지 기술을 적용하기 위해 이 표준이 전면적으로 수정되어야 하는 점을 피할 수 있을 것이다.

개정된 웹 접근성 표준은 원칙(Principle), 지침(Guideline), 검사 항목(Requirement)의 3단계로 구성되었다. 각각의 내용은 웹 접근성 제고를 위한 4가지 원칙과 각 원칙을 준수하기 위한 13개 지침 및 해당 지침의 준수 여부를 확인하기 위해 22개의 검사 항목으로 구성되어 있다.

## 3. 표준 적용 산업 분야 및 산업에 미치는 영향

이 표준은 국내 웹 관련 산업 및 정책 전반에 영향을 미칠 것이며, 장애인이 비장애인과 동등하게 인터넷을 이용할 수 있는 환경 조성에 기여할 것이다. 또한, 「국가정보화기본법」「장애인 차별금지 및 권리구제 등에 관한 법률」에 의거 의무화된 웹 접근성 부문의 표준으로 활용될 것이다.

## 4. 참조 표준(권고)

### 〈4.1 국외 표준(권고)〉

• W3C Recommendation, "Web Content Accessibility Guidelines 1.0", May. 1999.
• W3C Recommendation, "Web Content Accessibility Guidelines 2.0", Dec. 2008.
• U.S Section 508 Amendments subpart B-Technical Standards, "Web-based intranet and Internet information and application", Dec. 2000

### 〈4.2 국내 표준〉

• TTA, TTAS.OT-10.0003, "한국형 웹 콘텐츠 접근성 지침 1.0", 2004.12.23
• 한국정보통신표준, KICS.OT-10.0003, "인터넷 웹 콘텐츠 접근성 지침", 2005.12.21

## 5. 참조 표준(권고)과의 비교

### 〈5.1 참조 표준(권고)과의 관련성〉

본 표준은 W3C가 장애인 등이 웹 사이트에 접근하는 것을 보장하기 위한 목적으로 개발한 '웹 콘텐츠 접근성 지침'을 참고하여 개발하였다. W3C의 웹 접근성 표준은 1999년 5월에 제정되었으며, 웹 관련 다양한 기술에서 접근성에 대한 지침을 준수하게 하기 위해 2008년 12월에 개정하였다. 이 표준은 W3C 웹 콘텐츠 접근성 가이드라인 2.0(2008. 12)의 12개 가이드라인과 이의 준수를 위한 성공 기준의 중요도 1 항목을 중심으로 국내 여건을 고려하여 개발하였다.

### 〈5. 2 참조한 표준(권고)과 본 표준의 비교표〉

| KICS.OT-10.0003/R1 | KICS.KO-10.0003 | 비교 |
|---|---|---|
| 1.1 대체 텍스트 | 1.1 텍스트 아닌 콘텐츠의 인식 | 동일 |
| 1.2 멀티미디어 대체 수단 | 1.2 영상 매체의 인식 | 동일 |
| 1.3 명료성 | 1.3 색상에 무관한 인식 | 유사 (추가) |
| 2.1 키보드 접근성 | 2.4 키보드만으로 운용 가능 | 동일 |
| 2.2 충분한 시간 제공 | 2.6 반응 시간의 조절 기능 | 동일 |
| 2.3 광과민성 발작 예방 | 2.3 깜빡거리는 객체 사용 제한 | 동일 |
| 2.4 쉬운 내비게이션 | 2.2 프레임의 사용 제한<br>2.5 반복 내비게이션 링크 | 동일 |

| 3.1 가독성 | | 추가 |
|---|---|---|
| 3.2 예측가능성 | | 추가 |
| 3.3 콘텐츠의 논리성 | 3.1 데이터 테이블 구성<br>3.2 논리적 구성 | 동일 |
| 3.4 입력 도움 | 3.3 온라인 서식 구성 | 추가 |
| 4.1 문법 준수 | | 축소 |
| 4.2 웹 애플리케이션 접근성 | 4.1 신기술의 사용 | |
| | 2.1 이미지 맵 기법 사용 제한 | 삭제 |
| | 4.2 별도 웹 사이트 구성 | 삭제 |

## 6. 지적재산권 관련 사항

- 2010년 9월까지 확인된 지적재산권 없음
- 본 표준의 '지적재산권 확약서' 제출 현황은 TTA 웹사이트에서 확인할 수 있다.

## 7. 적합 인증 관련 사항

- 해당 사항 없음

## 7.1 적합 인증 대상 여부

- 해당 사항 없음

## 7.2 시험 표준 제정 여부(해당 시험 표준 번호)

- 해당 사항 없음

## 8. 표준의 이력

| 판수 | 제·개정일 | 제·개정 내역 |
|---|---|---|
| 제1판 | 2004. 12. 23. | 제정 |
| 제2판 | 2010. 12. 31. | 개정(개정 내역: 국제 표준 반영 등) |

# 한국형 웹 콘텐츠 접근성 지침 2.0

2010. 12. 31.
방송통신위원회
(한국정보통신표준 KICS.OT-10.0003/R1)

## 1. 개 요

본 표준은 장애인이나, 노인과 같은 사람들이 비장애인, 젊은이와 동등하게 웹에 접근할 수 있도록 하기 위해 웹 콘텐츠를 제작할 때 준수해야 하는 여러 가지 지침들에 관하여 기술하고 있다. 본 표준에서 지칭하는 접근성이 높은 웹 콘텐츠란 시각장애, 약시, 청각장애, 지체장애, 학습장애, 인지장애, 뇌병변, 광과민성 장애 등과 같은 장애 또는 일부 중복장애에도 불구하고 접근이 가능한 웹 콘텐츠를 말한다. 본 표준의 지침을 만족하는 웹 콘텐츠는 장애인들에게 높은 웹 접근성을 제공할 뿐만 아니라 노인들이 쉽게 웹을 사용할 수 있도록 하는 데에도 도움이 될 것이다. 또한 웹 접근성 지침을 준수하면 조용하거나 시끄러운 환경, 저사양의 인터넷 환경 등 다양한 환경에서 웹 콘텐츠에 접근하는 비장애인에게도 도움이 되며, 이미지나 동영상 검색 등 검색 엔진을 최적화(Search engine optimization)하는 데에도 도움이 된다. 그러나 일부 중복된 장애가 있는 사람인 경우, 본 표준에서 제시하는 지침만으로는 높은 접근성을 보장한다고 할 수는 없다.

지금까지 우리나라에서는 웹 접근성 표준으로 정보통신단체표준인 '한국형 웹 콘텐츠 접근성 지침 1.0' (TTAS.OT-10.0003, 2004. 12. 23) 및 이를 바탕으로 제정된 한국정보통신표준인 '인터넷 웹 콘텐츠 접근성 지침 (KICS.OT-10.0003, 2005. 12. 21)을 적용하여 왔다. 그러나 우리나라도 보조 기술 분야가 괄목할 만한 발전을 이루었으며, 「국가정보화기본법(제32조 제1항: 국가기관 등의 웹 접근성 준수 의무화)」「장애인차별금지 및 권리구제 등에 관한 법률(2008년 4월부터 2015년 4월까지 단계적으로 웹 접근성 준수 의무화)」 등의 법률이 제정되었고, 웹 접근성에 대한 인식이 크게 제고되어 그동안 적용되어 온 한국정보통신표준을 개정할 필요가 있었다. 이에 정보통신 접근성 향상 표준화 포럼 산하 웹 접근성 분과위원회가 주축이 되어 학계, 연구계, 장애인 단체, 웹 관련 기업 등의 관련 전문가로 소위원회를 구성하여 본 개정안을 마련 · 제시하게 되었다.

소위원회는 개정안을 개발 및 연구하는 과정에서 다음의 자료를 참고하였다.

- Web Content Accessibility Guideline 1.0(1999년 5월)
- Web Content Accessibility Guideline 2.0(2008년 12월)
- 미국 재활법 508조(2000년 12월)
- 한국정보통신표준 '인터넷 웹 콘텐츠 접근성 지침(2005년 12월)'
- 일본 정보통신 접근성 표준(JIS X8341-3, 2004년)

본 표준에서 제시한 지침에 따라 웹 콘텐츠를 제작하면 보조 기술을 사용하는 장애인 등도 해당 콘텐츠에 충분히 접근할 수 있을 것이다. 웹 문서를 설계함에 있어 고려해야 하는 웹 사이트 이용자의 유형은 다음과 같다.

- 시각을 통해 정보를 인지할 수 없는 시각장애가 있는 경우
- 청각을 통해 음향 정보를 인지하지 못하는 청각장애가 있는 경우
- 신경계의 마비, 근골격계의 마비 또는 선천성 기형 등으로 신체의 움직임에 제한이 있는 지체장애가 있는 경우
- 읽기나 문장 이해력이 떨어지는 언어장애가 있는 경우
- 키보드나 마우스를 사용할 수 없는 장애가 있는 경우

- 시각, 청각 또는 손을 사용하고 있어 해야 하는 일을 할 수 없는 경우: 운전 중이거나 소음이 많은 곳에서 일하는 경우 등 장애라기보다는 웹 사용자가 처한 환경에 따라 제한 받는 경우

본 표준에서는 지침을 준수하는 방법과 지침을 준수하는 경우의 장점을 소개하고 있다. 그러나 이 표준에서는 웹 브라우저의 종류, 컴퓨터의 종류, 운영체제의 종류 등은 고려하지 않았다. 그 이유는 지침을 개발하는 과정에서 적용할 기술은 현 시점의 기술만을 고려할 필요가 없으며, 향후 개발될 기술을 최대한 수용할 수 있어야 하고, 기술 발전에 따라 표준의 내용이 빈번하게 수정 또는 개정되는 일을 피할 수 있기 때문이다.

## 2. 표준의 구성 및 범위

본 표준은 웹 사이트 운영자, 정책 입안자, 교사, 학생, 콘텐츠 제작자, 보조 기술 개발자, 프로그램 개발자를 포함하는 기관과 개인이, 신체적인 제약이나 환경적 제약에 구애받지 않고 이용자가 웹 사이트에 접근할 수 있는 콘텐츠를 제작할 수 있도록 돕는데 그 목적이 있다. 다양한 수요자의 요구를 만족시키기 위해, 본 표준은 다음과 같은 3개의 구조로 구성되었다.

가. 원칙(Principle): 웹 접근성의 근간을 이루는 것으로, 다음과 같이 4가지로 구성되어 있다. 여기서 제시되는 원칙에 맞추어 웹 콘텐츠를 제작하면, 기술적인 환경에 구애받지 않고 모든 사용자가 웹 콘텐츠의 내용을 동등하게 인식하고, 자신에게 적합한 방법으로 이를 운영하여 이해할 수 있게 된다.

　가-1. 인식의 용이성(Perceivable): 모든 콘텐츠는 사용자가 인식할 수 있어야 한다.

　가-2. 운용의 용이성(Operable): 사용자 인터페이스 구성 요소는 조작 가능하고 내비게이션할 수 있어야 한다.

　가-3. 이해의 용이성(Understandable): 콘텐츠는 이해할 수 있어야 한다.

　가-4. 견고성(Robust): 콘텐츠는 미래의 기술로도 접근할 수 있도록 견고하게 만들어야 한다.

나. 지침(Guideline): 각각의 원칙은 지침으로 구성되며, 이들 지침은 웹 제작자가 웹 콘텐츠를 제작할 때 웹 접근성을 준수하기 위하여 완수해야 하는 기본적인 목표이다. 본 표준에서는 총 13개의 지침을 제시하였다.

다. 검사 항목(Requirement): 각 지침별로 웹 접근성 준수 여부를 확인할 수 있도록 제시한 검사 항목을 말한다. 검사 항목은 웹 콘텐츠상에 해당 검사 항목이 적용되는 요소가 존재하는 경우로 한정된다. 즉, 해당 검사 항목을 적용할 구성 요소가 존재하지 않으면, 해당 검사 항목은 만족한 것으로 간주한다. 본 표준에서는 총 22개의 검사 항목을 제시하였다.

본 표준에서 제시한 지침을 준수하는 웹 콘텐츠는 위에 기술한 총 22개의 검사 항목들을 모두 만족해야 한다. 만약 어떤 웹 콘텐츠가 22개 항목 중 어느 하나라도 만족하지 못하면 해당 웹 콘텐츠는 '웹 접근성이 없다' 또는 '웹 접근성 지침을 준수하지 못하는 웹 콘텐츠'라고 할 수 있다. 즉, 본 표준에 제시된 모든 검사 항목들은 필수적으로 준수해야 하는 것이다.

## 3. 웹 접근성을 고려한 콘텐츠 제작 방법

'한국형 웹 콘텐츠 접근성 지침 2.0'은 원칙, 지침, 검사 항목의 3단계로 구성되어 있다. 본 지침을 준수할 경우, 비장애인, 노인 등이 장애인, 젊은이 등과 동등하게 웹 사이트에서 제공하는 콘텐츠를 인식하고, 이를 운영하고 이해할 수 있게 되는 것이다. 그러나 본 지침을 모두 준수한 경우에도 학력, 장애 유형과 정도(중복장애, 중증장애 등), 컴퓨터 및 인터넷 경험, 보조 기술 이용 능력 등에 따라 웹 콘텐츠에 대한 접근이 불가능한 경우가 발생할 수도 있다. 이를 해결하기 위해서는 정보화 교육이나 맞춤형 보조 기술 등이 필요할 것이다. 다만, 본 표준을 준수할 경우에는 대부

분의 웹 접근성과 관련된 문제를 해결할 수 있을 것으로 예상된다.

〈표 3-1〉 한국형 웹 콘텐츠 접근성 지침 2.0 개요

| 원칙 | 지침 | 검사 항목 |
|------|------|-----------|
| 4개 | 13개 | 22개 |

원칙 1. 인식의 용이성(Perceivable): 모든 콘텐츠는 사용자가 인식할 수 있어야 한다.

인식의 용이성은 사용자가 장애 유무 등에 관계없이 웹 사이트에서 제공하는 모든 콘텐츠를 동등하게 인식할 수 있도록 콘텐츠를 제공하는 것을 의미한다. 인식의 용이성은 대체 텍스트, 멀티미디어 대체 수단, 명료성의 3가지 지침으로 구성되어 있다.

〈표 3-2〉 인식의 용이성 관련 지침 및 검사 항목

| 지침(3개) | 검사 항목(6개) |
|-----------|----------------|
| 1.1(대체 텍스트) 텍스트 아닌 콘텐츠에는 대체 텍스트를 제공해야 한다. | 1.1.1(적절한 대체 텍스트 제공) 텍스트 아닌 콘텐츠는 그 의미나 용도를 이해할 수 있도록 대체 텍스트를 제공해야 한다. |
| 1.2(멀티미디어 대체 수단) 동영상, 음성 등 멀티미디어 콘텐츠를 이해할 수 있도록 대체 수단을 제공해야 한다. | 1.2.1(자막 제공) 멀티미디어 콘텐츠에는 자막, 원고 또는 수화를 제공해야 한다. |
| 1.3(명료성) 콘텐츠는 명확하게 전달되어야 한다. | 1.3.1(색에 무관한 콘텐츠 인식) 콘텐츠는 색에 관계없이 인식될 수 있어야 한다. |
| | 1.3.2(명확한 지시 사항 제공) 지시 사항은 모양, 크기, 위치, 방향, 색, 소리 등에 관계없이 인식될 수 있어야 한다. |
| | 1.3.3(텍스트 콘텐츠의 명도 대비) 텍스트 콘텐츠와 배경 간의 명도 대비는 4.5 대 1 이상이어야 한다. |
| | 1.3.4(배경음 사용 금지) 자동으로 재생되는 배경음을 사용하지 않아야 한다. |

지침 1.1 (대체 텍스트) 텍스트 아닌 콘텐츠에는 대체 텍스트를 제공해야 한다.

가. 용어 설명

1) **텍스트 아닌 콘텐츠**(Non-text contents): 그림, 이미지 등으로 제작된 텍스트, 애니메이션, 아스키(ASCII) 그림 문자, 기호(Bullet) 이미지, 그래픽 버튼, 이모티콘(Emoticon), 릿스피크(Leetspeak) 등과 같이 표준 문자(부호) 체계가 아닌 시각적 또는 청각적 정보가 포함된 콘텐츠를 의미한다. 한글 부호의 경우, 유니코드, 조합형 또는 완성형 부호 체계를 사용하여 작성된 텍스트 이외의 모든 경우를 포함한다.

2) **공백 문자**(Blank text): 아무런 정보도 가지고 있지 않은 문자열을 의미한다. HTML 등의 문법에서 공백 문자는 ""을 나타낸다. 공백 문자를 화면 낭독 프로그램(Screen reader)을 사용하여 읽으면 아무런 소리도 나지 않는다.

3) **대체 텍스트**(Alternative text): 텍스트가 아닌 콘텐츠를 대신하기 위해 제공되는 부가적인 텍스트를 의미한다.

동영상의 경우에는 지침 1.2(멀티미디어 대체 수단)에서 제시하는 대체 수단을 제공한다.

4) 대체 미디어(Alternative media): 텍스트 콘텐츠를 오디오, 비디오 또는 오디오-비디오 형식으로 변환하여 제공하는 미디어 콘텐츠를 말한다. 예를 들어, 어떤 텍스트 콘텐츠를 수화로 번역하여 제공하는 비디오 파일은 대체 미디어라고 할 수 있다.

5) 보조 기술(Assistive technology): 장애가 있는 사용자의 요구 조건을 만족시키는 기능을 추가하여 제공하는 하드웨어 또는 소프트웨어를 의미한다. 대표적으로 화면 낭독 프로그램(Screen reader), 화면 확대 프로그램, 특수 키보드 등을 들 수 있다. 보조 기술은 보조 공학이라는 용어로 사용되기도 한다.

나. 검사 항목

> 1.1.1 (적절한 대체 텍스트 제공) 텍스트가 아닌 콘텐츠는 그 의미나 용도를 이해할 수 있도록 대체 텍스트를 제공해야 한다.

이미지 등 텍스트가 아닌 콘텐츠를 이용할 경우, 그 의미나 용도를 해당 이미지와 동등하게 인식할 있도록 적절한 대체 텍스트를 제공해야 한다. 텍스트로 제공할 수 있는 콘텐츠를 이미지 등 텍스트 아닌 콘텐츠로 제공하는 것은 바람직하지 않은 방법이므로 지양해야 한다. 또한 대체 텍스트는 간단명료하게 제공해야 한다.

1) 구체적인 정보를 제공해야 하는 경우: 이미지 링크, 이미지 버튼 등은 용도가 매우 명확하므로 간단히 이미지 링크나 이미지 버튼의 핵심 기능에 대한 설명을 대체 텍스트로 제공해야 한다. 이 경우 링크나 버튼의 대체 텍스트로 '이동하기', 'GO' 등과 같이 그 목적지를 구체적으로 알려주지 않는 대체 텍스트는 피해야 한다.

2) 충분한 정보가 필요한 경우: 데이터 차트와 같이 그 내용을 자세히 설명해야 함에도 불구하고 대체 텍스트로 충분히 설명하지 못하는 경우, 보조 기술을 사용하는 사용자가 그 내용을 충분히 파악할 수 없게 된다. 따라서 사용자가 해당 내용을 충분히 파악할 수 있도록 필요한 내용을 대체 텍스트로 제공해야 한다.

다음과 같은 경우에는 대체 텍스트를 제공하지 않거나 제한적으로 제공할 수 있다.

1) 대체 텍스트가 아닌 형태로만 정보를 제공해야 하는 경우: 컨트롤(Control) 또는 사용자 입력(Input)의 경우, 보조 기술에만 정보를 제공하는 명칭(Name) 또는 레이블(Label)을 제공할 수 있다.

2) 대체 미디어로 정보를 제공해야 하는 경우: 텍스트 콘텐츠의 내용을 수화로 제공하는 비디오 파일의 경우, 해당 비디오 파일에 대한 별도의 대체 텍스트를 제공하는 것이 바람직하지만, 이것을 반드시 제공할 필요는 없다. 이와 같이 텍스트 콘텐츠의 대체 수단으로 제공하는 오디오, 비디오 또는 오디오-비디오 콘텐츠에 대해서는 대체 텍스트를 반드시 제공할 필요는 없다.

3) 콘텐츠의 내용을 설명하는 대체 텍스트를 제공할 수 없는 경우: 생방송 콘텐츠와 같이 그 내용을 설명하기 어려운 경우, 해당 콘텐츠에 대한 간략한 용도를 알려주는 대체 텍스트만으로도 충분하다. 또한 색맹 검사, 청각 검사, 시력 검사, 받아쓰기 등과 같은 검사 또는 시험의 경우에도 콘텐츠의 간략한 용도를 알려주는 대체 텍스트만으로 충분하다.

4) 특정 감각 기관을 위한 콘텐츠인 경우: 플루트 독주나 시각적 예술 작품 등의 경우, 해당 콘텐츠에 대한 간략한 용도를 알려주는 대체 텍스트만으로 충분하다.

5) 불필요한 설명을 제공하는 경우: 단순히 장식이나 시각적인 형태를 위해 사용되는 콘텐츠의 경우, 보조 기술을 통해 해당 설명을 제공받을 때 오히려 혼란을 일으킬 가능성이 있으므로 대체 텍스트를 공백빈 문자로 제공하는 것이 바람직하다.

다. 기대 효과

1) 시각장애 또는 인지장애 등으로 인해 시각적으로 정보를 습득하는 데 어려움을 겪는 사용자들이 화면 낭독 프로그램과 같은 보조 기술을 사용하면 해당 콘텐츠를 음성을 통해 들을 수 있으므로 최소한의 접근권을 보장받을 수 있게 된다.

2) 사용자들을 위해 텍스트 아닌 콘텐츠를 텍스트로 표시하거나 수화로 번역함으로써 해당 콘텐츠에 접근할 수 있다.

3) 시각장애인은 물론 시각장애와 청각장애를 함께 갖고 있는 시청각장애인들 역시 텍스트 아닌 콘텐츠에 대응하는 대체 텍스트를 점자로 변환하는 보조 기술을 이용하여 해당 콘텐츠에 대한 접근권을 보장받을 수 있다.

4) 콘텐츠에 적절한 대체 텍스트를 제공하는 경우 제공받는 정보가 불충분하여 사용자가 콘텐츠의 핵심내용을 인지할 수 없거나 불필요한 정보를 제공받음으로써 겪게 되는 불필요한 혼동을 줄일 수 있다.

5) 대체 텍스트를 제공함으로서 검색을 통하여 텍스트 아닌 콘텐츠에 접근할 수 있게 된다.

---

**지침 1.2 (멀티미디어 대체 수단)** 동영상, 음성 등 멀티미디어 콘텐츠를 이해할 수 있도록 대체 수단을 제공해야 한다.

---

가. 용어 설명

1) **멀티미디어(Multimedia):** 시간에 따라 변화하는 정보를 제공하기 위하여 오디오 또는 비디오 콘텐츠를 또 다른 포맷과 동기화하여 제공하도록 만들어진 콘텐츠 혹은 콘텐츠 재생 과정의 특정 시점에서 사용자와의 상호작용 또는 대화가 필요한 매체를 말한다.

2) **자막(Captions):** 영상매체에 포함된 말, 음향 및 주변소리 등을 텍스트로 표현한 매체를 의미한다. 따라서 자막은 영상매체의 진행에 따라 해당 이벤트와 동기화되어야 한다. 자막은 크게 닫힌 자막(Closed caption)과 열린 자막(Open caption)이 범용적으로 활용된다. 닫힌 자막은 사용자의 필요에 따라 자막을 끄거나 켤 수 있는 데 반해, 열린 자막은 비디오 콘텐츠에 자막정보가 함께 녹화되어 있으므로 사용자가 임의로 자막을 끄거나 켤 수 없다.

3) **대체 수단:** 멀티미디어 콘텐츠의 대체 수단으로는 자막, 구술된 내용을 글로 옮긴 원고(Transcript), 수화(Sign language) 등이 있다.

나. 검사 항목

---

**1.2.1 (자막 제공)** 멀티미디어 콘텐츠에는 자막, 원고 또는 수화를 제공해야 한다.

---

멀티미디어 콘텐츠를 장애인도 비장애인과 동등하게 인식할 수 있도록 제작하기 위해서는 자막, 원고 또는 수화를 제공해야 한다. 대체 수단에서 가장 중요한 요소는 멀티미디어 콘텐츠와 동등한 내용을 제공하는 것이다. 가장 바람직한 방법은 닫힌 자막(Closed caption)을 오디오와 동기화시켜(Synchronized) 제공하는 것이다. 대사 없이 영상(Video)만 제공하는 경우에는 화면 해설(텍스트, 오디오, 원고)을 제공하고, 음성만 제공하는 경우에는 자막, 원고 또는 수화를 제공해야 한다.

1) **자막(Caption)을 제공하는 멀티미디어 콘텐츠:** 멀티미디어 콘텐츠를 재생시킬 때마다 자동적으로 자막이 제공되거나 전용 재생 장치(Player), 별도의 자막 재생 장치 또는 현존하는 보조 기술을 이용하여 자막을 인식할 수 있는 멀티미디어 콘텐츠는 이 검사 항목을 만족하는 것으로 간주할 수 있다. 만약 자막으로 인해 중요한 음향 효과나 음성이 끊기게 되면 이 검사 항목을 준수하지 못한 것이 된다.

2) 원고(Transcript)를 제공하는 콘텐츠: 자막과는 달리 멀티미디어가 재생되는 과정에서 원고 또는 대본 (Scenario)을 제공하는 경우도 이 검사 항목을 만족하는 것으로 간주한다.

3) 수화를 제공하는 콘텐츠: 비디오 콘텐츠에 수화를 중첩하여 녹화한 콘텐츠도 이 검사 항목을 만족하는 것으로 간 주한다.

다. 기대 효과

1) 청각장애인은 자막을 통해 음성이나 음향 정보에 접근이 가능하게 된다. 또한 자막을 활용하면 해당 콘텐츠에 대한 색인을 작성하거나 내용을 검색할 때에도 유용하게 사용될 수 있다. 수화를 제공하는 콘텐츠도 청각장애 인의 접근이 용이하다.

2) 장애인이 아닌 경우에도 영상 매체와 함께 동기화되는 대체 매체가 제공되는 경우에는 보다 편리하게 콘텐츠를 활용할 수 있다. 예를 들어, 자막은 소란한 환경이나 오디오 재생 기능이 갖추어져 있지 않은 경우에 그 내용을 파악하는 데 유용하며, 외국어 습득과 같이 언어 능력이나 읽기 능력을 향상시키는 데 활용될 수 있다.

> **지침 1.3 (명료성)** 콘텐츠는 명확하게 전달되어야 한다.

가. 용어 설명

1) **명도 대비**: 색의 밝고 어두운 정도를 말한다.

2) **경조(硬調)(High contrast)**: 경조(硬調)란 전경과 배경간의 명도 대비를 강조 표시하여 해당 항목을 보다 뚜렷하 고 쉽게 식별될 수 있도록 하는 것이다. 검정색 배경에 하얀색으로 텍스트를 표시하는 경우와 같이 대비차가 많 이 나도록 조정하여 화면에 표시하는 방식을 경조(硬調) 모드라고 하며, 최신 운영체제에서는 기본적으로 이 기 능을 지원하고 있다.

3) **장식을 위한 글자**: 정보 제공이나 콘텐츠 이용에 필요한 기능과는 무관하게 웹 페이지의 시각적인 표현만을 위해 사용된 콘텐츠의 글자를 말하는 것으로, 로고 등이 이에 해당된다.

나. 검사 항목

> **1.3.1 (색에 무관한 콘텐츠 인식)** 콘텐츠는 색에 관계없이 인식될 수 있어야 한다.

콘텐츠에서 제공하는 모든 정보는 특정한 색을 구별할 수 없는 사용자나 흑백 디스플레이 사용자, 흑백 인쇄물을 보는 사용자가 색을 배제하여도 해당 콘텐츠를 인식할 수 있도록 제공해야 한다.

1) **색에 의한 정보 제공**: 차트나 그래프 등을 색으로 구분하여 표시하면 경조(硬調) 모드로 화면을 전환하였을 경우, 모든 색이 회색으로 표시되므로 사용자는 색을 구분할 수 없게 된다. 따라서 이 경우에도 콘텐츠가 제공하는 정 보를 인식할 수 있도록 색으로만 정보를 구분하지 않아야 한다.

2) **무늬를 이용한 정보 제공**: 서로 다른 정보를 무늬로 구분하여 표시하면 흑백 디스플레이 사용자, 흑백 인쇄물의 사용 자도 충분히 그 정보를 인지할 수 있다. 무늬와 색을 동시에 이용하면 색각장애가 있는 사용자도 접근이 가능하다.

> **1.3.2 (명확한 지시 사항 제공)** 지시 사항은 모양, 크기, 위치, 방향, 색, 소리 등에 관계없이 인식될 수 있어야 한다.

본 검사 항목은 특정 요소를 가리키거나 지시 사항을 전달하는 콘텐츠에 한정해 적용하는 것으로, 시각이나 청각 등과 같은 특정 감각에만 의존하여 제공해서는 안 된다는 것이다. 즉, 다른 감각을 통해서도 지시 사항을 인식하는 데 문제가 없도록 제공해야 한다. 텍스트 콘텐츠와 대체 텍스트가 제공된 텍스트 아닌 콘텐츠는 보조 기기를 통해 다른 감각으로의 전환이 가능하기 때문에 이들 콘텐츠를 음성 콘텐츠로 변환하여 제공할 필요는 없다.

1) 색, 크기, 모양 또는 위치와 같은 정보에 대한 인식: 웹 콘텐츠는 콘텐츠에 접근하는 사용자들이 색, 크기, 모양 또는 위치에 관한 정보를 인식하지 못하더라도 원하는 콘텐츠에 접근할 수 있도록 제작되어야 한다. 예를 들어, 특정 요소를 '동그란 버튼을 누르시오' 또는 '오른쪽 버튼을 누르시오'라고 가리킬 때, 그 대상이 되는 버튼이 '동그란 버튼' 또는 '오른쪽 버튼'이라는 대체 텍스트를 포함하고 있지 않을 경우 시각장애를 지닌 사용자는 어떤 요소를 지칭하는지 알 수 없다. 따라서 이러한 경우, 가리키고자 하는 요소의 실제 명칭이나 그 요소가 포함하고 있는 대체 텍스트를 사용해 지칭하거나, 불가피하게 색, 크기, 모양, 위치와 같은 정보를 사용해 특정 요소를 가리킬 때는 이를 보완할 수 있는 다른 정보를 제공해야 한다.

2) 음성이나 음향 정보의 인식: 사용자에게 음성이나 음향을 사용해 지시 사항을 전달하는 경우 사용자가 소리를 들을 수 없더라도 전달하고자 하는 지시 사항을 인식할 수 있어야 한다. 예를 들어, 온라인 시험 진행 중 사용자에게 비프음(Beep sound)으로 정답인지 오답인지를 사용자에게 알려주면, 청각장애 사용자나 스피커가 설치되어 있지 않은 환경에 있는 사용자는 정답과 오답 여부를 확인할 수 없다. 따라서 이 경우에 비프음과 함께 정답과 오답 여부를 시각적으로 확인할 수 있는 수단을 제공하면 더 많은 사용자가 지시 사항을 인지할 수 있게 된다.

---

**1.3.3 (텍스트 콘텐츠의 명도 대비) 텍스트 콘텐츠와 배경 간의 명도 대비는 4.5 대 1 이상이어야 한다.**

웹 페이지에서 보이는 핵심 텍스트 콘텐츠와 배경 간의 충분한 대비를 제공하여, 저시력자, 색각 이상자, 노인 등도 콘텐츠를 인식할 수 있도록 제공해야 한다. 다만, 본문 콘텐츠에 단순히 장식 목적으로만 사용한 글자, 마우스나 키보드를 활용하여 초점(Focus)을 받았을 때 명도 대비가 커지는 콘텐츠는 예외로 한다(지침 2.1.2 참조).

1) 핵심 콘텐츠의 명도 대비: 웹 페이지가 제공하려는 핵심적인 콘텐츠를 구성하고 있는 텍스트와 배경 간의 명도 대비는 4.5 대 1 이상이어야 한다.

2) 폰트 크기에 따른 명도 대비: 콘텐츠를 구성하고 있는 텍스트 폰트를 18pt 이상 또는 14pt 이상의 굵은 폰트를 사용하는 경우에는 명도 대비를 3:1까지 낮출 수 있다.

---

**1.3.4 (배경음 사용 금지) 자동으로 재생되는 배경음을 사용하지 않아야 한다.**

웹 페이지에서 자동으로 재생되는 배경음(동영상, 음성, 음악 등)으로 인해 콘텐츠를 인식하는 데 방해받지 않아야 한다. 단, 3초 미만의 배경음은 예외로 한다. 3초 이상 재생되는 배경음을 사용할 경우, 반드시 배경음을 제어할 수 있는 수단(멈춤, 일시정지, 음량조절 등)이나 배경음 제어로 이동하는 바로가기 링크를 웹 페이지의 첫 부분에 제공해야 한다(2.4.1 참조). 또한 콘텐츠가 제공하는 배경음의 음량을 조절하더라도 화면 낭독 프로그램의 음량에는 영향을 주지 않아야 한다.

다. 기대 효과

1) 색상의 차이가 정보의 다름을 나타내지 않으므로 색을 인지하는 데 장애가 있는 사용자도 혼동을 일으킬 염려가 없게 된다.

2) 흑백 스크린 또는 경조(硬調) 모드를 사용할 수밖에 없는 사용자들도 콘텐츠의 내용이나 구조를 손쉽게 이해할

수 있다.

3) 시각장애인은 콘텐츠의 모양이나 위치에 의한 정보를 이해할 수 없기 때문에 추가적인 정보를 제공하거나 모양이나 위치 정보에만 의존하지 않을 경우 콘텐츠를 이용할 수 있게 된다.

4) 멀티미디어 콘텐츠가 자동적으로 실행되어 시각장애인이 사용하고 있는 화면 낭독 프로그램이 읽어주는 소리를 방해한다면 큰 혼란을 야기할 수 있다. 따라서 3초 이후에는 이들 멀티미디어 콘텐츠가 자동적으로 만들어내는 소리가 멈추어야 시각장애인은 이 페이지를 사용할 수 있다.

---

**원칙 2. 운용의 용이성(Operable):** 사용자 인터페이스 구성 요소는 조작 가능하고 내비게이션할 수 있어야 한다.

---

운용의 용이성은 사용자가 장애 유무 등에 관계없이 웹 사이트에서 제공하는 모든 기능들을 운용할 수 있게 제공하는 것을 의미한다. 운용의 용이성은 키보드 접근성, 충분한 시간 제공, 광과민성 발작 예방, 쉬운 내비게이션의 4가지 지침으로 구성되어 있다.

〈표 3-3〉 운용의 용이성 관련 지침 및 검사 항목

| 지침(4개) | 검사 항목(8개) |
| --- | --- |
| 2.1(키보드 접근성) 콘텐츠는 키보드로 접근할 수 있어야 한다. | 2.1.1(키보드 사용 보장) 모든 기능은 키보드만으로도 사용할 수 있어야 한다. |
| | 2.1.2(초점 이동) 키보드에 의한 초점은 논리적으로 이동해야 하며 시각적으로 구별할 수 있어야 한다. |
| 2.2(충분한 시간 제공) 콘텐츠를 읽고 사용하는 데 충분한 시간을 제공해야 한다. | 2.2.1(응답 시간 조절) 시간제한이 있는 콘텐츠는 응답시간을 조절할 수 있어야 한다. |
| | 2.2.2(정지 기능 제공) 자동으로 변경되는 콘텐츠는 움직임을 제어할 수 있어야 한다. |
| 2.3(광과민성 발작 예방) 광과민성 발작을 일으킬 수 있는 콘텐츠를 제공하지 않아야 한다. | 2.3.1(깜빡임과 번쩍임 사용 제한) 초당 3~50회 주기로 깜빡이거나 번쩍이는 콘텐츠를 제공하지 않아야 한다. |
| 2.4(쉬운 내비게이션) 콘텐츠는 쉽게 내비게이션 할 수 있어야 한다. | 2.4.1(반복 영역 건너뛰기) 콘텐츠의 반복되는 영역은 건너뛸 수 있어야 한다. |
| | 2.4.2(제목 제공) 페이지, 프레임, 콘텐츠 블록에는 적절한 제목을 제공해야 한다. |
| | 2.4.3(적절한 링크 텍스트) 링크 텍스트는 용도나 목적을 이해할 수 있도록 제공해야 한다. |

---

**지침 2.1 (키보드 접근성)** 콘텐츠는 키보드로 접근할 수 있어야 한다.

---

가. 용어 설명

1) 키보드(Keyboard): 사용자가 텍스트를 입력하기 위하여 사용하는 입력장치를 의미한다. 여기에는 키보드의 자판 입력을 해독하기 위하여 사용되는 소프트웨어도 포함된다. 예를 들어, 키보드의 형태를 가지지 않았지만 기능적으로 키보드를 대신하는 입력장치(예: 노트북 및 개인 휴대 정보 단말기(PDA: Personal Digital Assistant) 등의 터치패드, 음성 입력장치 등) 등도 키보드로 간주한다.

2) 위치 지정 도구(Pointing device): 마우스나 터치패드와 같이 컴퓨터 화면의 특정 지점을 직접 지정할 수 있는 장치를 의미한다.

3) 음성 입력장치: 음성으로 컴퓨터를 제어하거나 텍스트를 입력할 수 있도록 구성된 시스템 또는 이러한 시스템을 구성하는 데 사용되는 프로그램을 의미한다.

4) 초점(Focus): 웹 페이지 안에서 프로그램에 의해 또는 사용자의 행위(예: 탭 키를 이용한 이동)에 의해 하나의 요소(Element)가 사용 가능(Enabled)한 상태로 되었을 때 초점이 그 요소에 있다고 말한다. 대부분의 웹 브라우저에서는 초점을 받은 요소를 시각적으로 다른 요소와 구분할 수 있게 밑줄을 보이게 하거나, 또는 테두리를 씌우거나 색을 변경기도 한다.

나. 검사 항목

**2.1.1 (키보드 사용 보장) 모든 기능은 키보드만으로도 사용할 수 있어야 한다.**

웹 페이지에서 제공하는 모든 기능을 키보드만으로도 사용할 수 있도록 제공해야 한다. 다만, 사용자의 반응 속도나 지속성이 중요한 요소인 붓질(Painting), 헬리콥터나 비행기 등의 훈련에 사용되는 시뮬레이션 콘텐츠등과 시각적인 방법으로만 접근이 가능한 지리정보 콘텐츠, 가상현실 콘텐츠 등은 예외로 할 수 있다.

1) 키보드 인터페이스와 기능: 콘텐츠의 모든 기능은 키보드로 사용이 가능하여야 한다. 이 경우, 해당 기능을 사용하는 데 필요한 키보드의 조작횟수의 많고 적음은 고려대상이 아니다.

2) 예외 사항: 위치 지정 도구의 커서 궤적이 중요한 역할을 하는 콘텐츠(붓질 기능이 필요한 콘텐츠, 시뮬레이션 콘텐츠, 지리정보 콘텐츠, 가상현실 콘텐츠 등), 움직임 측정 센서(Motion sensor)를 이용하는 콘텐츠는 이 검사 항목의 예외로 할 수 있다. 그러나 이 경우에도 위치 지정 도구나 움직임 측정 센서가 필요한 기능을 제외한 나머지 사용자 인터페이스는 키보드만으로 사용할 수 있어야 한다.

**2.1.2 (초점 이동) 키보드에 의한 초점은 논리적으로 이동해야 하며, 시각적으로 구별할 수 있어야 한다.**

웹 페이지에서 제공하는 모든 기능을 키보드만으로 사용하여 운용할 경우에도 초점이 논리적인 순서에 따라 이동하도록 제공해야 하며, 조작이 불가능한 상태가 되거나 갑작스러운 페이지의 전환 등이 일어나지 않아야 한다.

또한 저시력자, 지체장애인들이 초점을 받은 콘텐츠를 시각적으로 인지할 수 있도록 시각적으로 표현하여야 한다.

1) 초점 이동 순서: 사용자가 키보드를 이용하여 초점을 이동하는 경우 이동 순서가 다르면 사용자에게 혼란을 주기 때문에 초점 이동 순서는 사용자가 예측하는 이동 순서와 일치하여야 한다.

2) 논리적인 순서: 사용자가 키보드를 이용하여 커서를 이동할 때, 제시되는 콘텐츠 내용의 논리적인 순서에 따라 진행하는 것을 의미한다. 예를 들어, 제시되는 콘텐츠 내용이 논리 전개상 A → B → C 순으로 전개되어야 해당 내용을 적절히 이해할 수 있다면, 화면상의 배열은 약간 다를지라도(가급적 화면 배열도 일치시키는 것이 바람직함) 키보드를 이용한 커서 이동 순서도 A → B → C 순으로 진행되어야 한다.

3) 함정 또는 오류: 웹 콘텐츠는 더 이상 키보드 조작이 불가능한 상태로 이동하여 빠져나올 수 없거나 이전 페이지로 이동이 불가능한 상태가 되어서는 안 된다.

4) 초점의 시각화: 특정 영역(컨트롤, 사용자 입력 등)이 위치 지정 도구(마우스)나 키보드 조작을 통해 초점을 받았을 때, 해당 영역이 초점을 받았음을 시각적으로 인지할 수 있도록 나타내주는 방법을 의미한다. 대표적인 예로 키보드 조작을 통해 버튼이나 링크가 초점을 받았을 때 초점을 받았음을 시각적으로 알 수 있도록 하기 위해 해당 요소의 주변에 점선으로 된 테두리가 표시되는 것을 들 수 있다. 위치 지정 도구에 의한 초점과 키보드에 의

한 초점의 표시방법이 다른 것도 허용한다.

다. 기대 효과

1) 위치 지정 도구를 사용할 수 없는 시각장애인의 경우, 키보드만으로 웹 콘텐츠나 웹 사이트의 기능을 사용할 수 있다.

2) 전통적인 키보드를 사용할 수 없는 지체장애인의 경우, 키보드 대신 음성 입력장치를 이용하여 웹 콘텐츠를 사용할 수 있다.

3) 화면 낭독 프로그램을 이용하여 웹 콘텐츠에 접근하는 사용자의 경우, 커서 주변의 상하좌우에 위치한 콘텐츠에 대한 정보를 기억하지 못하므로 일정한 순서로 이동하지 않으면 커서 주변의 상황에 대한 정보를 잃어버리기 쉽다. 따라서 웹 콘텐츠는 커서가 논리적인 순서(일반적으로, 좌측 상단에서 우측 하단 방향으로)에 따라 이동할 수 있도록 구성해야 한다.

4) 마우스나 키보드 조작을 통해 특정 영역으로 컨트롤을 이동하였을 경우에 해당 영역이 초점을 받았음을 시각적으로 알려준다면 역시, 약시, 노인, 지체장애인뿐만 아니라 비장애인들도 어느 영역을 활성화 시킬 수 있는지 쉽게 인지할 수 있다.

---

**지침 2.2 (충분한 시간 제공) 콘텐츠를 읽고 사용하는 데 충분한 시간을 제공해야 한다.**

가. 용어 설명

1) 시간제한이 있는 콘텐츠: 시간을 통제할 수 없이 실시간으로 제공되는 콘텐츠를 말한다.

2) 시간제한이 있는 콘텐츠로는 다음과 같은 콘텐츠가 있다.

    2-1) 자동 갱신되도록 구성된 콘텐츠

    2-2) 몇 초 후에 다른 페이지로 이동하도록 구성된 콘텐츠

    2-3) 자동적으로 스크롤(Scroll)되는 콘텐츠

    2-4) 짧은 기간 동안 나타났다 일정 시간 후에 사라져버리는 대화창

    2-5) 일정 시간 동안 사용하지 않으면 웹 페이지에 대한 접근이 강제로 차단되거나 사용할 수 없게 되는 콘텐츠

나. 검사 항목

---

**2.2.1 (응답 시간 조절) 시간제한이 있는 콘텐츠는 응답시간을 조절할 수 있어야 한다.**

웹 콘텐츠 제작 시 시간제한이 있는 콘텐츠는 가급적 제공하지 않는 것이 바람직하며, 보안 등의 사유로 시간제한이 반드시 필요할 경우에는 이를 회피할 수 있는 수단을 제공해야 한다.

1) 반응 시간 조절: 웹 콘텐츠에 대해 반응 시간을 지정한 경우, 사용자가 반응 시간에 제한 없이 웹 콘텐츠를 이용할 수 있도록 하기 위해 반응 시간이 종료되기 이전, 사용자가 다음 중 한 가지 방법을 선택하여 조절할 수 있는 기능을 제공해야 한다. 또한 반응 시간 조절 기능은 충분한 시간(최소 20초 이상)을 두고 사전에 알려 주어야 한다.

    1-1) 시간제한을 해제할 수 있어야 한다.

    1-2) 시간제한을 연장할 수 있어야 한다.

2) 예외 사항: 시간제한이 있는 온라인 경매, 실시간 게임 등과 같이 반응 시간의 조절이 원천적으로 허용되지 않는 경우에는 개별적인 반응 시간 조절이 불가능하다. 따라서 이러한 웹 콘텐츠의 경우에는 본 검사 항목의 적용을

받지 않는다. 다만, 이 경우에도 사용자에게 시간제한이 있다는 것을 미리 알려주고, 종료되었을 경우에도 이를 알려주어야 한다.

**2.2.2 (정지 기능 제공) 자동으로 변경되는 콘텐츠는 움직임을 제어할 수 있어야 한다.**

웹 콘텐츠에서 스크롤 및 자동 갱신되는 콘텐츠를 장애인 사용자가 이용할 수 있도록 일시 정지할 수 있는 방법을 제공해야 한다.

1) **이동하거나 스크롤되는 콘텐츠**: 저시력자나 지적장애인 등은 이동하거나 스크롤되는 콘텐츠를 인지하기 어려우므로, 웹 콘텐츠는 사용자가 이동이나 스크롤을 일시 정지시키거나, 지나간 콘텐츠 또는 앞으로 나타날 콘텐츠의 사용이 가능하도록 '앞으로 이동', '뒤로 이동', '정지' 등의 컨트롤을 제공한다.

다. 기대 효과
1) 비장애인보다 문서를 읽고 이해하는 데 더 많은 시간이 필요한 지적장애, 학습장애 등을 지닌 사용자도 시간에 관계없이 콘텐츠를 이용할 수 있게 된다.
2) 배너(Banner)와 같이 빠르게 변화하는 콘텐츠를 이용하기 어려운 지체장애인, 노인, 뇌병변장애인들도 콘텐츠를 이용할 수 있다.
3) 스크롤 되는 뉴스에서와 같이 이미 지나간 콘텐츠를 손쉽게 확인할 수 있는 기능이 제공되므로 콘텐츠의 사용이 편리하다.

**지침 2.3 (광과민성 발작 예방) 광과민성 발작을 일으킬 수 있는 콘텐츠를 제공하지 않아야 한다.**

가. 용어 설명
1) 광과민성 증후: 빛의 깜빡거림에 의해 발작을 일으키는 증상을 말한다.

나. 검사 항목

**2.3.1 (깜빡임과 번쩍임 사용 제한) 초당 3~50회 주기로 깜빡이거나 번쩍이는 콘텐츠를 제공하지 않아야 한다.**

깜빡이거나 번쩍이는 콘텐츠로 인해 발작을 일으키지 않도록 초당 3~50회 주기로 깜박이거나 번쩍이는 콘텐츠를 제공하지 않아야 한다.

1) **번쩍이는(Flashing) 콘텐츠**: 번쩍임이 초당 3~50회(텔레비전 방송을 위해 영국 등의 주요 국가에서 사용하는 기준으로, 기준 화면 해상도는 1024×768임)인 콘텐츠를 지칭하는 것으로, 이러한 콘텐츠를 웹 페이지에 포함시키지 않아야 하는 이유는 광과민성 발작 증세가 있는 사용자도 안심하고 웹 콘텐츠에 접근할 수 있기 때문이다.
2) **깜빡이는 콘텐츠(Blinking contents)**: 장식 목적으로 깜빡거리게 만든 콘텐츠는 그 깜빡임을 정지시킬 수 있어야 한다. 만일 웹 브라우저의 자체 기능 또는 운영체제가 제공하는 기능을 통하여 깜빡임을 정지시킬 수 있는 경우에는 이 검사 항목을 적용할 필요가 없다.
3) **번쩍이는 시간제한**: 웹 페이지에 포함되는 콘텐츠의 번쩍이는 시간을 3초 미만으로 제한하면 지속적인 번쩍임으로 인한 사용자(예: 광과민성 증후 환자, 학습장애자, 저시력자 등)의 발작을 예방하면서도 콘텐츠의 중요성을 알릴 수 있다.

다. 기대 효과

1) 광과민성 발작 증상이 있는 사람들은 빛이 번쩍거리는 것에 민감하게 반응하여 발작을 일으킬 수 있다. 특히 3Hz에서 50Hz 사이의 번쩍거림은 발작을 일으키는 원인이 되며, 20Hz 부근이 발작을 가장 잘 일으키는 주파수로 알려져 있다. 따라서 본 검사 항목을 준수한 콘텐츠는 광과민성 발작 증세가 있는 사용자도 접근 가능하다.

2) 정신이 산만한 사람의 경우, 지속적으로 번쩍거림이 있는 콘텐츠를 집중하여 응시하기가 매우 어렵다. 따라서 본 검사 항목을 만족하는 콘텐츠는 정신이 산만한 사람도 접근이 가능하다.

> **지침 2.4 (쉬운 내비게이션) 콘텐츠는 쉽게 내비게이션 할 수 있어야 한다.**

가. 용어 설명

1) **반복 영역(Repetitive block):** 메뉴, 링크 모음과 같이 동일한 내용이 같은 위치에 여러 웹 페이지에 걸쳐 나타나는 영역을 의미한다. 글로벌 내비게이션(Global navigation) 및 로컬 내비게이션(Local navigation) 등도 반복 영역의 하나이다. 모든 페이지에 걸쳐 존재하는 광고 영역 등도 그 내용의 변화에 관계없이 반복되는 영역에 포함된다.

2) **건너뛰기 링크:** 반복 영역의 내비게이션을 생략하고 웹 페이지의 다른 영역(예: 뉴스 포털의 헤드라인, 핵심 콘텐츠가 있는 곳 등)으로 이동할 수 있는 버튼, 텍스트 링크를 의미한다.

3) **적절한 제목(Appropriate title):** 콘텐츠의 내용을 쉽게 파악할 수 있도록 해당 주제나 목적을 간단명료하게 나타낼 수 있는 명칭을 의미한다.

4) **콘텐츠 블록(Content blocks):** 특정 내용에 관해 설명하거나 기술하고 있는 정보의 묶음 혹은 영역을 의미하며, 일반적으로 하나의 주제를 설명 혹은 기술하고 있는 장(chapter)이나 절(section) 등을 들 수 있다.

나. 검사 항목

> **2.4.1 (반복 영역 건너뛰기) 콘텐츠의 반복되는 영역은 건너뛸 수 있어야 한다.**

화면 낭독 프로그램을 이용하는 사람들은 반복되는 메뉴 등을 페이지마다 다시 듣게 된다. 이러한 불편을 막기 위해, 메뉴 등과 같이 페이지마다 공통되며 반복되는 영역을 사용자가 바로 건너뛰어 핵심 콘텐츠로 이동할 수 있도록 건너뛰는 방법을 제공해야 한다.

1) **반복되는 영역을 건너뛸 수 있는 방법:** 웹 페이지가 제공하는 핵심 콘텐츠가 위치한 곳으로 직접 이동하는 건너뛰기 링크를 제공한다. 건너뛰기 링크는 시각장애인에게 반드시 필요한 기능이다. 이 기능은 지체장애인에게도 효과적인 웹 콘텐츠 운용을 위해 필요한 기능이므로, 메뉴 건너뛰기 링크는 화면에 보이도록 구현하는 것이 좋다.

2) **여러 개의 건너뛰기 링크 제공:** 건너뛰기 기능은 웹 페이지의 가장 앞에 위치해야 한다. 여러 개의 건너뛰기 링크를 제공하는 경우에는 핵심 콘텐츠로 이동하기 위한 건너뛰기 링크를 가장 앞에 위치시킨다. 만일 배경음 바로가기 링크(1.3.4 참조)가 있는 경우에는 그 다음에 위치시킨다.

> **2.4.2 (제목 제공) 페이지, 프레임, 콘텐츠 블록에는 적절한 제목을 제공해야 한다.**

페이지, 프레임, 콘텐츠 블록에 적절한 제목을 제공하여 사용자가 웹 콘텐츠를 운용하기 쉽게 도와주어야 한다. 제목은 간단명료해야 하며, 해당 페이지, 프레임, 콘텐츠 블록을 유추할 수 있도록 제공해야 한다.

1) 웹 페이지 제목 제공: 모든 웹 페이지가 해당 내용을 간단명료하게 기술한 제목을 포함하고 있을 경우 여러 개의 웹 페이지가 열려 있더라도 사용자(예: 시각장애인, 인지장애인, 심각한 지체장애인 등)는 해당 제목을 통해 초점이 주어진 웹 페이지가 어떠한 내용을 담고 있는지를 알 수 있기 때문에, 모든 웹 페이지에는 해당 페이지를 간단명료하게 설명한 제목을 제공해야 한다. 또한, 웹 페이지 제목은 서로 배타적이어야 한다.

2) 프레임 제목 제공: 모든 웹 페이지의 프레임에는 각 프레임을 설명하는 간단명료한 제목을 제공해야 한다. 모든 프레임에 간단명료한 제목이 부여되면 사용자(예: 시각장애인, 인지장애인, 심각한 지체장애인 등)는 해당 프레임의 제목을 통해 초점이 주어진 프레임이 어떤 프레임인지를 쉽게 알 수 있다. 아무런 내용이 없는 프레임에는 "빈 프레임" 등으로 제목을 제공한다.

3) 콘텐츠 블록: 콘텐츠 블록에는 적절한 제목을 제공해야 한다. 콘텐츠 블록에 제목을 제공하는 경우에 〈h1〉, 〈h2〉 태그를 부여하면 제목과 본문을 구분할 수 있으며, 제목간 이동이 가능하다.

4) 특수 기호 사용 제한: 웹 페이지, 프레임 또는 콘텐츠 블록의 제목은 문장의 하나로 간주하여 불필요한 특수 기호를 반복하여 사용하지 않는다.

---

### 2.4.3 (적절한 링크 텍스트) 링크 텍스트는 용도나 목적을 이해할 수 있도록 제공해야 한다.

링크의 용도나 목적지를 명확하게 이해할 수 있도록 링크 텍스트를 제공해야 한다.

1) 맥락과 무관한 링크: 링크의 용도나 목적지를 주변의 맥락과 관계없이 이해할 수 있도록 링크 텍스트를 제공해야 한다. 예를 들어, '여기'나 '더 보기' 등과 같은 링크 텍스트를 제공하는 것보다 '한국정보화진흥원 홈페이지로 이동' 혹은 '공지사항 더 보기'와 같이 해당 링크를 클릭했을 때 목적지에 관한 정보나 어떤 내용을 볼 수 있는지를 보다 구체적으로 제시해야 한다. 또한 모든 링크 정보는 사용자가 쉽게 이해할 수 있도록 간단명료하게 제공해야 한다.

2) 이미지 링크: 아이콘(Icon)으로 링크 텍스트를 대신하여 표현한 경우(예를 들어, 홈페이지로 이동하기 위한 링크를 링크 텍스트가 아닌 집 모양의 아이콘 이미지로 대신하고 해당 아이콘에 홈 페이지로의 링크를 걸어놓은 경우), 해당 아이콘은 그 자체의 이미지만으로도 링크의 용도나 목적지, 내용 등을 충분히 이해할 수 있도록 직관적이고 명료해야 한다. 아이콘에 대체 텍스트를 제공하는 방법은 검사 항목 1.1.1(적절한 대체 텍스트 제공)을 참고하라.

3) 적절한 링크 제공 방법은 다음과 같다.

   3-1) 텍스트 중에서 URL에 관한 정보를 제공하는 부분을 링크로 연결해야 한다.

   3-2) 텍스트 중에서 URL에 관한 정보를 제공하는 부분의 바로 뒷부분을 링크로 연결해야 한다.

   3-3) URL에 관한 정보를 제공하는 텍스트와 URL로 이동하는 아이콘을 하나의 링크로 구성하는 것이 바람직하다. 이 경우, 아이콘 이미지에 제공해야 하는 대체 텍스트는 빈 글자로 구성해야 한다.

   3-4) 동일한 제품을 서로 다른 관점에서 설명한 페이지로 이동하는 링크들은 링크 텍스트의 제목을 서로 다르게 구성하는 것이 바람직하다.

다. 기대 효과

1) 웹 페이지의 상단이나 좌측 프레임에 링크 목록이 반복되는 영역이 위치하고 있으면 화면 낭독 프로그램은 이 링크 목록을 순서대로 읽어준 후에야 필요한 부분을 읽어주므로 매우 불편하다. 그러나 이 웹 페이지의 첫 부분에 콘텐츠의 핵심 부분으로 이동할 수 있는 건너뛰기 링크를 제공하면 필요한 위치로 빠르게 이동할 수 있다.

2) 하나의 긴 문장으로 구성된 콘텐츠의 경우, 사용자가 원하는 부분을 찾기 위해서는 처음부터 모두 읽어야 한다.

따라서 색인이 없는 긴 문장의 경우에 콘텐츠의 특정 영역으로 이동하는 것이 매우 불편하다. 그러나 문장의 시작 부분에 색인을 제공하면 필요한 부분으로 직접 이동할 수 있어 보다 쉽고 빠르게 내비게이션할 수 있다. 장, 절, 소절의 제목을 h1, h2, h3 등의 태그를 이용하여 구성하면 이들 태그 간을 빠르게 이동할 수 있다.

3) 여러 페이지로 구성된 웹 사이트의 경우, 사이트 맵을 제공하면 사용자는 이를 이용하여 필요한 정보가 위치한 페이지로 보다 쉽고 빠르게 이동할 수 있다.

4) 모든 웹 페이지에 서로 다른 제목을 제공하면 동시에 여러 개의 웹 페이지가 열려 있더라도 사용자(예: 시각장애인, 인지장애인, 지체장애인 등)는 해당 웹 페이지의 제목을 통해 초점을 받은 웹 페이지가 무엇에 관한 페이지인지를 쉽게 파악할 수 있어 열려있는 웹 페이지 간을 편리하게 이동할 수 있다. 이를 위해, 각 페이지는 해당 페이지만의 유일하고 배타적인(Unique and Exclusive) 페이지 제목을 가져야 한다.

5) 웹 페이지를 구성하는 프레임에 각 프레임을 설명하는 제목을 제공하면 사용자(예: 시각장애인, 인지장애인, 심각한 지체장애인 등)는 초점을 받은 프레임을 프레임 제목을 통해 파악할 수 있으므로 웹 페이지의 프레임을 매우 편리하게 이동할 수 있다. 이를 위해, 페이지의 경우와 마찬가지로, 동일한 페이지에 있는 프레임은 해당 프레임만의 유일하고 배타적인 프레임 제목을 가져야 한다.

6) 텍스트에 링크를 연결할 때, "여기를 클릭하세요."와 같이 애매모호한 표현을 사용하여 링크를 연결한 경우, 시각장애인이나 인지장애인들 뿐만 아니라 비장애인들도 클릭했을 때 어떤 일이 일어날 것이며 무슨 내용이 제시될 것인지를 알 수 없다. 그러나 링크 텍스트가 직관적으로 주어졌을 경우, 장애인들은 해당 링크를 클릭했을 때 무슨 내용이 제시될 것인지를 분명하게 알 수 있다.

7) 링크 텍스트를 직관적이고 의미 있게 구성하면 사용자가 링크의 용도나 목적지를 명확히 알 수 있다. 이 경우, 지체장애인은 원하지 않는 링크를 방문하기 위해 키보드를 여러 차례 입력하는 수고를 덜 수 있으며, 지적장애인은 원하지 않는 콘텐츠로 이동하거나 이동해 오는 혼란을 겪지 않는다. 또한 시각장애인은 링크의 제목만 듣고도 링크의 용도나 목적지를 알 수 있다.

> 원칙 3. 이해의 용이성(Understandable): 콘텐츠는 이해할 수 있어야 한다.

이해의 용이성은 사용자가 장애 유무 등에 관계없이 웹 사이트에서 제공하는 콘텐츠를 이해할 수 있도록 제공하는 것을 의미한다. 이해의 용이성은 가독성, 예측 가능성, 콘텐츠의 논리성, 입력 도움의 4가지 지침으로 구성되어 있다.

〈표 3-4〉 이해의 용이성 관련 지침 및 검사 항목

| 지침(4개) | 검사 항목(6개) |
|---|---|
| 3.1(가독성) 콘텐츠는 읽고 이해하기 쉬워야 한다. | 3.1.1(기본 언어 표시) 주로 사용하는 언어를 명시해야 한다. |
| 3.2(예측 가능성) 콘텐츠의 기능과 실행결과는 예측 가능해야 한다. | 3.2.1(사용자 요구에 따른 실행) 사용자가 의도하지 않은 기능(새 창, 초점 변화 등)은 실행되지 않아야 한다. |
| 3.3(콘텐츠의 논리성) 콘텐츠는 논리적으로 구성해야 한다. | 3.3.1(콘텐츠의 선형화) 콘텐츠는 논리적인 순서로 제공해야 한다. |
| | 3.3.2(표의 구성) 표는 이해하기 쉽게 구성해야 한다. |
| 3.4(입력 도움) 입력 오류를 방지하거나 정정할 수 있어야 한다. | 3.4.1(레이블 제공) 입력 서식에는 대응하는 레이블을 제공해야 한다. |
| | 3.4.2(오류 정정) 입력 오류를 정정할 수 있는 방법을 제공해야 한다. |

지침 3.1 (가독성) 콘텐츠는 읽고 이해하기 쉬워야 한다.

가. 용어 설명: 없음

나. 검사 항목

3.1.1 (기본 언어 표시) 주로 사용하는 언어를 명시해야 한다.

1) 웹 페이지의 언어 명시: 웹 브라우저는 웹 페이지를 구성하는 텍스트 콘텐츠의 언어 정보를 바탕으로 텍스트 콘텐츠를 화면에 표시하거나 보조 기기로 제공한다. 화면 낭독 프로그램을 사용하는 경우, 텍스트 콘텐츠의 언어 정보를 화면 낭독 프로그램으로 제공하여 정확한 발음이 가능하도록 화면 낭독 프로그램을 제어하기도 한다. 따라서 웹 페이지를 구성하는 기본 언어는 정확히 명시해야 한다.

다. 기대 효과

1) 화면 낭독 프로그램과 같이 텍스트를 음성으로 전환(TTS: Text to Speech)하는 보조 기술이나 텍스트를 점자로 번역하는 점역 프로그램은 콘텐츠를 구성하는 기본 언어를 인식하여 자동적으로 음성을 변환하거나 해당 언어에 적합한 점역을 할 수 있는 편리함이 있다.

지침 3.2 (예측 가능성) 콘텐츠의 기능과 실행결과는 예측 가능해야 한다.

가. 용어 설명

1) **온라인 서식(Online form):** 온라인 서식은 사용자의 입력을 통해 값을 수정하여 전달할 수 있는 여러 가지 컨트롤(예: 텍스트 입력 상자, 드롭다운 선택 메뉴, 라디오 선택 메뉴, 누르는 버튼 등)과 그것의 레이블을 말한다.

2) **마우스 오버(Mouseover):** 웹 페이지 안의 어떤 요소에 마우스 포인터를 올려놓았지만 아직 마우스 버튼을 누르지 않아 활성화되지 않은 상태를 지칭한다. 펜 입력 장치와 같은 특정한 위치 지정 도구에서는 이러한 상태를 지원하지 않는다.

3) **마우스 클릭:** 마우스 포인터를 특정 객체나 요소를 가리킨 다음 마우스의 버튼을 누르는 행위를 뜻한다. 마우스 클릭 이벤트가 발생하면 보통은 해당 객체가 활성화(Activate)되며 다음 동작이나 기능을 실행하는 맥락의 변화가 일어난다.

4) **새 창, 팝업 창:** 새로운 페이지를 보여주기 위해 현재의 창이 아닌 별도의 창 또는 탭으로 열리는 경우, 이를 새 창 또는 팝업 창이라고 부른다. 단, 스크립트 언어의 고유한 기능을 이용해 생성되는 경고(Alert), 확인(Confirm), 입력 프롬프트(Prompt) 등의 메시지 대화상자는 새 창이나 팝업 창의 범주에 포함되지 않는다.

5) **레이어 팝업(Layer popup):** 대부분의 최신 브라우저에서는 새 창과 팝업 창이 무분별하게 생성되어 사용자에게 불편을 주거나 보안의 위협을 가하는 것을 막기 위해 팝업 창 차단 기능을 제공하고 있다. 그러나 일부 웹 페이지 제작자가 이것을 피하기 위해 시각적으로 팝업 창과 같은 효과를 내도록 같은 페이지 내에서 기존 콘텐츠를 가리고 그 위의 새로운 층에 팝업 창처럼 보이는 콘텐츠 영역을 보이도록 한 경우, 이를 통상적으로 레이어 팝업이라고 부른다.

6) **드롭다운 메뉴(Drop-down menu):** 여러 개의 항목 중 하나를 선택하기 위해 목록을 다 나열하지 않고 첫 번째 항목만 보이다가 사용자가 메뉴 확장 버튼을 활성화시키면 나머지 목록의 전부 또는 일부가 아래로 펼쳐져 나타나는 방식의 온라인 입력 서식 컨트롤을 드롭다운 메뉴 또는 드롭다운 목록이라 한다. 하이퍼텍스트 생성 언어

(HTML: HyperText Markup Language)와 같은 마크업 언어나 플래시와 같은 플러그 인 방식의 응용 프로그램에서는 드롭다운 메뉴를 표시하기 위해 내장된 컨트롤을 제공한다.

7) 풀다운 메뉴(Pull-down menu): 일반적으로 가로로 늘어진 메뉴 바(Menu bar)에서 특정 항목을 선택(마우스 오버, 키보드를 이용한 초점, 마우스 클릭이나 엔터 키를 이용한 활성화에 의해 선택이 이루어질 수 있음)하면 하위 메뉴 항목들이 선택한 항목의 아래쪽으로 펼쳐져 나타나는 방식의 메뉴를 말한다.

나. 검사 항목

> 3.2.1 (사용자 요구에 따른 실행) 사용자가 의도하지 않은 기능(새 창, 초점변화 등)은 실행되지 않아야 한다.

컨트롤이나 사용자 입력은 초점을 받았을 때에 의도하지 않는 기능이 자동적으로 실행되지 않도록 콘텐츠를 개발해야 한다. 사용자가 마우스로 클릭하거나 키보드를 이용하여 입력한 후 기능이 실행되어야 하며, 사용자가 예측할 수 없는 상황에서 정보를 제공하지 않아야 한다. 특히 사용자가 인지하지 못한 상황에서 새 창, 팝업 창 등을 제공하지 않아야 한다.

1) 초점(Focus)에 따른 변화: 웹 콘텐츠를 구성하는 컨트롤이 초점을 받았을 경우, 사용자가 의도하지 않은 기능이 실행되지 않아야 한다. 단, 기능의 실행이 아니라 초점을 받은 요소의 색깔이 반전되거나 테두리가 생기는 것과 같은 시각적인 변화, 또는 사용자 제어가 이동하지 않은 상태에서 나타나는 추가 정보 등은 초점 변화에 따른 기능의 실행으로 간주하지 않는다. 잘못된 예는 다음과 같다.

  1-1) 온라인 서식이 자동적으로 제출됨

  1-2) 새 창이 열림

  1-3) 드롭다운 메뉴나 풀다운 메뉴를 사용하는 경우에 해당 메뉴가 실행됨

  1-4) 사용자 제어가 다른 컨트롤로 이동하거나 사라지거나 예측할 수 없음

2) 입력에 따른 변화: 사용자가 선택할 수 있는 컨트롤(예: 콤보박스, 라디오 박스, 체크박스 등)과 같이 어떤 항목을 선택하는 경우, 특정 항목을 선택(초점을 받음)하는 것으로 해당 항목이 의미하는 기능이 실행되지 않아야 한다. 실제로 해당 기능이 실행되는 것은 사용자 선택 컨트롤과 함께 제공되는 실행 버튼을 클릭하거나 활성화하였을 때 비로소 실행되어야 한다.

3) 새 창/팝업 창/레이어 팝업: 사용자가 예측할 수 없는 상황에서 새 창 또는 팝업 창이 열리고 이를 통해 정보나 기능을 전달하면 안 된다. 레이어 팝업이 시각적으로는 맨 앞이지만 키보드로 접근하는 경우 맨 뒤인 경우가 있기 때문에, 사용자가 예측할 수 없는 상황에서 레이어 팝업 창으로 정보나 기능을 전달해서는 안 된다.

4) 새 창/팝업 창/레이어 팝업의 닫음: 사용자가 열려있거나 화면에 나타난 새 창/팝업 창/레이어 팝업을 닫거나 종료하도록 버튼을 클릭하거나 활성화 시켰을 경우, 해당 창 또는 팝업 등이 종료되어야 한다. 사용자가 화면에 나타난 새 창/팝업 창/레이어 팝업을 닫거나 종료하도록 요구하였음에도 불구하고 해당 창 또는 팝업 등이 종료되지 않으면 사용자는 매우 당황하게 된다. 특히 레이어 팝업의 경우에 이러한 혼란이 가중될 수 있다.

다. 기대 효과

1) 시각장애, 지적장애 그리고 지체장애가 있는 사람들도 초점 및 문맥의 변화를 이해할 수 있게 된다.

2) 시력이 전혀 없는 상태인 전맹(Achromatopsia)이나 저시력자는 새 창이 갑자기 뜨는 것과 같이 문맥의 변화가 발생하는 것을 인지하기 어렵다. 새 창 열기가 불가피하게 필요한 경우, 사용자에게 미리 새 창 열림을 경고하여 뒤로 가기 버튼이 더 이상 예상처럼 동작하지 않는다는 사실을 알려 주면 혼란을 줄일 수 있다.

> 지침 3.3 (콘텐츠의 논리성) 콘텐츠는 논리적으로 구성해야 한다.

가. 용어 설명

1) **배치용 테이블(Layout table):** 실제 표 형식의 자료를 담고, 제목 행과 제목 열이 있는 데이터용 테이블(Data table)과는 달리, 콘텐츠 블록을 한 페이지 안에서 원하는 곳에 원하는 크기로 배치하고 다른 블록과 구분하기 위해 사용한 테이블을 말한다.

2) **스타일 시트(Style sheet):** 문서의 표현 형태를 규정하는 일련의 명령문을 의미한다. 스타일 시트는 콘텐츠 제공자가 마련한 것, 사용자가 마련한 것, 웹 브라우저에 내장된 형태 등의 세 가지가 있다. 종속형 시트(CSS: Cascading Style Sheets) 레벨 2가 스타일 시트의 대표적인 규정이다.

3) **콘텐츠의 선형화·기본구조:** 웹 페이지에 있는 콘텐츠는 2차원 공간에 상하좌우로 배치되어 있으며, 시각적으로 원하는 곳을 바로 찾아가거나 원하는 기능을 바로 수행할 수 있다. 콘텐츠를 순서대로 나열한 것을 선형화된 콘텐츠라고 한다. 비시각적 음성 브라우저나 화면 낭독 프로그램과 같은 보조 기기에서는 선형화된 방식으로 콘텐츠에 접근하기 때문에 선형화된 콘텐츠의 순서는 논리적이어야 한다. 시각적인 브라우저에서는 스타일 시트를 제거하고 테이블을 제거하여 테이블 안의 요소를 순서대로 펼쳐 놓음으로써 선형화된 콘텐츠를 얻을 수 있다.

나. 검사 항목

> 3.3.1 (콘텐츠의 선형화) 콘텐츠는 논리적인 순서로 제공해야 한다.

콘텐츠는 보조 기기 등을 통해서도 논리적인 순서로 이해할 수 있도록 제공해야 한다.

1) **콘텐츠의 선형화:** 웹 페이지를 구성하는 콘텐츠는 선형화하여 순서대로 나열하였을 경우에도 그 내용을 논리적으로 이해할 수 있도록 작성되어야 한다.

2) **내용, 표현 및 기능:** 브라우저 화면에 표시되는 콘텐츠의 순서는 웹 페이지에 수록된 콘텐츠의 나열 순서와 항상 동일하지 않다. 예를 들어 스타일 시트를 사용하면 웹 페이지를 구성하는 콘텐츠의 순서를 변경하지 않고도 화면에 나타나는 콘텐츠의 순서를 임의로 변경할 수 있다. 따라서 웹 페이지를 구성하는 콘텐츠의 나열 순서는 논리적으로 이해할 수 있도록 작성하고, 필요할 경우에 화면에 표시되는 순서를 변경해서 제공해야 한다.

> 3.3.2 (표의 구성) 표는 이해하기 쉽게 구성해야 한다.

표를 제공할 경우, 시각장애인 등도 이해할 수 있도록 표의 이해를 돕기 위한 내용 및 구조에 대한 정보를 제공해야 한다.

1) **표의 구성:** 데이터를 표로 구성할 경우, 표의 내용, 구조 등을 이해할 수 있도록 구성해야 한다. 표에는 그 내용을 요약한 정보를 제목 또는 요약으로 제공하여 표의 내용을 예측할 수 있도록 한다. HTML의 경우, CAPTION 요소를 사용하여 표의 제목을 제공한다.

2) **셀의 구성:** 표의 손쉬운 내비게이션을 위하여 표의 셀은 제목(⟨th⟩)과 내용(⟨td⟩)을 구분할 수 있는 태그를 이용해야 한다.

다. 기대 효과

1) 논리적으로 구성된 콘텐츠는 인지, 언어, 학습장애가 있는 사용자들이 콘텐츠를 이해하는 데 도움을 준다. 또한

화면 확대 프로그램을 사용할 때 맥락을 찾기 어려운 시각장애인에게도 매우 유용하다.

2) 논리적으로 구성된 웹 콘텐츠는 스타일 시트(Style sheet)를 바꾸거나 기능을 제거하더라도 그 내용을 순서대로 읽어 문서의 의미를 이해하기가 쉽다.

---

**지침 3.4 (입력 도움) 입력 오류를 방지하거나 정정할 수 있어야 한다.**

가. 용어 설명

1) 레이블: 온라인 서식에서 사용되는 각 컨트롤(예: 텍스트 입력 상자, 라디오 선택 버튼, 체크 상자, 드롭다운 메뉴 등)의 역할을 설명해 주는 제목 텍스트를 레이블이라 한다.

나. 검사 항목

---

**3.4.1 (레이블 제공) 입력 서식에는 대응하는 레이블을 제공해야 한다.**

입력 서식을 사용할 경우, 시각장애인 등이 해당 서식을 이해할 수 있도록 레이블을 제공해야 한다.

1) 레이블: 온라인 서식에서 사용자가 입력하는 컨트롤의 근처에 어떤 데이터를 어떻게 입력해야 하는지를 알려주는 레이블을 컨트롤과 대응하여 제공해야 한다. 레이블을 서식 컨트롤과 프로그램이 인식할 수 있도록 대응시키지 않고 단순히 텍스트로만 제공할 경우, 보조 기기를 통해서 해당 컨트롤의 레이블을 인식할 수 없다.

---

**3.4.2 (오류 정정) 입력 오류를 정정할 수 있는 방법을 제공해야 한다.**

입력 서식 작성 시, 사용자의 실수로 잘못된 오류가 발생할 경우 이를 정정할 수 있는 방법을 제공해야 한다.

1) 사용자 입력 오류: 온라인 서식에서 오류가 발생하는 경우, 사용자에게 오류가 발생한 위치와 오류를 유발하게 된 이유 등에 관한 정보를 알려 주어야 한다. 예를 들어, 이름, 주소, 전화번호, 이메일 주소를 필수적으로 입력하도록 구성한 온라인 서식에서 일부 항목을 기입하지 않고 제출하였을 경우, 해당 항목의 입력이 누락되었음과 누락된 내용을 함께 알려 주어야 한다. 시스템적인 오류는 해당되지 않는다.

다. 기대 효과

1) 레이블을 서식 컨트롤 가까이에 프로그램이 인식할 수 있도록 대응시키면 시각장애인에게 해당 컨트롤이 어떤 용도로 사용되는지를 알려줄 수 있으므로 잘못된 데이터의 입력을 방지할 수 있다.

2) 입력 오류를 수정할 수 있는 방법에 대한 정보를 텍스트로 자세하게 제공하는 것은 학습장애가 있는 사용자들이 서식을 성공적으로 작성할 수 있도록 도와준다. 오류가 있는 곳에만 오류 표시를 하면 전맹이나 저시력자는 오류가 난 곳에 도달하기 전까지는 어디에 오류가 있는지 알기 어렵지만, 오류의 내용을 먼저 텍스트로 설명해 주거나, 프로그램을 통해 오류가 난 위치에 도달하도록 하고, 오류의 내용을 설명해 주면 입력 오류를 더 쉽게 정정할 수 있다.

3) 실수로 인해 빚어지는 심각한 결과 또는 과실을 피하기 위해 오류 정정에 필요한 정보나 수단을 제공하는 것은 실수 가능성이 높은 대부분의 장애인들에게 도움을 준다.

---

**원칙 4. 견고성(Robust): 웹 콘텐츠는 미래의 기술로도 접근할 수 있도록 견고하게 만들어야 한다.**

견고성은 사용자가 기술에 관계없이 웹 사이트에서 제공하는 콘텐츠를 이용할 수 있도록 제공하는 것을 의미한다. 견고성은 문법 준수, 웹 애플리케이션 접근성의 2가지 지침으로 구성되어 있다.

〈표 3-5〉 견고성 관련 지침 및 검사 항목

| 지침(2개) | 검사 항목(2개) |
|---|---|
| 4.1(문법 준수) 웹 콘텐츠는 마크업 언어의 문법을 준수해야 한다. | 4.1.1(마크업 오류 방지) 마크업 언어의 요소는 열고 닫음, 중첩 관계 및 속성 선언에 오류가 없어야 한다. |
| 4.2(웹 애플리케이션 접근성) 웹 애플리케이션은 접근성이 있어야 한다. | 4.2.1(웹 애플리케이션 접근성 준수) 콘텐츠에 포함된 웹 애플리케이션은 접근성이 있어야 한다. |

지침 4.1 (문법 준수) 웹 콘텐츠는 마크업 언어의 문법을 준수해야 한다.

가. 용어 설명

1) 마크업 언어(Markup language): 마크업 언어는 텍스트의 각 부분에 의미를 나타내는 정보를 기술할 수 있게 제작된 언어를 말한다. 확장성 생성 언어(XML: Extensible Markup Language), HTML 등이 이에 해당한다.

나. 검사 항목

4.1.1 (마크업 오류 방지) 마크업 언어의 요소는 열고 닫음, 중첩 관계 및 속성 선언에 오류가 없어야 한다.

마크업 언어의 요소를 사용할 경우, 해당 마크업의 문법을 최대한 준수하여 제공하는 것이 바람직하다. 특히 태그의 열고 닫음, 중첩 관계의 오류가 없도록 제공해야 한다.

1) 태그의 열고 닫음: 마크업 언어로 작성된 콘텐츠는 표준에서 특별히 정한 경우를 제외하고는 시작 태그와 끝나는 태그가 정의되어야 한다.
2) 태그의 중첩: 열고 닫는 태그가 나타내는 요소는 포함관계가 어긋나지 않아야 한다. 또한 마크업 언어의 속성을 사용할 경우, 해당 마크업의 문법을 최대한 준수하여 제공하는 것이 바람직하다.
3) 중복된 속성: 하나의 요소 안에서 마크업 언어의 속성이 중복되어 선언될 경우, 중복된 속성 중 하나는 무시될 수 있으므로 같은 속성이 중복 선언되지 않도록 제공해야 한다.
4) id 속성 값: 하나의 마크업 문서에는 같은 id 값을 가진 요소가 존재해서는 안 되므로, id 값을 중복되지 않도록 사용해야 한다.

다. 기대 효과

1) 시작 태그와 끝나는 태그가 잘 대응되고 태그의 포함관계가 어긋나지 않도록 웹 페이지를 구성하면, 웹 브라우저나 보조 기술이 작동을 멈추지 않고 콘텐츠를 명확히 전달할 수 있다.
2) 마크업 언어에 사용된 속성이나 중복이 금지된 속성 값이 중복된 경우를 없애 일부 기능이 누락되지 않도록 할 수 있다.

지침 4.2 (웹 애플리케이션 접근성) 웹 애플리케이션은 접근성이 있어야 한다.

## 가. 용어 설명

1) 웹 애플리케이션: 웹 애플리케이션: 웹 콘텐츠에 포함되어 특정한 기능을 수행하도록 구성된 소프트웨어의 일종으로, 리치 인터넷 애플리케이션(RIA: Rich Internet Application)이라고도 한다. 본 표준이 적용되는 웹 애플리케이션은 웹 콘텐츠에 내장되어 복수의 웹 브라우저에서 공통적으로 사용할 수 있는 것으로 한정한다. 따라서 적용 대상은 플러그인(Plug-in) 콘텐츠와 자바 스크립트로 제작된 프로그램 등이다.

2) 플러그인(Plug-in): 웹 콘텐츠 내에 삽입되는 별도의 프로그램을 의미한다. 예를 들어, 플래시(Flash), 플렉스(Flex), 실버라이트(Microsoft Silverlight) 등이 이에 해당한다.

## 나. 검사 항목

**4.2.1 (웹 애플리케이션 접근성 준수) 콘텐츠에 포함된 웹 애플리케이션은 접근성이 있어야 한다.**

웹 콘텐츠에 포함된 부가 애플리케이션 또는 웹 페이지의 기능을 실행하는 데 필요한 웹 애플리케이션은 웹 페이지를 사용하거나 접근하는 것을 방해하지 않아야 한다. 웹 애플리케이션은 본 지침에서 설명한 모든 지침들을 적용하여 제작하여야 한다.

1) 접근성 API 사용: 웹 애플리케이션은 운영체제에서 제공하는 접근성 API 기능을 사용하여 제작되어야 한다. 그렇지 않으면 보조 기기가 웹 애플리케이션의 접근성 기능을 지원하지 못하는 경우가 발생할 수 있다.

2) 사용자 API 사용: 웹 애플리케이션이 운영체제와 호환되지 않는 접근성 API 기능을 사용하는 경우, 웹 애플리케이션이 제공하는 기능의 명칭, 역할, 상태에 관한 정보가 보조 기기에게 제공될 수 있어야 한다. 그렇지 않으면 보조 기기가 웹 애플리케이션의 접근성 기능을 지원할 수 없게 된다.

3) 국내의 보조 기기로 접근이 불가능한 웹 애플리케이션은 가능한 한 사용하지 않는 것이 좋으며, 꼭 사용해야 하는 경우에는 대체 수단을 제공해야 한다.

## 다. 기대 효과

1) 웹 애플리케이션이 접근성을 제공할 경우 보조 기기가 웹 애플리케이션과 상호작용이 가능하므로 보조 기기 사용자가 웹 애플리케이션의 활용할 수 있다.

2) 웹 애플리케이션의 자체적인 접근성을 평가하는 방법으로 본 지침을 적용할 수 있게 되어 접근성을 준수하는, 특색 있는 웹 애플리케이션의 개발이 가능할 것이다.

3) 새로운 기술의 경우에 자체적인 접근성 제공방법이 개발되지 않았다고 하더라도 대체 수단을 제공할 수 있다면 적용이 가능하다.

# 장애인 · 고령자 등의 정보 접근 및 이용 편의 증진을 위한 지침

2009. 10. 21.
행정안전부장관
(행정안전부고시 제2009-63호)

## 제1장 총칙

**제1조(목적)**  이 지침은 국가정보화기본법 제32조 제5항에 따라 장애인·고령자 등이 정보통신서비스와 정보통신제품을 쉽게 접근하고 이용할 수 있도록 국가기관, 지방자치단체, 공공기관, 정보통신서비스 제공자 및 정보통신 제조업자가 정보통신서비스의 제공 및 정보통신제품의 구매, 설계, 제작, 가공할 때 필요한 사항을 정하여 권장함을 목적으로 한다.

**제2조(용어정의)**  ① 이 지침에서 사용하는 주요 용어의 정의는 다음과 같다.

1. "정보 접근"이란 모든 사람이 정보통신서비스와 정보통신제품을 손쉽게 활용할 수 있도록 만드는 것을 말한다.

2. "정보통신제품"이라 함은 정보통신기기와 소프트웨어를 말한다.

3. "정보통신서비스"란「전기통신기본법」제2조 제7호에 따른 전기통신역무와 이를 이용하여 정보를 제공하거나 정보의 제공을 매개하는 것을 말한다.

4. "정보통신 제조업자"라 함은 정보통신제품을 설계, 제작, 가공하는 자를 말한다.

5. "정보통신서비스 제공자"란「전기통신사업법」제2조 제1항 제1호에 따른 전기통신사업자와 영리를 목적으로 전기통신사업자의 전기통신역무를 이용하여 정보를 제공하거나 정보의 제공을 매개하는 자를 말한다.

6. "무리한 부담"이라 함은 현재 가능한 기술 수준과 적절한 비용으로 실현시킬 수 있는 정도 이상의 노력을 요구함을 말한다.

② 이 지침에서 사용하는 용어의 정의는 제1항에서 정의하는 것을 제외하고는 국가정보화기본법이 정하는 바에 의한다.

**제3조(적용범위)**  이 지침이 적용되는 정보통신서비스와 정보통신제품의 범위는 별표1과 같다.

**제4조(보편적 설계)**  정보통신서비스 제공자와 정보통신 제조업자는 무리한 부담이 되지 않는 한 장애인·고령자 등이 정보통신서비스와 정보통신제품을 별도의 보조기구를 사용하지 않고서도 장애를 가지지 않은 자와 동등한 수준으로 활용할 수 있도록 그 기능과 내용의 설계가 이루어지도록 한다.

**제5조(호환성의 제공)**  정보통신서비스 제공자와 정보통신 제조업자는 보편적 설계가 가능하지 않은 경우에는 장애인·고령자 등을 위한 보조기구와 호환될 수 있도록 정보통신서비스를 제공하고 정보통신제품을 설계, 제작 및 가공하도록 노력하여야 한다.

**제6조(정보통신서비스 제공자 및 정보통신 제조업자에의 권장)**  ① 정보통신서비스 제공자와 정보통신 제조업자는 장애인·고령자 등의 요구가 있을 경우에는 특정형식(점자, 수화, 표준 텍스트 파일, 녹음 테이프, 큰 활자 또는 이에 상응하는 수단)의 사용설명서를 사용자의 추가적인 비용의 부담 없이 제공하도록 한다.

② 정보통신서비스 제공자와 정보통신 제조업자는 자사 정보통신서비스와 정보통신제품에 대한 장애인·고령자 등의 사용 문의에 상시적으로 응할 수 있는 고객지원 및 기술지원 체계를 확보하도록 한다.

③ 정보통신서비스 제공자와 정보통신 제조업자는 제1항 및 제2항의 내용에 대하여 모든 사원에게 적절한 교육을 실시하도록 한다.

**제7조(표시)**  이 지침을 충실히 반영한 정보통신서비스 제공자와 정보통신 제조업자는 서비스의 시작화면 또는 제품의 외장 등에 일정한 표시를 하여, 장애인·고령자 등이 쉽게 알아보고 선택할 수 있도록 할 수 있다.

## 제2장 정보통신서비스와 정보통신제품의 기능에 대한 설계 지침

제8조(손 또는 팔 동작의 보완) 손 또는 팔 동작을 요구하는 정보통신서비스와 정보통신제품은 장애를 가진 사용자가 사용할 수 있도록 입력 및 제어 수단이 충분히 커야 하며, 미세한 조정 및 동시 조작 등을 요구하는 기능을 사용할 수 있게 하는 보완적인 수단이 제공되도록 한다.

제9조(반응시간의 보완) ① 일정 시간 내의 반응을 요구하는 입력 및 제어 기능을 가진 정보통신서비스와 정보통신제품에는 반응시간을 조정할 수 있는 보완적인 수단이 제공되도록 한다.

② 일정 시간 동안 출력을 제공하는 기능을 가진 정보통신서비스와 정보통신제품에는 출력시간 및 속도를 조정할 수 있는 보완적인 수단이 제공되도록 한다.

제10조(시력의 보완 및 대체) 시각능력을 요구하는 입출력 및 제어 기능을 가진 정보통신서비스와 정보통신제품에는 청각 및 촉각을 사용하여 시각을 대체하거나, 확대 기능 등과 같이 시각을 보조할 수 있는 보완적인 수단이 제공되도록 한다.

제11조(색상 식별능력의 보완) ① 색상 식별능력을 요구하는 입력 및 제어 기능을 가진 정보통신서비스와 정보통신제품에는 색상 이외의 방법으로도 식별 또는 작동할 수 있는 보완적인 수단이 제공되도록 한다.

② 색상 식별능력을 요구하는 화면 출력 기능을 가진 정보통신서비스와 정보통신제품에는 색상을 사용한 의미의 전달이 흑백 화면에서도 동일하게 이루어질 수 있도록 하고, 배경이나 글씨의 색을 변경시킬 수 있는 수단이 제공되도록 한다.

제12조(청력의 보완 및 대체) ① 입력 및 제어의 결과와 작동상태가 청각으로 전달되는 기능을 가진 정보통신서비스와 정보통신제품에는 시각이나 촉각을 사용하여 동일한 정보를 전달할 수 있는 보완적인 수단이 제공되도록 한다.

② 청각능력을 요구하는 출력 기능을 가진 정보통신서비스와 정보통신제품에는 시각 및 촉각을 사용하여 청각을 대체하거나, 음량 조정·헤드폰 연결 기능 등과 같이 청각을 보조할 수 있는 보완적인 수단이 제공되도록 한다.

③ 청각능력을 요구하는 정보통신제품에는 보청기와의 호환 기능이 제공되도록 한다.

제13조(음성입력의 대체) 음성입력을 요구하는 정보통신서비스와 정보통신제품에는 손 또는 팔 동작 등을 이용한 대체 입력 및 제어 기능이 제공되도록 한다.

제14조(인지능력의 보완) 입출력 및 제어기능을 가진 정보통신서비스와 정보통신제품에는 인지능력에 제약이 있는 사용자가 혼란을 일으키지 않고 독립적으로 활용할 수 있는 입출력 및 제어기능이 제공되도록 한다.

제15조(설계지침 사항) 제8조부터 제14조의 구체적인 설계지침을 구현하기 위한 방법은 별표2와 같다.

## 제3장 웹사이트의 접근성 준수에 관한 설계 지침

제16조(인식의 용이성) ① 이미지의 의미나 목적을 이해할 수 있도록 적절한 대체 텍스트를 제공해야 한다.

② 배경 이미지가 의미를 가질 경우에는 배경 이미지의 의미를 이해할 수 있도록 대체 콘텐츠를 제공해야 한다.

③ 동영상, 음성 등 멀티미디어 콘텐츠를 이해할 수 있도록 대체 수단(자막, 원고 또는 수화)을 제공해야 한다.

④ 색상을 배제하여도 원하는 내용을 인식할 수 있도록, 색상 이외에도 명암이나 패턴 등으로 콘텐츠 구분이 가능해야 한다.

제17조(운용의 용이성) ① 서버 측 이미지 맵을 제공할 경우, 해당 내용 및 기능을 사용할 수 있는 콘텐츠를 제공해야 한다.

② 프레임을 제공할 경우, 해당 내용을 인식할 수 있도록 적절한 제목(title 속성)을 제공해야 한다.

③ 깜빡이는 콘텐츠를 제공할 경우, 사전에 경고하고 깜빡임을 회피할 수 있는 수단을 제공해야 한다.

④ 모든 기능을 키보드로 이용할 수 있어야 한다.

⑤ 반복되는 링크를 건너뛸 수 있도록 건너뛰기 링크(skip navigation)을 제공해야 한다.

⑥ 시간제한이 있는 콘텐츠를 제공할 경우, 시간 제어 기능을 제공해야 한다.

⑦ 새 창(팝업 창)을 제공할 경우, 사용자에게 사전에 알려야 한다.

제18조(이해의 용이성) ① 데이터 테이블을 제공할 경우, 테이블의 내용을 이해할 수 있는 정보(제목, 요약정보 등)를 제공해야 한다.

② 데이터 테이블을 제공할 경우, 제목 셀과 내용 셀을 구분할 수 있어야 한다.

③ 해당 페이지를 잘 이해할 수 있도록 페이지 제목(title)을 제공해야 한다.

④ 콘텐츠는 논리적인 순서로 구성되어야 한다.

⑤ 온라인 서식을 제공할 경우, 레이블(⟨label⟩)을 제공해야 한다.

제19조(기술적 진보성) ① 애플릿, 플러그인(ActiveX, 플래시 등) 등 부가 애플리케이션을 제공하는 경우, 해당 애플리케이션이 자체적인 접근성을 준수하거나 사용자가 대체 콘텐츠를 선택하여 이용할 수 있어야 한다.

② 마크업 언어로 구현할 수 있는 기능(링크, 서식, 버튼, 페이지 제목)을 자바 스크립트만으로 구현하지 말아야 한다.


부 칙

제1조(시행일) 이 지침은 고시한 날부터 시행한다.

제2조(재검토기한) 「훈령 · 예규 등의 발령 및 관리에 관한 규정」(대통령훈령 제248호)에 따라 이 고시 발령 후의 법령이나 현실 여건의 변화 등을 검토하여 이 고시의 폐지, 개정 등의 조치를 하여야 하는 기한은 2012년 10월 20일까지로 한다.

[별표1] 정보통신서비스 및 정보통신제품의 범위

| | | | |
|---|---|---|---|
| 정보통신 서비스 | 기간통신서비스 | 유선통신서비스 | • 전화서비스<br>• 전신, 전보서비스<br>• 기타 유선통신서비스 |
| | | 무선통신서비스 | • 이동통신서비스 |
| | 부가통신서비스 | 네트워크서비스 | |
| | | 부가통신 응용서비스 | • 고도팩스서비스<br>• 신용카드검색(CCIS) 서비스<br>• 컴퓨터예약(CRS) 서비스<br>• 원격통신서비스<br>• 전자지불서비스<br>• 온라인정보처리<br>• 인터넷전자상거래(수수료)<br>• 기타 부가통신응용서비스 |
| | | 콘텐츠 제공서비스 | • 콘텐츠제공서비스(전화수수료)<br>• 콘텐츠제공서비스(인터넷 · 모바일) |
| 정보 통신 기기 | 통신기기 | 유선통신기기 | • 유선전화기 |
| | | 무선통신기기 | • 무선통신단말기<br>• 무선통신송수신기(전신,전화,방송용 제외) |
| | 정보기기 | 컴퓨터본체 | |
| | | 컴퓨터주변기기 | |
| | | 바이오인식단말기 | |
| | | 네트워크 로봇 및 부분품 | |
| | | 정보기기 부분품 | |
| | | 금융 사무기기 | |
| 소프트 웨어 | 패키지소프트웨어 | 시스템소프트웨어 | • 운영체계소프트웨어<br>• 통신소프트웨어<br>• 유틸리티소프트웨어<br>• 시스템관리소프트웨어<br>• 정보보호 SW |
| | | 개발용소프트웨어 | • 프로그램개발용 언어<br>• 프로그램및콘텐츠개발용 도구<br>• 프로젝트관리용 소프트웨어<br>• DBMS<br>• 기타 개발용소프트웨어 |
| | | 응용소프트웨어 | • 일반사무용소프트웨어<br>• 기업관리소프트웨어<br>• 과학용소프트웨어<br>• 산업용소프트웨어<br>• 기타 응용소프트웨어 |

[별표2]  설계지침사항

### 제8조(손 또는 팔 동작의 보완)

- 두 버튼을 동시에 눌러야 할 때, 연속적인 실행으로 동일한 기능을 제공한다.
- 손동작의 비정교함으로 인하여 의도하지 않는 입력이 이루어질 수 있으므로, 버튼의 크기를 충분히 크게 하고, 버튼 사이의 간격을 충분히 확보한다.
- 집거나 비트는 동작이 필요한 경우에는, 단순한 동작에 의해 입력이 가능한 대체 방식을 제공한다.
- 마우스 및 유사기능을 수행하는 장치에 의한 포인터의 이동, 클릭, 더블클릭 및 드래그 등의 조작을 대체 마우스나 키보드로 가능하게 한다.
- 많이 사용되는 기능은 사용자가 단축키나 특정키를 이용해서 선택 및 조작할 수 있도록 한다.
- 마우스 및 유사기능을 수행하는 장치에 의한 포인터의 이동량을 사용자가 조절할 수 있도록 한다.
- 잘못된 입력에 대처하기 위하여 모든 조작을 취소할 수 있도록 한다. 취소가 불가능한 조작의 경우에는 이를 사전에 표시하도록 한다.
- 중요한 버튼들은 인식하기 쉽고 누르기 쉽도록 설계한다.

### 제9조(반응시간의 보완)

- 문자 정보나 음성정보가 진행하면서 출력될 때, 사용자가 이의 속도를 조절할 수 있는 방법을 제공한다.
- 사용자의 입력이 필요한 경우에는 충분한 대기시간을 설정한다.
- 사용자의 입력이 필요한 개인용 기기 또는 서비스의 경우에는 대기시간을 사용자 임의로 설정할 수 있도록 한다.
- 사용자의 입력이 필요한 범용 기기 또는 서비스의 경우에는 시간 제약이 끝나기 전에 경고를 주고, 사용자가 대기시간을 연장할 수 있도록 한다.

### 제10조(시력의 보완 및 대체)

- 시각적 정보는 음성 또는 점자와 함께 제공한다.          • 입력의 완료를 알려주는 소리를 제공한다.
- 키, 버튼 등의 입력장치의 기준점에 돌기 표시를 붙여 촉각으로 위치와 배열을 파악할 수 있도록 한다.
- 포인터나 커서를 식별하기 쉽게 크기, 모양, 색 등의 환경을 설정할 수 있도록 한다.
- 전원, 발신, 종료, 메뉴 등의 주요 기능을 나타내는 키와 버튼은 식별하기 쉬운 모양 또는 돌기 형태로 표시한다.
- 출력화면을 통해서 제공되는 시각적 정보는 확대, 또는 축소할 수 있도록 한다.
- 숫자 키패드 또는 방향키를 사용하여 커서 또는 포커스를 이동할 수 있도록 한다.
- 시각적 정보는 글자 간격, 진하기, 굵기 등으로 식별이 쉽도록 설계한다.

### 제11조(색상 식별능력의 보완)

- 모든 시각적 정보는 식별이 쉬운 색으로 제공하되, 빨강/초록 또는 파랑/노랑의 짝을 이루는 색상은 피한다.
- 키와 버튼은 색조와 명암, 채도가 뚜렷하게 구별되는 색을 사용하여 설계한다.
- 개인용 기기의 화면에 표시되는 시각적 정보는 사용자가 색상을 선택할 수 있도록 한다.
- 색상으로 식별되는 시각적 정보는 문자, 모양 등의 대체 방안을 함께 제공하여 중복성을 높인다.

### 제12조(청력의 보완 및 대체)

- 입력의 완료를 나타내는 시각적 표시를 제공한다.
- 음성이나 음향으로 출력되는 내용은 시각 또는 촉각적 대체 방법과 함께 제공한다.
- 진동 및 소리의 조절 기능을 제공한다.          • 경고음은 점멸, 불빛 등의 시각적 효과와 함께 제공한다.

### 제13조(음성입력의 대체)

- 음성 입력의 보완 수단으로서 키보드, 마우스, 손, 철필 등의 대체 입력방법을 함께 제공한다.

### 제14조(인지능력의 보완)

- 되돌리기 기능을 최대한 제공한다.
- 실행에 대한 피드백 정보를 다양한 감각양식(시각, 촉각, 청각 등)으로 제공한다.
- 모든 설계 요소는 사용자가 논리적으로 쉽게 이해할 수 있도록 단순하고 일관성 있게 배치한다.
- 복잡한 과정을 요구하는 기능은 도움말을 제공한다.
- 키보드의 '탭' 키를 사용하여 이동하는 경우에는 논리적인 순서를 따른다.
- 간결하고 명확한 어휘, 기호, 심볼 등을 사용한다.          • 기호 또는 심볼로 표시된 정보는 문자와 함께 제공한다.
- 메뉴의 내용과 계층구조는 논리적으로 알기 쉽게 표시한다.
- 개인용 기기에서는 자주 사용하는 메뉴나 기능만을 별도로 선택해서 '사용자 맞춤형' 설정이 가능하도록 한다.

## 찾아보기

### 〈인 명〉

### 〈내 용〉

## 저자 소개

### 육주혜

미국 University of South Carolina 대학원 박사(특수교육학 전공)
현 나사렛대학교 재활공학과 교수
　　나사렛대학교 재활보조공학센터 센터장
　　한국보조공학사협회 수석부회장

### 박경옥

단국대학교 대학원 박사(특수교육학 전공)
현 대구대학교 초등특수교육과 교수

### 강은주

공주대학교 특수교육과 학사
한양대학교 교육대학원 석사(컴퓨터교육 전공)
현 한국우진학교 교사

뇌성마비 학생을 위한
# 컴퓨터 접근의 실제

2012년　3월 20일　1판 1쇄 인쇄
2012년　3월 25일　1판 1쇄 발행

지은이 • 육주혜 · 박경옥 · 강은주
펴낸이 • 김진환
펴낸곳 • **학지사**
　　　　121-837 서울특별시 마포구 서교동 352-29 마인드월드빌딩 5층
대표전화 • 02)330-5114　　팩스 • 02)324-2345
등록번호 • 제313-2006-000265호

홈페이지 • http://www.hakjisa.co.kr
커뮤니티 • http://cafe.naver.com/hakjisa

ISBN 978-89-6330-798-5 93370

정가 15,000원